ADMIS FONCTION PUBLIQUE

CONCOURS 2021

5e édition

RÉDACTEUR TERRITORIAL RÉDACTEUR PRINCIPAL DE 2e CLASSE

Externe, interne, 3e voie • Catégorie B

Tout-en-un

Olivier Bellégo
Ancien directeur des concours du CIG
de la petite couronne et du CDG du Rhône
et de la Métropole de Lyon,
membre de jurys de concours et examens,
élu local

Vuibert

Ressources numériques

Téléchargez des annales corrigées supplémentaires sur www.Vuibert.fr/site/208528

ISSN : 2109-9305
ISBN : 978-2-311-20852-8

Conception de la couverture et de l'intérieur : Séverine Tanguy
Composition : SCM, Toulouse
Crédit photographique : Adobe Stock

Site Internet : http://www.vuibert.fr

Sommaire
pour se repérer

Travail réalisé

Rapport sur dossier avec propositions opérationnelles (rédacteur principal de 2e classe externe, interne et 3e voie)

Série de questions (rédacteur externe, rédacteur principal de 2e classe externe, interne et 3e voie)

PARTIE 2 Maîtriser l'environnement territorial

Introduction

Au lendemain d'une réforme de la fonction publique qui devrait se caractériser à la fois par une diminution du nombre de fonctionnaires tant dans la fonction publique d'État que dans la fonction publique territoriale et par un recours accru au recrutement d'agents contractuels, il paraît difficile d'augurer de l'évolution des **recrutements de fonctionnaires au moyen de concours**.

Ce dernier n'en a pas moins fait ses preuves comme mode de recrutement d'agents publics « selon leur capacité, et sans autre distinction que celle de leurs vertus et de leurs talents », pour reprendre les termes de la Déclaration des droits de l'homme et du citoyen de 1789, d'autant que la **professionnalisation** assez récente de nombreux concours et examens, dont les épreuves actuelles des concours de rédacteur et rédacteur principal de 2e classe rendent bien compte, fait largement tomber les critiques de ceux qui leur reprochaient leur caractère académique, excessivement décalé par rapport aux réalités institutionnelles et professionnelles.

1. Une fonction publique qui devait rester attractive

Longtemps considérée comme une fonction publique mineure au regard de la fonction publique d'État, la fonction publique territoriale, dont on a fêté les 35 ans en 2019, a aujourd'hui atteint l'âge de la pleine maturité : elle peut s'enorgueillir de ses 1 800 000 agents, de l'intelligence de sa construction autour d'une cinquantaine de cadres d'emplois (l'équivalent des corps de la fonction publique d'État) qui permettent l'exercice de 250 métiers différents, accessibles par concours, dans près de 40 000 collectivités territoriales et 20 000 établissements publics locaux.

Au lendemain des derniers transferts de compétences de l'État vers les collectivités territoriales et des collectivités territoriales vers les intercommunalités, la **fonction publique territoriale** devrait rester d'autant plus **attractive** que, conciliant la logique du recrutement par concours et de la carrière avec le principe de libre administration des collectivités territoriales, elle permet aux lauréats de concours devenus titulaires après leur nomination par une autorité exécutive locale (maire, président de conseil départemental, président de conseil régional ou président d'établissement public local) de gérer librement leur carrière en changeant, par mutation, d'employeur, sans rien perdre de l'ancienneté acquise.

Bien que la loi n° 2019-828 du 6 août 2019 de transformation de la fonction publique entende élargir le recrutement d'agents contractuels, ces grands principes paraissent conserver aujourd'hui leur pertinence, en permettant aux responsables locaux de s'entourer de fonctionnaires dont la réussite d'un concours garantit les aptitudes et de s'attacher leurs services pour une durée permettant une montée en compétences précieuse. En outre, le « papy-boom » rendra inévitable le recrutement de nouveaux agents dont, certainement, des fonctionnaires sélectionnés par concours. Un contexte d'inflation des normes, source d'insécurité juridique, qui requiert des experts, et de recrutement de jeunes agents, qui impose un management intelligent, paraît ainsi requérir la nomination, notamment, de rédacteurs et de rédacteurs principaux de 2e classe de qualité parmi les lauréats du concours.

2. Des concours fortement professionnalisés

Depuis qu'un candidat à l'élection présidentielle, président de la République française de 2007 à 2012, avait déclaré : « Dans la fonction publique, il faut en finir avec la pression des concours et des examens. L'autre jour, je m'amusais, on s'amuse comme on peut, à regarder le programme du concours d'attaché d'administration. Un sadique ou un imbécile, choisissez, avait mis dans le programme d'interroger les concurrents sur *La Princesse de Clèves*. Je ne sais pas si cela vous est souvent arrivé de demander à la guichetière ce qu'elle pensait de *La Princesse de Clèves*… Imaginez un peu le spectacle ! En tout cas, je l'ai lu il y a tellement longtemps qu'il y a de fortes chances que j'aie raté l'examen ! », les concours avaient fait l'objet de nombreuses critiques, si répandues que nombreux étaient ceux qui étaient allés jusqu'à pronostiquer leur disparition.

Qu'en est-il réellement ? À y regarder de plus près, une vaste réforme a été engagée qui, sans remettre en cause le principe même du concours, s'est attachée à simplifier et à professionnaliser les épreuves. On ne peut nier en effet que nombreux étaient les concours dont les épreuves ou les sujets demeuraient très éloignés des missions exercées par les membres des corps ou des cadres d'emplois auxquels ces concours permettaient l'accès.

Le **Livre blanc sur l'avenir de la fonction publique**, remis par Jean-Ludovic Silicani, conseiller d'État, aux ministres chargés de la fonction publique le 18 avril 2008, préconisait la **professionnalisation des modes de recrutement** en donnant plus de place aux compétences qu'aux connaissances trop académiques et en ouvrant les concours aux professionnels du recrutement. Pour autant, le Livre blanc soulignait que « le concours externe est perçu comme une garantie de recrutement impartial et juste : les agents et les citoyens sont attachés à ce que le concours reste la voie de droit commun pour accéder à la fonction publique. Le concours est également le moyen de remettre à égalité des individus dont les cursus de formation n'ont pas la même valeur symbolique : le fait que tous les candidats puissent passer des épreuves identiques constitue en quelque sorte une nouvelle chance pour ceux d'entre eux qui n'ont pas pu accéder aux écoles et aux universités les plus prestigieuses ».

Le rapport de la Mission préparatoire au réexamen général du contenu du concours d'accès à la fonction publique de l'État, dit « **rapport Deforges** » (janvier 2008), établi par Corinne Deforges et Jean-Guy de Chalvron, inspecteurs généraux de l'administration centrale, a marqué également une étape importante dans le processus de modernisation des concours : dédié non sans humour « à Marie-Madeleine Pioche de La Vergne, Comtesse de La Fayette (1634-1693), et à la Princesse de Clèves (1678) sans lesquelles ce rapport n'aurait jamais pu voir le jour », le rapport s'est attaché à analyser « des concours où les savoirs académiques sont trop exclusivement valorisés » et a recommandé de « **professionnaliser les épreuves** » et de « mieux greffer leur contenu sur les compétences attendues ».

Notons toutefois que la professionnalisation des concours ne date pas d'aujourd'hui : engagée voici une quinzaine d'années, elle a par exemple fait disparaître l'épreuve de dictée des concours d'adjoint administratif territorial et d'adjoint technique territorial, aboli l'épreuve de résumé de texte des anciens concours de rédacteur territorial. Ce mouvement s'est ensuite accéléré, avec la réforme, par exemple, des concours d'attaché territorial ou de l'examen d'attaché principal, puis la refonte totale des épreuves des concours d'accès aux cadres d'emplois de catégorie B, dont les concours de rédacteur territorial, dans le cadre du « nouvel espace statutaire ».

NOTE DU FORMATEUR

Les concours de rédacteur territorial bénéficient ainsi depuis la session 2013 de ce mouvement de professionnalisation et de simplification.

Les épreuves écrites d'admissibilité qui permettent de devenir rédacteur ou rédacteur principal de 2e classe n'appartiennent plus, selon les concours, qu'à trois familles d'épreuves :

– la **note sur dossier** ;
– le **rapport sur dossier avec propositions** ;
– la **série de questions spécialisées**.

Ainsi disparaissent les épreuves de composition et de trois à cinq questions de culture générale.

Pour tous ces concours, les épreuves orales d'admission qui consistaient en des conversations à partir de textes de culture générale et en des interrogations spécialisées disparaissent au bénéfice d'une unique épreuve d'**entretien avec le jury**.

3. Des concours « plus faciles » ?

Les candidats potentiels qui envisagent de se présenter aux concours de rédacteur et de rédacteur principal de 2e classe en 2021 ou 2023 estiment souvent que ceux-ci sont devenus « plus faciles » qu'ils ne l'étaient auparavant.

Rien n'est moins sûr : si ont disparu les épreuves redoutées dites « de culture générale » tant à l'écrit qu'à l'oral, remarquons que les concours internes et de 3e voie de rédacteur ne comportent plus qu'une seule épreuve écrite d'admissibilité, ce qui signifie que le candidat « joue » son admissibilité sur une seule épreuve sans qu'une éventuelle défaillance puisse être compensée par une autre épreuve.

En outre, la disparition des épreuves spécialisées à l'oral peut paraître rendre l'admission plus aisée, mais l'épreuve d'entretien mérite une très sérieuse préparation.

4. Se préparer

Pour vous permettre de **vous préparer au mieux à ces épreuves**, cet ouvrage présente à la fois des conseils méthodologiques pour chaque épreuve écrite d'admissibilité ainsi que des **sujets d'annales des sessions 2017 et 2019** des concours de rédacteur et rédacteur principal de 2e classe, **troisième et quatrième sessions de ces concours** réformés. Il comporte également un rappel des connaissances essentielles à maîtriser. Il contient enfin des conseils méthodologiques pour l'épreuve orale d'entretien.

Extrait du rapport du président du jury de la session 2017 du concours de rédacteur territorial organisé par le Centre interdépartemental de gestion (CIG) de la petite couronne

- **Note sur dossier (concours externe)**

« Les copies manquent souvent de problématisation. Des confusions, liées à une lecture des documents pas assez scrupuleuse, ont été constatées. Certains candidats n'ont pas su extraire et hiérarchiser les éléments importants. Ils se sont contentés de "copiés-collés" sans prendre du recul par rapport aux documents. Un trop grand nombre de copies sont redondantes et font la part belle aux généralités. »

- **Questions de droit public (concours externe)**

« Beaucoup de candidats semblent s'être présentés sans aucune préparation. Les correcteurs ont constaté des lacunes énormes sur les bases, beaucoup de hors-sujet, un manque de précision dans les développements et une argumentation souvent trop binaire. »

- **Note sur dossier par domaine (concours interne et troisième concours)**

« Le fait que ces concours ne comportent pas à proprement parler d'épreuves de connaissances ne doit pas conduire les candidats à se dispenser d'une formation personnelle réelle, laquelle ne peut s'improviser quelques semaines avant les épreuves. Sont effectivement reçus les plus motivés et préparés, le niveau de sélection, notamment sur le concours interne, étant particulièrement élevé. »

Extrait du rapport du président du jury de la session 2019 du concours de rédacteur principal de 2e classe organisé par le Centre de gestion de Loire-Atlantique (CDG 44)

• Réponse à des questions de droit public et de finances publiques (concours externe)

– « Notions trop souvent survolées et peu ou prou approfondies.
– Trop peu de références législatives et juridiques.
– De nombreux hors-sujet, notamment sur la question des CT à statut particulier ou des procédures de commande publique. Les candidats ne répondent pas aux questions posées.
– Les questions appelant des réponses développées manquent de structuration (problématique, plan). »

• Rapport avec propositions opérationnelles (concours externe)

– « Dans la partie informative, de trop nombreuses impasses sur le volet juridique.
– Liste exhaustive de propositions manquant d'opérationnalité.
– Absence de propositions personnelles ne figurant pas dans le fonds documentaire.
– Mauvaise gestion du temps, la partie propositions opérationnelles étant souvent « bâclée », voire inachevée. »

Olivier Bellégo
Ancien directeur des concours du Centre interdépartemental de gestion (CIG) de la petite couronne et du Centre de gestion de la fonction publique territoriale du Rhône et de la Métropole de Lyon,
membre de jurys de concours et d'examens,
élu local

Votre concours, votre métier en 10 questions-réponses

1. Quelles sont les missions des rédacteurs territoriaux ?

Parmi les différents cadres d'emplois, celui de rédacteur territorial apparaît comme un cadre d'emplois particulièrement attractif dans la mesure où il donne vocation à occuper **un très grand nombre d'emplois caractérisés à la fois par leur expertise et par leur niveau de responsabilité.**

> **NOTE DU FORMATEUR**
>
> Depuis la réforme de 2012, le cadre d'emplois des rédacteurs territoriaux comprend deux grades accessibles par concours, le grade de **rédacteur**, dont le concours externe est ouvert aux titulaires du **baccalauréat** (ou de diplômes reconnus comme équivalents) et le grade de **rédacteur principal de 2e classe**, dont le concours externe requiert un diplôme de niveau **bac + 2**.

La définition réglementaire (décret n° 2012-924 du 30 juillet 2012 modifié portant statut particulier du cadre d'emplois des rédacteurs territoriaux) des **fonctions et missions** est très éclairante :

> « **Les rédacteurs territoriaux** sont chargés de fonctions administratives d'application. Ils assurent en particulier des tâches de **gestion administrative, budgétaire et comptable**, et participent à la **rédaction des actes juridiques.** Ils contribuent à **l'élaboration et à la réalisation des actions de communication, d'animation et de développement économique, social, culturel et sportif de la collectivité.**
> Les rédacteurs peuvent se voir confier des fonctions d'**encadrement** des agents d'exécution.
> Ils peuvent être chargés des fonctions d'assistant de direction ainsi que de celles de secrétaire de mairie d'une commune de moins de 2 000 habitants.
> **Les rédacteurs principaux de 2e classe et les rédacteurs principaux de 1re classe** ont vocation à occuper les emplois qui, relevant des domaines d'activité mentionnés ci-dessus, correspondent à un **niveau d'expertise** acquis par la formation

initiale, par l'expérience professionnelle ou par la formation professionnelle tout au long de la vie.
Ils peuvent à ce titre réaliser certaines **tâches complexes de gestion administrative, budgétaire et comptable**, être chargés de l'analyse, du suivi ou du contrôle de dispositifs ou assurer la coordination de projets.
Ils peuvent également se voir confier la **coordination d'une ou de plusieurs équipes**, et la **gestion ou l'animation d'un ou de plusieurs services.** »

2. Comment s'inscrire aux concours de rédacteur et de rédacteur principal de 2e classe ?

Leur organisation étant bisannuelle, **les prochaines sessions sont programmées en 2021** (épreuves écrites le 14 octobre 2021) puis, sauf changement de périodicité, **2023**.

Pour connaître les dates des différentes étapes des concours, c'est-à-dire, très précisément, la **date limite de retrait de dossier** (généralement possible par téléchargement), la **date limite de dépôt de dossier** (également appelée clôture des inscriptions) ainsi que la **date des épreuves écrites**, rien de plus simple : il vous suffit de vous connecter sur les sites des centres de gestion de la fonction publique territoriale. Il existe un centre de gestion par département, dont les sites sont très souvent accessibles à partir de « cdg » suivi du numéro de département (exemple : www.cdg69.fr).

En Île-de-France, deux centres de gestion sont interdépartementaux et organisent, avec le centre de gestion de Seine-et-Marne, un très grand nombre de concours :

- le centre interdépartemental de gestion de la grande couronne (www.cigversailles.fr), qui exerce ses compétences sur les territoires des départements des Yvelines (78), de l'Essonne (91) et du Val-d'Oise (95) ;
- le centre interdépartemental de gestion de la petite couronne (www.cig929394.fr), pour les Hauts-de-Seine (92), la Seine-Saint-Denis (93) et le Val-de-Marne (94).

Vous pouvez également trouver sur les sites de centres de gestion les **cadrages indicatifs** des épreuves sur la base desquels les concours sont organisés. Sur le site www.cig929394.fr, ces cadrages sont accessibles à la rubrique Accès à la fonction publique territoriale/Tout sur les concours et examens/S'informer et se préparer/Rechercher un concours ou examen professionnel. Ils donnent des précisions très utiles pour se préparer efficacement aux concours. On les trouve notamment sur le site du centre de gestion du Rhône et de la métropole de Lyon (www.cdg69.fr).

Précisons enfin que nombreux sont les centres de gestion qui organisent les concours de rédacteur et de rédacteur principal de 2e classe. Soulignons que tous ont décidé d'organiser ces concours le même jour et aux mêmes heures sur la base de sujets nationaux, ce qui signifie que vous ne pourrez subir les épreuves que dans un seul centre de gestion et que les sujets des épreuves écrites seront, sauf à de très rares exceptions, les mêmes où que vous passiez le concours.

3. Quelles sont les conditions d'accès aux concours ?

Elles sont très clairement rappelées dans les notices (ou brochures) de présentation des concours réalisées par les centres de gestion.

Il convient d'abord de satisfaire aux conditions générales pour devenir fonctionnaire, à savoir :

- posséder la nationalité française ou celle de l'un des autres États membres de la Communauté européenne ou d'un État partie à l'accord sur l'Espace économique européen ;
- jouir de ses droits civiques dans l'État dont on est ressortissant ;
- ne pas avoir subi une condamnation incompatible avec l'exercice des fonctions ;
- être en position régulière au regard des obligations de service national de l'État dont on est ressortissant ;
- remplir les conditions d'aptitude physique exigées pour l'exercice des fonctions.

A. Les concours externes

Le **concours externe** de **rédacteur** est ouvert aux candidats titulaires d'un baccalauréat de l'enseignement secondaire ou d'un diplôme homologué au **niveau IV**, ou d'une qualification reconnue comme équivalente.

Le **concours externe** de **rédacteur principal de 2e classe** est ouvert aux candidats titulaires d'un diplôme sanctionnant deux années de formation homologué au **niveau III**, ou d'une qualification reconnue comme équivalente.

■ Peut-on se présenter aux concours externes sans détenir les diplômes requis ?

Les **mères et pères élevant ou ayant effectivement élevé au moins trois enfants** sont dispensés de toute condition de diplôme, de même que les **sportifs de haut niveau** (figurant sur la liste des sportifs de haut niveau fixée chaque année par le ministre chargé de la jeunesse et des sports).

Ces concours sont également accessibles au titre des **équivalences de diplômes** et de la **reconnaissance de l'expérience professionnelle** instruits par les centres de gestion en leur qualité d'autorités organisatrices de ces concours, s'agissant de concours à conditions de diplômes « généralistes ».

Peuvent se présenter aux concours externes, sous réserve de remplir les conditions générales de recrutement, les candidats qui justifient de **qualifications au moins équivalentes**.

Ainsi, les candidats aux concours bénéficient d'une équivalence de plein droit dès lors qu'ils satisfont à l'une au moins des conditions suivantes :

- être titulaire d'un diplôme, d'un titre de formation ou d'une attestation établie par une autorité compétente prouvant que le candidat a accompli avec succès un cycle de formation au moins de mêmes niveau et durée que ceux sanctionnés par les diplômes ou titres requis ;

- justifier d'une attestation d'inscription dans un cycle de formation dont la condition normale d'accès est d'être titulaire d'un diplôme ou d'un titre de formation au moins de même niveau que celui des diplômes ou titres requis ;
- être titulaire d'un diplôme ou d'un titre homologué ou d'un diplôme ou titre à finalité professionnelle enregistré au répertoire national des certifications professionnelles, classé au moins au même niveau que le diplôme ou titre requis ;
- être titulaire d'un diplôme ou titre de formation au moins équivalent, figurant sur une liste fixée, pour chaque niveau de diplôme, par un arrêté conjoint du ministre intéressé, du ministre chargé de l'Éducation et du ministre chargé de la Fonction publique.

Le candidat est tenu de fournir, à l'appui de sa demande, une copie du diplôme ou titre, le cas échéant, dans une traduction en français établie par un traducteur assermenté.

Par ailleurs, les candidats qui justifient de **l'exercice d'une activité professionnelle, salariée ou non, exercée de façon continue ou non, équivalente à une durée totale cumulée d'au moins trois ans à temps plein et relevant de la même catégorie socioprofessionnelle** que celle de la profession à laquelle la réussite au concours permet l'accès, peuvent également faire acte de candidature à ce concours.

La durée totale cumulée d'expérience exigée est réduite à deux ans lorsque le candidat justifie d'un titre ou d'un diplôme de niveau immédiatement inférieur à celui requis. Les périodes de formation initiale ou continue, quel que soit le statut de la personne, ainsi que les stages et les périodes de formation en milieu professionnel accomplis pour la préparation d'un diplôme ou d'un titre ne sont pas pris en compte pour le calcul de la durée d'expérience requise.

B. Les concours internes

Les **concours internes** de **rédacteur** et de **rédacteur principal de 2e classe** sont ouverts aux fonctionnaires et agents des collectivités territoriales, de l'État et des établissements publics qui en dépendent, de la fonction publique hospitalière ainsi qu'aux agents en fonction dans une organisation internationale intergouvernementale.

Les concours internes sont également ouverts aux candidats qui justifient d'une durée de services accomplis dans une administration, un organisme ou un établissement d'un État membre de la Communauté européenne ou d'un État partie à l'accord sur l'Espace économique européen autre que la France dont les missions sont comparables à celles des administrations et des établissements publics dans lesquels les fonctionnaires civils mentionnés à l'article 2 de la loi n° 83-634 du 13 juillet 1983 précitée exercent leurs fonctions, et qui ont, le cas échéant, reçu dans l'un de ces États une formation équivalente à celle requise par les statuts particuliers pour l'accès aux cadres d'emplois considérés.

Les candidats doivent justifier, au 1er janvier de l'année du concours, de quatre ans au moins de service public et doivent être en activité à la clôture des inscriptions.

C. Les troisièmes concours

Enfin, les **troisièmes concours** (ou concours de troisième voie) de **rédacteur** et de **rédacteur principal de 2e classe** sont ouverts aux candidats justifiant, au 1er janvier de l'année au titre de laquelle est ouvert le concours, de l'exercice, pendant une durée de quatre ans au moins, d'une ou de plusieurs activités professionnelles, quelle qu'en soit la nature, d'un ou de plusieurs mandats de membre d'une assemblée élue d'une collectivité territoriale ou d'une ou plusieurs activités accomplies en qualité de responsable, y compris bénévole, d'une association.

La durée des activités professionnelles, associatives, ou des mandats électifs ne peut être prise en compte que si les intéressés n'avaient pas, au moment où ils les exerçaient, la qualité de fonctionnaire, de magistrat, de militaire ou d'agent public.

Toutefois, cette règle ne fait pas obstacle à ce que les activités syndicales des candidats soumis à l'article 23 *bis* de la loi nº 83-634 du 13 juillet 1983 portant droits et obligations des fonctionnaires soient prises en compte pour l'accès à ces concours.

4. Quelles sont les épreuves des concours ?

Soulignons tout d'abord qu'aucune des épreuves ne comporte de programme réglementaire.

A. Les concours de rédacteur

a. Le concours externe

Ce concours comporte **deux épreuves écrites d'admissibilité** :

- **Première épreuve (durée : 3 heures ; coefficient 1)**
  La rédaction d'une note à partir des éléments d'un dossier portant sur des notions générales relatives aux missions, compétences et moyens d'action des collectivités territoriales.

- **Deuxième épreuve (durée : 3 heures ; coefficient 1)**
  Des réponses à une série de questions portant au choix du candidat lors de son inscription, sur l'un des domaines suivants :
  - les finances, les budgets et l'intervention économique des collectivités territoriales ;
  - le droit public en relation avec les missions des collectivités territoriales ;
  - l'action sanitaire et sociale des collectivités territoriales ;
  - le droit civil en relation avec les missions des collectivités territoriales.

Toute note inférieure à 5,00 à l'une des épreuves écrites d'admissibilité entraîne l'élimination du candidat, quelle que soit la moyenne générale qu'il obtient à ces deux épreuves.

Peuvent seuls être autorisés à se présenter à l'épreuve d'admission les candidats déclarés admissibles par le jury.

■ **L'unique épreuve orale d'admission :**

Elle consiste en un entretien ayant pour point de départ un exposé du candidat sur sa formation et son projet professionnel et permettant au jury d'apprécier sa capacité à s'intégrer dans l'environnement professionnel au sein duquel il est appelé à exercer ses fonctions, sa motivation et son aptitude à assurer les missions dévolues au cadre d'emplois (durée totale de l'entretien : 20 min, dont 5 au plus d'exposé ; coefficient 1).

Depuis l'entrée en vigueur du décret n° 2013-593 du 5 juillet 2013, cette épreuve d'admission est également dotée d'une note éliminatoire, toute note inférieure à 5 sur 20 entraînant l'élimination du candidat, quelle que soit la moyenne des notes obtenues.

De plus, aucun candidat ne peut être admis si la moyenne de ses notes aux épreuves est inférieure à 10 sur 20 après application des coefficients correspondants.

b. Le concours interne

Ce concours ne comporte qu'**une seule épreuve écrite d'admissibilité (durée : 3 heures ; coefficient 1)**.

Elle consiste en la rédaction d'une note à partir des éléments d'un dossier portant sur l'un des domaines suivants, au choix du candidat lors de son inscription :

- les finances, les budgets et l'intervention économique des collectivités territoriales ;
- le droit public en relation avec les missions des collectivités territoriales ;
- l'action sanitaire et sociale des collectivités territoriales ;
- le droit civil en relation avec les missions des collectivités territoriales.

Toute note inférieure à 5,00 à cette épreuve entraîne l'élimination du candidat.

Peuvent seuls être autorisés à se présenter à l'épreuve d'admission les candidats déclarés admissibles par le jury.

■ **L'unique épreuve orale d'admission :**

Elle consiste en un entretien ayant pour point de départ un exposé du candidat sur les acquis de son expérience et permettant au jury d'apprécier ses motivations et son aptitude à exercer les missions dévolues au cadre d'emplois (durée totale de l'entretien : 20 min dont 5 au plus d'exposé ; coefficient 1).

Depuis l'entrée en vigueur du décret n° 2013-593 du 5 juillet 2013, cette épreuve d'admission est également dotée d'une note éliminatoire, toute note inférieure à 5 sur 20 entraînant l'élimination du candidat, quelle que soit la moyenne des notes obtenues.

De plus, aucun candidat ne peut être admis si la moyenne de ses notes aux épreuves est inférieure à 10 sur 20 après application des coefficients correspondants.

c. Le troisième concours

Ce concours ne comporte qu'**une seule épreuve écrite d'admissibilité (durée : 3 heures ; coefficient 1)**, identique à celle du concours interne.

Elle consiste en la rédaction d'une note à partir des éléments d'un dossier portant sur l'un des domaines suivants, au choix du candidat lors de son inscription :

- les finances, les budgets et l'intervention économique des collectivités territoriales ;
- le droit public en relation avec les missions des collectivités territoriales ;
- l'action sanitaire et sociale des collectivités territoriales ;
- le droit civil en relation avec les missions des collectivités territoriales.

Toute note inférieure à 5,00 à cette épreuve entraîne l'élimination du candidat.

Peuvent seuls être autorisés à se présenter à l'épreuve d'admission les candidats déclarés admissibles par le jury.

■ **L'unique épreuve orale d'admission :**

Elle consiste en un entretien ayant pour point de départ un exposé du candidat sur les acquis de son expérience, permettant au jury d'apprécier ses motivations et son aptitude à exercer les missions dévolues au cadre d'emplois ainsi que sa capacité à s'intégrer dans l'environnement professionnel (durée totale de l'entretien : 20 min dont 5 au plus d'exposé ; coefficient 1).

Depuis l'entrée en vigueur du décret n° 2013-593 du 5 juillet 2013, cette épreuve d'admission est également dotée d'une note éliminatoire, toute note inférieure à 5 sur 20 entraînant l'élimination du candidat, quelle que soit la moyenne des notes obtenues.

De plus, aucun candidat ne peut être admis si la moyenne de ses notes aux épreuves est inférieure à 10 sur 20 après application des coefficients correspondants.

B. Les concours de rédacteur principal de 2e classe

a. Le concours externe

Ce concours comporte **deux épreuves écrites d'admissibilité** :

- **Première épreuve (durée : 3 heures ; coefficient 1)**

  Des réponses à des questions de droit public et de finances publiques portant notamment sur le fonctionnement des collectivités territoriales.

- **Deuxième épreuve (durée : 3 heures ; coefficient 1)**

  La rédaction d'un rapport à partir des éléments d'un dossier portant sur les missions, compétences et moyens d'action des collectivités territoriales, assorti de propositions opérationnelles.

Toute note inférieure à 5,00 à l'une des épreuves écrites d'admissibilité entraîne l'élimination du candidat, quelle que soit la moyenne générale qu'il obtient à ces deux épreuves.

Peuvent seuls être autorisés à se présenter à l'épreuve d'admission les candidats déclarés admissibles par le jury.

■ **L'unique épreuve orale d'admission :**

Elle consiste en un entretien, ayant pour point de départ un exposé du candidat sur sa formation et son projet professionnel, permettant au jury d'apprécier ses connaissances, sa motivation et son aptitude à exercer les missions dévolues aux membres du cadre d'emplois et à encadrer une équipe (durée totale de l'entretien : 20 min, dont 5 min au plus d'exposé ; coefficient 1).

Depuis l'entrée en vigueur du décret n° 2013-593 du 5 juillet 2013, cette épreuve d'admission est également dotée d'une note éliminatoire, toute note inférieure à 5 sur 20 entraînant l'élimination du candidat, quelle que soit la moyenne des notes obtenues.

De plus, aucun candidat ne peut être admis si la moyenne de ses notes aux épreuves est inférieure à 10 sur 20 après application des coefficients correspondants.

b. Le concours interne

Ce concours comporte **deux épreuves écrites d'admissibilité** :

- **Première épreuve (durée : 3 heures ; coefficient 1)**
  La rédaction d'un rapport à partir des éléments d'un dossier portant sur les missions, compétences et moyens d'action des collectivités territoriales, assorti de propositions opérationnelles.
- **Deuxième épreuve (durée : 3 heures ; coefficient 1)**
  Des réponses à une série de questions portant sur les missions, compétences et moyens d'action des collectivités territoriales permettant d'apprécier les connaissances professionnelles du candidat.

Toute note inférieure à 5,00 à l'une des épreuves écrites d'admissibilité entraîne l'élimination du candidat, quelle que soit la moyenne générale qu'il obtient à ces deux épreuves.

Peuvent seuls être autorisés à se présenter à l'épreuve d'admission les candidats déclarés admissibles par le jury.

■ **L'unique épreuve orale d'admission :**

L'épreuve d'admission consiste en un entretien, ayant pour point de départ un exposé du candidat sur les acquis de son expérience, permettant au jury d'apprécier ses connaissances, sa motivation, son aptitude à exercer les missions dévolues aux membres du cadre d'emplois et à encadrer une équipe (durée totale de l'entretien : 20 min, dont 5 min au plus d'exposé ; coefficient 1).

Depuis l'entrée en vigueur du décret n° 2013-593 du 5 juillet 2013, cette épreuve d'admission est également dotée d'une note éliminatoire, toute note inférieure à 5 sur 20 entraînant l'élimination du candidat, quelle que soit la moyenne des notes obtenues.

De plus, aucun candidat ne peut être admis si la moyenne de ses notes aux épreuves est inférieure à 10 sur 20 après application des coefficients correspondants.

c. Le troisième concours

Ce concours comporte **deux épreuves écrites d'admissibilité**, identiques à celles du concours interne :

- **Première épreuve (durée : 3 heures ; coefficient 1)**
  La rédaction d'un rapport à partir des éléments d'un dossier portant sur les missions, compétences et moyens d'action des collectivités territoriales, assorti de propositions opérationnelles.

- **Deuxième épreuve (durée : 3 heures ; coefficient 1)**
  Des réponses à une série de questions portant sur les missions, compétences et moyens d'action des collectivités territoriales permettant d'apprécier les connaissances professionnelles du candidat.

Toute note inférieure à 5,00 à l'une des épreuves écrites d'admissibilité entraîne l'élimination du candidat, quelle que soit la moyenne générale qu'il obtient à ces deux épreuves.

Peuvent seuls être autorisés à se présenter à l'épreuve d'admission les candidats déclarés admissibles par le jury.

L'unique épreuve orale d'admission :

L'épreuve d'admission consiste en un entretien, ayant pour point de départ un exposé du candidat sur les acquis de son expérience, permettant au jury d'apprécier ses connaissances, sa motivation, son aptitude à exercer les missions dévolues aux membres du cadre d'emplois et sa capacité à s'intégrer dans l'environnement professionnel et à encadrer une équipe (durée totale de l'entretien : 20 min, dont 5 min au plus d'exposé ; coefficient 1).

Depuis l'entrée en vigueur du décret n° 2013-593 du 5 juillet 2013, cette épreuve d'admission est également dotée d'une note éliminatoire, toute note inférieure à 5 sur 20 entraînant l'élimination du candidat quelle que soit la moyenne des notes obtenues.

De plus, aucun candidat ne peut être admis si la moyenne de ses notes aux épreuves est inférieure à 10 sur 20 après application des coefficients correspondants.

5. Quelles sont les règles générales d'organisation du concours ?

Les règles d'organisation des concours résultent tant des décrets fixant les modalités d'organisation des concours que de la jurisprudence. Elles sont souvent mal connues des candidats qui ont parfois en tête des scénarii très différents de la réalité :

- **un candidat absent à une épreuve obligatoire est définitivement éliminé**, quelles que soient les notes qu'il a obtenues aux autres épreuves ;
- **le choix d'une option ou domaine**, pour les épreuves qui en comportent, **est définitif à la clôture des inscriptions** : ainsi, pour l'épreuve de « réponses à une série de questions portant, au choix du candidat lors de son inscription,

sur l'un des domaines suivants » : finances/droit public/action sanitaire et sociale/droit civil, le choix du domaine ne peut plus être modifié une fois les inscriptions terminées ;

- **les épreuves écrites font l'objet d'une double correction** : constitués en binômes, les correcteurs corrigent chacun la moitié des copies qui leur sont confiées, échangent au terme de leur correction les copies qu'ils ont corrigées, vierges de toute annotation, en conservant leurs fiches de correction ; ils se retrouvent ensuite pour harmoniser leurs corrections respectives et décider de la note attribuée à chaque copie. **Une garantie essentielle** pour les candidats dont les copies sont évaluées par deux personnes différentes qui ignorent tout, lorsqu'elles corrigent la copie, de l'appréciation et de la note arrêtées par l'autre correcteur ;
- **le jury fixe souverainement les seuils d'admissibilité puis d'admission.** Il se prononce sur la base de cahiers de notes anonymes (ne comportant pas les noms des candidats), l'anonymat des épreuves étant garanti tant pendant la correction des épreuves écrites que pendant les délibérations du jury ;
- lorsqu'un concours comporte plusieurs épreuves écrites, l'obtention d'une note inférieure à 5 sur 20 à l'une de ces épreuves vous élimine même si vous avez obtenu d'excellentes notes à l'autre ou aux autres épreuves écrites. Par exemple, au concours externe de rédacteur, si vous obtenez la note de 16 sur 20 à l'épreuve de note sur dossier et de 4 sur 20 à celle de réponses à une série de questions, vous ne pouvez être déclaré admissible bien que la moyenne de vos notes (10 sur 20) soit éventuellement égale voire supérieure au seuil d'admissibilité fixé par le jury ;
- lorsque vous êtes admissible, vous recevez une convocation à l'oral d'admission, mais vous n'avez pas connaissance de la note ou des notes d'écrit, afin que tous les candidats admissibles soient égaux devant l'épreuve orale ;
- **les jurys d'oral n'ont pas connaissance des notes obtenues à l'écrit par les candidats admissibles.** Ils savent simplement que chaque candidat qui se présente devant eux a au moins obtenu une note égale au seuil d'admissibilité (note ou moyenne des notes minimale requise pour être déclaré admissible) que le jury a souverainement fixé ;
- la note finale qui va vous permettre d'être le cas échéant déclaré admis par le jury est la moyenne des notes obtenues à chacune des épreuves après application de leurs coefficients respectifs ;
- désormais, toute note inférieure à 5 sur 20 à l'épreuve orale d'admission est également éliminatoire ;
- un candidat ne peut être admis si la moyenne de ses notes est inférieure à 10 sur 20 ;
- **le jury n'a pas l'obligation de pourvoir tous les postes** : la fixation, par exemple, à 10 sur 20 du seuil d'admission (c'est-à-dire de la moyenne requise d'un candidat pour être admis) peut avoir pour effet que des postes demeurent non pourvus, soit lorsque le nombre de candidats est peu élevé au regard du nombre de postes ouverts au concours, soit lorsque le niveau des candidats est insuffisant.

LES CONSEILS PRATIQUES À RETENIR

Vous préparez un concours et vous êtes bien décidé à le réussir. Quelques conseils pratiques pour ne pas tout gâcher le jour J :

– Avant le concours, n'hésitez jamais à joindre l'autorité organisatrice du concours par téléphone ou par courriel pour toute précision.

– Vous recevez généralement votre convocation une quinzaine de jours avant les épreuves écrites puis, lorsque vous êtes admissible, orales. Lisez-la très attentivement, elle contient des informations essentielles (date, heure, lieu des épreuves, matériel autorisé, etc.).

– La veille de l'épreuve, **préparez votre convocation et une pièce d'identité** qui vous seront demandées avant ou pendant l'épreuve. N'ajoutez pas du stress au stress en les cherchant au dernier moment.

– Repérez votre itinéraire et prenez vos précautions afin de limiter les risques de retard. Les règles sont extrêmement strictes et ne laissent place à aucune négociation : **si vous vous présentez sur le lieu de l'épreuve écrite après la distribution des sujets et le démarrage de l'épreuve, vous ne serez pas autorisé à entrer dans la salle d'examen.**

– Avant le démarrage de l'épreuve écrite, **écoutez attentivement les consignes** qui vous sont données, et tout particulièrement celles qui ont trait à l'anonymat de votre copie : toute anomalie dans la présentation de votre copie (couleur d'encre non autorisée, nom réel ou fictif ne figurant pas dans le sujet, paraphe lisible ou illisible, etc.) est constitutive d'un signe distinctif pouvant entraîner l'annulation de votre copie par le jury pour rupture d'anonymat.

– En fin d'épreuve écrite, respectez les consignes : ne cherchez pas à continuer à écrire une fois l'épreuve terminée, vous risqueriez l'annulation de votre copie par le jury.

6. Quelles sont vos chances de réussite ?

La compilation des données du concours de **rédacteur**, organisé en **2015** par 29 centres de gestion, dont 20 ont communiqué leurs données ci-après, donne la mesure du nombre de postes ouverts, de candidats inscrits et de lauréats :

	Session 2015			
	Concours externe	Concours interne	3e concours	Total
Postes	1 106	1 464	236	**2 806**
Inscrits	18 154	26 970	2 072	**47 196**
Présents	8 772	19 093	1 407	**29 272**
Admis	944	1 445	197	**2 586**

Le delta entre le nombre de postes ouverts et le nombre de candidats admis dans la voie externe laisse apparaître la nécessité d'une formation des candidats… et donc tout l'intérêt d'un ouvrage de préparation au concours.

7. Que devez-vous faire après la réussite au concours ?

Une précision qui a son importance : aux concours d'accès à la fonction publique territoriale, les candidats lauréats de concours ne se voient pas affectés à un poste en fonction de leur rang de classement.

Ils sont **inscrits par ordre alphabétique sur une liste d'aptitude** qui leur donne vocation, après s'être librement portés candidats à un poste proposé par une collectivité territoriale ou un établissement public local, à être recrutés à l'issue d'entretiens d'embauche. Une fois titularisés après un stage qui dure généralement un an, ils pourront librement changer d'employeur par mutation ou par détachement, en conservant l'ancienneté acquise : intelligence d'un statut qui laisse les employeurs locaux libres de recruter qui ils veulent, dès lors que cette personne est lauréate d'un concours, et garantit aux fonctionnaires territoriaux **les mêmes droits qu'aux autres fonctionnaires**.

Il convient en outre de préciser que les listes d'aptitude établies à l'issue d'un concours sont valables **quatre ans** (inscription initiale pour une durée de deux années, renouvelable deux fois pour un an à chaque renouvellement) et que **cette validité est nationale**, ce qui signifie que le lauréat d'un concours peut être nommé par tout employeur local (commune, département, région, établissement public local), quel que soit le centre de gestion qui l'a porté sur liste d'aptitude après sa réussite au concours organisé par ce centre.

8. Quels sont les emplois proposés ?

La consultation de revues spécialisées permet de prendre la pleine mesure des différents « métiers » exercés par les rédacteurs et rédacteurs principaux de 2e classe.

Sur le site www.emploi.lagazettedescommunes.com, vous trouvez par exemple à l'instant T des offres d'emploi de rédacteur proposées par différentes collectivités territoriales qui cherchent à pourvoir les postes de :

- secrétaire de mairie ;
- responsable du service financier ;
- gestionnaire de la commande publique et des achats ;
- chef de service ressources humaines et moyens généraux ;
- assistant(e) de direction du service des sports ;
- coordinateur social ;
- responsable du pôle associations ;
- chef de projet politique de la ville ;
- webmaster éditorial, animateur.trice internet ;
- chargé de formation junior ;
- chargé d'administration de projet européen ;
- etc.

Si vous souhaitez postuler dans votre département ou votre région et bénéficier d'un accompagnement à la recherche d'emploi, rendez-vous sur le site du centre de gestion de la fonction publique territoriale de votre département qui gère une

« bourse de l'emploi » alimentée par les offres d'emploi des collectivités territoriales de son ressort.

9. Quelles sont les évolutions de carrière possibles ?

Le cadre d'emplois des rédacteurs territoriaux compte trois grades :

- premier grade : rédacteur ;
- deuxième grade : rédacteur principal de 2e classe ;
- troisième grade : rédacteur principal de 1re classe.

Le grade de **rédacteur principal de 2e classe** est accessible :

- par **concours** ;
- par la voie d'un **examen professionnel de promotion interne** ouvert aux fonctionnaires relevant du cadre d'emplois des adjoints administratifs territoriaux, titulaires du grade d'adjoint administratif principal de 1re classe ou du grade d'adjoint administratif principal de 2e classe comptant :
  - soit au moins 12 ans de services publics effectifs, dont 5 ans dans le cadre d'emplois des adjoints administratifs en position d'activité ou de détachement,
  - soit au moins 10 ans de services publics effectifs, lorsqu'ils exercent les fonctions de secrétaire de mairie d'une commune de moins de 2 000 habitants depuis au moins 4 ans ;
- par la voie d'un **examen professionnel d'avancement de grade** ouvert aux fonctionnaires ayant au moins atteint le 4e échelon du premier grade et justifiant d'au moins trois années de services effectifs dans un corps, cadre d'emplois ou emploi de catégorie B ou de même niveau ;
- par la voie du **choix**, après inscription sur un tableau d'avancement établi après avis de la commission administrative paritaire, ouverte aux fonctionnaires justifiant d'au moins un an dans le 6e échelon du premier grade et d'au moins cinq années de services effectifs dans un corps, cadre d'emplois ou emploi de catégorie B ou de même niveau.

Le grade de **rédacteur principal de 1re classe** est accessible :

- par la voie d'un **examen professionnel** ouvert aux fonctionnaires justifiant d'au moins un an dans le 5e échelon du deuxième grade et d'au moins trois années de services effectifs dans un corps, cadre d'emplois ou emploi de catégorie B ou de même niveau ;
- par la voie du choix, après inscription sur un tableau d'avancement établi après avis de la commission administrative paritaire, ouverte aux fonctionnaires justifiant d'au moins un an dans le 6e échelon du deuxième grade et d'au moins cinq années de services effectifs dans un corps, cadre d'emplois ou emploi de catégorie B ou de même niveau.

10. Quelles rémunération en début et en fin de carrière ?

Rémunération au 1er janvier 2020.

Rédacteur

Échelon	Indice brut	Indice majoré	Salaire brut
1	372	343	1 607,31 €
13	597	503	2 357,07 €

Rédacteur principal de 2e classe

Échelon	Indice brut	Indice majoré	Salaire brut
1	389	356	1 668,22 €
13	638	534	2 502,34 €

Rédacteur principal de 1re classe

Échelon	Indice brut	Indice majoré	Salaire brut
1	446	392	1 836,92 €
11	707	587	2 750,70 €

Auto-évaluation

Avant de commencer votre préparation au concours, évaluez-vous en répondant aux questions de **culture territoriale** ci-dessous, suivies d'un corrigé et d'un bilan.

Questions

1 La France compte au 1er janvier 2020 environ :
a. 25 000 communes
b. 35 000 communes
c. 45 000 communes
d. 55 000 communes

2 L'autorité exécutive du département est :
a. Le président du conseil général
b. Le préfet
c. Le président de l'association des maires du département
d. Le président du conseil départemental

3 Le maire est :
a. Élu au suffrage universel direct par les électeurs de la commune
b. Élu par les conseillers municipaux de la commune
c. Désigné par le préfet
d. Sous la tutelle du président du conseil départemental

4 La durée du mandat du président du conseil départemental est de :
a. 3 ans
b. 4 ans
c. 5 ans
d. 6 ans

5 La compétence en matière de construction et d'entretien des lycées est exercée par :
a. La commune
b. La communauté de communes
c. La région
d. Le département

6 Le président du conseil régional :
a. Exerce au niveau régional les missions que le préfet exerce au niveau départemental
b. Est l'organe exécutif de la région
c. Exerce une tutelle sur les départements et les communes, collectivités de rang inférieur
d. Est élu pour 5 ans

7 Les trois principales fonctions publiques sont :

a. La fonction publique d'État, la fonction publique territoriale, la fonction publique hospitalière

b. La fonction publique d'État, la fonction publique communale, la fonction publique départementale

c. La fonction publique d'État, la fonction publique territoriale, la fonction publique parlementaire

d. La fonction publique d'État, la fonction publique territoriale, la fonction publique régionale

8 La nomination au grade de rédacteur territorial (stagiaire puis titulaire) s'opère :

a. Par recrutement direct sans concours

b. Uniquement par la voie de la promotion interne

c. Par la voie de l'avancement de grade

d. Par la voie du concours et par la voie de la promotion interne

9 Bénéficie(nt) de la clause générale de compétence :

a. Le département, la région, les établissements publics de coopération intercommunale

b. La commune

c. La commune et le département

d. La commune et les établissements publics de coopération intercommunale

10 Le préfet dispose du pouvoir :

a. D'annuler les actes inopportuns des collectivités territoriales

b. D'annuler les actes illégaux des collectivités territoriales

c. De déférer au juge administratif les actes des collectivités territoriales qu'il estime illégaux

d. De rendre exécutoires les actes des collectivités territoriales annulés par le juge administratif

11 Le principe de libre administration des collectivités territoriales signifie que :

a. Les collectivités territoriales déterminent librement le nombre d'élus qui les administrent

b. Les actes des collectivités territoriales ne sont soumis à aucun contrôle

c. Les collectivités décident librement du montant des impôts locaux

d. Les collectivités territoriales s'administrent librement par des conseils élus

12 Cochez la ou les réponses exactes :

a. L'excédent de la section de fonctionnement du budget des collectivités territoriales contribue au financement des dépenses d'investissement

b. L'excédent de la section d'investissement du budget des collectivités territoriales contribue au financement des dépenses de fonctionnement

c. La section de fonctionnement du budget des collectivités territoriales est toujours déficitaire

d. La section d'investissement du budget des collectivités territoriales est toujours bénéficiaire

13 Pour vous nommer rédacteur territorial principal de 2e classe stagiaire après votre réussite au concours, le maire prend :

a. Une délibération

b. Un arrêté

c. Une motion

d. Une décision

⑭ La séance d'une assemblée délibérante :

a. Se déroule à huis clos, sauf si le conseil décide que la séance est publique

b. Est publique, sauf si l'assemblée délibérante décide le huis clos

c. Se déroule toujours à huis clos

d. Est toujours publique

⑮ Le lauréat d'un concours de la fonction publique territoriale :

a. Ne peut être nommé que dans le ressort géographique du centre de gestion de la fonction publique territoriale de l'organisateur du concours dont il est lauréat

b. Est automatiquement nommé dès sa réussite au concours

c. Peut être nommé par tout employeur territorial, quel que soit le centre de gestion de la fonction publique territoriale organisateur du concours dont il est lauréat

d. Est, après sa réussite au concours, inscrit sur une liste d'aptitude dont la durée de validité est illimitée

⑯ La loi du 27 janvier 2014 de modernisation de l'action publique territoriale et d'affirmation des métropoles (MAPTAM) désigne comme « chef de file » en matière, notamment, de mobilité durable :

a. La commune

b. Le département

c. La région

d. L'État

⑰ La loi MAPTAM désigne comme « chef de file » en matière, notamment, d'autonomie des personnes :

a. La commune

b. Le département

c. La région

d. L'État

⑱ Compétence obligatoire des établissements publics de coopération intercommunale (EPCI) au 1er janvier 2018, la GEMAPI désigne :

a. La gestion des milieux aquatiques et prévention des inondations

b. La gestion des marchés publics d'investissement

c. La gestion en économie mixte des acteurs de promotion des investissements

d. La gestion équitable des marchés d'approvisionnement publics individualisés

⑲ La parité femmes-hommes en politique est :

a. Impossible dans les conseils départementaux compte tenu de leur mode d'élection

b. Facultative dans toutes les collectivités territoriales

c. Assurée dans les conseils municipaux des communes de 1 000 habitants et plus grâce au scrutin de liste

d. Assurée dans les conseils municipaux des communes de 3 500 habitants et plus grâce au scrutin de liste

⑳ Dans les concours de la fonction publique territoriale :

a. La réussite vaut nomination

b. Toutes les épreuves obligatoires comportent une note éliminatoire

c. L'inscription sur liste d'aptitude est valable un an

d. Un candidat absent à une épreuve peut être admis si la moyenne de ses notes est suffisante

Corrigé

1 b	6 b	11 d	16 a
2 d	7 a	12 a	17 b
3 b	8 d	13 b	18 a
4 d	9 b	14 b	19 c
5 c	10 c	15 c	20 b

Reportez votre score dans le tableau ci-dessous.

Culture territoriale	
Réponses justes	.16./20
Réponses fausses	..4../20
Vous avez entre 0 et 7 réponses justes	Votre résultat montre que vous devez travailler à fond votre culture territoriale. Les fiches de cours et d'autres informations contenues dans l'ouvrage vous aideront à mettre toutes les chances de votre côté pour maîtriser les questions de culture territoriale.
Vous avez entre 8 et 13 réponses justes	Prenez connaissance des fiches de cours et des autres informations contenues dans l'ouvrage. Vous pourrez ainsi combler la distance qui vous sépare aujourd'hui d'une parfaite maîtrise des questions de culture territoriale.
Vous avez entre 14 et 20 réponses justes	Bravo ! Il vous reste à consolider vos connaissances pour réaliser un « sans-faute » en matière de culture territoriale.

PARTIE 1

Réussir les **épreuves d'admissibilité**

Note sur dossier
(rédacteur externe, interne et 3e voie)

DURÉE

3 HEURES

COEFFICIENT

1

INTITULÉ RÉGLEMENTAIRE DES ÉPREUVES

• **Concours externe**

La rédaction d'une note à partir des éléments d'un dossier portant sur des notions générales relatives aux missions, compétences et moyens d'action des collectivités territoriales.

• **Concours interne, troisième concours**

La rédaction d'une note à partir des éléments d'un dossier portant sur l'un des domaines suivants, au choix du candidat lors de son inscription :
– les finances, les budgets et l'intervention économique des collectivités territoriales;
– le droit public en relation avec les missions des collectivités territoriales;
– l'action sanitaire et sociale des collectivités territoriales;
– le droit civil en relation avec les missions des collectivités territoriales.

(durée : 3 heures; coefficient 1)

Planning de révisions

Le **planning** ci-après entend vous proposer un **mode d'acquisition méthodique des savoir-faire et des connaissances indispensables** à la réussite de l'épreuve de rapport avec solutions opérationnelles.

La date à laquelle vous commencez à utiliser cet ouvrage pour vous préparer déterminera évidemment la durée de chaque période : si, par exemple, vous entamez votre préparation personnelle six mois avant le concours, les huit périodes d'appropriation compteront chacune de l'ordre de deux semaines. Il en ira tout différemment si vous pensez pouvoir préparer le concours en un mois : deux à trois jours seront alors consacrés à chaque période.

Soyez également attentif au fait que cette épreuve requiert non seulement une **maîtrise de la technique de la synthèse** des éléments d'un dossier, mais aussi celle des **connaissances en administration des collectivités territoriales** abordées dans la partie 2, afin de bien comprendre les données du sujet, qu'il s'agisse de la commande ou des éléments du dossier.

PÉRIODES	CONTENU DES RÉVISIONS	NOS OUTILS
1	Comprendre les exigences de l'épreuve, savoir présenter clairement une note	**Méthodologie et conseils :** pp. 36-58
2	Exploiter méthodiquement un sujet, savoir gérer le temps de l'épreuve	**Méthodologie et conseils :** pp. 59-73
3	Lire intégralement le dossier d'un sujet d'une vingtaine de pages (sujet d'annales)	**Entraînement :** sujet 1, pp. 74-106
4	Identifier les éléments à valoriser, décider d'un plan	
5	Rédiger intégralement la note demandée sans limite de temps	
6	Lire et analyser le corrigé type, mesurer et analyser les écarts de sa propre production avec le corrigé type	
7	Relire l'ensemble des conseils méthodologiques	**Méthodologie et conseils :** pp. 36-73
8	S'entraîner sur les sujets d'annales, rédiger intégralement la note demandée en se limitant au temps réglementaire de l'épreuve	**Entraînement :** sujet 2 p. 107-141

Cette approche méthodologique est fondée sur le cadrage national élaboré par les centres de gestion de la fonction publique territoriale.

Ce cadrage national est notamment consultable en ligne sur le site www.cig929394.fr

1. Comprendre les exigences de l'épreuve

1. Rédiger

A. Une rédaction intégrale

La concision et l'efficacité requises nécessitent que la note soit parfaitement lisible : cette lisibilité requiert une écriture simple, précise, une orthographe et une syntaxe les plus irréprochables possible. Même si l'on peut légitimement juger efficace un style télégraphique, une **rédaction intégrale** (pas de phrases sans verbe, pas d'accumulation de tirets, etc.) est ici exigée.

Cadrage national

La note doit être intégralement rédigée (pas de style télégraphique ou « prise de notes »).

Le niveau attendu en matière de maîtrise de la langue (orthographe, syntaxe) est le même que dans les épreuves de composition ou de dissertation.

Une note ne devrait pas obtenir la moyenne lorsqu'elle témoigne d'une maîtrise linguistique insuffisante (trop nombreuses erreurs d'orthographe, de syntaxe, de ponctuation, de vocabulaire).

B. Sans « langue de bois »

Mettons en garde le candidat contre **l'abus de la langue de bois** : jargons, formules creuses, que l'écrivain et académicien Bertrand Poirot-Delpech qualifiait, dans un article du *Monde*, de « RAS », « **remplissage** n'ayant rigoureusement aucun sens » :

La parole publique – écrivait Bertrand Poirot-Delpech – est confisquée par quelques centaines d'hommes politiques, patrons, experts variés, publicitaires et communicants qui manient langue de bois, euphémismes, jargons technocratiques, métaphores passe-partout et formules faussement savantes, pour capter nos suffrages, masquer la vérité, endormir nos vigilances, nous imposer « idées », images, camelote.

Les victimes de ces tromperies les recopiant par contagion, c'est tout le langage qui risque d'être bientôt perverti en machine à vendre, vidé de sens, suspect, ridiculisé [...].

Pour résister à ces manipulations, beaucoup suggèrent un lexique français-français de dessillement, de désintoxication. Voici quelques pistes :

ABSOLU (impératif, nécessité...) : RAS.

ALLÉGER (les procédures administratives, les charges sociales, les programmes scolaires...) : les remplacer par d'autres.

ANNONCE (effet d') : blabla, laïus, baratin, rideau de fumée, pour faire patienter.

CENTRAL : important (voir fondamental, majeur).

CLAIR, CLAIREMENT (« il a été tout à fait clair », « il a indiqué clairement ») : RAS.

CONCERTATION (ouvrir, mener, conduire, une grande, une large...) : noyer le poisson (à remplacer par créer une commission).

CONFIDENCE (je vais vous faire une confidence...) : annoncer sur les ondes, comme si personne n'était au courant, quelque chose que tout le monde sait déjà.

CONJONCTUREL : on n'y peut rien, mais ça peut encore s'arranger (voir structurel).

DÉFICIT D'EXPLOITATION : quand l'opinion renâcle, la faute aux porte-parole, aux médias.

DYSFONCTIONNEMENT : erreur sans cause, la faute à personne, aux autres, à pas de chance.

FAUT (il faut que...) : nous ne l'avons pas fait, nous y pensons sérieusement.

FONDAMENTAL : important (voir central)

LARGE (tour d'horizon, débat, négociation...) : RAS. Voir vaste.

LOURD (tendances...) : on n'y peut pas grand-chose. Voir structurel.

MAJEUR : important. Voir central, fondamental.

MOMENT (quand le... sera venu) : quand cela nous arrangera.

NATURELLEMENT : ne me demandez pas pourquoi.

NÉCESSITÉ : toujours absolue. Voir ce mot.

PERSPECTIVES (ouvrir, tracer...) : parler un peu de l'avenir.

PEU (« J'ai un ... le sentiment que) : je trouve que.

SIGNIFICATIF (augmentation, mesure) : engagement faisant impression, mais non chiffré.

STRUCTUREL : on n'y peut vraiment rien (voir conjoncturel)

SYNERGIE : copinage moderniste

TERME (à plus ou moins long...) : bientôt, ou peut-être avant.

TOUT À FAIT : oui (synonymes : absolument, complètement, totalement).

Dans la même veine, Max Dorra, écrivain et professeur de médecine, se livrait dans *Le Monde* (13 et 14 juillet 2008) à « la chasse aux perroquets : ébauche d'un dictionnaire des idées reçues et formules absurdes employées dans les médias » :

FORT [signal –] : ultime recours des pensées flasques.

INDIQUE [je vous –] : se dit sur un ton neutre, objectif, discrètement protecteur, pour vous refiler à l'esbroufe des informations habituellement inexactes.

MENTALITÉ D'ASSISTÉ : se dit avec une moue réprobatrice, en général au volant d'une Mercedes.

MODERNITÉ : confond « actuel, à la mode » et « universel, éternel » par la vertu de l'art. Stendhal et Rimbaud sont modernes. X, Y, Z (suivez mon regard) sont actuels.

POLITOLOGUE [on va demander l'avis d'un –] : croyance médiatique (faussement) naïve en l'« objectivité scientifique » d'un « expert ». On apprend d'ailleurs toujours, incidemment, que le « politologue » en question est « proche » de tel ou tel homme politique.

QUELQUE PART : évocation de ce qui n'est ni dans le temps ni dans l'espace mais dans une autre dimension. Utilisé en général pour se donner un air vaguement analytique. Permet de jouer à l'initié. (Il est recommandé de prendre un air mystérieux.)

TRANSPARENCE [souci de –] : prétexte pris par les administrations et les grandes entreprises pour publier régulièrement une masse de chiffres inutilisables sortis d'un ordinateur. Rideau de fumée qui permet de mettre soigneusement de côté les vrais problèmes, ceux qu'on se gardera bien d'aborder. Les chiffres vraiment gênants, par exemple.

TROP DÉPENSIER [l'État est –] : artifice de présentation culpabilisant destiné à faire accepter, dans un collectif budgétaire, la réduction des crédits alloués à la santé, l'Éducation nationale, la culture, la recherche…

Et que dire de :

« INITIER » voire « INITIALISER », pour : commencer, débuter, mettre en chantier, entamer, engager.

« FINALISER », pour : achever, parachever, terminer, mener à bien, mener à terme, conclure.

« IMPULSER », pour : encourager, favoriser.

« IMPACTER », pour : peser sur, avoir des conséquences sur.

… sans oublier qu'en cours de route on va viser la facilitation, pour une bonne continuation, qui nécessite peut-être une procéduralisation, voire une juridicisation…

Un relevé dans des copies d'examen et de concours des mots et expressions favorites des candidats illustre une tendance à écrire comme tout le monde écrit, qui devrait pousser les candidats à se distinguer par la qualité de leur style.

Citons, dans le désordre :

SE DOIT DE, qui peut souvent être avantageusement remplacé par « doit ».

PALLIER, la plupart du temps fautif : on ne pallie pas à une difficulté, on pallie une difficulté. (Ce verbe est un verbe transitif direct.)

Mettre en exergue

Par le biais, confusion entre biais et moyen.

Notre société d'aujourd'hui, ou notre société contemporaine, ce qui constitue un pléonasme.

De tous temps, alors que bien rares sont les phénomènes qui remontent aux origines de l'humanité !

De par, du fait de

En quelque sorte, pour ainsi dire

Gérer un problème, à remplacer souvent par : résoudre.

Engendrer, générer

Participer d'un

Force est de constater que, pour on observe, il est indéniable que, incontestablement.

Les tenants et les aboutissants, pour les causes et les conséquences.

Chacun est à même de juger les raisons de l'emploi de ces mots : intoxication par le jargon véhiculé par la presse et la télévision, séduction de formulations « ronflantes »...

C. Sans « jargon administratif »

Soyons conscients de la tendance de l'administration à utiliser un langage qui lui est propre et que certains candidats ont tendance, inconsciemment ou non, à imiter : l'administration affectionne en effet particulièrement les expressions « bavardes » et lénifiantes, dans le but, conscient ou inconscient, d'atténuer le caractère impératif de l'ordre ou absolu du refus, de valoriser ses actions, de masquer ses insuffisances.

Quelques exemples de ce « **style administratif** » dont le candidat doit se méfier :

Style administratif	Peut être remplacé par
– Votre correspondance en date du ... (date)	– Votre lettre du ... (date)
– Je porte à votre connaissance	– Je vous informe
– Je vous fais connaître	– Je vous informe
– Votre autorisation vient à expiration	– Vous n'êtes plus autorisé
– Un refus a été opposé à votre demande	– Votre demande a été refusée
– Il ne nous a malheureusement pas été possible de réserver une suite favorable à votre demande	– Votre demande a été refusée
– Vous voudrez bien nous faire retour du document	– Restituez le document
– Vous faites l'objet d'une mesure de suspension	– Vous êtes suspendu
– Ces dispositions se proposent de réglementer, s'attachent à réglementer	– Ces dispositions réglementent
– Ce rapport se plaît à signaler	– Ce rapport signale
– Une erreur s'est malencontreusement glissée dans ce document	– Ce document est erroné

Ainsi, le candidat devra éviter de jargonner tout en sachant utiliser **des formulations qui évitent le « je » et l'abus du « nous »** en ayant recours à des formulations comme « il convient d'être attentif à », « on s'attachera à », « on veillera particulièrement à » ; « des expériences méritent attention », etc.

D. Sans faute d'orthographe

La liste inépuisable des **fautes d'orthographe** et des impropriétés est également éclairante : trop de candidats doutent trop peu d'eux-mêmes… Sans nul doute, les listes d'erreurs font sourire plus d'un candidat qui serait prêt à jurer : « Moi, ça, jamais » ; pourtant…

ÉMERGEANCE : pour émergence.

EXIGEANCES : pour exigences.

ÊTRE EN BUT À : pour être en butte à.

BOULVERSEMENT : pour bouleversement.

REPAIRE alors qu'il s'agit de repère : le repaire, c'est le lieu de refuge de bêtes sauvages ou des individus dangereux ; notre besoin de repères ne serait-il que la recherche d'un repaire ?

PALIER À : pour : pallier, verbe transitif direct : on pallie un problème, c'est-à-dire qu'on trouve une solution provisoire.

DE PART LA LOI, LE MAIRE… : pour de par.

QUELQUES SOIENT LES DIFFICULTÉS : pour quelles que soient les difficultés…

ENCRÉ DANS LES ESPRITS : pour ancré. Sans doute s'agit-il d'encre indélébile…

BASÉ SUR : incorrect, on doit écrire : fondé sur.

VOIR : à la place de voire : un acte, voire deux, doivent être pris…

TOUT À CHACUN : pour tout un chacun.

ÊTRE JUGE ET PARTI : pour juge et partie : n'allons pas soupçonner tous les juges de partis pris idéologiques.

ILETTRÉ, ILLÉTRÉ : pour illettré !

STIPULER : confondu avec fixer, disposer que : un contrat stipule, une loi, un décret fixent que, disposent que…

Pour faire sourire, terminons par (cherchez l'erreur !) :

- Un pied d'estale
- Une vie descente
- Les enjeux sont différends
- Le bas blesse
- Hardue
- Les soubresaults
- Le partenaria
- Des cours d'analphabétisation

E. Sans « copier-coller »

Un travail de reformulation synthétique de l'information est attendu du candidat qui ne saurait valablement se contenter d'un montage d'extraits des documents copiés-collés.

Cadrage national

Le candidat doit restituer les informations par un travail de reformulation. Il ne peut se contenter de recopier intégralement des parties de textes. Les citations directes doivent être réservées aux seuls extraits succincts de textes juridiques, documents officiels, prises de position éclairantes de personnalités qualifiées ou réflexions d'auteurs faisant autorité.

2. Rédiger à partir d'un dossier

Cadrage national

Le sujet indique au candidat un contexte dans lequel il devra s'inscrire. Le candidat doit y être attentif afin de valoriser au mieux les informations du dossier qui répondent précisément à la commande.
Cette mise en situation sera également exploitée pour satisfaire aux exigences formelles de présentation de la note (timbre, destinataire, objet, etc.).
La commande passée par le destinataire de la note porte sur une thématique large sans fournir d'indication de plan.
La commande est suivie d'une liste signalétique des documents, mentionnant le titre, l'auteur, la source, la date et le nombre de pages de chaque document.

A. Une commande précisant le contexte

La mise en situation est synthétique et sert à compléter le timbre et à comprendre l'objet de la note (exemple : « Le directeur général des services de la commune de X vous demande de rédiger à son attention une note sur… »).

Plus fondamentalement, cette mise en situation peut contenir des éléments de contexte (nombre d'habitants par exemple, attente précise du destinataire, etc.) destinés à guider dans la sélection des informations.

Il convient à cet égard d'être attentif aux précisions sur le nombre d'habitants de la commune qui peuvent être fournies pour indiquer que la commune de X relève bien d'un dispositif comportant un seuil démographique.

Autre exemple : si la commande indique que le maire souhaite une note sur… dans la perspective d'une rencontre avec toutes les associations de la ville, vous serez attentif à repérer dans le dossier ce qui a trait au rôle des associations afin de valoriser celui-ci dans votre note.

B. Un dossier : quelle longueur, combien de documents ?

Cadrage national

Le dossier rassemble au plus une dizaine de documents et compte de l'ordre d'une vingtaine de pages.
Il peut comporter des documents de nature (documents juridiques, documents officiels, articles de presse spécialisée ou non, etc.) et de forme (textes, documents graphiques ou visuels, etc.) variées dont le candidat doit mesurer l'importance relative.
Si les informations peuvent être redondantes d'un document à l'autre, aucun document n'est jamais totalement inutile, le dossier ne comprenant pas de « document piège ».

C. Le dossier, rien que le dossier

Cadrage national

Le candidat n'a pas, pour traiter le sujet, à faire appel à des données (connaissances, expériences, opinions) extérieures au dossier : toutes les informations dont il a besoin sont contenues dans celui-ci. L'utilisation d'informations qui ne figurent pas dans le dossier est pénalisable. L'expression fréquemment utilisée dans la commande de la note : « à l'aide des seuls documents joints », souligne cette exigence.

3. Rédiger une note

A. Une note pleinement compréhensible sans recourir au dossier

La note est destinée à un responsable – administratif ou élu – le plus souvent situé plus haut dans la « hiérarchie » que le rédacteur du document. Il peut s'agir d'un directeur général des services, d'un adjoint au maire, d'un président de conseil départemental, régional, etc.
Le **cadrage national** situe clairement le candidat dans la hiérarchie administrative.

Cadrage national

La note vise à informer rapidement et efficacement un destinataire - en général en position d'autorité hiérarchique :

– sur un sujet relevant du champ d'action des collectivités territoriales (concours externe);

– sur une question spécialisée, dont le candidat choisit le domaine lors de son inscription, entrant dans le champ de compétence des collectivités territoriales (concours interne et de troisième voie).

Elle peut s'inscrire dans un processus de prise de décision.

Le destinataire doit « tout comprendre » à la seule lecture de la note : les correcteurs pénaliseront donc toujours une restitution imprécise et confuse des informations qui les rendrait incompréhensibles de qui ne connaîtrait pas le sujet.

Cadrage national

Le destinataire est supposé ne pas connaître le sujet ni disposer du dossier : il n'a que la note pour s'informer et étayer sa réflexion, voire sa décision.

Aussi, il est exclu de restituer les informations de manière allusive ou de faire référence aux textes pour se dispenser d'en exprimer le contenu. Il est donc malvenu de mentionner les références aux documents dans la note (document 1, document 2, etc.). On considère que le dossier disparaît en tant que tel lors de la rédaction de la note : le candidat n'en conserve que les informations essentielles. La note n'est pas un résumé des textes, il ne s'agit pas de présenter succinctement et successivement les documents du dossier.

B. Une note concise

L'information transmise doit donc être efficace, concise, organisée, la présentation matérielle de la note (voir ci-dessous) devant contribuer à cette efficacité. La note ne doit être ni trop courte, ni trop longue : **environ 6 pages** (une copie double plus une feuille intercalaire) sont attendues.

Cadrage national

La note doit être concise : de l'ordre de 5 à 6 pages sont nécessaires et suffisantes.

C. Une note impartiale

Les informations ne doivent être **ni partielles, ni partiales** : l'approche exagérément optimiste d'un dispositif, d'un phénomène, de problèmes et de difficultés, induisant des solutions excessivement simples..., alors que le dossier comporterait des éléments problématiques, serait à la fois partielle et partiale et donc récusée.

D. Une note portant sur des notions générales territoriales (concours externe)

Cet intitulé rend possible un très grand nombre de sujets qui s'inscrivent nécessairement dans le champ territorial, puisqu'ils portent réglementairement sur « des notions générales relatives aux missions, compétences et moyens d'action des collectivités territoriales ».

Cadrage national

En l'absence de programme réglementaire, l'intitulé officiel de l'épreuve ainsi que les missions du cadre d'emplois permettent de prendre la mesure des thématiques possibles.

Le décret n° 2012-924 du 30 juillet 2012 portant statut particulier du cadre d'emplois des rédacteurs territoriaux fixe, en son article 3-I, que « les rédacteurs territoriaux sont chargés de fonctions administratives d'application. Ils assurent en particulier des tâches de gestion administrative, budgétaire et comptable, en participant à la rédaction des actes juridiques. Ils contribuent à l'élaboration et à la réalisation des actions de communication, d'animation et de développement économique, social, culturel et sportif de la collectivité.

Les rédacteurs peuvent se voir confier des fonctions d'encadrement des agents d'exécution.

Ils peuvent être chargés des fonctions d'assistant de direction ainsi que de celles de secrétaire de mairie d'une commune de moins de 2 000 habitants ».

Les **sujets nationaux** des précédentes sessions du concours externe de rédacteur étaient les suivants :

- **2013**

Vous êtes rédacteur territorial au sein du service juridique de la commune de X. Votre chef de service vous demande de rédiger à son attention, exclusivement à l'aide des documents joints, une note sur **les pouvoirs du maire pour lutter contre la délinquance**.

- **2015**

Vous êtes rédacteur territorial au service communication de la commune d'Admiville, commune de 7 500 habitants.

La directrice générale des services de votre collectivité vous demande de rédiger à son attention, exclusivement à l'aide des documents joints, une note sur **l'ouverture des données publiques**.

■ **2017**

Vous êtes rédacteur territorial au sein du pôle santé et sécurité au travail de la direction des ressources humaines de la commune d'Admiville, qui compte 2 500 agents. Les syndicats ont souhaité mettre à l'ordre du jour d'un prochain comité d'hygiène, de sécurité et des conditions de travail (CHSCT) la question des conséquences d'une utilisation accrue des outils numériques sur la santé et les conditions de travail des agents afin de dégager des pistes de travail.

Afin de préparer cette réunion, la directrice des ressources humaines vous demande de rédiger à son attention, exclusivement à l'aide des documents joints, une note sur **l'utilisation des outils numériques par les services.**

■ **2019**

Vous êtes rédacteur territorial à la ville d'Admiville, qui compte 22 000 habitants.

Interpellés par des administrés sur la question du prix pour l'usager de certains services publics communaux, les élus souhaitent remettre à plat la politique tarifaire de la collectivité.

Dans cette perspective, la directrice des services à la population vous demande de rédiger à son attention, exclusivement à l'aide des documents joints, une note sur **la tarification des services publics locaux.**

E. Une note portant sur des domaines spécialisés (concours interne et de troisième voie)

Rappelons que, au moment de son inscription, le candidat choisit de subir l'épreuve dans l'un des quatre domaines suivants :

- finances, budget et interventions économiques des collectivités territoriales ;
- droit public en relation avec les missions des collectivités territoriales ;
- action sanitaire et sociale des collectivités territoriales ;
- droit civil en relation avec les missions des collectivités territoriales.

Cet intitulé réglementaire permet de percevoir que, quel que soit le domaine spécialisé choisi par le candidat, le sujet sera toujours en lien avec les collectivités territoriales.

Cadrage national

Cette épreuve ne comporte pas de programme réglementairement fixé.
Cependant, les missions dévolues aux membres du cadre d'emplois permettent de mesurer le niveau attendu.
Le décret n° 2012-924 du 30 juillet 2012 portant statut particulier du cadre d'emplois des rédacteurs territoriaux fixe, en son article 3-1, que « les rédacteurs territoriaux sont chargés de fonctions administratives d'application. Ils assurent en particulier des tâches de gestion administrative, budgétaire et comptable, en participant à la rédaction des actes juridiques. Ils contribuent à l'élaboration et à la réalisation des actions de communication, d'animation et de développement économique, social, culturel et sportif de la collectivité.
Les rédacteurs peuvent se voir confier des fonctions d'encadrement des agents d'exécution.

Ils peuvent être chargés des fonctions d'assistant de direction ainsi que de celles de secrétaire de mairie d'une commune de moins de 2 000 habitants ».
Si le candidat trouve dans le dossier tous les éléments nécessaires à la rédaction de la note, leur pleine compréhension et la pertinence de leur exploitation requièrent des connaissances dans le domaine choisi qui vont déterminer son choix de ce domaine.
À titre purement indicatif et sans qu'il constitue un programme réglementaire dont le candidat pourrait se prévaloir, celui-ci peut très utilement se référer au programme des anciennes épreuves des concours de rédacteur (ci-dessous).

a. Finances, budget et intervention économique des collectivités territoriales

a) Notions budgétaires :

- les principes budgétaires;
- les budgets locaux : élaboration, exécution et contrôles;
- notions sur les instructions budgétaires et comptables applicables aux collectivités locales;
- la séparation de l'ordonnateur et du comptable.

b) Les ressources des collectivités locales :

- les recettes fiscales;
- les dotations et subventions de l'État;
- les emprunts;
- les ressources domaniales.

c) Les dépenses des collectivités locales :

- dépenses obligatoires et dépenses facultatives;
- les différentes phases de la dépense.

d) L'intervention économique des collectivités locales :

- les compétences des collectivités territoriales et de leurs groupements dans le domaine économique;
- l'aspect économique des finances locales.

b. Droit public en relation avec les missions des collectivités territoriales

a) L'organisation administrative :

- l'administration de l'État, les collectivités décentralisées et leurs groupements, les établissements publics;
- l'organisation juridictionnelle.

b) L'action administrative :

- la règle de droit et le principe de légalité;
- le pouvoir réglementaire, les actes unilatéraux;
- les contrats administratifs;
- la police administrative;
- le service public et ses modes de gestion;
- la responsabilité de l'administration;
- le contrôle de l'action administrative.

c) La fonction publique :
- principes généraux : statut, recrutement, obligations et droits des fonctionnaires ;
- la fonction publique territoriale : principales règles relatives au recrutement et à la carrière des fonctionnaires territoriaux ; les acteurs de la fonction publique territoriale.

c. Le secteur sanitaire et social, et notamment les politiques de santé, la protection sociale et l'action sociale ainsi que les domaines d'intervention des collectivités territoriales dans ce secteur

a) La protection sociale :
- l'organisation de la protection sociale : les différents acteurs ;
- la Sécurité sociale : les principaux régimes (régime général, régimes spéciaux et autonomes) ; principes essentiels, évolution, principaux types de prestations, financement.

b) L'action sociale :
- aide sociale légale, aide sociale complémentaire ou facultative ; le rôle de l'État, des collectivités territoriales et de leurs établissements publics ;
- les structures de l'aide et de l'action sociale dans les collectivités territoriales.

c) Les institutions sanitaires et les politiques de la santé :
- l'organisation de la santé : les différents acteurs ; le rôle respectif de l'État et des collectivités territoriales ;
- le système hospitalier : service public hospitalier, établissements d'hospitalisation publics et privés ;
- les principales politiques de protection et de prévention dans le domaine de la santé : protection maternelle et infantile, protection de l'enfant, lutte contre les dépendances.

d) Les politiques sociales et de solidarité : le rôle respectif de l'État et des collectivités territoriales :
- la politique de la famille ;
- la politique en faveur des personnes âgées ;
- la lutte contre la pauvreté et l'exclusion ;
- la politique du logement ;
- la politique de la ville.

d. Le droit civil en relation avec les missions des collectivités territoriales

a) Les personnes physiques : nom, domicile, état, capacité et incapacité.

b) Le droit de la famille : le mariage et sa dissolution, les différents modes de filiation, l'autorité parentale.

Le concubinage, le pacte civil de solidarité et sa dissolution.

c) La propriété et la possession : le droit de propriété et ses démembrements.

d) Les contrats conclus par les collectivités territoriales : bail, bail rural, bail commercial, acceptation des dons et legs, contrats de cession du domaine privé.

e. Des exemples de sujets

Les thèmes des **sujets nationaux** des précédentes sessions des concours interne et de troisième voie de rédacteur étaient les suivants :

- **Option Finances, budget et intervention économique des collectivités territoriales**

2013 : Les différents moyens d'accroître les marges de manœuvre financières de la commune.
2015 : Le financement participatif
2017 : La gestion du patrimoine immobilier des collectivités territoriales.
2019 : La maîtrise des dépenses de fonctionnement des collectivités territoriales.

- **Option Droit public en relation avec les missions des collectivités territoriales**

2013 : La mutualisation des services.
2015 : Les relations entre l'administration et les citoyens.
2017 : Les apports de la loi du 20 avril 2016 en matière de déontologie.
2019 : La rémunération au mérite.

- **Option Action sociale des collectivités territoriales**

2013 : Le rôle des collectivités territoriales en matière d'offre de soins.
2015 : Le dispositif d'accueil et d'accompagnement des mineurs étrangers isolés.
2017 : La mobilité comme levier d'insertion sociale.
2019 : La préservation de l'autonomie des personnes âgées à travers la question du logement.

- **Option Droit civil en relation avec les missions des collectivités territoriales**

2013 : Les obligations du maire en matière de mariage.
2015 : La situation administrative des enfants issus d'une gestation pour autrui (GPA) à l'étranger.
2017 : L'autorité parentale.
2019 : Les mariages de complaisance.

F. Une note démontrant une aptitude à l'analyse et à la synthèse

a. L'analyse

Elle est évidemment requise pour :

- comprendre la commande (que me demande-t-on exactement ?) et le contexte précis dans lequel cette demande est formulée ;
- repérer dans la liste des documents joints, tant par les sources, les dates et les titres, les principaux thèmes qui vont permettre de structurer la note ;
- distinguer, pendant la « lecture de survol » du dossier, en s'aidant de la « titraille », les informations les plus importantes et les informations secondaires.

b. La synthèse

Elle est ensuite nécessaire pour organiser en un ensemble cohérent, bâti à partir d'un plan clair, les éléments dont on dispose.

Cadrage national

La note n'est pas un résumé des textes, il ne s'agit pas de présenter succinctement et successivement les documents du dossier.
Le candidat élabore, après avoir repéré les informations essentielles apportées par le dossier, un plan qui reflète l'importance relative qu'il donne aux différents aspects de ce qu'il doit transmettre.

4. En bref : les exigences de fond de la note

Cadrage national

La note vise à évaluer les capacités du candidat à :
– analyser une commande et un dossier afin d'en identifier les éléments utiles au traitement du sujet ;
– organiser méthodiquement les informations nécessaires à la rédaction d'une note ;
– produire en temps limité, à l'aide des seuls éléments du dossier, un document synthétique parfaitement compréhensible ;
– maîtriser les connaissances nécessaires à l'exploitation du dossier (concours interne, troisième concours).

À l'aune de cet objectif, le cadrage national précise que :

- Une note devrait obtenir la moyenne ou plus lorsqu'elle :
  - constitue pour son destinataire un moyen d'information – et, le cas échéant, d'aide à la décision – fiable, valorisant de manière objective les données centrales du sujet ;

  et
  - reprend les informations essentielles des documents en les ordonnant autour d'un plan clair, structuré et équilibré (introduction comprenant une annonce de plan, matérialisation des parties et sous-parties) ;

  et
  - est rédigée dans un style correct, s'appliquant à reformuler et non à recopier les informations ;

  et
  - fait preuve d'une maîtrise correcte de la langue (orthographe, syntaxe, ponctuation, vocabulaire).

- Une note ne devrait pas obtenir la moyenne lorsqu'elle :
  - expose de manière désordonnée et imprécise quelques éléments tirés du dossier, laissant apparaître une incapacité à discerner et valoriser l'essentiel ;

  ou

- s'avère impropre à valoriser les informations utiles ;

ou

- ne constitue qu'une juxtaposition de résumés des documents du dossier ;

ou

- est fondée sur des informations qui ne figurent pas dans le dossier ;

ou

- est rédigée dans un style particulièrement incorrect, ou à partir de passages entièrement recopiés ;

ou

- témoigne d'une maîtrise linguistique insuffisante (trop nombreuses erreurs d'orthographe, de syntaxe, de ponctuation, de vocabulaire) ;

ou

- présente un caractère inachevé [sous-partie(s) très insuffisamment développée(s) ou manquante(s)].

2. Présenter clairement une note

1. Un certain formalisme respectant l'anonymat

A. Une présentation formalisée

La note obéit à un formalisme dont la transgression, sanctionnée par un barème précis (– 0,5 point ou – 1 point selon les concours), est toujours pénalisante au moins en ce qu'elle risque d'indisposer les correcteurs attachés à ces règles.

Une excellente copie qui ne respecterait pas ces règles n'en demeurerait pas moins excellente, une copie très mauvaise qui les respecterait n'en serait pas meilleure, mais ce défaut mineur s'ajoutant à d'autres dans une copie moyenne peut coûter le demi-point fatidique qui sépare le candidat admissible du non admissible.

Le **cadrage national** de l'épreuve contient un « modèle » de présentation :

Collectivité émettrice (Ville de … Service … *Remarque : aucun nom de collectivité ni de service, existant ou fictif, autre que celui indiqué dans le sujet ne doit être utilisé sous peine d'annulation de la copie.*	Le (date de l'épreuve) *Remarque : la mention du lieu (déjà dans le timbre) n'est pas ici nécessaire. Un nom de lieu existant ou fictif non précisé dans le sujet pourrait constituer un motif d'annulation*

NOTE

à l'attention de Monsieur (ou Madame) le (la) … (destinataire)

Exemple : à l'attention de Monsieur le Directeur général des services

Objet (thème de la note)

Références : uniquement celles des principaux textes juridiques ou officiels fondant la note
Remarque : la prudence impose l'abandon de toute mention de signature afin d'éviter une rupture d'anonymat entraînant l'annulation de la copie. De même, aucun paraphe ne devra apparaître sur la copie.

Il est donc vivement conseillé de se plier à ces règles aisées à respecter :

- **L'objet** vise simplement à décrire **le thème (le sujet) de la note** : il ne s'agit en aucun cas de la thèse (ce que le rapport ou la note va dire sur ce sujet) : l'objet doit être concis et précis.
- L'utilisation de la zone des **références**, qui ne doit pas être confondue avec une liste bibliographique présente l'avantage, dès lors qu'un texte est précisément référencé (exemple : loi constitutionnelle n° 2012-347 du 12 mars 2012 relative à l'accès à l'emploi titulaire et à l'amélioration des conditions d'emploi des agents contractuels dans la fonction publique), de permettre d'y faire référence dans le développement sans s'embarrasser de précisions déjà apportées (une fois la loi de 2012 clairement référencée dans la zone *ad hoc*, on pourra écrire dans le corps de la note : « la loi de 2012... »).

L'attention doit toutefois être attirée sur la nécessité de respecter la hiérarchie des normes (Constitution, traité et droit communautaire dérivé – règlement et directive –, loi organique, loi ordinaire, décret, arrêté, circulaire, etc.) et de discerner les textes principaux afin de ne pas « encombrer » en vain cette zone ni de perdre un temps inutile à la remplir.

Précisons enfin que peut être « référencé » aussi bien un texte présent dans le dossier qu'un texte cité par des documents au dossier.

B. Une présentation qui respecte l'anonymat de la copie

Les candidats sont invités à se méfier, particulièrement dans ce type d'épreuve, de tout ce qui pourrait être interprété par le jury comme un **signe distinctif**.

Les sujets de concours et examens organisés par les centres de gestion comportent fréquemment des mentions du type :

> – Vous ne devez faire apparaître aucun signe distinctif dans votre copie, ni votre nom ou un nom fictif, ni signature ou paraphe.
> – Aucune référence (nom de collectivité, nom de personne, etc.) **autre que celle figurant le cas échéant sur le sujet ou dans le dossier** ne doit apparaître dans votre copie.
> – Seul l'usage d'un stylo soit noir, soit bleu, est autorisé (bille, plume ou feutre). L'utilisation d'une autre couleur, pour écrire ou souligner, sera considérée comme un signe distinctif, de même que l'utilisation d'un surligneur.
>
> Le non-respect des règles ci-dessus peut entraîner l'annulation de la copie par le jury.
> Les feuilles de brouillon ne seront en aucun cas prises en compte.

> Les causes d'annulation des copies par le jury pour rupture d'anonymat sont nombreuses :
>
> ■ Dans le timbre :
> – Nom et prénom du candidat
> – Nom et prénom fictif
> – Nom de la collectivité du candidat
> – Nom d'une autre collectivité existante

▷

– Nom d'une collectivité fictive (autre que celle éventuellement mentionnée dans la commande)
– Référencement fictif (par exemple : initiales du rédacteur/date de rédaction/ n° d'ordre)

- En signature :
  – Nom et prénom du candidat
  – Paraphe lisible du candidat
  – Nom et prénom fictifs
  – Paraphe illisible
- Encres « distinctives ».

2. Une organisation visible

A. Une introduction

Cadrage national

La note doit comporter une introduction d'une vingtaine de lignes, qui s'apparente à celle d'une composition ou dissertation (entrée en matière, reformulation du sujet, présentation de la problématique dans son contexte) et doit impérativement comprendre une annonce de plan.

L'introduction peut ainsi comporter plusieurs étapes.

a. Une entrée en matière (ou « accroche », en une ou deux phrases)

Suivant le sujet, cette entrée en matière pourra consister par exemple en :
- l'approche historique ou géographique d'un phénomène ;
- des données chiffrées significatives ;
- une expérience récente particulièrement éclairante, etc.

b. Une définition (si nécessaire)

On veillera évidemment à ce que cette définition soit brève mais il est souvent bienvenu de définir ce dont on va parler (la périurbanisation, les établissements publics de coopération culturelle, etc.) avant d'en parler.

c. (et/ou) Un bref rappel du contexte juridique

Les sujets à forte tonalité juridique se prêtent fréquemment à un bref rappel des textes intervenus antérieurement aux nouvelles dispositions qui font l'objet de la note.

d. Une reformulation de la commande (ou problématique)

Toute commande pose question, plus ou moins explicitement. Il convient de reformuler cette commande dans les termes posés par le dossier.

Cette reformulation est généralement présentée sous une forme affirmative, mais il est également envisageable de la rédiger sous une forme interrogative.

L'attention des candidats doit être cependant attirée sur la nécessité de bien ajuster la reformulation de la commande aux enjeux du dossier et de se méfier de problématiques trop formelles (rhétoriques) et trop imprécises sur le fond.

Cette rédaction peut être aisément mise en œuvre une fois l'annonce de plan rédigée, celle-ci étant l'annonce des réponses que la note va apporter à la commande.

e. L'annonce de plan

Alors que la problématique peut être exprimée de manière interrogative, **l'annonce de plan sera toujours rédigée sous forme affirmative**.

Cette annonce est incontestablement **le passage stratégique de la note.**

Le **cadrage national** précise que « la commande passée par le destinataire de la note porte sur une thématique large sans fournir d'indication de plan ».

Une annonce de plan réussie est un laissez-passer vers une bonne note (au double sens du mot « note »). Séduisante, pertinente, elle prédispose favorablement le destinataire/correcteur.

À l'inverse, des informations pertinentes dont l'organisation serait mal présentée risquent de n'être pas perçues comme telles.

L'annonce de plan doit non seulement permettre le repérage le plus facile possible de la structure du développement, mais aussi donner des indications précises sur son contenu : il s'agit d'aller au-delà d'une simple annonce de « boîtes » (exemple : la boîte « problèmes » et la boîte « solutions ») pour préciser ce que l'on va trouver dans ces boîtes.

Cette annonce peut ainsi constituer une indexation de la note qui permet au correcteur d'aller droit à l'information à laquelle il souhaite accéder.

Comment annoncer le plan en fin d'introduction ?

L'introduction se termine par l'annonce de plan. On passe ensuite au développement.

Deux techniques d'annonce sont praticables :

■ **L'annonce des parties (la plus orthodoxe)**

Cette présentation offre l'avantage de la clarté et de la concision. Elle se prête bien à la mise en valeur de plans organisés autour de grands axes clairement identifiés, comme :

I. Questions (problèmes, problématiques, difficultés à résoudre, cas à résoudre, diagnostic, enjeux, etc.)
II. Réponses (solutions, préconisations, propositions, remèdes, moyens, etc.)

Elle impose la rédaction de titres des parties et sous-parties clairs et suffisamment **informatifs.**

Exemple :

(Dernier paragraphe de l'introduction, annonce de plan)
Après l'examen des problèmes essentiels posés par l'accueil des gens du voyage (I) seront présentés les moyens d'y répondre dans la ville de X (II).

(Début du développement)
I. La double dimension sociale et urbaine de l'accueil des gens du voyage
(Bref chapeau introductif :)
L'accueil des gens du voyage pose à la fois des problèmes humains (A) et d'aménagement urbain (B).

A. Des aspects humains conflictuels

....

....

B. Une organisation spatiale inadaptée

....

....

(Phrase de transition : ainsi..., mais...)

II. La nécessité pour la ville de X d'agir légalement et d'accompagner socialement
(Bref chapeau introductif :)
La résolution de ces problèmes impose de satisfaire aux obligations légales (A) tout en organisant un accompagnement social (B).

A. Une réponse aux obligations légales dans un cadre concerté

....

....

B. Un accompagnement social individualisé des personnes accueillies

....

....

L'annonce des parties et des sous-parties

L'annonce des sous-parties est dans ce cas mise en œuvre dès l'introduction, au moyen de l'annonce de plan.

Exemple :

(Dernier paragraphe de l'introduction)
L'accueil des gens du voyage (I) pose à la fois des problèmes humains (A) et d'aménagement urbain (B), dont la résolution impose à la ville de X (II) de satisfaire aux obligations légales dans un cadre concerté (A) et d'organiser l'accompagnement social des personnes accueillies (B).
(Début du développement)

▷

I. La double dimension sociale et urbaine de l'accueil des gens du voyage

A. Des aspects humains conflictuels

....

....

B. Une organisation spatiale inadaptée

....

....

(Phrase de transition : ainsi..., mais...)

II. La nécessité pour la ville de X d'agir légalement et d'accompagner socialement

A. Une réponse aux obligations légales dans un cadre concerté

....

....

B. Un accompagnement social individualisé des personnes accueillies

....

....

B. Un développement visiblement organisé

Cadrage national

Le développement est organisé en parties et en sous-parties. Le plan est impérativement matérialisé par des titres comportant des numérotations en début des parties et sous-parties.

On conseille donc vivement aux candidats de **matérialiser le plan suivi** en titrant les parties et les sous-parties : ceci permet non seulement de vérifier si le plan annoncé « fonctionne » réellement mais aussi de repérer très facilement l'information à laquelle on veut accéder. La numérotation des parties et sous-parties au niveau de l'annonce des plans est, on l'a vu, possible, même si certains correcteurs jugent parfois qu'elle alourdit inutilement la présentation : mieux vaut être un peu lourd et clair qu'élégant et confus.

Le défaut de coïncidence entre le plan annoncé et les titres choisis pour les parties et les sous-parties est assez fréquent chez les candidats : on peut l'expliquer par une crainte de la répétition qui conduit à reformuler. Ce souci est louable, mais une reformulation ratée conduit souvent à « dire » autre chose dans les titres que ce qui a été annoncé dans l'annonce de plan. On ne court pas ce risque si l'on rédige une annonce de plan qui peut se découper en autant de « tranches » que de titres de parties et sous-parties.

> **CONSEIL DU FORMATEUR**
> L'obligation de proposer un plan matérialisé n'implique en aucun cas que le candidat puisse se passer de rédiger annonce de plan, chapeaux introductifs et transitions. La copie doit pouvoir parfaitement se lire sans les intitulés.

La **présentation de la copie** est également un outil essentiel dont le candidat doit se servir pour améliorer la lisibilité de sa copie en rendant sa structure la plus évidente possible. Le destinataire/correcteur pourrait « passer à côté » d'une organisation qui ne serait pas suffisamment apparente.

Au-delà des titrages, il faut aussi utiliser de façon logique les sauts de ligne(s), les retraits par rapport à la marge :

Exemples :

- On saute 3 lignes entre l'introduction et le développement comme entre le développement et la conclusion.
- On saute 2 lignes entre la première partie et la deuxième partie.
- On saute 1 ligne entre chaque sous-partie.
- On ne saute pas de ligne entre les paragraphes de chaque sous-partie mais on marque un retrait (toujours le même) par rapport à la marge pour la première ligne de chaque paragraphe.
- Une phrase de transition est bienvenue entre chacune des parties.

C. Un développement réellement organisé

Une note organisée n'est pas seulement une note clairement structurée en parties et en sous-parties : encore faut-il que les sous-parties ne soient ni le lieu d'un déversement d'informations « en vrac » ni une juxtaposition d'informations : il est indispensable que les informations soient elles-mêmes organisées et que cette organisation soit rendue évidente par des **mots de liaison** (articulations logiques, connecteurs argumentatifs) sans lesquels ces informations apparaissent juxtaposées.

La juxtaposition d'informations procède souvent d'une synthèse insuffisante qui conduit les candidats à « coller » de façon parfois hasardeuse des informations diverses recueillies dans le dossier.

D. Une conclusion facultative

> **Cadrage national**
> La conclusion est facultative. Elle peut toutefois utilement souligner l'essentiel, sans jamais valoriser des informations oubliées dans le développement.

Au vu de ce cadrage, l'absence de conclusion ne saurait en aucun cas être pénalisée.

Ne sera évidemment pas pénalisé non plus un candidat qui fera l'effort de conclure sa note.

La pratique de la correction montre cependant qu'**une conclusion présente le double avantage de rendre évidents le caractère achevé de la copie, signe d'une bonne maîtrise du temps, ainsi que la capacité du candidat à reformuler l'essentiel en quelques mots**.

Si conclusion il y a, elle doit être facilement identifiable : les règles de présentation adoptées (par exemple 3 lignes sautées entre la fin du développement et le début de la conclusion), une formulation nettement conclusive (ainsi, pour en terminer, au total, finalement, etc.) évitent toute ambiguïté.

Mieux vaut rédiger la conclusion tôt dans l'épreuve (rien, logiquement, ne devrait empêcher qu'elle le soit juste après la mise au point définitive de l'introduction) : trop de conclusions trahissent la fatigue et le manque de temps.

Sur le fond, la conclusion n'est pas un résumé de la note mais une reformulation rapide (quelques lignes suffisent) de l'essentiel du message qu'elle contient : le candidat dispose ici d'un espace de liberté pour apporter sur le sujet l'éclairage qui, tout bien considéré, lui paraît le plus pertinent, dans la logique des réflexions préalablement conduites.

ATTENTION

La conclusion ne sera jamais le lieu du « repentir » où placer des éléments importants oubliés dans le développement : si l'on omet une information, laissons croire qu'on l'a fait en toute connaissance de cause et n'allons pas pointer du doigt notre propre erreur. Il n'est pas rare que des candidats démarrent ce type de conclusion par un « sans oublier... », particulièrement révélateur et pénalisant parce qu'il souligne précisément ce qui a été oublié !

3. Exploiter méthodiquement le sujet

La difficulté majeure que les candidats disent rencontrer est celle de la longueur du dossier (une vingtaine de pages) et, en conséquence, un manque de temps. Comment s'en sortir ?

1. Analyser finement la commande

Les candidats consacrent généralement trop peu de temps à cette analyse qui détermine pourtant les informations à trouver dans les « documents joints ».

En effet :

- L'analyse de la commande permet d'abord de déterminer l'auteur supposé de la note et, surtout, son destinataire.
- Elle permet d'identifier précisément l'objet de la note : il ne sera pas inutile, pendant la phase d'exploitation des documents du dossier, de revenir régulièrement au sujet pour vérifier que l'on ne s'éloigne pas du « cahier des charges ».
- Elle peut contenir des éléments de contexte permettant de circonscrire le champ de la note attendue.

Avant même d'aborder le dossier, on pourra se demander à partir de la commande quels **éléments incontournables** devrait (sous réserve que le contenu du dossier valide cette analyse) comprendre la note :

- **moyens** : humains, techniques, financiers, économiques ;
- **risques** : juridiques, politiques, économiques, sociaux ;
- **avantages** politiques, économiques, sociaux/**inconvénients** ;
- **modes d'organisation** (partenariat) ;
- **résultats attendus** ;
- **précautions indispensables**, etc.

D'autres listes préconçues de mots peuvent aussi aider à prédéterminer quelles informations rechercher dans le dossier.

C'est le fameux **QQOQC**, auquel on peut adjoindre quelques mots clés :

- **Q**ui ? (Quels sont les principaux acteurs ?)
- **Q**uoi ? (De quoi s'agit-il précisément ? Peut par exemple conduire à rechercher des définitions afin que l'objet même de la note soit précis.)
- **O**ù ? (Quelles expériences déjà réalisées ? Renvoie souvent aux expériences locales.)
- **Q**uand ? (La question a-t-elle une histoire ? Que s'est-il passé avant ? Cela explique-t-il maintenant ?)

- **C**omment ? (Quels moyens mis en œuvre ? Quelle logique de l'action : créer puis gérer, ou expérimenter puis évaluer, etc. ?)

On peut ajouter le **PDA** :
- **P**ourquoi ? (Quelles sont les causes du phénomène ? Pourquoi ces acteurs, ces objectifs, ces moyens ?...)
- **D**ans quel but ? (Quels sont les objectifs ?)
- **A**vec quels effets ? (Quel bilan ? Quelles incertitudes demeurent ?)

2. Analyser la liste des « documents joints » et leurs titres

Les documents peuvent être de nature diverse :
- **documents juridiques** : loi, décret, arrêté, circulaire, décision jurisprudentielle (tribunal administratif, Conseil d'État, etc.) ;
- **documents officiels** : rapports ;
- **articles de presse spécialisée** : doctrine juridique, presse spécialisée « collectivités territoriales » ;
- **articles de presse d'information générale** ;
- **extraits d'ouvrages** ;
- **documentation professionnelle sous d'autres formes** : fiches techniques, documents graphiques et visuels, plans, cartes, etc.

L'analyse de la composition du dossier vous permet d'adopter une stratégie (par quel document commencer ?) que la lecture de survol du dossier vous permettra de valider ou d'invalider.

Si le dossier comporte des **documents juridiques**, on aura généralement intérêt à commencer par la circulaire qui précise les modalités d'application de la loi : dans la plupart des cas, les informations de la circulaire dispenseront d'utiliser celles de la loi qui seraient redondantes (ce qu'il faudra tout de même vérifier !).

C'est souvent, lorsque le dossier a une forte tonalité juridique, dans les documents commentant les documents juridiques que l'on trouvera le « **document pivot** », celui qui fournit le maximum d'informations sur le sujet.

C'est généralement dans la presse, spécialisée ou non, que l'on trouve des approches problématiques de la question faisant l'objet de la note.

Les **titres** et les **dates** des documents peuvent par ailleurs permettre une première approche problématique du sujet :
- Il n'est pas rare que les seuls titres des documents vous donnent déjà une idée de sous-parties, voire plus.
- Les dates peuvent être également très éclairantes : si des articles sont antérieurs à la création d'une institution, à l'instauration d'un dispositif, il y a tout lieu de penser qu'on va y trouver une analyse des causes de la réforme.

3. Parcourir le dossier

Ce parcours va vous permettre de hiérarchiser les différents articles :

- celui qui semble directement permettre de répondre à la demande ou à une partie importante de la demande : on parle alors de « **document pivot** » ;
- celui qui n'en aborde qu'un aspect : il apporte un complément d'information sur un aspect particulier : c'est le document complémentaire ;
- celui qui illustre le sujet : article ou reportage sur telle ou telle réalisation ou mise œuvre ;
- celui qui est périphérique : il ne concerne pas directement la demande, mais est un élément de compréhension du sujet, il sert souvent pour l'introduction ;
- celui qui est hors sujet : c'est exceptionnel, mais des parties d'un article peuvent très bien être hors sujet.

Plusieurs articles peuvent remplir la même fonction : on parlera d'articles redondants. Après s'en être assuré, on sélectionnera celui qui se prête le mieux à la synthèse et on parcourra très rapidement les autres sans s'y attarder.

D'une manière générale, il est rare qu'il faille lire l'intégralité du dossier remis. Par exemple, les textes juridiques sont la plupart du temps « doublés » par des articles parus dans des périodiques qui les présentent, en font l'analyse. Cela vous dispensera alors de leur lecture.

Trop souvent négligée par le candidat qui craint d'y perdre du temps, cette **lecture de survol** est utile si elle permet de valider l'analyse de la commande et de la liste des documents joints et, surtout, de déterminer le **document pivot** : ce document est celui dont l'exploitation va permettre d'identifier le plus grand nombre possible d'arguments permettant de traiter le sujet. Plus ce document permet d'alimenter des fiches par thèses (correspondant chacune à l'un des aspects du sujet), plus l'exploitation des autres documents sera rapide et facile.

Remarquons qu'une erreur sur le caractère « pivot » d'un document ne serait pas dramatique : si l'on n'y trouve que peu d'informations utilisables pour traiter le sujet, il faudra rapidement passer à un autre document pour tenter d'en extraire la « substantifique moelle ».

Soulignons enfin qu'on ne lit pas un dossier de synthèse comme on lit habituellement : celle lecture doit être rapide et utile. Le but : **repérer l'essentiel** (on peut se servir des titres et sous-titres, des intertitres, des chapeaux introductifs, des conclusions), **éliminer l'inutile**, le redondant ou le hors-sujet.

4. Exploiter le dossier

Plusieurs méthodes sont enseignées. Elles ont toutes leur pertinence et, de même qu'un formateur pourra en privilégier une, de même les candidats qui se préparent à l'épreuve pourront être plus à l'aise avec telle méthode plutôt que telle autre.

Pour autant, la nécessité de construire en trois heures une note synthétisant les informations essentielles à partir d'un dossier dense rend de loin la technique de rédaction à partir d'un plan préconçu la plus pertinente.

L'analyse du contexte et de la commande me donne des premières indications sur des axes importants de la note et me mettent ainsi en quête d'informations que j'espère trouver dans le dossier.

Quelle que soit la technique utilisée, une **analyse fine de la commande et des titres** des documents au dossier puis une **« lecture de survol » de l'ensemble du dossier** sont vivement conseillées puisqu'elles vont permettre à la fois :

- de **construire un ordre d'exploitation du dossier** : la première lecture permet de hiérarchiser les textes en fonction de leur nature (texte juridique, presse spécialisée, presse généraliste, etc.), de leur date, de leur longueur, de leur pertinence pour honorer la commande. Elle va déterminer le document par lequel je commencerai l'exploitation du dossier parce qu'il me paraît contenir le plus d'informations utiles à la rédaction de la note ;
- de **distinguer des thèses** :
  - qui peuvent parfois permettre de préconcevoir le plan de la note (**méthode 1**), technique idéale, mais que des dossiers touffus rendent parfois difficilement praticable ;
  - qui permettent de préconcevoir des fiches synthétiques (**méthode 2**) ;
  - qui aident à discerner les points à mettre en valeur lorsqu'on rédige une fiche par document (**méthode 3**).

Si on peut les distinguer par commodité d'exposition, ces **trois méthodes** ne sont pas totalement « étanches » les unes par rapport aux autres, et le traitement d'un sujet donné pourra requérir par exemple de passer à la fois par la méthode 1 et par la méthode 2.

A. Méthode 1 : la rédaction de fiches synthétiques à partir d'un plan préconçu

Vous rédigez une fiche par sous-partie, voire par partie. Deux approches sont possibles, l'approche thématique ou l'approche binaire.

a. L'approche thématique

L'analyse de la commande et des titres, puis une lecture de survol du dossier, particulièrement attentive aux **titres, chapeaux introductifs, sous-titres, intertitres, encadrés, légendes**, etc., vous ont permis d'identifier les thèmes principaux à mettre en valeur, si possible au nombre de quatre, ou à ramener rapidement à quatre.

Pourquoi quatre ? Parce vous visez en priorité une note organisée en deux parties comprenant chacune deux sous-parties, même si d'autres plans sont possibles.

Il vous reste à aller chercher dans le dossier les éléments nécessaires pour remplir ces futures sous-parties.

Vous devrez ensuite les articuler au sein de parties cohérentes.

b. L'approche binaire

Autre manière de travailler à partir d'un plan préconçu : le travail préliminaire d'analyse de la commande et des titres vous permet d'opter pour un plan binaire classique, du type : **Problèmes/Solutions :**

Problèmes	Solutions
– politiques, – économiques, – financiers, – juridiques, – sociaux, – culturels, – environnementaux, – d'organisation, – de fonctionnement, – anciens, – nouveaux, – chance de gain, – risque de perte, – etc.	– politiques, – économiques, – financières, – juridiques, – sociales, – culturelles, – environnementales, – organisationnelles (choix de gestion, etc.), – méthodologiques (méthodologie de projet, – etc.

Pour mémoire, on peut identifier de nombreux plans binaires :
- Dangers/Remèdes
- Bilan/Perspectives
- Constat/Préconisations
- Causes/Conséquences
- Aspects positifs/Aspects négatifs
- Avantages/Inconvénients
- Avantages/Limites
- Vertus/Défauts
- Dispositif/Conditions de bon fonctionnement
- Cela permet/À condition que
- Organisation/Fonctionnement
- Aspects internes/Aspects externes
- Les faits/Le droit

ou, plus finement :
- Un dispositif/mais des difficultés dans son application
- Des objectifs/une mise en œuvre
- Des avancées/mais des insuffisances
- De nouvelles missions/avec de nouveaux moyens
- etc.

Il s'agira ensuite de trouver les intitulés des sous-parties en adéquation avec les deux thèmes annoncés dans les intitulés des grandes parties.

En effet, des plans binaires peuvent ensuite se décliner encore plus finement.

Ceci peut par exemple se faire en classant au fur et à mesure de l'exploitation du dossier les informations dans les grandes parties, puis en subdivisant chaque partie en deux sous-parties (praticable par simple indexation par A ou par B des informations de chaque partie) :

- Les faits/Des réponses insuffisantes//Une nouvelle réponse/Les conditions de réussite
- Un bilan positif/non sans insuffisances//Une politique nouvelle/qui laisse des questions en suspens
- Un bilan négatif/des réponses//Des problèmes non traités/qui imposeront d'autres réponses
- Un bilan positif/et négatif//Des propositions nouvelles/qui soulèvent des inquiétudes à dépasser
- Un problème ancien/qui évolue//L'organisation actuelle est dépassée/et doit évoluer
- Un problème ancien/mal résolu//Des solutions nouvelles/encore incertaines
- Des principes nouveaux/qui fondent un nouveau dispositif//Des expériences éclairantes/les conditions de réussite
- etc.

Exemple :

Si on reprend le plan binaire constat/remèdes, on peut ensuite affiner de la sorte les sous-parties :

I. Un bilan décevant
A. Les faits/B. Des réponses insuffisantes
II. Des perspectives conditionnées
A. Une nouvelle réponse/B. Les conditions de réussite
ou :
I. Un problème récurrent
A. Le phénomène/B. Des remèdes inadaptés
II. Des solutions incertaines
A. Un nouveau dispositif/B. Des insuffisances

Il s'agit bien sûr d'une **étape** dans la rédaction finale du plan, qui devra être le **plus informatif possible.**

CONSEILS DU FORMATEUR

Les avantages de cette méthode : l'exploitation du dossier est aisée, efficace et rapide. Vous ne retenez que ce qui sert chacune des sous-parties ou parties.
Ses inconvénients : une erreur initiale de plan va fausser toute la note. Si on ne « tient » d'entrée de jeu que les deux grandes parties, un travail important de classement (A et B de chaque partie, puis hiérarchisation à l'intérieur de chaque A et chaque B) reste à accomplir avant la rédaction définitive. Si l'on « tient » trop de « sous-parties », un travail de réorganisation reste à accomplir pour parvenir à un plan satisfaisant.

Quelques exemples appliqués de plans préconçus

Une institution nouvelle
Exemple : *les maisons de services aux publics (MSAP)*

Un dispositif novateur/entend résoudre des problèmes anciens //
Des difficultés de fonctionnement/imposent des modifications

Une prise de conscience récente/induit de nouveaux principes //
Un fonctionnement innovant/mais des difficultés à surmonter

Une conception nouvelle/induit un fonctionnement novateur //
Des réussites/mais aussi des premiers échecs

De nouveaux principes ambitieux/en décalage avec l'organisation actuelle //
Un dispositif novateur/une réussite sous condition

Une situation préoccupante/conduit à une solution inédite //
Des bénéfices attendus/non sans incertitudes

Un dispositif juridique nouveau
Exemple : *le droit à la déconnexion*

Des principes novateurs/ouvrent de nouveaux droits //
Des insuffisances/requièrent une nouvelle évolution juridique

Des principes novateurs/imposent de nouvelles obligations //
Des conditions de réussite non remplies/des résultats décevants

Une situation préoccupante/impose la création de nouveaux droits //
Une mise en œuvre complexe/nécessite des moyens

Un contexte (politique, économique, social)/périme le droit en vigueur //
L'affirmation d'un nouveau principe juridique/fonde un dispositif inédit

Une législation inefficace/impose une réforme //
Des avancées/mais aussi des limites

Des expériences probantes à l'étranger/inspirent l'évolution du droit français //
Des effets positifs attendus/sous réserve que des conditions soient remplies

L'inefficacité des dispositifs précédents/a conduit à une évolution remarquable //
Les premiers retours d'expériences/font douter de la réussite

Des principes anciens périmés/de nouveaux principes //
Un fonctionnement nouveau/sans amélioration notable

Un mode d'organisation
Exemple : *l'intercommunalité*

Des avancées incontestables/des limites //
Des réformes annoncées/à la réussite incertaine

Une situation préoccupante/a conduit à des réformes successives //
Leurs limites/imposent de nouvelles réformes

Une volonté politique/un fonctionnement institutionnel nouveau //
Des réussites/des échecs

Une volonté politique/un fonctionnement institutionnel nouveau //
Un bilan décevant/induit une nouvelle politique

▷

Une politique publique
Exemple : *la politique culturelle de la commune*

Des besoins nouveaux/des acteurs //
De nouveaux outils/des limites

Des besoins nouveaux/des moyens limités //
De nouveaux acteurs/de nouveaux modes de travail

Des besoins nouveaux/de nouveaux outils juridiques //
Des contraintes/qui imposent de nouvelles méthodes

Des besoins nouveaux/un désengagement des acteurs traditionnels //
L'intervention de nouveaux acteurs/impose de nouveaux modes de conduite

Une volonté politique/en réponse à des demandes insatisfaites //
Des moyens inadaptés/de nouveaux moyens

Les modes d'action traditionnels/ne répondent plus aux besoins nouveaux //
Des expériences innovantes/requièrent des moyens

Les modes d'action traditionnels/ne répondent plus aux besoins nouveaux //
Des moyens nouveaux/une efficacité sous conditions

B. Méthode 2 : la rédaction de fiches synthétiques par thèse

NOTE DU FORMATEUR

Une technique proche de la première à ceci près que la prise de notes commence avant l'identification d'un plan.

Vous rédigez une fiche par thèse.

Il s'agit bien d'une rédaction par thèse et non par documents.

L'analyse de la commande et des titres, la lecture de survol du dossier (et notamment celle des **titres**, **sous-titres**, **chapeaux introductifs**, **intertitres**, **encadrés**, **légendes**, etc.) vous ont permis de repérer des thèses qui vous paraissent « incontournables » pour traiter le dossier, mais vous n'êtes pas encore en capacité de rédiger un plan, généralement parce que les thèses sont trop nombreuses.

À partir d'un document, vous ouvrez autant de fiches que ce document aborde de thèses (idées principales) différentes.

Bien sûr, vous n'ouvrez pas de fiches lorsqu'une thèse contenue dans le document est sans lien avec l'objet de la note.

Il peut arriver qu'un document ne contienne qu'une seule thèse et ne donne donc lieu qu'à la rédaction d'une seule fiche.

Si vous retrouvez cette même thèse (idée principale) dans un autre document, vous n'ouvrez pas une autre fiche mais vous complétez celle que vous avez déjà ouverte.

Pensez, à la fin de chaque information sur un thème donné, à noter le document d'où provient l'information. Cette mention ne sera évidemment pas reprise dans la rédaction finale, mais elle vous permet si nécessaire d'aller retrouver la source de l'information si, au moment de la rédaction définitive, celle-ci ne vous paraît plus suffisamment claire (ce qui n'est nullement souhaitable : perte de temps !)

CONSEILS DU FORMATEUR

Les avantages de cette méthode : vous n'écrirez jamais deux fois la même chose. La rédaction définitive est facilitée par le regroupement logique des informations.
Ses inconvénients : l'ouverture d'un nombre excessif de fiches peut retarder l'élaboration du plan définitif. Certaines fiches auront été ouvertes « pour rien » dans la mesure où le faible nombre d'informations qu'elles contiendront ne permettra pas de nourrir une sous-partie, quelle qu'en soit la pertinence sur le fond. Parfois, vous n'osez pas vous « risquer » à mettre en valeur des thèses, de crainte de faire fausse route.

C. Méthode 3 : la rédaction de fiches synthétiques par document

NOTE DU FORMATEUR

Une technique à manier avec la plus grande prudence compte tenu de la durée limitée de l'épreuve.

Vous rédigez une fiche par document.

L'analyse de la commande et des titres, la lecture de survol du dossier ne vous ont pas permis de mettre en valeur des thèses qui vous satisfassent. Vous avez tout de même repéré quelques « incontournables » qui vont vous aider.

Rien n'est donc perdu !

Pour que la méthode soit efficace, mettez en valeur l'essentiel dans la marge en vous aidant des titres, des chapeaux introductifs et des intertitres.

Vous pouvez utiliser des codes couleurs qui faciliteront le regroupement des informations au moment de la rédaction définitive, ou travailler par colonnes à partir de mots clés.

CONSEILS DU FORMATEUR

Les avantages de cette méthode : la méthode est rassurante, vous engrangez des informations au fur et à mesure de la lecture du dossier. C'est la méthode la moins risquée, la plus besogneuse.
Ses inconvénients : vous risquez d'écrire deux fois la même chose. Vous devez regrouper des informations éparses (éclatées sur plusieurs fiches) pour procéder à la rédaction définitive. Ceci requiert une indexation rigoureuse de l'information (des

résumés des différents documents qui n'en mettraient pas en valeur les grands axes, les « arêtes », seraient très peu opérants). Vous risquez de vous trouver au terme du travail de prise de notes avec des fiches nombreuses qui ne vous permettent pas facilement d'élaborer un plan.

5. Arrêter définitivement le plan

À partir de là, il ne reste plus qu'à adopter un agencement cohérent des fiches pour construire le plan, ou affiner une intention de plan, ou valider un plan préconçu. En valorisant plus ou moins telle ou telle information (dans la limite de l'obligation d'objectivité), on peut bâtir à partir des fiches plusieurs plans entre lesquels il faudra choisir.

Notons également que les intitulés doivent être informatifs, clairs, les plus concis possible et faire apparaître très clairement le lien avec la commande.

Exemple :

Un plan trop peu informatif :
I. L'accueil des gens du voyage
A. L'aspect social
B. L'aspect urbain

II. Le cas de la ville de X
A. Les obligations légales
B. L'accompagnement social

Un plan plus informatif (voir *supra*) :
I. La double dimension sociale et urbaine de l'accueil des gens du voyage
A. Des aspects humains conflictuels
B. Une organisation spatiale inadaptée

II. La nécessité pour la ville de X d'agir légalement et d'accompagner socialement
A. Une réponse aux obligations légales dans un cadre concerté
B. Un accompagnement social individualisé des personnes accueillies

Mieux vaut cependant un titre un peu long s'inscrivant bien dans la progression adoptée qu'un titre tellement concis qu'il ne donne aucune explication. Il convient également de respecter le parallélisme des formes entre le (I) et le (II) : un intitulé long de trois mots en (II) ne peut répondre à un intitulé long d'une ligne et demie en (I).

Enfin, il faut proscrire les intitulés interrogatifs puisqu'ils doivent apporter une réponse à la question posée dans la problématique.

A. Deux ou trois parties ?

Cadrage national

Le développement est organisé en parties et en sous-parties.

Le cadrage n'impose pas le nombre des parties : même si le plan en deux parties comprenant chacune deux sous-parties s'est largement imposé dans ce type d'épreuve, un plan en trois parties est également possible.

Le nombre de sous-parties de chaque partie n'est pas non plus précisé. L'organisation binaire classique est possible (les deux parties comportent chacune deux sous-parties) mais non imposée.

En toute hypothèse, **on veillera à équilibrer les différentes parties**.

B. De nombreux plans possibles

Exemple :

Vous êtes secrétaire de mairie dans la commune de Grand-Loup du Lac, classée en zone de revitalisation rurale (ZRR) et en zone déficitaire en offre de soins. Deux des trois médecins installés sur la commune envisagent de prendre leur retraite dans les prochains mois.

Particulièrement préoccupé par cette situation, le maire vous demande de rédiger à son attention, exclusivement à l'aide du dossier ci-joint, une note sur les moyens d'améliorer l'offre de soins en zone déficitaire.

De nombreux plans sont possibles :

■ **Plan 1**

(I) Nous présenterons d'abord les nombreuses solutions mises en place pour remédier au déficit d'offre de soins, à la fois financières (A) humaines et matérielles (B). (II) Ces dispositifs ont aussi montré leurs limites (A), ce qui amène les pouvoirs publics à se diriger vers une régionalisation des politiques de santé (B).

I. La désertification médicale : d'importants moyens pour y faire face

A. Une politique financière favorable aux médecins

B. Du cabinet clé en main à la télémédecine

II. Les limites des politiques des zones désertifiées amènent à la réflexion d'une régionalisation des politiques de santé

A. Des secteurs désertiques persistent

B. Vers une régionalisation des politiques de santé

■ **Plan 2**

Nous verrons dans une première partie (I) que l'évolution de la société a entraîné une diversification médicale (A) qui a nécessité des dispositions financières mais qui demeurent insuffisantes (B). Puis nous verrons dans une deuxième partie (II) que des solutions de regroupements ont été trouvées (A) mais qu'elles requièrent pour réussir que de nombreuses conditions soient remplies (B).

I. La désertification médicale

A. L'évolution de la société

B. Les incitations financières rendues possibles par la loi relative au développement du territoire demeurent insuffisantes

II. La mise en place d'un dispositif de regroupement

A. Les maisons régionales de santé et les agences régionales de santé

B. Les conditions de réussite

Plan 3

Pour assurer un accès à la santé de qualité à leur population, les communes doivent faire de l'offre de soins un élément majeur de l'aménagement du territoire (I) et rendre ce dernier attractif aux professionnels de santé (II).

I. La santé, un élément majeur de l'aménagement du territoire

Pour améliorer son offre de soins, la commune sous-médicalisée doit établir un diagnostic des besoins sur son territoire (A) et mobiliser les professionnels de santé (B).

A. L'évaluation des besoins sanitaires

B. Une implication des professionnels de santé est indispensable

II. Un territoire attractif pour les professionnels de santé

La commune dispose de moyens financiers (A) pour inciter les médecins à s'installer sur son territoire et doit mettre en valeur le cadre de vie (B).

A. Des dispositifs d'incitation financière à disposition

B. Une mise en valeur du cadre de vie

Plan 4

Face à la persistance des inégalités dans l'aménagement des offres de soins sur le territoire (I), des dispositifs tels que les maisons de santé apparaissent comme des réponses encourageantes (II).

I. Les déserts médicaux : un problème d'aménagement du territoire persistant

Face à l'aggravation de l'inégalité d'accès aux soins entre les territoires (A), les mesures incitatives mises en place se sont révélées insuffisantes (B).

A. Vers une inégalité croissante d'accès aux soins

B. Des mesures incitatives insuffisantes

II. Les maisons de santé : des dispositifs encourageants qui doivent être mieux pilotés

Si les maisons de santé initient de manière probante le développement de l'exercice partagé (A), leur mise en œuvre nécessite des conditions particulières (B).

A. Les maisons de santé : des exemples probants d'exercice regroupé

B. Les clés pour réussir : un pilotage clarifié

Plan 5

Face à l'urgence de la situation, le rôle de l'État et des collectivités territoriales pour répondre à cette crise est primordial (I) afin de garantir la mise en œuvre d'actions locales dont la réussite est loin d'être acquise (II).

I. Le rôle de l'État et des collectivités territoriales pour répondre à une crise de la démographie médicale grandissante.

Les réalités constatées sur le terrain et l'aspiration des nouveaux médecins (A) imposent une action nécessaire et incitatrice des collectivités territoriales et de l'État (B).

A. Une dichotomie entre les souhaits des nouveaux médecins et la demande en soins sur les territoires

B. L'action nécessaire de l'État et incitatrice de l'État et des collectivités territoriales

II. Les exemples locaux et les limites à la mise en œuvre d'une politique d'offre en soins en zone déficitaire

Si l'essor des maisons de santé s'avère être une solution locale adéquate (A), les différents outils mis en place souffrent de certaines limites à considérer (B).

A. L'essor des maisons de santé : une expérience au niveau local

B. Les limites à la mise en œuvre d'une politique d'offre en soins en zone déficitaire

6. Rédiger la copie

Reste à rédiger au brouillon l'introduction : on dispose déjà du passage essentiel de l'introduction, l'annonce de plan. On a également repéré les éléments utiles à une entrée en matière en analysant les documents. Il reste à exprimer clairement la problématique.

Profitons-en pour rédiger également la conclusion qui, en quelques lignes, doit, si l'on choisit de conclure, souligner l'essentiel.

On peut alors procéder directement à la rédaction au propre en recopiant, avec quelques réécritures ponctuelles, dans les parties et sous-parties *ad hoc*, les informations contenues dans les fiches.

CONSEIL DU FORMATEUR

Pour éviter le piège du « copier-coller » et pour gagner du temps, adoptez un style « prise de notes » pour la rédaction de vos fiches (brouillon).

4. Gérer le temps de l'épreuve

La réussite au concours ne dépend pas de la seule capacité à rédiger une note, mais à le faire en **temps limité.** Cette contrainte de temps implique que **les feuilles de brouillon ne sont jamais corrigées**. Les prendre en compte équivaudrait de fait à accorder plus de temps à certains candidats qu'à d'autres.

1. La nécessité de s'entraîner en temps limité

C'est seulement en vous entraînant que vous mesurerez les difficultés que vous aurez à surmonter. Certains ont des difficultés dans la première partie du travail, celle qui permet d'accéder au plan, d'autres dans la prise de notes, d'autres enfin dans la rédaction. Il faut savoir situer ses faiblesses, et les travailler pour les atténuer.

Le travail de rédaction synthétique exige une capacité particulière à travailler vite, à ne pas « paniquer » devant la taille du dossier, les documents qui peuvent apparaître longs à lire, des textes peu lisibles pour qui n'a pas l'habitude d'en lire.

Souvent demandé par les candidats participant à des formations de préparation aux concours, le découpage du temps ci-après est purement indicatif et peut connaître de fortes variations d'un candidat l'autre. La qualité de la prise de notes à partir du dossier détermine en effet largement la durée de la rédaction définitive.

2. La gestion des trois heures de l'épreuve

A. 10 minutes d'exploitation de la commande et de la liste signalétique

10 minutes seront consacrées à travailler à l'identification des informations essentielles de la commande (que me demande-t-on précisément ? dans quel contexte ?) et des titres des documents. C'est un minimum pour percevoir quelles informations on devra trouver dans le dossier, où les trouver et comment les organiser. Les titres permettent souvent de repérer des « incontournables » du traitement du sujet.

Une ébauche de plan peut alors être posée comme hypothèse.

B. 10 minutes de parcours (survol méthodique) du dossier

Cette lecture très sélective ne s'intéresse qu'à ce qui se détache des documents, la titraille, leur introduction et leur conclusion s'ils en comportent. Elle doit néanmoins être très attentive et réflexive, interrogeant constamment ce qui est lu.

L'ébauche de plan faite précédemment doit pouvoir être remaniée et précisée en fonction de ce parcours. Il est particulièrement utile, même s'il n'est pas définitif, de disposer d'un plan qui va faciliter la prise de notes.

C. 1 h 30 de prise de notes à partir du dossier

C'est le travail le plus long, et si vous parvenez à le réaliser plus rapidement, c'est autant de temps supplémentaire dont vous disposerez pour rédiger définitivement votre copie.

Il vous faudra sans doute toujours plus d'une heure pour relever et compléter les points importants sur les feuilles que vous aurez préparées en fonction de votre plan.

D. 1 h de rédaction définitive sur la copie de concours

Rédigez intégralement au brouillon introduction et titres, très soigneusement, avant de les recopier. Pour le reste, la note sera rédigée directement, à partir de vos notes, feuille par feuille. Vous aurez regroupé sur chaque feuille les points qui doivent être évoqués ensemble, vous les aurez numérotés dans l'ordre où vous souhaitez les recopier.

E. 10 minutes de relecture

Il est essentiel de conserver un temps suffisant pour se relire sans complaisance, corriger les fautes mais aussi rajouter le mot qui manque, amender une phrase mal bâtie.

Le barème pénalisant l'orthographe rend ce temps particulièrement utile, le seuil fatidique des 10 fautes pouvant être très rapidement franchi faute d'une relecture attentive.

Annales corrigées

SUJET N° 1 : Note sur dossier

DURÉE : 3 HEURES

Concours externe de rédacteur, session 2019

Énoncé

Vous êtes rédacteur territorial à la ville d'Admiville, qui compte 22 000 habitants.
Interpellés par des administrés sur la question du prix pour l'usager de certains services publics communaux, les élus souhaitent remettre à plat la politique tarifaire de la collectivité.
Dans cette perspective, la directrice des services à la population vous demande de rédiger à son attention, exclusivement à l'aide des documents joints, une note sur la tarification des services publics locaux.

Liste des documents :

Document 1 : « Tarification des services publics locaux » - Collectivites-locales.fr - 29 mars 2018 - 1 page

Document 2 : « Quels financements pour les services publics locaux » (extraits) - *Intercommunalités* n° 233 - Octobre 2018 - 6 pages

Document 3 : « Les enjeux de la tarification des services publics locaux » - *Les cahiers juridiques de la Gazette* n° 203 - Août-septembre 2017 - 3 pages

Document 4 : « La tarification, un outil de solidarité ? » - Martine Long - *Grand Lyon vision solidaire* - Mars 2014 - 4 pages

Document 5 : « Tarification des services publics... le coût d'après », *LaGazette.fr* - 1er juin 2018 - 2 pages

Document 6 : « Les repas à 1 € dans les cantines annoncés dans le plan pauvreté sont-ils vraiment nouveaux ? » - *Liberation.fr* - 21 septembre 2018 - 2 pages

Document 7 : « Êtes-vous pour la gratuité dans tous les services publics locaux ? » - *LaGazette.fr* - 25 février 2019 - 1 page

Document 8 : « Guide des tarifs municipaux 2018 » (extraits) - *Ville de Chelles* - 2018 - 4 pages

Document 9 : « Tarifs distincts selon le lieu de résidence » - *LaGazette.fr* - 25 avril 2010 - 1 page

Certains documents peuvent comporter des renvois à des notes ou à des documents volontairement non fournis, car non indispensables à la compréhension du sujet.

Document 1

Tarification des services publics locaux

Collectivites-locales.fr

Si les communes fixent librement les tarifs de leurs services publics, les différentes possibilités de tarification restent toutefois soumises à quelques principes fondamentaux.

Tout d'abord, le pouvoir de fixer les tarifs revient au conseil municipal. Il peut cependant déléguer ce pouvoir au maire concernant la fixation des tarifs des droits de voirie, de stationnement, de dépôt temporaire sur les voies et autres lieux publics, des droits prévus au profit de la commune qui n'ont pas un caractère fiscal (article L. 2122-22 CGCT).

Dans le cas d'un EPCI, la compétence de l'assemblée communautaire est exclusive (avis CE, 1er décembre 2003, n° 258616).

Le principe de non rétroactivité s'applique ; même si une commune décide d'adapter un tarif en cours d'année pour le mettre en conformité avec la loi, celui ci ne saurait s'appliquer rétroactivement à compter du 1er janvier de l'année en cours (CE, 25 juin 2003, Commune des Contamines-Montjoie).

Un tarif ne saurait être supérieur au coût de revient du service. En effet, un service public n'a pas vocation à dégager des bénéfices.

Il est possible de moduler les tarifs suivant les usagers. Cette possibilité doit être appréciée au regard du principe d'égalité des usagers, c'est-à-dire qu'il faut des différences de situations objectives entres les usagers ou qu'une nécessité d'intérêt général le justifie.

La reconnaissance d'une nécessité d'intérêt général permet d'accorder des tarifs préférentiels aux familles à revenus modestes, en vue de permettre le plus large accès aux services publics.

► La base de la tarification

En matière de fixation et de gestion des tarifs communaux, plusieurs paramètres doivent être pris en compte.

En 1983, au moment où entraient en vigueur les lois de décentralisation, une étude sur la tarification des services publics locaux indiquait les principaux objectifs que pouvait rechercher une politique de tarification. On retiendra de la démarche cinq objectifs :

- l'allocation optimale des ressources (effectuer des dépenses et en retour prélever des impôts par exemple) ;
- l'équilibre financier et la recherche d'une vérité des prix (recherche d'un véritable équilibre avec le prix du service) ;
- le contrôle du mode de financement des services (contrôle du préfet et des services fiscaux opérés sur les collectivités locales) ;
- la réalisation d'objectifs sociaux (recherche d'une tarification à caractère social) ;
- un rôle incitatif, ou pédagogique (rôle incitatif destiné à faire consommer les services publics locaux (services culturels ou sportifs, par exemple).

► Le champ de la tarification des services publics locaux

Il existe des services publics dits obligatoires (le service des pompes funèbres, l'assainissement, la lutte contre l'incendie et la gestion des déchets des ménages), pour lesquels les dépenses sont obligatoires.

Tous les autres services publics sont facultatifs. Ils ne peuvent être créés que s'ils ne portent pas atteinte au principe de la liberté du commerce et de l'industrie, sauf carence de l'initiative privée.

Dernière modification : 29/03/2018

Document 2

Quels financements pour les services publics locaux ?

Entre choix politiques et solutions techniques

Les collectivités françaises disposent de nombreuses options pour assurer le financement des services et équipements publics. La suppression de la taxe d'habitation va certes profondément perturber les équilibres locaux. Mais les débats sur le « qui doit payer et combien ? » vont s'amplifier.

Les débats sur les modes de financement des services publics locaux sont au cœur des enjeux de décentralisation.

Il ne saurait y avoir d'autonomie effective pour une collectivité sans une marge de manœuvre réelle au sein d'une compétence qui lui est dévolue. Cela présuppose notamment des capacités d'arbitrage sur le bouquet de services à proposer au regard d'un niveau donné de contribution financière des usagers. Les options laissées aux autorités locales pour privilégier soit le financement par l'impôt, soit la redevance, soit les tarifs sont également des indicateurs-clés de leur degré d'autonomie.

Les trajectoires des différents niveaux de collectivités françaises ont quelque peu divergé depuis le début des années 2000.

Les départements ont préservé un pouvoir fiscal autonome mais ont vu se réduire, avec l'acte II de la décentralisation, la part de leurs dépenses localement « arbitrables ».

" Les politiques tarifaires ont donné lieu à des équations protéiformes"

Les régions ont vu s'éteindre leur autonomie fiscale mais ont préservé davantage de flexibilité dans leurs structures de dépenses. Le bloc communal est resté jusqu'à aujourd'hui l'échelle de décision marquée par la plus grande autonomie, tant sur ses dépenses que ses recettes. Outre la gamme d'impôts directs sur lesquels communes et intercommunalités préservent un pouvoir fiscal, d'autres recettes fiscales, affectées ou non, concrétisent cette autonomie : versement transport, TEOM ou REOM, taxes de séjour, d'aménagement, sur les surfaces commerciales... Certains services publics locaux, à l'instar de l'eau et de l'assainissement, sont autofinancés par des redevances dédiées. La gamme des recettes sur lesquelles peut jouer le bloc local s'avère ainsi extrêmement variée, ouvrant droit à de nombreuses combinaisons possibles.

Éminemment politique

Même si les règles se durcissent, les flux financiers entre budgets principal et annexes, les équilibres entre fiscalités générale et affectées ont suscité des pratiques très différentes d'un territoire à l'autre depuis 1980. Les politiques tarifaires ont également donné lieu à des équations protéiformes, pour financer les transports urbains, l'accès aux crèches, les cantines scolaires, les piscines et autres équipements sportifs ou culturels. Les débats s'avivent même de plus en plus sur les questions de gratuité, de tarification sociale, de barèmes, de populations de référence. Les modes de financement des services et équipements publics locaux deviennent un sujet éminemment politique : qui doit payer ? Sous quelle forme ? À quel degré ? Ces questions s'invitent de plus en plus dans les territoires, tout en réinterrogeant les notions de solidarité et de capacité contributive.

Ne faut-il faire contribuer au financement des services que leurs seuls usagers effectifs ? Ou préserver un principe de contribution de tous aux charges communes ? La disparition programmée de la taxe d'habitation remet en cause notre modèle de financement, en risquant d'exonérer nombre de résidents de contribution aux charges communes.

"La disparition programmée de la taxe d'habitation remet en cause notre modèle de financement"

Le dossier qui suit revient sur ces grandes questions tout en les éclairant à la fois de témoignages et de pratiques concrètes.

Lesquels démontrent la vitalité du débat démocratique local et la sensibilité des élus aux enjeux d'équité, de transparence et de cohérence.

Nicolas Portier

Services publics locaux : vers un nouveau modèle de financement ?

En charge de services publics locaux de plus en plus divers et nombreux, les collectivités, en particulier les communautés et les métropoles, font face à des problématiques de financement qui, dans le contexte actuel, appellent de nouvelles solutions. Celles-ci nécessitent de redéfinir les objectifs, l'organisation, le dimensionnement, la répartition entre contribuable et usager ou encore la tarification des services, en vue de parvenir à un équilibre synonyme de pérennité et de sécurité.

Déchets, eau, assainissement, transport, énergie, logement, services à la population... En l'espace de quelques années, le périmètre d'intervention des collectivités du bloc local, et parmi elles les communautés et les métropoles, s'est fortement enrichi et diversifié, les portant au premier rang de la gestion des services publics locaux. En tant qu'autorités organisatrices, elles en assurent la gestion, l'organisation et le financement, ce dernier étant une question centrale.

Selon la nature du service concerné, les modes de financement divergent. Certains services disposent d'une fiscalité affectée (eau, déchets, transport...). D'autres (cantines, centres de loisirs, offre culturelle et sportive...) sont financés notamment par l'apport des usagers au travers de politiques tarifaires développées par les collectivités.

Il est rare, cependant, que ces financements couvrent la totalité de la charge du service. Bien souvent, les dotations versées par l'État et le produit de la fiscalité locale viennent compléter le financement des services mis à la disposition des habitants. **Le contribuable local est ainsi appelé à jouer un rôle majeur pour parvenir à l'équilibre financier.**

Impératifs de maîtrise et d'optimisation

Cette pluralité des financements a permis d'adapter l'offre de service public à la diversité des profils économiques et sociaux des territoires, les dotations de l'État ayant vocation à compenser les collectivités moins bien dotées fiscalement ou accueillant des ménages à faibles ressources. En outre, la montée en charge de l'intercommunalité a été l'occasion d'accroître, à l'échelle des bassins de vie et d'emploi, la diffusion de l'offre de services publics et de mieux répartir entre les usagers et les contribuables du territoire leur financement, bien souvent à la charge de la seule ville centre.

Aujourd'hui, les impératifs de maîtrise de la dépense publique et d'optimisation, les perspectives de disparition de la fiscalité résidentielle et de réforme des assiettes fiscales, mais aussi l'évolution des modes de consommation orientée à la baisse - soit constatée depuis les trois dernières années (c'est le cas pour l'eau), soit recherchée activement (avec la tarification incitative sur les déchets par exemple) - poussent inéluctablement les services publics locaux vers un changement de modèle concernant leur financement et leur organisation.

Financements alternatifs

De nouvelles questions se posent : comment rééquilibrer la charge du service entre le contribuable et l'usager parfois trop faiblement sollicité ? Ce rééquilibrage, qui devra croiser coût élevé de certains services (piscines, écoles de musique...) et capacités contributives des ménages, peut s'avérer délicat et réinterroge les politiques de solidarité ou encore de gratuité développées par de nombreux territoires. Quelle place donner aux financements alternatifs dont la potentialité semble importante, mais avec quelle régularité dans le temps ? Peuvent-ils contribuer durablement au financement des services publics et à quelle hauteur ?

Comment donner à la tarification des services publics un rôle plus actif, visant à réguler et orienter les consommations? Ces questions dépassent la simple interrogation sur l'équilibre financier du service mais invitent les collectivités à repenser les objectifs, l'organisation et le dimensionnement des services publics locaux dont elles ont la charge.

La tragédie survenue récemment en Italie montre combien l'exercice sera difficile.

Le service public local, c'est quoi ?

Il n'existe pas de définition légale des services publics. Toutefois, deux critères doivent être remplis pour qu'une activité soit qualifiée de service public : elle doit être assurée par une personne publique et poursuivre un but d'intérêt général. C'est le code général des collectivités territoriales (CGCT) qui fixe, par catégorie de collectivités, leur mission en matière de service public, très large pour les communes qui disposent de la clause de compétence générale.

Cependant, dès lors qu'il n'est pas porté atteinte à la liberté du commerce, les collectivités ont, dans le cadre des compétences qui leur sont attribuées par la loi, carte blanche pour créer les activités qu'elles considèrent comme répondant aux attentes des populations de leur territoire. Parmi ces services publics locaux, on peut ainsi citer la distribution de l'eau potable, l'assainissement, la collecte et le traitement des déchets, l'entretien des bâtiments publics et de la voirie, la tenue de l'état civil, les affaires scolaires... D'autres correspondent à un choix de politiques locales allant des opérations de développement social et urbain à l'offre en matière culturelle et de loisirs.

inter view

Renaud Averly et Charles-Éric Lemaignen
respectivement président de la communauté du Pays rethélois (Ardennes) et conseiller métropolitain d'Orléans Métropole (Loiret)

« Nous misons beaucoup sur la communication »

La contrainte budgétaire qui se durcit progressivement et la perte progressive de la taxe d'habitation interrogent le modèle de financement des services publics locaux. Renaud Averly, président de la communauté du Pays rethélois (Ardennes), et Charles-Éric Lemaignen, conseiller métropolitain d'Orléans Métropole (Loiret), insistent sur la nécessité de repenser l'offre et la tarification, puis de les expliquer aux citoyens-usagers.

Trouver l'adéquation entre le niveau de service et les moyens financiers disponibles requiert une bonne connaissance de la politique et de ses coûts. / © iStock/Getty Images

Comment les intercommunalités, dans le contexte financier actuel, peuvent-elles repenser leur offre ?

Renaud Averly : Le développement des services publics locaux fait partie des leviers pour rendre un territoire attractif. Non seulement pour les habitants mais aussi pour les entreprises qui s'y installent et y embauchent. C'est donc avant tout un enjeu d'aménagement et de dynamisme économique local. Bien sûr, il faut penser simultanément l'offre de service public et son financement, tant en investissement qu'en fonctionnement à moyen terme. J'ai la chance d'avoir une communauté à forte croissance démographique, à proximité de la métropole de Reims. Si demain la contrainte budgétaire est encore plus dure, nous aurons à faire des choix. A priori, nous sommes plutôt dans la perspective d'un maintien de la qualité de l'offre de service, en la finançant par un accroissement des bases fiscales. Peut-être faudra-t-il également ajuster nos grilles tarifaires. Dans tous les cas, il s'agit d'un acte politique fort, directement lié à notre projet de territoire. Derrière, il faut être capable d'expliquer aux citoyens-usagers nos décisions en matière de tarification, leur démontrer qu'ils payent une part relativement faible du service. Prenons l'exemple des cantines scolaires. Le coût complet d'un repas, incluant les repas, le personnel, le chauffage du bâtiment, etc., s'élève à 7,50 euros. Nos tarifs varient entre 3,80 euros (tarif solidaire en fonction du coefficient familial) et 4,20 euros le repas. Nous avons travaillé sur les repas, réalisés localement avec des produits d'élevage et de cultures locaux.

L'offre est ainsi de meilleure qualité sans être plus chère que l'offre de groupes nationaux. Nous communiquons à la fois sur le coût global et la qualité des repas. Les parents comprennent ce que recouvre le tarif qu'ils payent et nous équilibrons le budget du service. En revanche, si la tarification solidaire passe à 1 euro le repas, comme le prévoit le plan Pauvreté présenté récemment, notre budget sera complètement déséquilibré. (...)

Comment faire évoluer les tarifs tout en permettant un accès aux services publics locaux ?

Renaud Averly : Nous misons beaucoup sur l'explication et la communication. En matière de déchets, le Pays rethélois finançait le service par une redevance d'enlèvement des ordures ménagères (Reom) classique. Elle dépendait du nombre de personnes par foyer, que les ménages produisent peu ou beaucoup de déchets. Cela nous a paru injuste. De même que chacun paye une facture d'eau au prorata du volume consommé, nous souhaitions relier le prix payé par l'usager au service rendu. Nous avons donc décidé de mettre en place une redevance incitative, effective en 2020. Nous définissons actuellement notre ligne de communication pour expliquer la politique de tri et de tarification aux habitants en logement individuel. Nous allons aussi travailler avec les bailleurs pour le petit collectif social.

(...)

Charles-Éric Lemaignen : La tarification est souvent perçue comme injuste dans la mesure où chacun est logé à la même enseigne et paye le service quelle que soit sa capacité contributive. Cela pose la question d'une tarification sociale.

Certains territoires, comme l'Eurométropole de Strasbourg, ont mis en place une tarification solidaire pour les transports publics, qui supprime la gratuité, mais crée un tarif préférentiel d'abonnement, calculé en fonction de l'âge et du coefficient familial. On pourrait aller encore plus loin et mettre en place une tarification progressive en fonction d'un critère de revenu disponible des familles qu'il nous faudrait définir collectivement.

À cette réserve près qu'une partie de notre fiscalité étant progressive, si la tarification le devient également, ce sont les classes moyennes qui vont contribuer le plus. Les outils numériques peuvent aussi nous aider à améliorer le service public et à développer l'offre sans que cela s'accompagne d'une hausse des coûts. C'est le cas par exemple du transport à la demande que nous avons mis en place avec une start-up sur la métropole d'Orléans. Dans tous les cas, une réflexion globale sur la définition du périmètre du service public, sa mise en œuvre et son financement est indispensable. Dans l'idéal, il faudrait une transparence sur le prix des services publics locaux, en alimentant une base de données dédiée. Dans les pactes financiers et fiscaux, la question des tarifs pourrait être traitée. Sans s'imposer nécessairement de converger, il faudrait *a minima* s'entendre pour ne pas avoir des politiques tarifaires divergentes au sein d'un même territoire intercommunal, y compris lorsque le service est rendu par les communes.

Propos recueillis par Camille Allé

« *Il faudrait* a minima *ne pas avoir des politiques tarifaires divergentes au sein d'un même territoire intercommunal* »

La tarification des services publics locaux

Les services publics locaux (SPL) sont le plus souvent financés par l'impôt local et le principe d'universalité budgétaire. Les collectivités ont pourtant la possibilité juridique de demander aux usagers de participer à leur financement via la mise en place d'un tarif, dit aussi redevance, qui peut être perçu soit directement, soit indirectement par un concessionnaire chargé de la production et de la délivrance du service.

L'usage de la tarification en France ? Les collectivités locales n'en ont fait jusqu'à présent qu'un usage modéré et sélectif. En effet, selon les données disponibles, les recettes tarifaires ne représentent qu'entre 5 et 10 % de l'ensemble des recettes budgétaires du secteur communal. La tarification concerne surtout les secteurs de la distribution de l'eau, de l'énergie, de l'assainissement, des transports urbains et de la restauration collective. Elle semble aussi progressivement prendre de l'importance pour le stationnement ou les équipements culturels et sportifs. En revanche, elle reste encore controversée pour d'autres SPL tels que les ordures ménagères ou la circulation sur les routes non concédées, et se heurte dans bien des cas à la complexité de l'établissement d'une tarification.

Quand celle-ci existe, elle ne couvre jamais (ou rarement) les coûts de production d'un SPL.

Aussi la partie non couverte doit-elle être prise en charge par les budgets publics et donc par l'impôt. Par ailleurs, la mise en place d'une tarification n'implique pas que le service soit complètement marchandisé, le financement complémentaire de la collectivité locale étant justifié par des objectifs sociaux, pour assurer la continuité du service ou satisfaire à des normes, environnementales notamment.

Comportements plus vertueux

La tarification peut répondre à d'autres objectifs que celui du financement des SPL. Elle peut ainsi être un outil de régulation et d'incitation à des comportements plus vertueux pour la collectivité. Le tarif peut par exemple être établi pour chercher à limiter les externalités négatives, comme la pollution ou la congestion dans certains services.

Sa deuxième fonction possible concerne la redistribution des revenus : une différenciation par les tarifs peut permettre de favoriser certaines populations, via des tarifs sociaux par exemple. Enfin, le tarif est parfois considéré comme la reconnaissance du service fourni par la collectivité locale et ses travailleurs. Un argument souvent évoqué, par exemple contre la gratuité des transports collectifs urbains, mais encore controversé. La tarification impose également un certain nombre de contraintes. Sa mise en place, son suivi et son coût sont par exemple souvent sous-évalués. Le refus du paiement pour un SPL auparavant gratuit pour les usagers peut ensuite limiter les hausses de recettes anticipées. Le tarif peut enfin banaliser certaines conditions du service public, alors perçues comme un dû (je paye donc j'ai), et inciter à des comportements inattendus pouvant impliquer des surcoûts pour la collectivité locale.

(...)

Sonia Guelton et Philippe Poinsot,
chercheurs, université Paris-Est Créteil

Camille Allé

Les effets de la tarification incitative sur les déchets

La prévention et la gestion des déchets ménagers font partie des rares services locaux pour lesquels la tarification incitative est possible. Même si celle-ci est encore loin d'être généralisée et plus répandue dans les territoires ruraux que dans les espaces urbains, comment impacte-t-elle le volume des déchets et les coûts ?

La loi relative à la transition énergétique pour la croissance verte fixe un **objectif de 25 %** de territoires en tarification incitative en 2025. Deux voies s'offrent aujourd'hui aux collectivités : la **redevance** incitative (Reomi) ou la **taxe** incitative (Teomi). Au 1er janvier 2018, 177 communautés et syndicats avaient fait le choix de la Reomi et 16 de la Teomi. Sur ces 193 territoires, un peu moins d'un tiers sont couverts partiellement par une tarification incitative, du fait du délai de cinq ans laissé aux collectivités, après fusion ou évolution de périmètre, pour choisir leur mode de financement du service public de gestion des déchets ménagers. Les résultats semblent au rendez-vous lorsque la tarification incitative s'accompagne d'une politique de prévention (lutte contre le gaspillage alimentaire, pédagogie sur les choix de consommation...), d'une stratégie de communication multicanale régulière et réitérée sur les gestes de tri et d'une réflexion d'ensemble sur la politique de collecte (points d'apport volontaire ou porte-à-porte, fréquences, etc.). Sa mise en place implique par ailleurs un investissement politique fort au plus haut niveau.

Des baisses plus ou moins fortes

Difficile pour autant d'isoler l'effet propre de la tarification incitative. Difficile également d'avoir des chiffres moyens standard pour estimer l'impact du passage en tarification incitative, taxe ou redevance, sur les volumes de déchets collectés. Dans tous les cas, le **volume** des ordures ménagères résiduelles diminue, avec des baisses plus ou moins fortes d'un territoire à l'autre, selon la grille tarifaire adoptée et son caractère incitatif, l'évolution des modes de collecte, les politiques de prévention, etc. On observe le même résultat chez nos voisins européens ayant mis en place la tarification incitative, d'après une étude comparative de l'Ademe (2018). Parallèlement, le volume d'emballages et papiers collectés séparément augmente en moyenne, de même que les apports en déchetterie. Les impacts sur la collecte du verre sont moins marqués. Le point noir reste les milieux urbains où l'habitat collectif domine. Compliqué, en effet, d'introduire une part incitative quand chaque ménage ne paye pas au prorata des efforts qu'il fournit mais des efforts collectifs à l'échelle de l'immeuble.

Une expérimentation a été lancée par l'Ademe sur une dizaine de territoires urbains pour apporter des réponses à ces difficultés.

Les choix de la collectivité

Quant aux coûts et aux gains budgétaires du passage en tarification incitative, ils dépendent fortement des choix de la collectivité en matière de gestion des déchets, y compris de ses choix historiques. Par exemple, une communauté en Reom passant en Reomi dispose déjà d'un fichier de redevables, contrairement à une communauté en Teom. Selon une étude de l'Ademe portant sur quinze collectivités, les dépenses (investissement et fonctionne-ment) varient de 4 à 49 €/habitant, avec une moyenne de 28,50 €/habitant (médiane : 27 €/habitant).

(...)

Document 3

Les enjeux de la tarification des services publics locaux

Par **Jean-Louis Vasseur**, avocat associé chez Seban et associés

Les enjeux de la tarification des services publics locaux sont considérables en cette période de profonde crise économique. La tarification des services publics, est, en effet, l'un des instruments dont les collectivités peuvent faire usage pour poursuivre leur action en direction de leurs administrés, en dépit de la baisse des financements dont elles disposent, sans avoir à faire peser un poids trop lourd sur les contribuables locaux.

La tarification est un système relativement souple dans la mesure où il rend possible de moduler les tarifs selon les usagers, selon les besoins qui s'expriment, selon les moyens dont ils disposent. Certaines collectivités ont été jusqu'à instaurer une « tarification solidaire », pour certains services, c'est-à-dire la gratuité ou, tout au moins, des tarifs qui rapprochent du service public local gratuit. Elle est un moyen particulièrement efficace pour la réalisation d'objectifs sociaux. Elle joue, ainsi, un rôle fondamental en matière de restauration scolaire, compétence dont les collectivités ont hérité en application de la loi du 13 août 2004. Elle joue, également, un rôle incitatif en facilitant, au travers d'une politique adaptée, une consommation de services publics spécifiques, tels les services sportifs ou culturels.On notera que c'est à l'occasion d'une procédure dans le domaine culturel, que la jurisprudence a permis l'introduction de critères sociaux dans la tarification des écoles de musique (CE, 29 décembre 1997, n° 157500, commune de Nanterre), avec le succès que ces écoles ont connu depuis lors..

Financement du service public local

Le financement de nombreux services publics locaux relève d'une logique fiscale. C'est le cas, par exemple, de la taxe d'enlèvement des ordures ménagères. Le service est financé par l'impôt, et le montant payé est totalement indépendant de l'utilisation du service. Mais le financement du service public local peut aussi relever d'une autre logique.

L'usager paie, alors, en fonction de son utilisation du service

C'est ce que permet la tarification des services publics locaux, dont le support juridique est la redevance pour service rendu. Aucun texte, ni aucun principe, n'interdit à une collectivité locale de mettre en place une redevance en contrepartie des services publics locaux qu'elle décide de proposer à sa population. S'agissant des services publics à caractère industriel et commercial, la mise en place d'une telle redevance est même obligatoire puisque la loi impose que les services concernés soient financés dans le cadre d'un budget annexe ; par les redevances perçues sur l'usager et non par le contribuable depuis le budget général de la collectivité. Mais cette exigence est parfois écartée.

L'interdiction du recours au budget de la collectivité n'est pas applicable à tous les Spic

C'est le cas des services de distribution d'eau et d'assainissement dans les com-

[redacted]

© SolStock istock

munes de moins de 3 000 habitants ou les EPCI dont aucune commune membre n'a plus de 3 000 habitants, où l'équilibre par l'usager est rendu difficile compte tenu de l'importance des coûts fixes.

Le budget de la collectivité intervient alors, en complément des redevances réunies auprès des usagers.

L'interdiction ne s'applique pas non plus aux services publics d'assainissement non collectif lors de leur création et cela durant au maximum cinq ans et, enfin, aux services publics de gestion des déchets ménagers et assimilés, lors de leur création et pour leurs quatre premiers exercices.

En principe, seul l'usager doit contribuer au financement du service et assurer l'équilibre économique de son activité. Mais lorsqu'il s'agit de services administratifs, ils peuvent parfaitement aussi être financés par le contribuable.

Les enjeux du choix de la tarification dans ces circonstances apparaissent fondamentaux dans la mesure où il n'est pas possible aux collectivités d'espérer voir leurs ressources et leurs dotations s'élever dans la période actuelle ou bien même dans un futur proche. Ne payer que ce qu'ils utilisent ou consomment est, en revanche, favorable pour la plupart des administrés, sauf, naturellement, dans les domaines où les besoins doivent être satisfaits à l'échelle trop vaste.

Tarification : respect de certaines règles

Ainsi qu'il a été exposé plus haut, la gratuité ne fait pas partie des principes du service public local. Elle n'en a jamais fait partie, même si les habitudes, les traditions et les conditions locales ont pu longtemps le laisser penser. Le tarif fixé par la collectivité territoriale est donc un prix. Ce dernier doit être établi selon des critères objectifs et rationnels (CE, 16 juillet 2007, n° 293229), et doit respecter les règles de la concurrence.

Depuis 1986, la liberté des prix est de rigueur. Mais cette liberté ne pourra s'exercer que dans des limites assez étroites

Le tarif « doit être établi selon des critères objectifs et rationnels » (CE, 16 juillet 2007, n° 293229). En l'occurrence, le prix doit correspondre au service rendu, c'est-à-dire qu'il ne peut comprendre des éléments non rattachables à l'exécution du service effectivement délivré à l'usager.

Il doit respecter les règles de la concurrence, la redevance doit correspondre au service rendu (ce qui interdit d'intégrer dans le calcul de la redevance des éléments qui ne se rattachent pas à l'exécution du service effectivement délivré à l'usager).

Le tarif ne peut pas dépasser le prix de revient du service, il doit correspondre très exactement à ce prix de revient. C'est souligner encore que la collectivité ne peut dégager de profit de son exploitation.

Enfin, la règle la plus importante : le tarif fixé doit respecter le principe d'égalité entre les usagers du service public local.

Toutes les personnes se trouvant placées, dont les enfants, dans une situation identique à l'égard du service rendu doivent être régies par les mêmes règles.

Il s'agit d'un principe constitutionnel (Cons. Cons., décision du 27 juin 2001-446 C, loi relative à l'interruption volontaire de grossesse).

La discrimination, par exemple, au regard de la nationalité, dans la fixation du tarif, est illégale (code général de la propriété des personnes publiques, art. L.2122-1).

Le juge administratif a ainsi annulé la délibération d'un CCAS décidant de refuser l'octroi d'une allocation de congé parental d'éducation, il n'existait aucune différence de situation objective, non plus qu'aucun motif d'intérêt général justifiant une telle discrimination (CE, 30 juin 1989, commune de Paris, n° 78113).

L'égalité des usagers se traduit par l'obligation d'une égalité de traitement, incluant la question du tarif d'accès applicable (CE, 28 mars 1997, n°s 179049, 179050, 179054, Société Baxter).

Cela ne veut pas dire, naturellement que les administrés devront se voir obligatoirement appliquer un même tarif. .../...

.../... Le principe d'égalité n'interdit pas un traitement différent.
Mais à la condition que la fixation de tarifs différents applicables à diverses catégories d'usagers se justifie par l'existence entre les usagers de différences de situation appréciable, ou bien s'impose en raison de la loi ou encore que la différence de tarif soit justifiée par une nécessité d'intérêt général en rapport avec les conditions de l'exploitation du service public (CE, 26 avril 1985, n° 41169).
Toutes les différenciations de tarifs ne sont pas nécessairement illégales, comme on vient de le voir. Le juge administratif a admis que le lieu de domiciliation pouvait être considéré comme une différence appréciable justifiant une différenciation tarifaire (CE, 2 décembre 1987, commune de Romainville, n° 71028).
Hors de ces conditions, finalement assez nombreuses, les modulations de tarifs qui seraient pratiquées, seraient analysées comme discriminatoires et donc prohibées. On ne saurait, par exemple, fixer un tarif réduit en faveur des agents municipaux pour l'accès à une crèche municipale. Ces agents ne sont pas dans une situation différente de celle des autres usagers (TA Marseille, 15 février 1991, rec. 620).
En revanche, le juge administratif a admis que le lieu de domiciliation peut être considéré comme une différence appréciable justifiant une différenciation tarifaire (CE, 2 décembre 1987, commune de Romainville, n° 71028) ;
Le juge administratif s'assure, lorsqu'il est saisi, que le tarif le plus élevé n'excède pas le coût réel du service rendu aux usagers (CE, 5 octobre 1984, n° 47875).
Le service public est, il convient de le rappeler, fondé sur ce principe selon lequel le coût réel du service est observé.
La loi du 5 octobre 1998 de lutte contre l'exclusion admet, toutefois, que les tarifs des services publics à caractère facultatif peuvent être fixés en fonction du niveau du revenu des usagers et du nombre de personnes vivant au foyer et que les droits les plus élevés ainsi fixés ne peuvent être supérieurs au coût par usager et au nombre de personnes vivant au foyer.
La loi n'exclut également pas toute possibilité de forfaitiser et le juge admet par exemple la fixation d'une participation mensuelle forfaitaire, il l'admet, ainsi, pour l'accès à un service d'études surveillées. Il admet aussi la légalité de l'accès au service des seules personnes habitant la commune.

Fixation des tarifs

La compétence revient à des autorités différentes, selon le mode de gestion retenu par la collectivité territoriale.
Celle-ci peut gérer directement le service public par le biais d'une régie, dotée de la seule autonomie financière.
Dans ces conditions, c'est le conseil municipal, après avis du conseil d'exploitation, qui fixe la tarification des prestations et produits de la régie, lorsqu'il s'agit d'un service public administratif (code général des collectivités territoriales (CGCT), art. R.2221-97) ou des redevances dues par les usagers, lorsqu'il s'agit d'un service public industriel et commercial (art. R.2221-72 paragraphe 6).
La collectivité territoriale peut confier à une régie autonome dotée de la personnalité morale, le soin de la gestion du service.
Dans ce cas, la tarification des prestations et produits de la régie (CGCT, art. R.2221-61) ou des redevances dues par les usagers (art. R.2221-38) est fixée par le conseil d'administration de la régie.
La collectivité peut également décider de déléguer la gestion du service public à une personne privée.
Dans ce cas, l'alinéa 4 de l'article L.1411-1 du CGCT prévoit que « la collectivité adresse à chacun des candidats un document définissant les caractéristiques quantitatives et qualitatives des prestations ainsi que, s'il y a lieu, les conditions de tarification du service rendu à l'usager ».

L'avant-dernier alinéa de l'article L.1411-2 du code précité précise également que la convention de délégation de service public « stipule les tarifs à la charge des usagers et précise l'incidence sur ces tarifs des paramètres ou indices qui déterminent leur évolution ».
La fixation du niveau et de la structure tarifaire constitue une prérogative de l'autorité délégante, qui ne peut « être laissée à la discrétion du concessionnaire » (cour administrative d'appel de Lyon, 20 mai 1999, SA Comalait industries, req. n° 95LY00795), même si le tarif du service public fait souvent l'objet dans les faits d'une négociation entre les parties.
Les secteurs de l'électricité et du gaz dérogent néanmoins aux règles applicables aux contrats de concessions classiques, dans la mesure où, en vertu des articles L.341-3 et L.452-3 du code de l'énergie, les tarifs d'utilisation des réseaux publics d'électricité et de gaz sont fixés par une autorité administrative indépendante, la commission de régulation de l'énergie (CRE).
Celle-ci élabore les tarifs d'accès aux réseaux en veillant à donner aux gestionnaires de réseaux les moyens d'accomplir au mieux leurs missions de service public et de s'assurer d'une maîtrise raisonnable des coûts pour ne pas alourdir excessivement les charges pesant sur les consommateurs.

Normes européennes

La Cour de Justice de l'Union européenne pourrait, éventuellement, soulever à l'avenir des questions délicates dans ce domaine de la tarification des services publics locaux.
La Cour de Justice a déjà eu l'occasion de préciser que, selon elle, la discrimination tarifaire fondée sur le critère de la résidence que le Conseil d'État admet pour des tarifs différenciés d'une école de musique en fonction du domicile de ses élèves (CE, 2 décembre 1987, commune de Romainville, n° 71028), ne devrait être admise que si elle était justifiée par « des raisons impérieuses d'intérêt général » (CJCE, 16 janvier 2003, Commission/Italie C- 388/01).
La CJCE a considéré que cette pratique était contraire à l'article 49 du traité de Rome qui « prohibe non seulement les discriminations ostensibles, fondées sur la nationalité, mais encore toute forme dissimulée de discrimination qui, par application d'autres critères de distinction, aboutissent en fait au même résultat ».

Une question de budget aussi
Dans le contexte actuel, marqué par de fortes contraintes budgétaires, les problèmes liés à l'équilibre financier des services publics locaux, à la tarification des services publics locaux, prennent une dimension nouvelle. Avec les restrictions financières, les collectivités cherchent les moyens d'atteindre l'équilibre financier des services ou tout au moins, la limitation des déficits enregistrés. La tarification, qui permet de réguler les effets de ces restrictions, occupe, dans ce débat, une place essentielle et cette place promet de se développer encore.

Document 4

LA TARIFICATION, UN OUTIL DE SOLIDARITÉ ?

MARTINE LONG,

Maître de conférences en droit public (HDR) Université d'Angers ;
Co-directrice du Master Droit des Interventions Publiques.

Alors même que le chantier de la réforme fiscale vient d'être si ce n'est ouvert du moins annoncé, il n'est pas inintéressant de questionner les recettes tarifaires des collectivités territoriales. Un grand nombre de ces dernières s'est effectivement lancé dans la refonte de leur politique tarifaire en réaction à la crise économique. L'objectif est ici variable : rendre plus solidaire leur système de tarification (Angers), trouver de nouvelles ressources (Bergerac, Eybens), réfléchir à une gratuité ciblée (Rennes en matière culturelle) ou encore revenir sur cette dernière (Strasbourg en matière de transports publics). Pour les départements et les régions il peut s'agir d'harmoniser, par exemple, les tarifications applicables en matière de restauration scolaire (Région Île de France), compétence dont ils ont héritée en application de la loi du 13 août 2004.

La construction des politiques tarifaires des collectivités territoriales s'est le plus souvent faite de façon empirique, service par service. Chaque service a son histoire, bien souvent son quotient et sa grille associée.

Jusqu'à une époque récente il n'existait pas de vision transversale des différentes politiques, chaque élu référent imposant sa vision, sa logique gestionnaire. Dans les petites communes, bien souvent le tarif unique est de mise à des fins de simplification notamment en matière de restauration scolaire. Des sensibilités demeurent, la culture par exemple est plus ouverte, la tarification en fonction du domicile a tendance à être questionnée. Les politiques enfance/jeunesse sont dominées par les contrats passés avec la CAF qui limitent les possibilités de modulations tarifaires aux exigences imposées par cette dernière. Les CCAS sont également tenus par les décisions qui émanent des autorités de tarification que sont le Président du conseil départemental et l'Agence Régionale de Santé.

Les choix tarifaires en matière de transport varient d'une volonté de préserver un certain volant de ressources (20 à 30 % du budget) à une ambition plus globale, certaines villes ayant fait le choix de la gratuité et donc d'une mobilité ouverte (Châteauroux).

Méconnue dans ses fondements, la tarification des services publics locaux fait l'objet d'une attention pratique certaine. Le tarif est en effet un levier important et un élément déterminant d'ac-cès au service. Le choix du tarif n'est pas anodin. Hormis les secteurs pour lesquels la gratuité est imposée par un texte (Éducation, SDISS), les collectivités ont le choix de faire peser la charge d'un service public sur le contribuable ou sur l'usager. Traditionnellement en France le principe de solidarité est incarné par l'impôt et par l'État qui demeure la figure de la solidarité. Pour autant, face à la montée des individualismes, à l'inéquité des impôts locaux et aux nécessités de trouver de nouvelles ressources, les logiques marchandes tendent à se généraliser. La figure de l'utilisateur / payeur se substitue à celle du contribuable/ financeur.

Cette évolution n'est pas linéaire et s'accompagne d'une redéfinition des enjeux sociaux de la tarification. Ainsi, si jusqu'à une époque récente les modulations tarifaires ont été bâties autour de statuts spécifiques, le fait de bénéficier de certains minima sociaux donnant un droit d'accès à un tarif privilégié, les références aujourd'hui se sont affinées. La volonté est ici de garantir l'accès de tous aux services publics locaux tout en mettant en place des grilles tarifaires plus justes. L'ambition sociale est présente même si les enjeux demeurent appréhendés dans une sphère donnée et ne font pas l'objet d'une analyse concentrique.

Direction de la prospective et du dialogue public
20 rue du Lac - BP 3103 - 69399 LYON CEDEX 03
www.millenaire3.com
GRANDLYON communauté urbaine

I - LE TARIF, UN CORRECTIF À L'INÉQUITÉ DE LA FISCALITÉ LOCALE

Le transfert du financement d'un service public du contribuable vers l'usager n'est pas neutre, il présuppose un changement de logique et part du principe que certains besoins et infrastructures ne doivent pas être essentiellement financés par la solidarité au travers de l'impôt mais par les catégories d'usagers concernés. Cette évolution n'est pas neutre au regard des enjeux de solidarité.

A – Un marqueur politique fort

D'un point de vue conceptuel les fondements de la tarification des services publics locaux se sont construits dans une stricte opposition avec ceux des services publics nationaux. Alors même qu'au niveau national le caractère unitaire de la notion de service public, alliant une conception organique et matérielle, a fondé une gestion en monopole, la gestion locale est quant à elle par définition plus morcelée. Ainsi, si le principe d'égalité a légitimé à l'échelon national l'adoption d'un prix uniforme au nom du principe d'égalité, le prix du timbre en étant une belle illustration, ce même principe d'égalité a amené à un positionnement strictement inverse en matière de services publics locaux.

Très rapidement en effet au lendemain de la décentralisation les élus locaux ont manifesté leur volonté de mettre en place un accès différencié aux services publics locaux. Cette politique a pris deux voies : une volonté de garantir un accès privilégié pour les résidents, avec une tarification en fonction du domicile. Un souci de prendre en compte les revenus des familles afin de mettre en place des grilles tarifaires adaptées et de garantir l'accès de tous au service.

(...)

La mise en place d'une tarification sociale s'est ainsi généralisée dans les collectivités d'une certaine taille, le référentiel pris en compte étant généralement le seuil de revenus matérialisé par la feuille d'imposition ou encore le statut de l'usager. La mise en place d'une tarification sociale a été alors présentée comme un correctif de l'inéquité des impôts locaux qui ne prennent en compte qu'à la marge les revenus des familles.

B - Une symbolique politique forte

Si le tarif se présente comme une ressource résiduelle dans les budgets locaux, il constitue pour autant un marqueur fort pour les familles.

Les enjeux sont ici multiples : développer une politique vérité des prix, responsabiliser l'usager, garantir l'accès de tous au service, orienter les comportements vers un usage éco-responsable. Ils se doublent d'une volonté de garantir l'accès à certains droits et biens fondamentaux, derrière chaque service public se trouve en effet une logique de droits et libertés : liberté d'aller et venir, droit à l'eau, droit à des conditions de vie décente...

La réflexion engagée depuis quelques années sur les politiques tarifaires manifeste bien la volonté de préserver la cohésion sociale au travers d'un panier de droits accessibles à tous, appelé dans certaines collectivités bouclier familial.

Les politiques tarifaires récentes se caractérisent ainsi à la fois par leur diversité et la complexité des enjeux.

Le marqueur politique est également présent entre une logique de préservation de nouvelles ressources et une vision plus sociale en termes d'accès.

De nouveaux impératifs ont ainsi vu le jour avec l'intégration dans les grilles tarifaires d'une prise en compte des revenus réels qui transcende l'appartenance catégorielle. La volonté a été de développer une logique égalitaire au travers d'un précepte « à revenu égal, droits égaux », d'intégrer des situations nouvelles comme celles les travailleurs pauvres, des familles monoparentales, ou des personnes nouvellement touchées par le chômage en raison de la crise. De la même façon si pendant longtemps les grilles tarifaires ont favorisé mécaniquement uniquement les bas revenus, la refonte opérée amène à intégrer dans la problématique les classes moyennes.

La construction de grilles tarifaires n'est plus ainsi essentiellement mécanique mais participe d'une réflexion globale sur le vivre ensemble, la signification du tarif et la place du service public dans la cité.

II - LA REFONTE DES GRILLES TARIFAIRES, UN OUTIL DE POLITIQUE PUBLIQUE

Le passage d'une tarification sociale à une tarification solidaire manifeste la volonté des élus locaux de mener une analyse fine autour de leur système de tarification. Si pendant longtemps les différenciations tarifaires ont obéi à des enjeux quasi mécaniques, les collectivités sont aujourd'hui attentives aux référentiels retenus.

A - À la recherche du juste prix

Dans la pensée économique le juste prix est le prix du marché. Cette conception ne peut être appliquée pour les activités de service public. Si l'ère du tarif réglementé est révolue, la fixation de la grille tarifaire d'un service public obéit davantage à une logique administrative qu'à des considérations purement économiques. (...) L'élément coût de revient permet cependant d'analyser l'impact financier d'une décision politique. (...)

Ainsi si personne ne remet en question la quasi gratuité des bibliothèques, la gratuité des musées pose davantage question. (...)

La recherche du juste prix demande ainsi une analyse approfondie à la fois du contexte local, des capacités contributives de la population locale et des enjeux en termes de cohésion sociale.

La volonté de mettre en place des grilles tarifaires davantage solidaires a amené à l'apparition de nouveaux référentiels. (...)

Si pendant longtemps l'élément pris en compte en terme de justificatif de ressources a été la feuille d'imposition, force est de constater que cette dernière ne traduit qu'imparfaitement la situation financière du bénéficiaire. (...)

Face à cette critique beaucoup de collectivités travaillent aujourd'hui sur le quotient familial CAF qui présente l'avantage de tenir compte de l'ensemble des revenus de la personne et de la composition familiale, quelle que soit la provenance des ressources.

(...)

Le taux d'effort est également un concept intéressant, il permet en effet, dans la limite d'un certain plafond, d'affecter d'un coefficient le coût d'un service public dans le budget familial. Plus les revenus sont élevés, plus le tarif le sera également avec un élément d'égalité qui est le pourcentage prélevé sur les ressources globales.

Ce mécanisme du taux d'effort est d'ailleurs bien souvent couplé à une approche par quotient. La ville d'Angers par exemple à l'occasion de la refonte de ses tarifs a mis en place un Quotient de Tarification Solidaire calculé sur les mêmes bases que le quotient familial de la CAF.

La logique du reste à vivre est également utilisée. Les logiques tarifaires ont été construites uniquement par référence aux revenus et non aux charges des familles. Il est cependant patent que le prix des loyers ou le coût de la vie n'est pas similaire en région parisienne et dans certains départements ruraux. Dans cette optique le reste à vivre vise à mettre en parallèle ressources et charges incompressibles d'une famille. Le bénéfice d'une tarification sociale sera ensuite appliqué au regard de ce reste à vivre. La reconstruction des politiques tarifaires de la cité est une opération de longue haleine. Elle fait intervenir différentes variables qui ne sont pas toujours faciles à analyser. La variable sociale est un élément d'entrée qui ne doit pas occulter les autres dimensions de la politique tarifaire.

B - Une volonté de simplification des procédures

La refonte des grilles tarifaires s'accompagne dans beaucoup de collectivités d'une recherche de simplification pour les usagers. (...)

Direction de la prospective et du dialogue public
20 rue du Lac - BP 3103 - 69399 LYON CEDEX 03
www.millenaire3.com
GRANDLYON communauté urbaine

La création de cartes vie quotidienne ou citoyenne participe de cette évolution. L'intérêt est ici que les identifiants de l'usager et ses caractéristiques sont inscrits une seule fois, ce qui lui donne accès à tout un panier de services sans devoir à chaque fois prouver son identité ou son revenu de référence. Les formalités nécessaires peuvent se faire directement sur internet avec achat d'un certain nombre de points qui serviront ensuite à accéder aux différents services.

La ville de Vendôme a mis en place, par exemple, un tel système ainsi qu'un site internet de simulation tarifaire qui permet à chaque famille de connaître en temps réel le montant qui lui sera appliqué.

La communauté des usagers n'est plus ainsi appréhendée catégorie par catégorie ou service par service mais bien dans son ensemble dans une logique de service au public. Pour autant cette communauté est réduite ici aux habitants, dans la mesure où le bénéfice d'une telle carte est conditionné à la résidence sur le territoire de la collectivité. La solidarité s'exerce ainsi entre les habitants au nom des charges de centralité que sont amenées à assumer certaines villes. Les non résidents devront ainsi payer plus cher pour une même prestation.

Des efforts demeurent à faire, les files d'attente au moment des inscriptions, les frustrations d'une inscription pour les premiers arrivés ou encore la difficulté à traiter les situations des familles séparées à qui l'on va demander de faire deux fois les formalités pour avoir accès à une même prestation sont des choses sur lesquelles ils convient de travailler.

Pour autant, la ville de demain accessible, ouverte et soucieuse de ses habitants se dessine avec une carte qui permettra de payer l'ensemble des services et qui ne sera pas différenciée selon son statut social.

Conclusion :

la politique tarifaire des collectivités territoriales fait l'objet aujourd'hui d'une réflexion stratégique. Il s'agit pour autant d'une réflexion spécifique à la France, une telle différenciation tarifaire étant inimaginable dans un grand nombre de pays de l'Union Européenne. Si la finalité sociale est certaine il est cependant dommage que cette ambition ne soit pas couplée avec une réflexion globale sur la pression fiscale exercée sur les classes moyennes.

La question du juste prix ou du prix acceptable sera très certainement la prochaine étape des travaux menés (...).

Document 5

la gazette·fr

COÛT DES SERVICES PUBLICS

Tarification des services publics... le coût d'après

Gaëlle Ginibrière | A la Une finances | Actu experts finances | France | Publié le 29/05/2018 | Mis à jour le 01/06/2018

Le début des mandats municipaux en 2014 s'était accompagné de hausses des tarifs périscolaires. Quatre ans plus tard, la refonte de la tarification reste d'actualité et touche une large variété de services publics.

« Nombre de nos tarifs ont été votés il y a longtemps, sans que l'on sache toujours comment ils ont été fixés à l'origine. Or, un tarif doit être explicable à quiconque le demande », note Isabelle Bertone-Bahier, directrice du contrôle de gestion de la ville de Versailles (lire ci-dessous). C'est pourquoi la commune s'est attaquée, depuis quelques années, à la tarification de ses services scolaires, périscolaires et sportifs, ainsi qu'à la mise à disposition de matériel et de locaux. Avec un impératif : « le tarif opposé à l'usager ne peut dépasser le coût du service... ce qui suppose de le connaître ».

Cet obstacle technique franchi, plusieurs questions restent à trancher. Parmi celles-ci, la répartition de la charge entre usagers et contribuables. « Selon qu'il s'agit d'un service de confort ou de première nécessité, il peut être demandé à l'usager de payer une part plus importante. Si le tarif demandé aux usagers est faible et le taux de recouvrement élevé, il peut ne pas être plus cher pour la collectivité d'offrir un service gratuit, comme nous l'avons fait par exemple pour les médiathèques » indique Isabelle Villeroux, contrôleuse de gestion interne à Bordeaux métropole (28 communes, 750 000 hab.) et copilote du groupe de travail « tarification et études de coûts » destiné aux services publics, à l'Afigese.

Tarif personnalisé

La question de tarifs différenciés entre habitants et usagers extérieurs est aussi de plus en plus prégnante.

« Appliquer des tarifs plus élevés peut dissuader les usagers extérieurs d'utiliser les équipements principalement financés par les impôts locaux. Mais c'est un outil à manier avec précaution en tenant compte de la part des usagers extérieurs dans la fréquentation des lieux. Et c'est un sujet éminemment politique », poursuit Isabelle Villeroux. Autre question : celle de la répartition de la charge entre les usagers. Pour les services culturels, des tarifs réduits ou une gratuité sont parfois accordés à certaines catégories de population – jeunes, demandeurs d'emploi.

La ville de Versailles a refondu les grilles tarifaires des services périscolaires. Le système de tranche a été écarté au profit d'un taux d'effort appliqué aux rémunérations de chacun, ce qui implique un tarif personnalisé et qui évolue avec le revenu. Et la base de ressources retenue est celle de la CAF qui prend en compte les prestations familiales.

Dernier enjeu, qui s'esquisse à peine : celui de l'impact potentiel de l'analyse des données dans une démarche de smart city. « Il sera possible d'hypersegmenter les moments d'usage et donc de mettre en place une nouvelle tarification liée à l'utilisation en temps réel de l'espace public. Grâce à la blockchain, il sera aussi possible d'échanger des entrées gratuites à la piscine contre des économies d'eau réalisées dans un foyer. Mais gare aux dérives : techniquement, rien n'empêcherait de facturer l'individu qui a déclenché l'allumage d'un lampadaire. Cela a donc des conséquences sur la définition des biens communs », explique Matthieu Galaup, directeur « ressources » du cabinet Espelia.

Un enjeu de communication

Les élus ont besoin de rendre compte aux usagers et contribuables et communiquent de plus en plus sur la tarification. A l'occasion d'une augmentation de tarif, certains n'hésitent en effet plus à se comparer à d'autres territoires ou à entrer dans le détail de leur coût de revient.

« Nous sommes partis de l'inventaire patrimonial »

Isabelle Bertone-Bahier, directrice du contrôle de gestion de Versailles (85 700 hab., Yvelines)

« Nous avons refondé nos tarifs pour la mise à disposition des locaux, pour les associations essentiellement, mais aussi pour des tournages de films ou l'organisation de soirées dans des lieux de prestige.

Nous sommes partis de l'inventaire patrimonial, ainsi que du programme de travaux engagés, des charges supportées, du taux d'usure (par exemple, en calculant pour un terrain de foot le temps de régénération de la pelouse) ou encore d'un coefficient de prestige pour certains locaux. Cela nous a permis de proposer des tarifs par catégorie de lieux. Et nous avons rediscuté avec les élus du maintien de la gratuité pour les associations. Par exemple, à la Maison des associations, les adhérents ont droit à une grande salle gratuite une fois par an pour leur assemblée générale et à des réductions pour les autres réunions. Les clubs sportifs ont droit à la gratuité des locaux s'ils sont affiliés à une fédération reconnue. »

Document 6

Les repas à 1€ dans les cantines annoncés dans le plan pauvreté sont-ils vraiment nouveaux ?

Liberation.fr Service Checknews 21 septembre 2018 à 12:08

De tels tarifs existent déjà depuis plusieurs années dans de nombreuses communes. Le gouvernement veut les encourager dans les petites villes par une incitation financière.

Question posée le 19/09/2018

(...)

Nous avons reformulé votre question. La voici en intégralité : «*Pourquoi ne dites-vous pas que les repas à 1 euro dans les cantines proposées par le président sont déjà depuis longtemps appliqués dans de nombreuses agglomérations ?*»

Vous faites référence au discours d'Emmanuel Macron du 13 septembre 2018, dans lequel il présente les principales mesures du Plan Pauvreté, notamment sur la réforme de la cantine scolaire dans les écoles primaires : «*L'accès à la cantine sera rendu plus universel en développant les repas à un euro pour les personnes les plus pauvres. De nombreux maires ont déjà pris des initiatives fortes en la matière, que je salue. Je souhaite que nous puissions accompagner les communes dans ce juste combat. Aussi, une incitation financière sera mise en place dans les communes les plus pauvres.*»

On retrouve cette proposition dans le dossier presse du ministère des Solidarités et de la Santé : «*Un mécanisme d'incitation sera par ailleurs mis en place en direction des communes les plus fragiles de moins de 10 000 habitants pour appliquer une tarification sociale de la restauration scolaire avec un plafond du barème le plus bas à 1€ le repas.*» Contacté par *CheckNews*, l'Elysée ne précise pour le moment ni le montant ni les modalités de cette aide.

La mesure est directement inspirée d'une proposition de loi de février 2018, concernant le tarif des cantines scolaires, qui n'avait pas été soumise au vote de l'Assemblée. Elle portait sur la gratuité des repas dans les écoles, collèges et lycées pour les familles les plus pauvres dans toute la France. «La mesure du Plan Pauvreté d'Emmanuel Macron reprend les trois quarts de notre proposition», explique à Check News le député LREM Gael Le Bohec, à l'origine de la proposition de loi et qui a travaillé sur le projet annoncé par Emmanuel Macron.
Le périmètre de la réforme annoncée par le Président est toutefois beaucoup plus restreint : il ne concerne plus que les écoles primaires des communes les plus pauvres, et prévoit de faire payer ce repas un euro.

Paris, Lyon ou Aix-en-Provence

(...) De fait, certains maires ont ironisé sur le fait que la mesure s'applique déjà largement.

De nombreuses communes proposent effectivement des repas à ce prix, voire moins. Comme le mentionne l'article R531-52 du Code de l'éducation, c'est à la mairie de fixer les prix de la restauration scolaire dans les écoles primaires. Et celle-ci peut choisir des prix différents en fonction des revenus des familles.

Par exemple, la ville de Paris a établi depuis 2015 un système de dix tarifs possibles. Selon votre quotient familial, calculé grâce à votre avis d'imposition, le tarif de la cantine scolaire change. Ainsi, les plus faibles revenus déboursent uniquement 0,13 centime d'euros par repas, quand une famille très aisée dépensera 7 euros pour le même déjeuner.

Ce système de quotients familiaux est largement utilisé dans les grandes villes. C'est le cas de Lille qui propose une grille de 15 tarifs allant de 0,50 centime à 5,62 euros. On retrouve le même type de grille à Lyon, Bordeaux, Chambéry, Metz, Toulon, Avignon, Aix-en-Provence ou encore à Grenoble. Tous proposent des plateaux-repas à un euro ou moins pour les familles les plus pauvres.

Tarif fixe

Certaines petites et moyennes communes se tournent également vers un tarif fixe, et bas. C'est le cas de la ville de Montereau (19 000 habitants, Seine-et-Marne), où tout le monde paye le même prix depuis 2015 pour un plateau-repas : 1 euro. Le prix de revient pour chaque repas est d'environ 6 euros, et c'est la municipalité qui prend elle-même en charge la différence. *«Nous avons fait le choix de ne pas augmenter les impôts. Pour financer la baisse du prix des repas, nous avons dû repenser et rationaliser la gestion interne de la mairie»*, précise le maire Yves Jégo.

D'autres villes vont même plus loin. Depuis 2007, les villes du Bourget et de Drancy (Seine-Saint-Denis), par exemple, ont instauré la gratuité totale de leurs cantines scolaires. À l'époque, c'était une première en France, possible grâce à des économies budgétaires et à la prime versée par l'Etat aux deux communes après leur agglomération. (...)

Oriane Alcarini

Document 7

la gazette·fr

BAROMÈTRE DES TERRITORIAUX

Etes-vous pour la gratuité dans tous les services publics locaux ?

Brigitte Menguy | France | Publié le 25/02/2019 | Mis à jour le 19/02/2019

Parce que votre opinion nous intéresse, La Gazette a constitué un panel de fonctionnaires territoriaux que nous interrogeons sur l'actualité des politiques publiques et du statut de la fonction publique. Cette semaine : êtes-vous pour la gratuité dans tous les services publics locaux ?

Choisis comme l'un des quatre thèmes du grand débat national par le président de la République, les services publics sont au cœur des revendications du mouvement des « gilets jaunes ». Pour autant, celles relatives à la gratuité de l'ensemble des services publics sont rares. A l'image des réponses apportées par notre échantillon d'agents territoriaux qui sont seulement 41 % à être favorables à la gratuité de l'ensemble des services publics locaux. Il faut dire qu'en France le débat n'est pas réglé : par exemple, seule une trentaine de collectivités se sont engagées dans la gratuité des transports publics urbains. Car à la question de savoir si c'est au contribuable ou à l'usager qu'il revient de payer la facture des services publics, la réponse est aujourd'hui plutôt normande !

Etes-vous pour la gratuité dans tous les services publics locaux ?

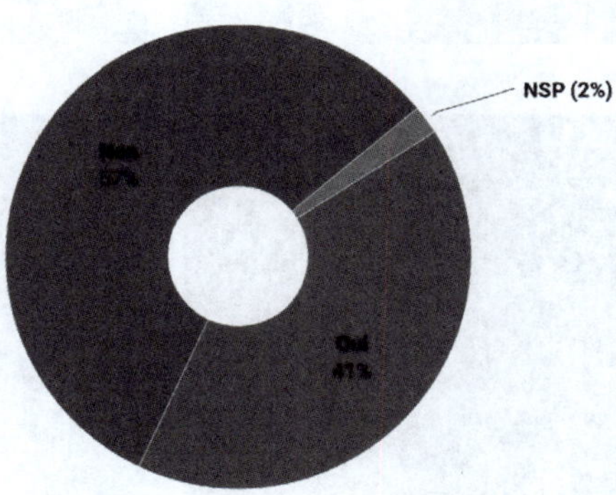

Source: La Gazette du 25 février 2019 - Infographie: P. distel

REFERENCES

- Etude réalisée par Infopro Digital études auprès d'un échantillon représentatif de notre lectorat, composé de 1 651 agents de la FPT, sur internet du 17 décembre 2018 au 2 janvier 2019 (228 répondants).

Document 8

Guide des tarifs municipaux 2018

Crèches, accueils périscolaires et de loisirs (matin, soir, mercredi), restauration scolaire, activités sportives et culturelles, espaces de Proximité et de Citoyenneté...

VILLE DE CHELLES

1 • Principes généraux de la politique tarifaire et mode de calcul

1.1 PRINCIPES GÉNÉRAUX

Pour rendre accessible les services municipaux au plus grand nombre, la Municipalité, selon le type de prestation, a adapté ses modalités de tarification en plusieurs groupes, à savoir :

Tarifs uniques

Tarifs en fonction des ressources du foyer :

- Quotient familial (14 tranches)
- Quotient dit « CAF » (34 tranches)
- Taux d'effort (réglementé par la Caisse d'Allocations Familiales pour la Petite Enfance)

- Principe de non rétroactivité des quotients (délibération du Conseil Municipal du 2 juin 2015) en cas de non calcul ou de calcul tardif (postérieur à la première inscription à une activité).

- Principe de paiement au moment de l'inscription des activités non soumises à tarification a posteriori (délibération du Conseil Municipal du 2 juin 2015).

- Principe de non inscription à une activité en cas d'incident de paiement jusqu'à la présentation d'un justificatif de régularisation de la situation (délibération du Conseil Municipal du 2 juin 2015).

- Principe du prépaiement pour les accueils de loisirs vacances (délibération du Conseil Municipal du 5 juillet 2016).

- Principes dérogatoires à l'application du tarif chellois pour les usagers non chellois. Les seuls cas ou un usager peut bénéficier du tarif chellois alors qu'il n'habite pas Chelles sont les suivants :
    - son enfant est scolarisé en ULIS ou en UPE2A ;
    - en cas de séparation ou de divorce, le second parent est domicilié à Chelles ;
    - il travaille pour la Ville de Chelles.

(...)

1.2 LES GRILLES DE QUOTIENT ET LEUR MODE DE CALCUL

1.2.1 Tranche QF Ville (14 TRANCHES)

MODE DE CALCUL

TRANCHE QF VILLE (14 TRANCHES) = RESSOURCES MENSUELLES / NOMBRE DE PARTS

❶ Les ressources mensuelles sont établies en cumulant les revenus du ou des parents, sur la base de l'avis d'imposition ou de non-imposition de l'année précédente auxquelles sont ajoutés les autres revenus éventuels, les pensions alimentaires reçues, les allocations familiales et en déduisant les éventuelles pensions alimentaires versées ainsi qu'un montant correspondant au coût mensuel du logement, selon un plafond de déduction « loyer » établi comme suit :

14 Tranches	de	à
A	-	191,50 €
B	191,51 €	242,50 €
C	242,51 €	293,50 €
D	293,51 €	391,00 €
E	391,01 €	489,00 €
F	489,01 €	586,50 €
G	586,51 €	684,50 €
H	684,51 €	779,00 €
I	779,01 €	900,00 €
J	900,01 €	980,00 €
K	980,01 €	1 100,00 €
L	1 100,01 €	1 250,00 €
M	1 250,01 €	1 600,00 €
N	1 600,01 €	+

Composition familiale	Montant
1 enfant	240,00 €
2 enfants	260,00 €
3 enfants	280,00 €
4 enfants	300,00 €
5 enfants	320,00 €
6 enfants	340,00 €
7 enfants	360,00 €
8 enfants	380,00 €

❷ Le nombre de parts correspond aux nombres de personnes présentes au foyer, les personnes élevant seules un ou plusieurs enfants bénéficient d'une part supplémentaire.

(...)

3 • Les tarifs en année scolaire

Les tarifs 2017 sont prorogés jusqu'à la fin des vacances scolaires d'été 2018.

Les tarifs pour l'année scolaire 2018/2019 sont applicables du premier jour de la rentrée scolaire jusqu'au dernier jour des vacances d'été 2019.

3.1 ÉDUCATION

3.1.1 Restauration scolaire

Tranches	Restaurants scolaires (lundi, mardi, jeudi et vendredi)
A	1,19 €
B	1,69 €
C	2,06 €
D	2,61 €
E	3,26 €
F	3,72 €
G	3,96 €
H	4,13 €
I	4,37 €
J	4,57 €
K	4,75 €
L	4,96 €
M	5,13 €
N	5,31 €
Hors commune	6,94 €

Document 9

Tarifs distincts selon le lieu de résidence

La Gazette.fr - 25/04/2010

Les discriminations tarifaires fondées sur le lieu de résidence ne sont légales que pour des services publics facultatifs, comme la cantine scolaire.

La jurisprudence du Conseil d'État a admis que l'application du principe d'égalité restait compatible avec des différences de traitement entre les usagers, lorsque celles-ci sont justifiées par une différence de situation ou par un intérêt général.

Ainsi, il est possible, selon la Haute Assemblée, de pratiquer des discriminations tarifaires fondées sur le lieu de résidence pour les services publics locaux non obligatoires comme les cantines scolaires (Conseil d'État, 5 octobre 1984, commissaire de la République de l'Ariège) et les écoles de musique (Conseil d'État, 13 mai 1994, commune de Dreux).

Toutefois, seules les discriminations, qui répondent à la situation différente des usagers vis-à-vis du service ou qui sont fondées sur des considérations d'intérêt général liées au fonctionnement même du service public, sont légales (CE, section, 10 mai 1974, Denoyez et Chorques).

En revanche, il n'est pas possible d'établir des discriminations tarifaires pour des activités de services publics obligatoires exercées dans le cadre du service public de l'enseignement, comme les classes vertes.

Par ailleurs, la Cour de justice de l'Union européenne a quant à elle, dans un arrêt du 16 janvier 2003, également interprété le principe d'égalité en condamnant la République italienne pour avoir conservé un avantage tarifaire discriminatoire dans certains monuments publics gérés par les collectivités locales aux résidents de la commune âgés de plus de 60 ans. La Cour de justice a considéré que cette pratique était contraire à l'article 49 du traité de Rome. Seules deux raisons peuvent permettre de faire exception à ce principe de non-discrimination :

1. l'ordre public, la sécurité publique
2. la santé publique ou une raison impérieuse d'intérêt général (définie comme la protection de l'ordre public, de la sécurité publique, de la sûreté publique, de la santé publique…).

Ainsi, une discrimination tarifaire fondée sur des différences de situation objectives et rationnelles et suffisamment nettes, directement en rapport avec l'objet ou le but de la décision qui l'établit, comme l'exige le juge national, ne serait pas contestée par le juge communautaire. Les collectivités territoriales peuvent pratiquer des discriminations tarifaires fondées sur le lieu de résidence uniquement pour des services publics facultatifs comme les cantines scolaires.

Références

QE de Jean – Louis Masson, JO du Sénat du 8 avril 2010, n° 10284

Comment aborder le sujet

a. Analysez la « mise en situation » et la « commande »

Vous êtes rédacteur territorial à la ville d'Admiville, qui compte 22 000 habitants.
Interpellés par des administrés sur la question du prix pour l'usager de certains services publics communaux, les élus souhaitent remettre à plat la politique tarifaire de la collectivité.
Dans cette perspective, la directrice des services à la population vous demande de rédiger à son attention, exclusivement à l'aide des documents joints, une note sur la tarification des services publics locaux.

Cette commande vous permet de satisfaire aisément au formalisme de l'épreuve, en étant attentif à ne pas introduire dans la copie de concours des éléments qui ne figurent pas dans cette commande et pourraient constituer des signes distinctifs de nature à entraîner l'annulation de votre copie par le jury.
Le survol de la liste signalétique des documents du dossier laisse percevoir la dimension notamment juridique du dossier, sans que des documents juridiques de nature à être mentionnés dans la zone des « références » de la note y soient signalés : vous veillerez donc, lorsque vous exploiterez des documents comportant des informations juridiques, à relever le cas échéant les références aux textes essentiels (loi, décret...) qui pourraient y apparaître, afin de les porter en « références ».

Commune d'Admiville — Le (date de l'épreuve)

NOTE

à l'attention de Madame la Directrice des services à la population

Objet : La tarification des services publics locaux

Références :

Sur le fond, **la commande** comporte une indication démographique : la commune d'Admiville compte 22 000 habitants. La nature du sujet, à la fois financier et juridique, peut laisser augurer de dispositions ou de dispositifs déterminés par le nombre d'habitants de la collectivité concernée, ce qu'il conviendra de vérifier lorsqu'on prendra connaissance des informations au dossier. On gardera donc cette précision démographique en tête lorsqu'on exploitera les expériences locales dont rendra certainement compte le dossier.
La qualité du destinataire, la directrice des services à la population, n'est pas sans incidence sur le traitement du sujet. Il convient évidemment de l'informer de manière synthétique et claire, à l'aide d'une note qui lui permette de connaître l'essentiel sans devoir se référer au dossier, conformément à la nature même de l'épreuve, en étant évidemment attentif tant à l'exactitude qu'à l'exhaustivité des informations fournies. En outre, les fonctions qu'elle exerce, à savoir la direction des services à la population, vous invitent à vous méfier d'une approche trop juridique du sujet qui ne prendrait pas suffisamment en compte **les conséquences pour la population de la politique de tarification**.
Observez également que « les élus sont interpellés par des administrés sur la question du prix pour l'usager de certains services publics communaux », précision qui vous met sur la piste d'**une politique tarifaire à visée sociale**.

b. Analysez la liste signalétique des documents

Le document 3, tiré des *Cahiers juridiques de la Gazette*, attire l'attention sur le **cadre juridique** de la tarification des services publics locaux.

On perçoit, dès la lecture du titre du document 2 (« Quels financements pour les services publics locaux »), que la tarification n'est évidemment pas le seul moyen de financement des services publics locaux, et, comme le laisse entendre le titre du document 3 (« Les enjeux de la tarification des services publics locaux »), qu'il convient d'**arbitrer entre les différents modes de financement**.

Deux titres font apparaître que les collectivités disposent de marges de manœuvre en matière de tarification (document 9 : « Tarifs distincts selon le lieu de résidence »; document 7 : « Êtes-vous pour la **gratuité** dans les services publics locaux ? ») et l'objectif de **solidarité** d'une politique tarifaire est souligné par le titre du document 4 : « La tarification, **un outil de solidarité** ? ».

La tonalité critique de deux des titres (document 5 : « Tarification des services publics... le coût d'après »; document 6 : « Les repas à 1 € dans les cantines annoncés dans le plan pauvreté sont-ils vraiment nouveaux ? ») met sur la voie, comme on peut s'y attendre dans de nombreux sujets, sur **les écueils à éviter** (ou les précautions à prendre).

c. Élaborez un plan sommaire

L'analyse des sources et des titres permet ainsi de repérer quatre axes structurants qui vont déterminer l'exploitation du dossier :

– **La tarification est un des modes de financement entre lesquels il faut arbitrer.**

Si le contenu de cette possible sous-partie s'avérait trop dense, on pourrait concevoir une sous-partie sur les différents modes de financement, et une autre sur les critères d'arbitrage. Il faudrait alors regrouper en une les informations de deux autres sous-parties envisagées, par exemple : Un cadre juridique qui permet la solidarité, ou : Un outil de solidarité à manier avec discernement.

– **La tarification est juridiquement encadrée.**
– **La tarification peut être un outil de solidarité.**
– **Il faut éviter des écueils.**

Il s'agit évidemment à ce stade d'une structuration sommaire, que l'exploitation du dossier conduira à affiner, mais elle est logique et constitue un bon outil d'exploitation du dossier.

d. Exploitez le dossier

Vous alimentez méthodiquement chacune de vos quatre fiches à l'aide des différents documents. Notez la source des informations (document 1, document 2...) afin de pouvoir, si nécessaire, retrouver rapidement l'information au cas où, procédant à la rédaction définitive de votre copie, l'information vous paraîtrait alors insuffisamment claire.

Si des informations importantes non perçues lors de la lecture de survol s'avèrent nécessiter l'ouverture de nouvelles fiches thématiques, vous les alimenterez sans hésiter et choisirez ensuite le plan le plus pertinent vous permettant d'organiser toutes les informations recueillies au sein d'un plan comptant deux parties comprenant chacune deux sous-parties.

Préconcevez également une **fiche introduction** que vous alimentez au fur et à mesure de l'exploitation du dossier à l'aide des informations attendues (définition, contexte, problématique...).

NOTE DU FORMATEUR

1. La « prise de notes », pour des raisons pédagogiques, donne ici lieu à une rédaction intégrale. Dans la réalité de l'épreuve, et compte tenu de sa durée limitée, la prise de notes est évidemment beaucoup plus sommaire. Elle doit toutefois être suffisamment aboutie pour faciliter la rédaction de la copie définitive.
2. En outre, nous nous sommes efforcés ici de classer logiquement les informations au sein des fiches, ce qui dans la réalité d'un brouillon se traduira par des flèches ou des numérotations indiquant l'ordre de recopie.
3. Enfin, nous avons parfois pris soin d'introduire des mots de liaison facilitant la lecture et préfigurant la rédaction définitive.

Fiche introduction

La disparition programmée de la taxe d'habitation risque d'exonérer de nombreux habitants de leur contribution aux dépenses communes. *(document 2)*

On estime que les recettes tarifaires ne représenteraient aujourd'hui qu'entre 5 % et 10 % des recettes budgétaires du secteur communal. La tarification concerne surtout les secteurs de la distribution de l'eau, de l'énergie, de l'assainissement, des transports urbains et de la restauration collective. *(document 3)*

La tarification apparaît comme un instrument permettant aux collectivités, dans un contexte de diminution de leurs financements, de continuer à faire bénéficier leurs administrés de services sans trop peser sur leurs contribuables. *(document 3)*

Fiche 1

La tarification des services publics locaux est juridiquement encadrée

Rappelons tout d'abord que, pour qu'une activité soit qualifiée de service public, il faut qu'elle soit assurée par une personne publique et poursuive un but d'intérêt général. La clause générale de compétence dont bénéficient les communes leur ouvre de très nombreuses possibilités en matière de services publics destinés à répondre aux besoins de leurs populations, dès lors qu'elles ne portent pas atteinte à la liberté du commerce et de l'industrie, sauf carence de l'initiative privée *(document 2)*. Certains services publics, comme l'assainissement et l'enlèvement des ordures ménagères, sont obligatoires, d'autres sont facultatifs *(document 1)*.

Les collectivités territoriales peuvent fixer librement les tarifs de leurs services publics, sous réserve de respecter quelques grands principes : cette compétence est exercée par leurs assemblées délibérantes. Le service public n'ayant pas vocation à dégager des bénéfices, le tarif d'un service public local ne peut pas être supérieur au coût de revient de ce service. Le principe d'égalité des usagers devant le service public ne fait pas obstacle à une modulation des tarifs selon les usagers dès lors que cette dernière est motivée par des différences objectives de situation ou par une nécessité d'intérêt général. C'est cette nécessité qui permet d'accorder des tarifs préférentiels aux usagers à faibles revenus, afin d'ouvrir le plus large accès possible aux services publics *(document 1)*.

Le Conseil d'État a été amené à préciser que sont légales des discriminations tarifaires fondées sur le lieu de résidence pour les services publics locaux non obligatoires comme les cantines scolaires (5 octobre 1984, commissaire de la République de l'Ariège) et les écoles de musique (13 mai 1994, commune de Dreux). Pour la Cour de justice des communautés européennes, seules deux raisons permettent de faire exception au principe de non-discrimination : l'ordre public et la sécurité publique d'une part, la santé publique ou une raison impérieuse d'intérêt général d'autre part *(document 9)*.

Dans ces limites, aucun principe ni aucun texte ne fait obstacle à ce qu'une collectivité mette en place une redevance pour financer un service public local. Une telle redevance est même obligatoire pour les services publics industriels et commerciaux qui doivent être financés dans le cadre d'un budget annexe *(document 4)*.

La gratuité ne fait en effet pas partie des principes du service public local. Il convient toutefois que le tarif « soit établi selon des critères objectifs et rationnels » (Conseil d'État, 16 juillet 2007), c'est-à-dire ne comprenne pas des éléments non rattachables à l'exécution du service effectivement délivré à l'usager *(document 4)*.

Fiche 2

La tarification est un des modes de financement entre lesquels il faut arbitrer

Alors que les marges de manœuvre des départements et des régions ont été considérablement réduites, le bloc communal conservait jusqu'à présent toute latitude d'arbitrer entre différents modes de financement de ses services publics, pouvant privilégier le financement par l'impôt, ou par des redevances, ou encore par différents tarifs. S'agissant de l'impôt, s'ajoutent aux impôts directs d'autres recettes fiscales, comme le versement transport, la taxe ou la redevance d'enlèvement des ordures ménagères, les taxes de séjour, d'aménagement, sur les surfaces commerciales. Des services publics locaux (eau, assainissement) sont en outre autofinancés par des redevances dédiées. Les politiques tarifaires, pour leur part, connaissant une infinité de variations selon les collectivités, illustrent la complexité de la réponse à la question de savoir qui doit payer nombre de services publics locaux : les seuls usagers ? tous les contribuables ? *(document 2)*

À l'heure de la disparition programmée de la taxe d'habitation se pose la question d'un rééquilibrage entre le financement des services publics par le contribuable et le financement par l'usager *(document 2)*.

Mais quels critères adopter pour arbitrer ? Pour décider d'une politique de tarification, on peut prendre en compte par exemple l'allocation optimale des ressources, l'équilibre financier et la recherche d'une vérité des prix, le contrôle du mode de financement des services, la réalisation d'objectifs sociaux, un rôle incitatif en termes de consommation des services publics locaux *(document 1)*. S'y ajoute également l'attractivité du territoire *(document 2)*.

On peut être porté aujourd'hui, dans un contexte de montée des individualismes, de perception de l'inéquité des impôts locaux, de nécessité de trouver de nouvelles ressources, à préférer le paiement par l'utilisateur au financement par le contribuable *(document 4)*.

Fiche 3

La tarification peut être un outil de solidarité

De nombreuses politiques tarifaires locales ont jusqu'à présent été bâties autour de tarifs privilégiés pour les résidents de la commune, tarification prenant en compte les revenus des familles, afin de compenser une fiscalité locale inéquitable. Si la feuille d'imposition a longtemps été utilisée pour justifier les revenus des bénéficiaires, elle ne traduit qu'imparfaitement leur situation financière. Aussi, les collectivités ont peu à peu pris en compte d'autres critères, comme le quotient familial ou le taux d'effort, qui permet d'appliquer un tarif plus élevé aux bénéficiaires de hauts revenus. La ville d'Angers a ainsi institué un « quotient de tarification solidaire » calculé sur les mêmes bases que le quotient familial de la caisse d'allocations familiales (CAF). Un autre critère, le « reste à vivre », entend mettre en parallèle les ressources et les charges incompressibles d'une famille *(document 4)*. À Versailles également, au système de tranche tarifaire a été préféré le taux d'effort appliqué aux rémunérations de chacun, impliquant un tarif personnalisé évoluant avec le revenu *(document 5)*.

En matière de restauration scolaire, nombreuses sont les collectivités qui n'ont pas attendu sa réforme dans le cadre du Plan pauvreté présenté par le président de la République le 13 septembre 2018, avec « les repas à un euro pour les personnes les plus pauvres ». La ville de Paris, par exemple, a instauré depuis 2015 un système de dix tarifs fondé sur le quotient familial, allant de 0,13 centime d'euros à 7 euros le repas. Lille propose pour sa part une grille de 15 tarifs allant de 0,50 centime à 5,62 euros. Lyon, Bordeaux, Chambéry, Metz, Toulon, Avignon, Aix-en-Provence, Grenoble offrent des tarifs similaires. D'autres encore, comme Le Bourget et Drancy (Seine-Saint-Denis) sont allées plus loin et ont instauré la gratuité totale de leurs cantines scolaires. *(document 6)*.

Toutefois, 41 % seulement des 1 651 agents territoriaux interrogés fin 2018-début 2019 par *La Gazette des communes* se sont déclarés favorables à la gratuité de l'ensemble des services publics locaux. Seule une trentaine de collectivités s'est engagée dans la gratuité totale des transports publics. La question du paiement par le contribuable ou par l'usager est loin d'être tranchée *(document 7)*.

Fiche 4

Les conditions de réussite (ou les écueils)
Dans un contexte où il peut devenir nécessaire d'augmenter les tarifs pour compenser la perte de ressources fiscales, il est particulièrement nécessaire d'expliquer aux citoyens les décisions prises en matière de tarification, en faisant valoir qu'ils payent une part relativement faible du coût du service. C'est notamment le cas en matière de restauration scolaire. Une politique de transparence sur le prix des services publics locaux constitue un outil essentiel pour faire adhérer aux tarifs retenus *(document 2)*. Pour être acceptés, il est essentiel que tous les tarifs, sans exception, soient explicables à quiconque le demande *(document 5)*. La tarification impose également un certain nombre de contraintes. Sa mise en place, son suivi et son coût sont par exemple souvent sous-évalués *(document 2)*. Une politique tarifaire peut en outre s'avérer contre-productive : un service public local gratuit qui devient payant peut donner naissance à une « fuite » des usagers pesant fortement sur les recettes. À l'inverse, la gratuité d'un service jusqu'alors payant peut entraîner une dévalorisation allant jusqu'à des dégradations *(document 2)*. Il convient également de veiller, lorsque l'on fait évoluer la politique tarifaire, à ce que cette refonte s'accompagne d'une recherche de simplification pour les usagers. La ville de Vendôme, par exemple, a mis en place un système de « carte vie quotidienne » donnant accès à un panier de services ainsi qu'un site internet de simulation tarifaire qui permet à chaque famille de connaître en temps réel le montant qui lui sera appliqué *(document 4)*.

Au terme de cette exploitation du dossier fondée sur le « remplissage » de fiches préconçues, on aboutit à une structuration satisfaisante des informations, aucune fiche n'étant demeurée vide, bien au contraire, et un certain équilibre entre les différents axes étant atteint.

e. Élaborez votre plan définitif

Il vous reste à décider de l'agencement le plus pertinent possible des fiches pour décider du plan définitif.
Rappelons que deux techniques d'annonce de plan en fin d'introduction sont possibles :
– la plus généralement utilisée se limite à l'annonce des parties;
– une autre technique possible est celle de l'annonce des parties et des sous-parties, qui s'avère ici la plus pertinente, aucun concept générique ne s'imposant pour rendre compte de la totalité du contenu de chacune des parties, sauf à adopter une formulation trop imprécise qui pourrait être pénalisée.

(I) Constituant l'un des modes de financement possibles des services publics locaux (A), la tarification s'inscrit dans un cadre juridique qui laisse à la collectivité des marges de manœuvre (B).
(II) Il est ainsi possible d'opter pour une tarification fondée sur la solidarité (A), sous réserve de prendre quelques précautions (B).

f. Procédez à la rédaction finale

L'introduction reste à compléter et organiser, la conclusion à rédiger. N'oubliez pas d'ajouter une phrase de transition entre les deux parties.

Corrigé

Commune d'Admiville	Le (date de l'épreuve)
NOTE	
à l'attention de Madame la Directrice des services à la population	
Objet : La tarification des services publics locaux	

Nombreuses sont aujourd'hui en France les communes qui s'interrogent sur la pérennité des services qu'elles offrent à leurs habitants. Si certains services publics locaux sont obligatoires, d'autres sont facultatifs et pourraient disparaître si les communes ne trouvaient plus les moyens de les financer. La disparition programmée de la taxe d'habitation risque en effet d'exonérer de nombreux habitants de leur contribution aux dépenses communes, et le niveau de compensation par des dotations de l'État n'est pas aujourd'hui connu.
Dans ce contexte, la tarification, qui permet de faire payer les usagers, apparaît comme un instrument laissant aux collectivités la possibilité de continuer à faire bénéficier leurs administrés de services sans trop peser sur leurs contribuables. Des marges de manœuvre existent, puisqu'on estime que les recettes tarifaires ne représenteraient aujourd'hui qu'entre 5 % et 10 % des recettes budgétaires du secteur communal.
Cependant, les élus de la commune d'Admiville ont été interpellés par des administrés sur la question du prix pour l'usager de certains services publics communaux.
Quelles possibilités s'ouvrent alors à la commune ? Peut-elle mettre en œuvre une politique tarifaire plus solidaire ? Sous quelles conditions ?
(I) Constituant l'un des modes de financement possibles des services publics locaux (A), la tarification s'inscrit dans un cadre juridique qui laisse à la collectivité des marges de manœuvre (B).
(II) Il est ainsi possible d'opter pour une tarification fondée sur la solidarité (A), sous réserve de prendre quelques précautions (B).

I - Des options ouvertes dans un cadre légal favorable

A - La commune peut opter entre différents modes de financement de ses services publics locaux

Alors que les marges de manœuvre des départements et des régions ont été considérablement réduites, le bloc communal conservait jusqu'à présent toute latitude d'arbitrer entre différents modes de financement de ses services publics, pouvant privilégier le financement par l'impôt, ou par des redevances, ou encore par différents tarifs. S'agissant de l'impôt, s'ajoutent aux impôts directs d'autres recettes fiscales, comme le versement transport, la taxe ou la redevance d'enlèvement des ordures ménagères, les taxes de séjour, d'aménagement, sur les surfaces commerciales. Des services publics locaux (eau, assainissement) sont en outre autofinancés par des redevances dédiées. Les politiques tarifaires, pour leur part, connaissant une infinité de variations selon les collectivités, illustrent la complexité de la réponse à la question de savoir qui doit payer nombre de services publics locaux : les seuls usagers ? tous les contribuables ?

À l'heure de la disparition programmée de la taxe d'habitation se pose la question d'un rééquilibrage entre le financement des services publics par le contribuable et le financement par l'usager.

Mais quels critères adopter pour arbitrer ? Pour décider d'une politique de tarification, on peut prendre en compte par exemple l'allocation optimale des ressources, l'équilibre financier et la recherche d'une vérité des prix, le contrôle du mode de financement des services, la réalisation d'objectifs sociaux, un rôle incitatif en termes de consommation des services publics locaux. S'y ajoute également l'attractivité du territoire.

On peut être porté aujourd'hui, dans un contexte de montée des individualismes, de perception de l'inéquité des impôts locaux, de nécessité de trouver de nouvelles ressources, à préférer le paiement par l'utilisateur au financement par le contribuable.

B – Le cadre juridique de la tarification laisse de nombreuses possibilités

Rappelons tout d'abord que, pour qu'une activité soit qualifiée de service public, il faut qu'elle soit assurée par une personne publique et poursuive un but d'intérêt général. La clause générale de compétence dont bénéficient les communes leur ouvre de très nombreuses possibilités en matière de services publics destinés à répondre aux besoins de leurs populations, dès lors qu'elles ne portent pas atteinte à la liberté du commerce et de l'industrie, sauf carence de l'initiative privée. Certains services publics, comme l'assainissement et l'enlèvement des ordures ménagères, sont obligatoires, d'autres sont facultatifs.

Les collectivités territoriales peuvent fixer librement les tarifs de leurs services publics, sous réserve de respecter quelques grands principes : cette compétence est exercée par leurs assemblées délibérantes. Le service public n'ayant pas vocation à dégager des bénéfices, le tarif d'un service public local ne peut pas être supérieur au coût de revient de ce service. Le principe d'égalité des usagers devant le service public ne fait pas obstacle à une modulation des tarifs selon les usagers dès lors que cette dernière est motivée par des différences objectives de situation ou par une nécessité d'intérêt général. C'est cette nécessité qui permet d'accorder des tarifs préférentiels aux usagers à faibles revenus, afin d'ouvrir le plus large accès possible aux services publics.

Le Conseil d'État a été amené à préciser que sont légales des discriminations tarifaires fondées sur le lieu de résidence pour les services publics locaux non obligatoires comme les cantines scolaires (5 octobre 1984, commissaire de la République de l'Ariège) et les écoles de musique (13 mai 1994, commune de Dreux). Pour la Cour de justice des communautés européennes, seules deux raisons permettent de faire exception au principe de non-discrimination : l'ordre public et la sécurité publique d'une part, la santé publique ou une raison impérieuse d'intérêt général d'autre part.

Dans ces limites, aucun principe ni aucun texte ne fait obstacle à ce qu'une collectivité mette en place une redevance pour financer un service public local. Une telle redevance est même obligatoire pour les services publics industriels et commerciaux qui doivent être financés dans le cadre d'un budget annexe. La gratuité ne fait en effet pas partie des principes du service public local. Il convient toutefois que le tarif « soit établi selon des critères objectifs et rationnels » (Conseil d'État, 16 juillet 2007), c'est-à-dire ne comprenne pas des éléments non rattachables à l'exécution du service effectivement délivré à l'usager.

La commune dispose ainsi de marges de manœuvre importantes qui lui permettent de décider de sa politique de tarification. Elle peut faire, non sans discernement, le choix d'une tarification solidaire.

II - Une tarification solidaire bien conduite

A - La commune peut opter pour une politique tarifaire résolument solidaire

De nombreuses politiques tarifaires locales ont jusqu'à présent été bâties autour de tarifs privilégiés pour les résidents de la commune, tarification prenant en compte les revenus des familles, afin de compenser une fiscalité locale inéquitable. Si la feuille d'imposition a longtemps été utilisée pour justifier les revenus des bénéficiaires, elle ne traduit qu'imparfaitement leur situation financière. Aussi, les collectivités ont peu à peu pris en compte d'autres critères, comme le quotient familial ou le taux d'effort, qui permet d'appliquer un tarif plus élevé aux bénéficiaires de hauts revenus. La ville d'Angers a ainsi institué un « quotient de tarification solidaire » calculé sur les mêmes bases que le quotient familial de la caisse d'allocations familiales (CAF). Un autre critère, le « reste à vivre », entend mettre en parallèle les ressources et les charges incompressibles d'une famille. À Versailles également, au système de tranche tarifaire a été préféré le taux d'effort appliqué aux rémunérations de chacun, impliquant un tarif personnalisé évoluant avec le revenu.

En matière de restauration scolaire, nombreuses sont les collectivités qui n'ont pas attendu sa réforme dans le cadre du Plan pauvreté présenté par le président de la République le 13 septembre 2018, avec « les repas à un euro pour les personnes les plus pauvres ». La ville de Paris, par exemple, a instauré depuis 2015 un système de dix tarifs fondé sur le quotient familial, allant de 0,13 centime d'euros à 7 euros le repas. Lille propose pour sa part une grille de 15 tarifs allant de 0,50 centime à 5,62 euros. Lyon, Bordeaux, Chambéry, Metz, Toulon, Avignon, Aix-en-Provence, Grenoble offrent des tarifs similaires. D'autres encore, comme Le Bourget et Drancy (Seine-Saint-Denis) sont allées plus loin et ont instauré la gratuité totale de leurs cantines scolaires.

Toutefois, 41 % seulement des 1 651 agents territoriaux interrogés fin 2018-début 2019 par *La Gazette des communes* se sont déclarés favorables à la gratuité de l'ensemble des services publics locaux. Seule une trentaine de collectivités s'est engagée dans la gratuité totale des transports publics. La question du paiement par le contribuable ou par l'usager est loin d'être tranchée.

B - Cette politique nécessite quelques précautions

Dans un contexte où il peut devenir nécessaire d'augmenter les tarifs pour compenser la perte de ressources fiscales, il est particulièrement nécessaire d'expliquer aux citoyens les décisions prises en matière de tarification, en faisant valoir qu'ils payent une part relativement faible du coût du service. C'est notamment le cas en matière de restauration scolaire. Une politique de transparence sur le prix des services publics locaux constitue un outil essentiel pour faire adhérer aux tarifs retenus. Pour être acceptés, il est essentiel que tous les tarifs, sans exception, soient explicables à quiconque le demande.

La tarification impose également un certain nombre de contraintes. Sa mise en place, son suivi et son coût sont par exemple souvent sous-évalués. Une politique tarifaire peut en outre s'avérer contre-productive : un service public local gratuit qui devient payant peut donner naissance à une « fuite » des usagers pesant fortement sur les recettes. À l'inverse, la gratuité d'un service jusqu'alors payant peut entraîner une dévalorisation allant jusqu'à des dégradations.

Il convient également de veiller, lorsque l'on fait évoluer la politique tarifaire, à ce que cette refonte s'accompagne d'une recherche de simplification pour les usagers. La ville de Vendôme, par exemple, a mis en place un système de « carte vie quotidienne » donnant accès à un panier de services ainsi qu'un site internet de simulation tarifaire qui permet à chaque famille de connaître en temps réel le montant qui lui sera appliqué.

Ainsi, en réponse aux doléances de nombre d'administrés au sujet des tarifs de certains services publics locaux, la commune a la possibilité légale de réviser sa politique tarifaire pour la rendre plus solidaire, opération qui ne réussira pleinement que si elle sait faire comprendre à chacun le mode d'établissement du moindre de ses tarifs.

SUJET N° 2 : Note sur dossier

DURÉE : 3 HEURES

Concours externe de rédacteur, session 2017

Énoncé

Vous êtes rédacteur territorial au sein du pôle santé et sécurité au travail de la direction des ressources humaines de la commune d'Admiville, qui compte 2 500 agents.
Les syndicats ont souhaité mettre à l'ordre du jour d'un prochain comité d'hygiène, de sécurité et des conditions de travail (CHSCT) la question des conséquences d'une utilisation accrue des outils numériques sur la santé et les conditions de travail des agents afin de dégager des pistes de travail.
Afin de préparer cette réunion, la directrice des ressources humaines vous demande de rédiger à son attention, exclusivement à l'aide des documents joints, une note sur l'utilisation des outils numériques par les services.

Liste des documents :

Document 1 : « Numérique et conditions de travail : les enjeux d'une transformation en marche » (extraits) - *Travail & Changement* - n° 362 - Réseau ANACT - Janvier/Mars 2016 - 6 pages

Document 2 : « E-déontologie du fonctionnaire. Entre tradition juridique et modernité des questionnements » - Samuel Dyens - *Dossiers juridiques de la Gazette des communes* - Mis à jour le 25 février 2014 - 5 pages

Document 3 : « Le droit à la déconnexion : comment faire ? » (extraits) - Patrick Thiébart - *Cabinet d'avocat Jeantet - jeantet.fr* - 6 pages

Document 4 : « Loi Travail : le droit à la déconnexion à l'épreuve de la réalité » - *Paris Normandie.fr* - Publié le 06/01/2017 - 3 pages

Document 5 : « Bientôt un "droit à la déconnexion" pour les agents ? » - *la gazette.fr* - Mis à jour le 16 janvier 2017 - 2 pages

Document 6 : « Du meilleur usage des outils de communication numérique dans les entreprises » (extraits) - *Observatoire de la responsabilité sociétale des entreprises* - Janvier 2015 - 4 pages

Document 1

Numérique et conditions de travail : les enjeux d'une transformation en marche

• Réguler les usages • Stimuler l'innovation • Équiper les acteurs

La transition numérique n'est pas réductible à son aspect technique. Elle bouleverse l'ensemble des dimensions du travail, depuis ses organisations jusqu'à ses finalités, en passant par les manières de le réaliser et par les conditions dans lesquelles il s'exerce. Elle ouvre des perspectives de transformation sociale des rapports au travail et des organisations de travail sur la base d'un renouvellement des usages, des capacités et des relations, dont les acteurs sociaux commencent à se saisir comme enjeux de régulation collective.

Chacun peut l'éprouver tous les jours, l'usage des technologies numériques a des effets sur l'organisation, le management, la culture, le rapport au travail, les échanges, les compétences de l'ensemble des acteurs de la chaîne de valeur de l'entreprise, mais aussi chez ses fournisseurs et clients.

La nature des effets des outils numériques et de leur usage sur les conditions de travail est ambivalente. Si leur pratique peut offrir aux salariés plus de flexibilité, d'autonomie et de coopération, elle peut aussi générer son lot de problèmes, d'autant plus réels qu'ils sont difficiles à identifier et donc à résoudre : surcharge informative, intensification et individualisation du travail, renforcement du contrôle de l'activité, contraintes excessives de réactivité, brouillage des frontières entre vie familiale et vie professionnelle, désintégration des collectifs et désincarnation du management.

→ Impacts individuels

En l'absence de régulation, l'usage d'outils numériques peut contribuer à la détérioration des conditions de travail, d'autant que la rapidité et la facilité des échanges via le numérique ont favorisé l'émergence d'une culture de l'urgence et de l'immédiateté. Lorsqu'elle se traduit par une réduction des marges de manœuvre et des capacités d'apprentissage, d'initiative et de reconnaissance pour l'individu, la transition numérique démultiplie les atteintes à la santé des travailleurs (usure professionnelle, risques psychosociaux).

« La transition numérique induit une dislocation spatio-temporelle des cadres organisationnels. Les frontières de la relation d'emploi et du travail tendent à se brouiller. »

Vincent Mandinaud, **chargé de mission à l'Anact**

Ces impacts individuels se doublent d'effets plus structurels, moins immédiatement perçus : en permettant de réorganiser les processus de production au-delà des frontières matérielles de l'entreprise, la transition numérique fait voler en éclats le principe d'unité de temps et de lieux sur lequel se sont construits les cadres de régulation de la relation de travail.

Comme le relève Vincent Mandinaud, chargé de mission à l'Anact : « La transition numérique induit une dislocation spatio-temporelle des cadres organisationnels. Les frontières de la relation d'emploi et du travail lui-même tendent à se brouiller. » De nouvelles relations entre les espaces et les temps sociaux se construisent autour de ces technologies, sans que ces modes de travail soient toujours bien compris, régulés et négociés : télétravail, pratiques nomades, travail en réseau dans des collectifs étendus, coactivité plus ou moins encouragée ou tolérée par l'employeur ou le management.

→ « Approche organisationnelle »

L'on peut également poser l'hypothèse qu'en « abolissant » les distances géographiques ou en facilitant les passages entre entreprises, équipes, salariés et leur domicile, le numérique permet d'envisager des modes d'organisation plus souples, propices à une meilleure qualité de vie des salariés. « À condition de privilégier une approche organisationnelle du numérique, et non fonctionnelle », souligne Florence Loisil coordonnant à l'Anact le projet TOTEM (Télétravail, Organisation des Temps, Égalité, Méthodologie), cofinancé avec le Fonds social européen (FSE) : « Les projets "télétravail" des entreprises gagnent à intégrer en amont une prise en compte précise des contenus et conditions de réalisation du travail, pour mieux anticiper sur les conséquences en matière de management de l'activité quotidienne. » Car ceci est un autre aspect bien connu, les pratiques de travail qui se développent autour des outils numériques mettent sous tension la structure pyramidale de l'entreprise. En favorisant une communication transversale entre les salariés (messageries, réseaux sociaux et communautés de pratiques), cela ouvre des horizons possibles pour le travail collaboratif et l'intelligence collective. Mais ces modes de travail bousculent les groupes professionnels, déstructurent les cadres organisationnels et la qualité des relations de travail qui s'y déploient, générant des tensions autour des enjeux d'autonomie et de contrôle, d'engagement

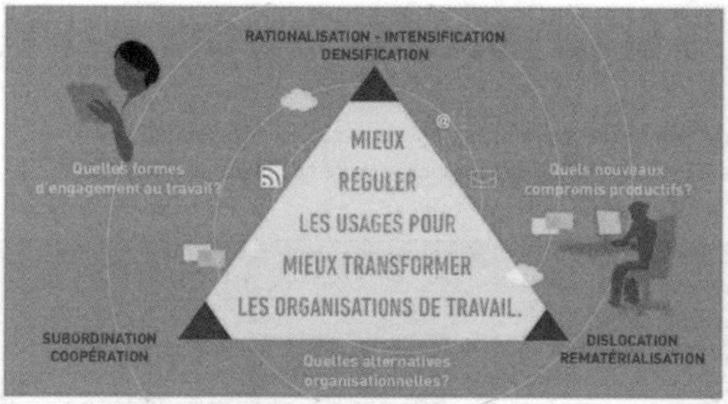

et de reconnaissance de la contribution des travailleurs. Le management est alors contraint de reconsidérer sa posture et ses pratiques.

Parallèlement, les systèmes d'information démultiplient les dispositifs de reporting, augmentant ainsi la charge gestionnaire des salariés et managers et renforçant le poids du contrôle. Ici encore, la stratégie managériale tient une place décisive. Le management de proximité pourrait être l'un des éléments charnières de la réussite ou de l'échec de la transformation numérique du travail.

Comment permettre aux collaborateurs de redonner à leur travail une perspective globale ? Comment autoriser les managers de proximité à y contribuer en ménageant des temps de dialogue et en saisissant des opportunités de réappropriation collective des savoirs ?

Pour un nombre limité d'entreprises novatrices sachant prendre appui sur les potentialités du numérique dans une logique de régulation sociale, combien d'autres peinent à reconsidérer leur manière d'organiser le travail ?

→ Concevoir des MOOC

Remis à la ministre du Travail en septembre 2015, le rapport du groupe de travail coordonné par Bruno Mettling, DRH du groupe Orange, dresse un état des lieux précis des impacts de la transformation numérique sur le travail et propose de nombreuses pistes d'action et d'expérimentation. Pour Olivier Mériaux, directeur technique et scientifique de l'Anact : « Mettre la transformation numérique au service de la qualité de vie au travail, comme y invite à juste titre le rapport Mettling, suppose une révision profonde des modes d'action collective sur les enjeux de santé/sécurité, du dialogue social et de la culture managériale. C'est précisément sur ces trois axes que le réseau Anact-Aract va faire porter l'effort, au travers d'expérimentations que nous entreprenons avec nos partenaires, tout en essayant de tirer profit des possibilités du numérique. » Il s'agit par exemple de concevoir des MOOC [Massive open online courses ou « cours en ligne » en français] pour intégrer dans la formation des ingénieurs et managers des connaissances et outils utiles afin d'expliciter les liens entre conditions du travail et performance. Il est également possible de développer une plate-forme numérique professionnelle pour animer et professionnaliser les communautés d'intervenants sur l'amélioration des conditions de travail.

Le développement de l'usage des données dans l'action publique de la prévention/promotion de la santé au travail à l'échelle des entreprises et des territoires constitue une autre piste d'expérimentation et de capitalisation.

« La technologie 3D peut aussi faciliter la construction d'environnements capacitants pour la réalisation des activités de travail en permettant d'intégrer dès la conception, les enjeux de conditions de travail et de performance durable de leurs organisations », ajoute Joël Maline, directeur régional Aract Basse-Normandie. Ces exemples montrent que les technologies numériques, si elles sont porteuses de risques réels, constituent néanmoins des ressources pour aider à construire un nouveau compromis productif entre performance et conditions de travail.

C'est en tout cas dans cette perspective que le réseau Anact-Aract se mobilise pour accompagner les projets de transformation numérique des organisations de travail.

Muriel Jaouën (journaliste)

ÉDITORIAL

Hervé Lanouzière,
directeur général de l'Anact

La transition numérique a déjà son lot de lieux communs. Mais elle aura lieu, de fait, avec le foisonnement des applications possibles, leur rapidité d'implantation et l'accélération des interactions humaines qui en résultent.

Côté « risques », le numérique est par conséquent plus qu'un catalyseur. Il amplifie la transformation des organisations productives, des relations sociales, donc du travail, tant comme processus que résultat. Au risque de provoquer une frénésie « d'agir sans penser »...

« L'Anact entend investir ce champ majeur en s'intéressant aux conditions de son installation. »

Côté « opportunités », le numérique peut au contraire être un formidable outil pour penser, voire repenser nos organisations, au service de la qualité de vie au travail.

Entre la promesse d'un monde forcément meilleur et la dénonciation du fatal asservissement des travailleurs aux objets connectés, l'Anact entend investir ce champ majeur en s'intéressant aux conditions de son installation, sans angélisme ni catastrophisme.

En premier lieu, en questionnant la finalité et en anticipant l'usage des outils avant d'en décider une implantation irraisonnée. En second lieu, en privilégiant les démarches qui outilleront les acteurs, notamment les concepteurs et manageurs, pour faire du numérique un véritable soutien à l'activité de travail et non une contrainte.

Le chemin de la transformation num

Face à une révolution digitale accélérée impactant tout le corps social, les partenaires sociaux listent ses dangers tout en y opposant les moyens d'y remédier, avec l'importance de relancer des négociations sur la qualité de vie au travail.

Le point de vue **des partenaires sociaux** Propos recueillis par Muriel Jaouën

JEAN-LUC MOLINS,
secrétaire national de l'Union générale des ingénieurs, cadres et techniciens UGICT-CGT

Comment l'UGICT-CGT aborde-t-elle la question de la transformation numérique ?
C'est pour nous une priorité de prise de parole, à la mesure des enjeux soulevés. La transformation numérique est à double tranchant. Elle peut se traduire par la suppression de millions d'emplois et l'abandon des garanties collectives obtenues à la faveur des luttes syndicales — un rapport de Roland Berger évalue à trois millions le nombre d'emplois qui pourraient être détruits d'ici 2025. Mais elle peut à l'inverse donner lieu à l'émergence d'une économie de partage, adossée à des organisations du travail collaboratives. Ce qui fera pencher la balance d'un côté ou de l'autre, c'est la capacité des acteurs politiques et sociaux à prendre en compte les attentes et besoins des salariés et à décider au nom de l'intérêt général.

Vous avez plutôt bien accueilli le rapport Mettling...
Alors que cette révolution digitale est plus rapide que les précédentes, ses ressorts sociaux ne sont pas débattus avec les salariés. Le rapport Mettling a le mérite de poser clairement les enjeux et d'ouvrir le débat : il souligne la nécessité de prévenir et d'anticiper les risques associés à la mutation numérique, tout en rappelant qu'elle ne doit pas être le prétexte à une remise en cause de notre modèle social. Je reprendrais les mots du spécialiste du droit social Pascal Lokiec : « La bonne nouvelle de ce rapport, c'est que le salariat a un avenir. » Pour autant, nous considérons que le rapport ne va pas encore assez loin dans ses recommandations.

Quelles sont les revendications de l'UGICT-CGT ?
Sur l'aspect emploi, nous considérons que seule une réduction massive du temps de travail, hebdomadaire et sur la vie entière, permettra de renouer avec les créations d'emplois. Par ailleurs, il est indispensable de déployer d'importants efforts en matière de formation, initiale comme continue, et d'engager de réelles politiques de GPEC (Gestion prévisionnelle des emplois et des compétences). Les études montrent en effet que le numérique va accélérer la polarisation de l'emploi entre des fonctions d'exécution non automatisables et des métiers très qualifiés. Si l'on veut éviter que l'ubérisation ne gagne tout le modèle économique et social, il faut en passer par le droit et créer un nouveau statut du travail salarié, ainsi qu'une définition étendue de l'entreprise, impliquant des solidarités avec l'ensemble de ses prestataires et sous-traitants.

Et sur ce qui relève plus spécifiquement de la santé et de la qualité de vie au travail ?
En ouvrant une nouvelle ère, la révolution numérique nous donne l'opportunité de réinterroger nos modèles de production et de management, nos organisations et notre rapport au travail. Le numérique a fait exploser les frontières entre vie privée et vie professionnelle. Il est impératif d'instaurer une négociation sur l'utilisation des outils numériques dans les entreprises. L'UGICT-CGT revendique entre autres un droit à la déconnexion, ainsi qu'un encadrement strict des forfaits jours.

Le rôle des cadres et des managers n'est-il pas déterminant dans la réussite de la transformation numérique ?
Le management de proximité est la cheville ouvrière de cette mutation. Il faut le protéger et lui donner le temps et les moyens de remplir ce rôle. Le numérique peut renforcer la dimension collaborative des organisations de travail et des pratiques managériales. Dès lors, il convient de laisser aux salariés le temps et l'autonomie suffisants pour échanger, transmettre les savoirs. Nous militons pour la reconnaissance du rôle contributif des cadres, au titre de leur expertise professionnelle. Cette reconnaissance de qualification doit se traduire par une valorisation salariale et par des possibilités d'évolution ascendante de carrière.

JEAN-LUC REINERO,
président de la Fédération des syndicats des métiers de la prestation intellectuelle du conseil, de l'ingénierie et du numérique CINOV Ergonomie

Quelle est la question majeure que pose le numérique aux organisations du travail ?
L'un des grands enjeux est la gestion de la cohabitation d'opérateurs très inégaux dans la maîtrise des codes inhérents au numérique. Du côté des éditeurs et des fournisseurs d'outils, comme celui des entreprises qui les déploient dans leurs organisations, on a un peu trop vite oublié l'exigence d'apprentissage que ces systèmes requièrent. La pyramide des âges, notamment, crée des oppositions de culture et des distorsions dans la capacité d'appropriation par les individus de l'ordonnancement numérique. Nommer les fichiers, comprendre les arborescences, coder les contenus... Ce qui peut paraître tout bête pour certains peut devenir une montagne pour d'autres. Ces écarts cognitifs ont deux types d'effet : ils exposent ceux qui sont moins spontanément à l'aise avec ces codes à un risque de stigmatisation ; ils empêchent une exploitation optimale des outils et freinent donc la performance des organisations.

Mais le numérique est aussi un levier de facilitation...

érique passe par le dialogue social

ALAIN GIFFARD,
secrétaire national de la Confédération française de l'encadrement CFE-CGC

La révolution numérique est-elle un sujet prioritaire pour la CFE-CGC ?
La transformation digitale concerne tous les métiers et fonctions de l'entreprise, pas seulement les savoir-faire numériques. C'est tout l'écosystème économique qui va se trouver fortement bousculé par cette mutation. La prise en compte des enjeux induits, tant en matière de diagnostic que de dispositions nécessaires à la régulation de cette révolution, est donc une priorité pour la CFE-CGC.

Dans l'équation numérique/travail, on pointe souvent les effets négatifs de l'explosion digitale. Quid de ses opportunités ?
Le numérique est sans nul doute porteur de pertinence pour le fonctionnement, les organisations et donc les conditions de travail : accès ouvert aux données, rapidité d'information, facilitation des échanges et du travail collaboratif, souplesse dans la gestion du temps... Mais si ces opportunités restent pour l'essentiel des hypothèses, les effets délétères de la numérisation sur les conditions de travail ne font, eux, aucun doute. Il s'agit donc de faire preuve d'une extrême vigilance quant aux conséquences de cette mutation sans précédent, aussi rapide que peu maîtrisée. Cela vaut notamment pour les cadres, qui vont se retrouver — et se retrouvent déjà — en première ligne.

Comment la CFE-CGC réagit-elle au rapport Mettling ?
Ce dernier formule des propositions intéressantes et a le mérite de poser clairement les enjeux pour l'emploi, pour la qualité des emplois, et plus globalement pour l'organisation de notre modèle social et de son financement. Nous nous en sommes emparés pour négocier un véritable droit à la déconnexion dans les entreprises, et l'interprétons comme une occasion intéressante de relancer des négociations sur la qualité de vie au travail. Tout en rappelant que nous sommes opposés à l'extension du forfait jour.

Quelles sont vos revendications en ce qui concerne les cadres ?
Pour accompagner la transformation numérique, les entreprises vont devoir s'appuyer sur l'encadrement. Le management sera au cœur de la réussite de ce chantier colossal. Il nous paraît donc impérieux de porter les efforts vers la formation des managers, notamment de proximité. Le numérique entraîne de nouveaux modes de fonctionnement (télétravail, partage de l'information) qui appellent également de nouveaux modes de management, ainsi que des expertises renforcées. L'un des enjeux prioritaires dans cette réflexion sur les enjeux de la numérisation porte donc sur l'évolution, la reconnaissance et la consolidation du statut de l'encadrement.

Au-delà des managers, l'effort de formation ne doit-il pas viser la société tout entière ?
Il est indispensable d'intégrer le numérique parmi les savoirs fondamentaux et non se contenter, comme c'est le cas aujourd'hui, de valider une initiation simpliste à l'informatique. La formation continue doit aussi permettre le développement des compétences des salariés, et de tous sans exception. Il faut également relancer la GPEC, non pas pour la dévoyer en en faisant un outil de reclassement, mais pour l'inscrire dans une véritable dynamique d'anticipation. À cet égard, la CFE-CGC souhaite que les problématiques liées aux transformations numériques et à leur impact sur le corps social soient discutées dans le cadre de la GPEC.

Il accélère certains processus, ouvre des espaces de collaboration, offre de la souplesse aux organisations du travail... c'est vrai. L'illustration la plus souvent citée est le télétravail. Mais s'il est intéressant à plus d'un titre, il pose de nombreuses questions. Ainsi, toutes les enquêtes médicosociales pointent les effets négatifs d'un excès de travail déporté : altération de la santé des individus, isolement et individualisation, délitement des collectifs de travail...

Quelles recommandations faites-vous aux entreprises en matière de développements numériques ?
Face à tout choix, elles doivent évaluer la prise de risque dans la définition de leur engagement numérique : qu'est-ce que cela apporte à la performance de l'entreprise, en quoi cela améliore-t-il la santé des collaborateurs ? Il faut donc prendre le temps de faire les bons diagnostics et évaluer les besoins, ressources et objectifs de résultats. Or, les entreprises sont le plus souvent embarquées dans une course aux équipements.

L'ergonomie peut-elle intervenir dès la conception des outils ?
Les fabricants d'outils numériques et même de logiciels commencent à nous missionner sur les dimensions d'usage, d'interface, de confort, de transportabilité et de sécurité de leurs développements. Pour autant, nous ne sommes pas toujours vus comme les professionnels les plus indispensables quand il s'agit de travailler sur les arborescences, qui restent le domaine de compétence des informaticiens et des développeurs. C'est pourquoi il est essentiel de promouvoir les approches transversales ; ce que nous faisons au sein de CINOV.

De quelle manière ?
CINOV réunit 14 syndicats, dont celui des cabinets-conseils en ergonomie que je préside. Pour nous, ergonomes qui travaillons entre autres sur l'homme au travail, il est intéressant d'échanger et de coconstruire avec des architectes, des informaticiens ou des juristes. L'approche pluridisciplinaire est un gage de meilleure réponse aux besoins de l'entreprise en matière de performance et de garantie de prévention de bonnes conditions d'exécution pour les salariés.

Virage numérique : quelles conditions de travail pour demain ?

La numérisation ouvre une ère de collaboration entre individus, collectifs et réseaux sociaux. Mais en l'absence de règles claires s'agissant des modes de régulation et d'éducation au numérique, celle-ci peut avoir des effets délétères.

Le point de vue **des invités du réseau Anact-Aract** Propos recueillis par Muriel Jaouën

AMANDINE BRUGIÈRE,
responsable des projets Digiwork et Infolab à la Fondation internet nouvelle génération (FING)

Y a-t-il un lien direct entre numérique et conditions de travail ?
La FING aborde le numérique comme un ensemble d'outils « sociotechniques », c'est-à-dire comprenant d'immenses possibilités techniques, mais également riches de forts potentiels en matière d'interactions sociales. Si l'on a du mal à en anticiper les usages, ces outils ont des effets aujourd'hui connus sur les organisations, que l'on peut décrire en trois catégories : rationalisation des processus visant à accroître l'efficacité, l'« intelligence » et la productivité des systèmes en place ; distribution de la production de valeur, rendue possible par l'agilité des combinaisons logicielles ; collaboration étendue à la faveur des réseaux déconcentrés, des systèmes ouverts et d'une information plus transparente.
Parce qu'ils orientent l'organisation du travail, tous ces effets impactent nécessairement les conditions de travail.

Le numérique porte-t-il la promesse d'une plus grande autonomie des individus dans leur travail ?
Oui, car ils disposent de nouveaux moyens d'actions, de production et d'expression. On peut y voir un chemin vers davantage d'épanouissement au travail et vers des trajectoires individuelles construites sur une meilleure concordance entre aptitudes, aspirations et travail, et une autre gestion des temps. Mais cette promesse ne se réalisera que si l'organisation est partie prenante de la construction et la gestion de cette indépendance. Car le numérique peut aussi être à la source d'un renforcement du contrôle au travail par la traçabilité. D'autre part, par la connectivité permanente, l'attente de réactivité, l'intensité des modes relationnels et la personnalisation qu'il génère, il peut aller dans le sens d'une augmentation de l'investissement des individus au travail : un surengagement, une hyperresponsabilisation.

Un exemple ?
Les processus collaboratifs à l'œuvre dans l'entreprise étendue requièrent de la part des individus une agilité relationnelle d'autant plus forte que ces nouvelles collaborations en mode projet bousculent le cadre des organigrammes et les frontières mêmes de l'entreprise. En l'absence de règles claires en matière de relations sociales, les modes de régulation reposent essentiellement sur les épaules des individus. Si elle n'est pas encadrée, accompagnée, une telle autonomie peut avoir des effets extrêmement négatifs : augmentation des risques psychosociaux, épuisement, burn-out, etc.

Comment la numérisation s'articule-t-elle avec la question des conditions de travail ?
Le sujet du virage numérique est intimement lié à celui des organisations du travail. Le numérique a la particularité de produire très rapidement et en grand nombre de nouveaux outils. Cette inflation n'est pas facile à maîtriser, même pour les meilleurs techniciens. Si nous voulons qu'elle s'articule au mieux avec de bonnes conditions de travail, il faut décider de ce que nous voulons en faire. Autrement dit : ce ne sont pas tant les outils numériques qui font et feront les conditions de travail que les organisations et les systèmes managériaux dans lesquels ils seront déployés. Il ne s'agit donc pas seulement de choisir les outils, mais bien davantage de décider la manière dont on veut les utiliser. Mais pour cela, il faut connaître et comprendre. Ce qui, face à la profusion numérique, n'est pas aisé.

Entre effets délétères et leviers d'amélioration, comment caractériser l'impact du numérique sur les conditions de travail ?
Ce que j'ai pu constater depuis que je m'intéresse à l'impact des nouvelles technologies dans les environnements professionnels, c'est que le travail s'est très fortement intensifié, notamment pour les cadres, et qu'il convient de réguler les choses de manière urgente. Faute de quoi, nous serons confrontés à des situations vraiment difficiles. Je refuse l'angélisme de certains discours qui font du numérique la clé d'un monde du travail où tous les gens seraient libres et heureux. Je suis à cet égard très critique quant aux propositions du rapport Mettling sur le forfait jour et les dérogations à la durée légale de travail.

Le numérique n'est-il pas aussi vecteur d'opportunités ?
Paradoxalement, il peut être l'outil de sa propre compréhension, voire le remède à ses propres dérives. Avec la numérisation, nous sommes aux premiers stades d'une ère de collaboration entre individus, collectifs et réseaux. Par bien des aspects, les outils numériques peuvent libérer les salariés d'un corpus de processus très formels pour leur permettre d'entrer dans des logiques plus souples

BRUNO METTLING,
directeur général adjoint d'Orange, en charge des ressources humaines, auteur du rapport « Transformation numérique et vie au travail » remis le 15 septembre 2015 à la ministre du Travail

Quel est selon vous l'enjeu majeur de la transformation numérique ?
De mener un véritable projet d'éducation au numérique dans la formation initiale, comme au sein des entreprises. La transformation numérique est marquée par une exceptionnelle vitesse de diffusion. La rapidité de mise en œuvre est donc un enjeu clé. Il faut pour cela parvenir à mutualiser les outils de formation entre acteurs publics et privés, grandes et petites entreprises. Aujourd'hui, seuls 23 % des actifs estiment avoir été « très bien préparés » à l'utilisation des outils numériques. Ce manque de formation est plus prégnant chez les managers de proximité, sur lesquels repose concrètement une grande part de la réussite ou de l'échec de la transformation digitale.

Qu'en est-il justement de l'éducation au numérique chez Orange ?
Son programme « Digital Leadership Inside » traduit cette ambition ; les 86 000 « passeports » passés par les salariés témoignent de leur intérêt pour la démarche. Orange a aussi de fortes aspirations en matière d'apprentissage, notamment pour ses managers. Plus d'un million d'heures de formations ont été dispensées par Orange Campus depuis sa création en quatre ans.

L'éducation au numérique peut-elle servir l'amélioration des conditions de travail ?
Il est en effet essentiel de mettre l'accent sur la protection des salariés face à un certain nombre de risques induits par la transformation numérique. À cet égard, le rapport formule des préconisations comme celles portant sur le devoir de déconnexion, l'intégration de la mesure de la charge de travail ou encore la diffusion des bonnes pratiques d'organisation du travail à distance.

Quid du dialogue social ?
Certes il faut agir sans tarder pour que la transformation numérique ne soit pas dramatique pour les business models ou les salariés. Pour autant, il faut prendre le temps nécessaire aux mutations, passant par du dialogue et de l'écoute afin de mieux anticiper et parer les risques. Pour bâtir le volet RH de notre plan stratégique « Essentiels 2020 », nous effectuons des focus groups qui nous permettent d'identifier les besoins essentiels des salariés. Nous avons enfin lancé au début de l'été des négociations avec les organisations syndicales sur la digitalisation et la mesure de la charge de travail. Je suis convaincu que le chemin de la transformation passe par le dialogue social.

DANIEL RATIER,
conseiller auprès du directeur du laboratoire de l'État rattaché au Premier ministre en charge de l'ouverture des données publiques Etalab

d'échanges, de confrontation, d'apprentissage, d'intelligence collective. Cela va aussi dans le sens d'une optimisation des conditions de travail et peut permettre d'identifier, de rectifier et de prévenir les effets négatifs de leur mauvaise utilisation. Car tout ce qui peut faciliter la mise en débat du travail va dans le sens d'une amélioration des conditions de travail.

FLORA FISCHER,
chargée de programme de recherche au Réseau de grandes entreprises CIGREF

La question du numérique sous-tend-elle la réflexion des grandes entreprises dans leurs choix d'organisation ?
Ces questions sont d'autant plus lourdes d'enjeux pour les entreprises qu'elles sont pour l'essentiel portées par une nouvelle génération beaucoup plus encline que celle de ses aînés à accepter l'immixtion d'outils privés dans la sphère professionnelle et inversement. Nombre de managers ont pu constater que les jeunes sur leur lieu de travail préfèrent utiliser des plates-formes d'échange ouvertes comme Dropbox plutôt que les réseaux sociaux internes, moins intuitifs et plus contraignants. Pour les grandes entreprises, la question de la sécurité des données est centrale. Face à la montée en puissance du BOYD (Bring your own device ou « apportez vos appareils personnels » en français), elles sont de plus en plus nombreuses à opter pour le COPE (Corporate owned, personally enabled ou prêt de matériel avec accès privé).

Les outils digitaux peuvent-ils être envisagés comme des outils de diagnostic ?
Des expérimentations initiées dans d'autres pays peuvent nous aider à réfléchir dans ce sens. Aux États-Unis, la société Sociometric Solutions, créée par un chercheur du MIT, a développé des badges connectés qui enregistrent tous les mouvements et interactions individuels, jusqu'à la tonalité de la voix. L'analyse de ces données anonymisées peut être intéressante en matière de management des espaces et des organisations. On apprend ainsi que les personnes déjeunant à une table de douze sont plus productives que celles à une table de quatre, qu'une machine à café installée tous les trois étages favorise davantage les échanges qu'à chaque palier, que la répartition des spécialités métiers dans l'entreprise est plus propice à l'intelligence collective que sa polarisation en un même endroit...

On peut supposer que l'utilisation de badges connectés, même à des fins de recherche, rencontrerait en France pas mal de réticences...
Sans doute. Mais en France, d'autres types d'observation ont été faits. Ainsi, certains réseaux sociaux d'entreprise, quand ils étaient bien conçus et bien animés, ont permis de repérer des compétences, voire de révéler des états d'esprit collectifs. Pour autant, le recours à ces outils numériques ne va pas sans risques. À trop vouloir tout mesurer par les algorithmes, on pourrait exclure de la réflexion ce qui n'est pas mesurable : les échanges informels, l'écoute relationnelle...

Document 2

E-déontologie du fonctionnaire – Entre tradition juridique et modernité des questionnements

Publié le 16/05/2011, mis à jour le 25/02/2014 • Par Auteur associé • dans : Dossiers juridiques

Questionnée par une revendication de transparence toujours plus forte, et spécifiquement par l'explosion des moyens de communication électronique et autres réseaux sociaux, la liberté d'expression des fonctionnaires appelle une analyse objective. Car si cette liberté est l'un des fondements de la démocratie, le fonctionnaire est dans une situation particulière, devant le conduire à s'exprimer avec mesure.

Samuel Dyens
Directeur général adjoint des services du conseil général du Gard, chargé d'enseignement à l'université de Nîmes, Association des juristes des collectivités territoriales (AJCT)

Première composante de l'e-déontologie, il a été démontré que si l'employeur jouit de prérogatives lui permettant de contrôler l'utilisation professionnelle des moyens électroniques qu'il met à la disposition de son agent pour l'accomplissement de ses missions, une utilisation privative mesurée de ces outils était toutefois possible. Il faut maintenant s'intéresser à la partie substantielle de l'e-déontologie du fonctionnaire : celle qui concerne la conciliation entre ses libertés fondamentales et ses obligations statutaires et déontologiques spécifiques.
Sur ce point, gardons-nous des approches simplistes, toujours dangereuses. Concilier n'est pas nier. Il ne s'agit donc pas de considérer le fonctionnaire, comme le relatait Michel Debré, lorsqu'il estimait que « le fonctionnaire est un homme de silence. Il sert, il travaille et il se tait ». Concilier n'est pas, non plus, rejeter en bloc toute forme de contrainte ou d'obligation. Concilier, dans le droit statutaire (comme dans le dictionnaire !), signifie rendre compatibles des intérêts contraires. Et l'évolution des outils de communication, les modes et pratiques qu'ils induisent et la relativisation corrélative des obligations n'y changent rien.

Cela a déjà été écrit, cette posture n'est pas très « glamour » ! Mais n'en déplaise aux grincheux de toutes sortes, cette analyse est juridiquement fondée ; elle ne se situe pas dans le champ de la revendication, du prosélytisme ou de l'incantation médiatique. Elle s'inscrit dans la réalité, et notamment dans la jurisprudence.

D'une manière générale, on peut rapidement rappeler qu'entrent dans la déontologie du fonctionnaire, dans l'optique du respect de l'usager, les obligations d'impartialité, de neutralité, de secret, et de discrétion. Dans la dimension visant à préserver l'Intégrité personnelle de l'agent, sont consacrées les obligations d'honnêteté, de probité et de désintéressement, et l'obligation de dignité de la vie personnelle. Enfin, dans la nécessaire loyauté vis-à-vis de l'Institution, sont imposées des obligations de respect du droit, de l'exercice exclusif des fonctions, d'obéissance hiérarchique et de réserve. Toutes ces obligations peuvent potentiellement être, de près ou de loin, impactées par les nouveaux modes de communication. Mais ce sont bien celles qui sont à concilier avec la liberté d'expression qui sont naturellement les plus questionnées, voire les plus contestées, dans le cadre de l'e-déontologie.

C'est ainsi qu'après avoir rappelé les principes généraux à concilier dans un cadre e-déontologique (I), il sera possible de présenter les grandes lignes de la conciliation que le juge réalise de ces normes, dans le cas particulier mais éminemment sensible de l'obligation de réserve (II).

I – L'e-déontologie, une conciliation classique d'impératifs contraires

Classique car la nouveauté des outils ne modifie en rien les conditions de la conciliation. C'est toujours la question du rapport fondamental entre droit et obligation.

Le bénéfice des libertés fondamentales

Le fonctionnaire, dans le cadre de son activité professionnelle comme en dehors, jouit par principe des libertés fondamentales. Mais dans le cadre particulier de l'e-déontologie, ce sont les libertés d'opinion et d'expression qui sont concernées au premier chef.

Ainsi, le fonctionnaire se voit consacrer le bénéfice de la liberté d'opinion. L'article 6 de la loi du 13 juillet 1983 indique clairement que « la liberté d'opinion est garantie aux fonctionnaires ». Et la conséquence qui en est déduite est un principe de non discrimination, puisque « aucune distinction, directe ou indirecte, ne peut être faite entre les fonctionnaires en raison de leurs opinions ».

Cette liberté est, par ailleurs, constitutionnellement protégée puisque l'article 10 de la Déclaration des Droits de l'Homme et du Citoyen dispose que « nul ne doit être inquiété pour ses opinions, même religieuses, pourvu que leur manifestation ne trouble pas l'ordre public établi par la Loi ».

A l'analyse de ces deux fondements, on constate que les limites potentiellement admissibles visent essentiellement la liberté d'expression, et non la liberté d'opinion en elle-même. C'est le sens profond de l'article 10 de la Déclaration des Droits de l'Homme, lorsque sont visées pour être limitées, non les opinions, mais « leur manifestation ». Et son article 11 ne dit rien d'autre lorsque, après avoir indiqué que « la libre communication des pensées et des opinions est un des droits les plus précieux de l'Homme », il précise que le citoyen devra « répondre de l'abus de cette liberté dans les cas déterminés par la Loi ».

La conciliation est donc au cœur même du droit des libertés, car « la liberté consiste à faire tout ce qui ne nuit pas à autrui ». Ce simple rappel montre que rien ni personne ne peut revendiquer, dans une société démocratique, l'exercice inconditionnel et absolu d'une liberté. Et dire cela, avec les révolutionnaires de 1789, ne signifie pas que cette liberté doive être réduite drastiquement. Au contraire, la conciliation sera d'autant plus légitime qu'elle se limitera à ce qui est strictement nécessaire au bon fonctionnement de la Société, ou de l'administration pour ce qui concerne l'e-déontologie du fonctionnaire. C'est pour cette raison que les obligations venant limiter la liberté doivent être précisément recensées.

Des obligations générales clairement délimitées

Parmi le référentiel déontologique existant, et hormis l'obligation de réserve qui fera l'objet d'un traitement particulier, trois obligations semblent se dégager comme constituant le socle général – mais non exclusif – de l'e-déontologie du fonctionnaire.

Secret professionnel – En premier lieu, le secret professionnel, qui peut se définir comme l'obligation faite à tout agent territorial de ne pas révéler à autrui des renseignements confidentiels recueillis dans l'exercice des fonctions sur des personnes ou des intérêts privés, est au cœur de l'e-déontologie. Le but évident de cette règle, sanctionnée par ailleurs par le Code pénal (art. 226-13), est la protection des particuliers (ou des collègues de travail lorsque l'on considère l'application du secret professionnel aux domaines de l'informatique, de la GRH,...). Tel est par exemple le cas lorsqu'un agent diffuse « largement auprès de ses collègues de travail et de sa hiérarchie, en utilisant sa messagerie électronique professionnelle, des notes et des rapports contenant de nombreuses informations recueillies en particulier au cours d'opérations de vérification de compatibilité de sociétés ».

Discrétion professionnelle – En second lieu, l'obligation de discrétion professionnelle peut se définir comme la défense faite à tout agent de révéler tous faits, informations ou documents dont il a connaissance dans le cadre de ses fonctions. C'est le service lui-même qui est protégé ici, et non plus les particuliers, couverts eux par le secret professionnel. Méconnaît cette obligation l'agent divulguant, par sa messagerie professionnelle, des éléments confidentiels d'un dossier sensible du service, comme « la diffusion d'éléments confidentiels de notation ». Dans le même esprit, est validée la sanction d'un agent qui, par sa messagerie professionnelle, a fourni des éléments tarifaires des prestations de son établissement, ayant pour but de conseiller aux utilisateurs de recourir à des organismes concurrents, et pour conséquence de dénigrer son employeur.

Neutralité - En troisième lieu, obligation particulièrement questionnée actuellement, la neutralité signifie que l'agent ne doit pas se servir de son service comme d'un moyen de propagande ou de prosélytisme de ses idées politiques, philosophiques ou religieuses. C'est une facette du principe d'égalité devant le service public. Ainsi, la neutralité s'oppose à ce qu'un agent utilise sa messagerie électronique professionnelle au bénéfice d'une association cultuelle ou crée un lien direct avec le site de son administration et un site anarchiste, « à des fins de prosélytisme ». A côté du détournement des moyens électroniques au profit d'une entité politique ou religieuse, le juge administratif sanctionne aussi le contenu de messages envoyés par l'agent de sa messagerie professionnelle portant atteinte à la neutralité. Comme dans l'hypothèse de l'envoi depuis la messagerie professionnelle de messages « à caractère raciste et xénophobe ».

II – L'obligation de réserve au cœur de l'e-déontologie du fonctionnaire

Après avoir rappelé toute la légitimité de cette obligation, il sera possible de tracer les grands traits du respect de l'obligation de réserve dans un cadre e-déontologique.

Une obligation juridiquement fondée

L'obligation de réserve peut se définir comme « le devoir pour le fonctionnaire lorsqu'il est amené à manifester publiquement ses opinions de mesurer les mots et la forme dans laquelle il les exprime ». L'idée essentielle est que, lorsque le fonctionnaire exerce sa liberté d'expression, il doit faire preuve d'une mesure certaine afin de ne pas s'attaquer trop ouvertement ou trop violemment, à son administration, à ses supérieurs et/ou à ses collègues. L'existence de cette obligation, en droit français, n'est plus à démontrer. Pour autant, un bref passage par la jurisprudence de la Cour Européenne des Droits de l'Homme confirmera tout autant l'actualité que la légitimité d'une telle obligation.

Ainsi, la Cour a eu à se prononcer sur la conformité de l'obligation de réserve avec la CEDH, et notamment son article 10. Elle a admis que la liberté d'expression pouvait connaître des « restrictions nécessaires dans une société démocratique », en cas « de besoin social impérieux ».

C'est par l'arrêt « Vogt c/ Allemagne » que la Cour a clairement affirmé que les « membres de la fonction publique » pouvaient être soumis « en raison de leur statut, à une obligation de réserve », limitant non leur liberté d'opinion, mais bien la liberté d'exprimer leurs opinions. De manière encore plus explicite, la Cour a récemment rappelé que « contrairement aux journalistes, les personnes investies de responsabilités publiques, tels les fonctionnaires ont une obligation de réserve- » Cette dernière, lorsqu'elle s'applique aux fonctionnaires des collectivités locales, est fondée sur le « droit des membres élus des collectivités locales de pouvoir compter sur l'assistance de fonctionnaires politiquement neutres et devant faire preuve de loyauté envers l'ensemble du conseil qui les emploie ».

Et les moyens de communication employés ne changent en rien la logique de ce raisonnement juridique.

Une clarification jurisprudentielle engagée

Comme souvent, c'est au juge qu'il revient de préciser les contours d'exercice d'une liberté lorsqu'elle est confrontée à de nouveaux questionnements.

En premier lieu, dans la logique de l'e-déontologie, la question du rapport entre liberté d'expression syndicale et obligation de réserve doit faire l'objet d'un traitement particulier. En effet, il est logique de considérer que dans le cadre de leur activité syndicale, certains agents aient à s'exprimer sur leur collectivité, les conditions de travail des agents, ou sur des situations individuelles. La jurisprudence admet ainsi une atténuation de l'obligation de réserve, dès lors que l'expression est intimement liée à une revendication professionnelle et qu'elle reste correcte, notamment parce qu'elle ne contient « ni propos injurieux, ni attaques personnelles mettant en cause (les) supérieurs hiérarchiques ou les élus ». Mais dès lors que l'expression syndicale sortira de ce cadre, le manquement à l'obligation de réserve sera, pour le juge, constitué.

En second lieu, se pose plus fondamentalement la question de l'expression de l'agent, qu'elle vise son service ou non d'ailleurs.

La CNIL a toujours appelé les utilisateurs de Facebook (et autres réseaux sociaux) à la plus grande vigilance vis-à-vis des contenus et des personnes qui peuvent y accéder ; d'autant plus que l'on constate de plus en plus fréquemment l'exploitation des contenus Facebook à des fins probatoires, tant dans la discipline professionnelle que scolaire. Ainsi, le dénigrement de son employeur sur Facebook, ainsi que l'appel à la rébellion contre sa hiérarchie ont-ils pu justifier le licenciement d'une salariée.

Il faut alerter les agents sur cette décision qui a considéré que les messages et informations échangés sur ce réseau social numérique ne relevaient pas ici du secret des correspondances privées, qui aurait, dans ce cas a priori, protégé la salariée de l'intrusion de l'employeur. Dès lors, et « de manière générale, on ne dit pas la même chose à sa famille, à son ami d'enfance, à son collègue de bureau ou à son patron. Sur Facebook, il faut adopter les mêmes réflexes ».

La problématique du web log, ou blog, est également posée. Ce journal personnel sur Internet connaît un grand succès et des fonctionnaires ont ouvert, à titre purement personnel, des blogs où ils relatent notamment leur vécu professionnel, leurs attentes, leurs joies et leurs déceptions. Une réponse ministérielle avait déjà indiqué que « son auteur, fonctionnaire, doit observer, y compris dans ses écrits, un comportement empreint de dignité, ce qui, a priori, n'est pas incompatible avec le respect de sa liberté d'expression ». Le juge a eu récemment l'occasion de préciser ce principe en validant la sanction infligée à un adjoint de sécurité qui, ayant créé son blog, incitait à la violence et à la haine raciale et faisait l'apologie de crimes contre l'Humanité, dans sa tenue professionnelle. La dimension personnelle de l'expression n'exclut donc pas toute obligation liée à son appartenance professionnelle et la spécificité de l'employeur public.

Enfin, se pose la question des « propos » tenus sur un site internet. L'application des règles traditionnelles en la matière ne diverge pas au motif que leur support serait dématérialisé. Tel est le cas pour l'agent qui publie sur un site internet un article intitulé « Quand le lobby pro-israélien se déchaîne sur l'ONU », sur un ton vivement polémique, justifiant la décision de mettre fin à ses fonctions. Mais de manière encore plus symptomatique, c'est la décision « Matelly » qui mérite une attention particulière, notamment parce qu'elle a été présentée par certains « observateurs avisés » comme la garantie absolue et définitive de la liberté d'expression, posée par le juge administratif, seul rempart contre les entraves liberticides des administrations et de quelques « juristes ». A l'évidence, une lecture fine et objective s'impose.

Il était reproché au fonctionnaire d'avoir manqué à son obligation de réserve en cosignant et publiant sur un site internet d'information un article critiquant la politique gouvernementale sur un point particulier. Le Conseil d'Etat a effectivement annulé la sanction frappant M. Matelly. Mais c'est le fondement de l'annulation qui doit être recherché pour éviter de sombrer dans une approche trop simpliste (malhonnête ?!) de la portée de cette décision. Ce que le juge sanctionne, c'est la disproportion entre les faits et la sanction choisie ; non le principe de la sanction elle-même. En effet, c'est au regard du dossier (exemplaire) de M. Matelly et de la forme (correcte) utilisée dans son article, que le choix de la sanction la plus lourde fait par son administration a été censuré car « manifestement disproportionné ». Mais cela n'enlève rien au fait qu'une sanction était justifiée. Ainsi, « les interventions médiatiques reprochées (...) excédaient les limites » que les agents « doivent respecter en raison de la réserve à laquelle ils sont tenus » ; et le Conseil d'Etat d'en déduire que ces interventions « sont ainsi de nature à justifier le prononcé de l'une des sanctions disciplinaires prévues ». C'est bel et bien le choix du quantum de la sanction qui est censuré, non celui de la sanction elle-même. Au final, dans cette affaire, le juge ne fait que s'inscrire dans une ligne jurisprudentielle bien établie, sans céder aux pressions et à l'utopie.

Et c'est tout ce qui peut être recommandé aux agents et aux administrations : ne céder ni aux mirages dangereux du « tout est possible », ni aux tentations autoritaires liberticides. Comme souvent, le discours de la mesure s'impose, car lui seul garantissant un équilibre légitime entre droit et obligation. C'est dans cette perspective qu'une Charte interne peut se révéler pertinente, pour être le cadre d'un échange entre agents, organisations syndicales et administration, afin d'aboutir à une vision déontologique renouvelée et modernisée. Si tel est le cas, le questionnement controversé sur l'e-déontologie n'aura pas été vain.

Document 3

JEANTET

LE DROIT A LA DECONNEXION : COMMENT FAIRE ?

Patrick Thiébart

La transition numérique à laquelle nous assistons impacte directement les éléments constitutifs du contrat de travail que sont le lieu et le temps de travail ainsi que le lien de subordination.

Elle va jusqu'à remettre en cause les formes traditionnelles d'organisation du travail, jusqu'alors principalement fondées sur l'appartenance à une entreprise et sur le salariat, ainsi qu'il ressort du débat sans fin sur l'auto-entreprenariat, auquel nous assistons à la suite de l'émergence de l'économie des plateformes numériques.

L'unité du lieu de travail traditionnel est la première à être remise en cause avec le développement, il est vrai tardif, des différentes formes de télétravail que sont le travail nomade, le travail mobile, le travail à domicile, le travail en télé-centre ou encore dans des lieux dédiés.

Dans ce schéma organisationnel, les règles de décompte du temps de travail sont plus délicates à mettre en œuvre car le salarié n'est plus « sous le regard de l'employeur » d'où la survenance de situations pouvant contrevenir aux temps minimum de repos (quotidien et hebdomadaire) et à la durée maximale de travail.

On s'en rend compte, la dilution de l'unité de lieu de travail entraine la dilution de l'unité de temps de travail.

Comment, dans une telle situation, empêcher, en pratique, le salarié de travailler tard le soir ou pendant ses jours de repos hebdomadaire ? Les choses ne sont pas prêtes de s'arranger car il n'est nul besoin d'être devin pour prédire avec quasi-certitude que le travail à distance est encore appelé à croître dans les années à venir.

)

I. LES RISQUES LIES A L'USAGE INCONTROLE DES OUTILS NUMERIQUES

Les risques sont de deux ordres : ceux liés à la qualité du processus décisionnel et ceux liés à la santé des collaborateurs.

I.1 Risques liés à la qualité du processus décisionnel

Ces risques nous paraissent pouvoir être regroupés en 3 groupes :

- Surinformation : pour faire simple « trop d'information, tue l'information ». En d'autres termes, un trop grand volume d'informations déversées très rapidement complexifie leur sélection et leur utilisation tout en impactant négativement le processus décisionnel du salarié. Le salarié peut alors se retrouver dans une situation où il ne parvient plus à absorber, traiter et hiérarchiser cette surabondance d'informations.
- Baisse de la productivité : les salariés passent déjà près de 30% de leur temps à « checker » leurs emails au lieu de se concentrer sur du travail productif, sans même parler du temps qu'ils passent à péniblement tenter de déterminer quels sont les emails

qui requièrent une réponse et ceux qui peuvent être mis à la corbeille. A terme, si cette proportion continue d'augmenter, ce qui est assez prévisible, c'est l'existence même de l'entreprise qui est menacée. On en arrive alors à ce nouveau paradoxe : alors qu'elles sont censées améliorer la gestion des flux d'information et leur diffusion et fluidifier les processus décisionnels, les nouvelles technologies de l'information aboutissent au résultat inverse.

- Baisse de l'innovation : le trop-plein d'informations tend à atrophier la capacité d'attention des salariés, qui est pourtant nécessaire à l'innovation. Essayez donc d'être créatif dans un environnement où vous êtes interrompu en permanence !

I.2 Risques pour la santé des salariés

La rapidité et la facilité des échanges numériques ont favorisé l'émergence d'une culture de l'urgence et de l'immédiateté dans l'activité de travail, qui a entrainé en retour une intensification du travail susceptible de porter atteinte à la santé des collaborateurs de l'entreprise.

Cela se manifeste par le sentiment de ne jamais réussir à rattraper le flot d'informations, lequel génère anxiété, repli sur soi, agressivité ou encore irritabilité.

Ce type de situations conduit à de nouvelles formes de pathologies propres aux salariés du savoir. Aux Etats-Unis, on parle de FoMo (fear of missing out, soit la « peur de rater quelque chose »), sorte de syndrome d'anxiété sociale entraînant une dépendance obsessionnelle aux outils de communication professionnels. Au Japon, on parlera des « Hikikomori du savoir », sorte de trou noir numérique dont le salarié ne parvient plus à sortir, prisonnier des labyrinthes documentaires dans lesquels il s'est engouffré.

Si le FoMo et le Hikikomori sont des mots inconnus du grand public, le mot « burn-out » est beaucoup plus parlant pour nombre d'entre nous car les cas d'épuisement professionnel ne cessent de se multiplier. Littéralement, faire un burn-out, c'est « brûler de l'intérieur, se consumer », une usure à petit feu qui trouve sa source dans le cadre professionnel et une situation de stress importante et répétée. Le stress est une réaction du corps, qui lui permet de se mettre en alerte le temps d'un danger. Le problème, c'est qu'aujourd'hui, l'urgence est devenue un mode de vie.

Selon une étude réalisée par le cabinet Technologia, 12% de la population serait en risque élevé de burn-out[3].

Ce risque nous paraît cependant moins vrai avec les salariés issues des générations Y et Z pour qui le smartphone est quasiment une extension naturelle de la main car leur expérience du numérique s'est faite dans le « privé » avant même qu'ils n'entrent dans la vie active. Ces jeunes adultes ne se connectent plus, ils vivent connectés.

A risque, les salariés le sont également en raison de la porosité entre leur vie professionnelle et leur vie personnelle. La diffusion de la technologie les impacte quotidiennement tout autant dans leur sphère privée que professionnelle et peut entrainer une détérioration des conditions de travail.

Il s'agit là d'une situation qui peut avoir des répercussions juridiques très sérieuses que les employeurs doivent se garder de sous-estimer, ne serait-ce que parce qu'aux termes de l'article L.4121-1 du code du travail, ils sont tenus par une obligation de résultat s'agissant de la santé des salariés sur le lieu de travail.

La jurisprudence sanctionnant les employeurs qui manquent à leur obligation de santé et de sécurité est particulièrement fournie.

Le fait d'imposer au salarié une charge de travail déraisonnable dégradant ses conditions de travail peut également entrainer la responsabilité civile mais aussi pénale (2 ans d'emprisonnement et 30 000€ d'amende) de l'employeur sous l'angle du harcèlement moral.

(...)

IV. Faire du droit a la deconnexion un enjeu collectif

Plusieurs grandes entreprises se sont déjà emparées du sujet et ont signé un accord sur la qualité de vie au travail comportant notamment un droit à la déconnexion.

IV.1 « Y'a qu'à couper le serveur » !

Certaines grandes entreprises se sont bornées à appréhender l'usage des outils numériques sous le seul angle de la charge de travail que cela induit pour les salariés hors des heures de bureau ou d'usine. Elles ont alors décidé de réguler ces pratiques par des dispositifs techniques rigides, par exemple en fermant les serveurs de messagerie à des heures données afin d'empêcher l'envoi d'emails en soirée et durant le week-end.

Tel est le cas du groupe de protection sociale et de retraite complémentaire Réunica dont l'accord « *prévoit la fermeture des messageries électroniques de 20 heures à 7 heures et le week-end* ».

Dans le même sens, le groupe Volkswagen désactive le renvoi des e-mails professionnels vers les smartphones des salariés à partir de 18h15, soit une demi-heure après le départ du bureau des derniers collaborateurs. La trêve dure jusqu'au lendemain matin à 7 h, soit trente minutes avant l'arrivée des premiers employés au bureau.

Chez Allianz France, les e-mails envoyés le week-end n'arrivent à leurs destinataires que le lundi, sauf en cas d'urgence, comme lors des inondations ayant dévasté tout un territoire.

Certaines entreprises comme Thalès Avionics sont même allées jusqu'à interdire à leurs salariés de pénétrer dans leurs locaux avant 7h15 et après 19h30, et pendant leurs vacances.

Disons-le tout de go, ce type de politique parait totalement impensable pour les entreprises travaillant en continu ou à l'international. Et puis quel salarié passera un week-end ou des vacances détendus à la perspective de devoir traiter des centaines voire des milliers d'emails lorsqu'il sera de retour au bureau ... Pour s'éviter cette corvée, le salarié préfèrera envoyer les documents qu'il doit travailler sur son adresse personnelle avant de renvoyer son labeur dominical de son adresse personnelle vers son adresse professionnelle.

Par ailleurs, de nombreux salariés voudront d'eux-mêmes rediriger vers leurs collègues les emails urgents reçus pendant leurs congés ou y répondre succinctement en dehors de leurs heures de travail afin de ne pas perdre d'opportunités professionnelles. A ce titre, l'incitation des salariés à utiliser leurs outils numériques personnels, à l'instar de la pratique répandue du BYOD (*Bring your own device*) pose de réelles difficultés en termes de sécurité des informations d'entreprise.

De façon plus intéressante la firme automobile Daimler-Benz a, en août 2014, permis à 100 000 de ses employés de participer au dispositif « Mail on Holiday ». Les courriels envoyés aux salariés durant leurs périodes de congés sont suivis d'une réponse automatique redirigeant l'interlocuteur vers des contacts disponibles ou l'invitant à réexpédier son message au retour de l'intéressé. La spécificité du dispositif réside dans l'option de suppression automatique de ces courriels qui, suivant les conclusions de recherches sur la qualité de vie au travail, permettent d'éviter la surcharge de messages en attente au retour des congés.

IV.2 Mettre en place les conditions d'un nouveau savoir-vivre

Au-delà du simple fait d'obliger les salariés à ne pas envoyer ou traiter d'emails entre 18h30 et 7h du matin, il convient avant tout de poser des règles relatives à un usage « raisonnable et raisonné » des outils informatiques. Il n'est certainement pas inutile de formaliser des règles de bon sens et de courtoisie élémentaires telles que ne pas utiliser son smartphone lors d'un déjeuner professionnel ou utiliser des formules de politesse lors de l'envoi de messages électroniques, si courts soit-ils.

D'ailleurs, la loi n'impose pas la mise en place d'un outil technique qui couperait l'accès aux emails ou à l'intranet durant les temps de repos et de congés des salariés. A quoi cela servirait-il si ce n'est à déplacer le flux grandissant d'emails des périodes de repos et de congés vers les périodes d'activité professionnelle ?

La Loi Travail tend davantage à l'adoption de bonnes pratiques formalisées dans un accord d'entreprise ou dans une charte afin de promouvoir une utilisation raisonnable des outils numériques, qu'ils appartiennent à l'entreprise ou au salarié. On ne peut, en effet, continuer, sans réagir, à voir les salariés se noyer sous le flot incessant d'informations en se disant simplement que l'on ne peut pas aller contre le progrès.

Chaque entreprise doit développer une culture informationnelle qui soit cohérente avec sa propre culture d'entreprise, sa pyramide des âges et son mode de communication. Dans tous les cas, cette culture de l'information doit tendre à un but : redonner du sens au travail de chacun.

Pour ce faire, on ne saurait trop conseiller aux responsables des ressources humaines de s'emparer du sujet en travaillant de concert avec les responsables du système d'information mais aussi avec le CHSCT et le médecin du travail, qui sont les grands oubliés de la Loi Travail sur ce thème qui touche pourtant directement à la santé des salariés. Les informaticiens sauront, par exemple, prêter leur aide à leurs collègues des RH pour mettre en place des *pop-up* rappelant qu'au-delà d'une certaine heure, l'envoi de courriels peut attendre le lendemain.

Quelques règles de bonnes pratiques contre l'infobésité:

- **Savoir se déconnecter … au bureau !**

Se ménager des plages de déconnexion est tout aussi nécessaire durant le temps de travail qu'en dehors.

C'est là le gage d'une meilleure gestion du temps de travail et du temps personnel.

Dans l'accord Orange du 27 septembre 2016 « Gestion connexion/déconnexion pendant le temps de travail », il est indiqué que « *les managers veillent à organiser des temps collectifs en physique durant lesquels l'utilisation des outils numériques sera déconseillée afin d'éviter la sur-sollicitation. Ainsi, Orange préconise à ses salariés de prévoir des temps de non-utilisation de la messagerie électronique, notamment au cours des réunions ou pour faciliter la concentration* ».

Orange n'est bien entendu pas une entreprise isolée. Qui n'a jamais expérimenté ces longues réunions de travail où tous les participants décrochent, occupés qu'ils sont à jongler avec leurs emails et SMS.

➢ **Limiter/décocher la fonction « répondre à tous »**

Les collaborateurs doivent être incités à ne plus céder à la facilité de l'envoi à tous mais, au contraire, opter pour une diffusion ciblée et simplifier les dispositifs éditoriaux existants. Certaines entreprises ont d'ailleurs retiré la fonction « envoi à tous » ... au grand dam des férus de la diffusion en nombre pour leur activisme.

➢ **Désacraliser l'email**

L'e-mail n'a pas vocation à déclencher une action instantanée.

Il convient de rappeler que, d'une manière générale, aucune réponse ne peut être attendue immédiatement, à plus forte raison en dehors des heures normales de travail.

Du coup, plutôt que de fermer le serveur il est préférable de rappeler qu'il n'y a pas d'obligation de répondre à la messagerie professionnelle les soirs, les week-ends et pendant les congés.

Pour éviter que les salariés se laissent déborder par le caractère instantané et impersonnel de la messagerie, il convient d'apprendre aux salariés à gérer les priorités, à se fixer des plages horaires pour y répondre et à se « déconnecter » pour pouvoir consacrer la réflexion nécessaire aux sujets de fond.

La charte Solvay de février 2016 insiste sur « le bon usage de la messagerie électronique » : *« il est important de rappeler à chacun les bonnes pratiques dans l'usage de la messagerie électronique afin de concourir à une plus grande efficacité au travail et au respect de l'équilibre des temps de vie. Ne pas se laisser déborder par le caractère instantané et impersonnel de la messagerie, mais au contraire : gérer ses priorités. Se fixer des plages horaires pour répondre. Se déconnecter pour pouvoir consacrer la réflexion nécessaire au sujet de fond »*.

➢ **Former et sensibiliser les « emailers compulsifs »**

Il ne s'agit jamais là que de retranscrire dans les faits une obligation de l'employeur découlant de l'article L.4121-1 du code du travail qui précise que *« l'employeur prend les mesures nécessaires pour assurer la sécurité et protéger la santé physique et mentale des travailleurs. Ces mesures comprennent :*

1° Des actions de prévention des risques professionnels ;

2° Des actions d'information et de formation ;

3° La mise en place d'une organisation et de moyens adaptés ».

Le salarié est soumis à une obligation de même ordre aux termes de l'article L.4122-1 (*« Il incombe à chaque travailleur de prendre soin, en fonction de sa formation et selon ses possibilités, de sa santé et de sa sécurité ainsi que de celles des autres personnes concernées par ses actes ou omissions de travail »*).

L'employeur est donc tenu à une action de prévention dont il aura tout intérêt à s'acquitter avec diligence si l'on en juge par un récent arrêt de la Cour de cassation du 7 juillet 2016.

(...)

Les managers, emailers compulsifs, doivent être conscients des risques psychosociaux engendrés par leur surcharge communicationnelle. N'oublions pas que ce sont les personnes qui communiquent le plus qui entraînent les autres dans une forme de surenchère communicationnelle ...

Il convient donc, au premier chef, de responsabiliser les salariés dans leurs usages des outils numériques.

Chaque manager de proximité doit être le premier garant de l'équilibre de vie de son équipe, et par là même, diffuser un modèle de relation équilibrée au travail. Il doit, à cet égard, veiller au respect de l'équilibre vie privée-vie professionnelle pour lui-même et faire en sorte de respecter des horaires de travail raisonnables pour ses collaborateurs et à la prise des temps de repos et congés. En pratique, cela signifie que le manager doit sous-peser le projet professionnel qu'il donne à ses collaborateur, c'est-à-dire évaluer la charge de travail, dans sa triple dimension : charge prescrite, réelle et ressentie[15]. Il lui appartient de tenir compte du temps qu'impliquent la lecture, le tri, la réponse aux mails ou l'alimentation d'un réseau social.

Il doit, en outre, anticiper et communiquer des délais réalistes pour les différents projets, en définissant clairement des priorités, ne pas solliciter ses collègues en dehors du temps de travail sauf circonstance exceptionnelle ou activités internationales, pour lesquelles il convient aussi de tenir compte des décalages horaires des interlocuteurs d'autres continents.

Encore faut-il donner aux managers la possibilité de se former aux nouvelles technologies car le développement du travail en réseau et du travail à distance nécessite des changements dans l'organisation du travail, qui eux-mêmes impliquent une révision de la fonction managériale de proximité. La loi « pour une République numérique » du 7 octobre 2016 prévoit d'ailleurs que les « formations contribuant au développement des compétences numériques » figurent parmi les actions d'adaptation au poste (Cf. article L. 6321-1 du code du travail).

Les compétences managériales doivent évoluer pour intégrer les caractéristiques du management de projet et du management à distance et leur permettre de passer d'une culture du contrôle par la présence à une culture du contrôle par le résultat des tâches effectuées. C'est obliger beaucoup de managers à renoncer à des réflexes enracinés de longue date car il est bien vu, en France, de travailler longtemps et de finir tard le soir. Nous avons une certaine culture du présentéisme.

Afin d'inciter les managers à adopter des comportements plus respectueux de l'équilibre de vie des membres de leurs équipes, l'entreprise doit prendre en compte les efforts faits en ce sens lors de l'évaluation de leurs performances annuelles. Il faut partir de ce postulat de base que le bon manager est celui qui privilégie la communication directe aux emails.

Former et sensibiliser les managers … mais pas que ! La génération « Millenium » dont le smartphone est devenu sa troisième main ne comprend pas nécessairement le droit à la déconnexion et y voit volontiers un paternalisme désuet, voire un non-sens à l'heure où les enfants se voient offrir leur premier smartphone à l'école primaire.

- **Responsabiliser les salariés**

Bien souvent, l'usage des outils informatiques en dehors du temps de travail ne résulte pas d'une contrainte imposée par le supérieur hiérarchique mais de l'initiative de salariés qui, dans un tel cas, pensent pouvoir réclamer le paiement d'heures supplémentaires ou d'heures d'astreinte.

(…)

Document 4

Loi Travail : le droit à la déconnexion à l'épreuve de la réalité

Paris Normandie.fr / Thomas DUBOIS ,

Publié 06/01/2017

Et si vous faisiez l'effort, ce week-end, d'oublier le smartphone du boulot et de laisser votre ordinateur éteint ? Le droit à la déconnexion instauré depuis le 1er janvier par la loi Travail autorise les Français à ignorer les sollicitations du bureau sur leur temps personnel. L'intention est louable sur le papier, au regard des dérives et risques sanitaires qu'une « surconnexion » peut engendrer. Mais sur le terrain, le sujet s'avère plus complexe.

Déconnectez-vous, qu'ils disaient... Depuis le 1er janvier, tous les Français évoluant dans une entreprise de plus de cinquante salariés sont autorisés à ne pas tenir compte des mails, SMS et autres sollicitations professionnelles hors de leurs heures de travail. Un droit à la déconnexion gravé dans le marbre par la loi Travail, ce qui avait probablement échappé à beaucoup dans le vacarme général de la mobilisation contre le texte porté par la ministre Myriam El Khomri, l'année dernière.

L'ironie retiendra que la CGT, ennemi juré de la loi Travail, a grandement contribué à favoriser ce nouveau droit à la déconnexion. Plus précisément l'Ugict-CGT, la branche cadres du syndicat, qui avait lancé dès 2014 une grande campagne nationale sur le sujet. « *Parmi toutes les remontées qui nous parvenaient, nous constations que les cadres supérieurs n'arrivaient même plus à percevoir le temps réel qu'ils passaient au travail*, explique **Patrick Soulier**, spécialiste du sujet et élu CGT chez Orange. *Beaucoup d'entre eux sont soumis à des forfaits jours, sans horaires fixes, pour favoriser leur autonomie. En même temps, l'outillage numérique les rend joignables en permanence.* »

La question de la déconnexion demeure tout à fait typique de son époque comme conséquence directe de l'usage démocratisé (et abusif ?) des smartphones et autres moyens de communication dernier cri. Mais aussi parce qu'elle fait écho « *aux réorganisations d'effectifs, manques de personnel... un contexte très actuel qui favorise l'implication plus forte de certains salariés* », souligne **Carole Michiels**, psychologue du travail et des organisations à l'AMSN, service de santé au travail basé sur **Rouen** et sa région. Par définition, la professionnelle rencontre les salariés lorsque la situation a déjà atteint un niveau critique (le médecin du travail reste le premier interlocuteur de référence). À ce titre, les conséquences éventuelles de la « surconnexion » ne sont pas à prendre à la légère : stress, burn-out, dépression...

« *Petit à petit s'insinue le sentiment que l'on ne parvient pas à assumer sa vie privée et sa vie professionnelle en même temps*, témoigne Patrick Soulier. *En même temps, cela empêche de participer aux activités locales. C'est toute une vie sociale qui s'en trouve pénalisée.* » Carole Michiels a eu l'occasion, un jour, de bénéficier en direct d'un exercice pratique : « *J'animais une formation pour un groupe de cadres sur les risques psychosociaux, lorsque je me suis rendu compte qu'aucun ne se déconnectait réellement de son travail. J'ai tout arrêté en leur demandant d'être concentrés sur ce qu'ils faisaient ou de partir. L'inefficacité de la réunion, de fait, était totale !* »

« Un sujet complexe »

Alors que son application semble plus sujette à débat dans les petites entreprises *(lire par ailleurs)*, plusieurs grands groupes ont déjà intégré le principe de la déconnexion, comme Axa ou encore Orange. D'autres devraient se mettre prochainement à la page. Chez Total, par exemple, « *un accord est prévu dans le courant du premier semestre* », avance **Dominique Desplebin**, délégué CFE-CGC chez Total Petrochemicals à **Gonfreville-l'Orcher**. Le problème reste « *difficile à appréhender* », admet toutefois ce dernier, car « *le nombre de mails est tel, aujourd'hui, que si les gens n'en traitent pas un peu durant le week-end, ils arrivent le lundi matin avec une foule de choses à gérer* ».

« *Les cadres ont peu tendance à se déconnecter, car pour certains c'est un moyen de s'avancer chez eux au calme* », appuie Carole Michiels, pour qui il s'agit au final d'« *un sujet complexe. Certains salariés peuvent très bien gérer tout cela. Et puis un jour ça craque, sans savoir pourquoi...* » Il y a aussi les jobs comme celui d'**Éric Lemaire**, ancien élu de **Mont-Saint-Aignan** et voix de l'assureur Axa auprès des médias *(lire par ailleurs)* : si ce dernier s'emploie dans ce cadre à vanter les mérites de la déconnexion dans son entreprise, il reconnaît, à titre personnel, que « *pour mon métier, c'est impossible* ».

« UNE OBLIGATION SUPPLÉMENTAIRE »

Du côté de la confédération des PME (CPME, ex-CGPME depuis jeudi), ce droit à la déconnexion ajoute « *une obligation supplémentaire* » aux petites et moyennes entreprises, déplore **Séverine Touchard**, secrétaire générale de l'organisation patronale pour la Normandie. « *En ce moment, il y a déjà les six nouveaux critères de pénibilité, la dénonciation des salariés pour les infractions routières, le prélèvement à la source... On demande aux entreprises d'embaucher, et en même temps on leur rajoute toujours plus de complexité.* »
Surtout, « *on légifère sur des choses qui relèvent du bon sens, du cas par cas*, regrette la représentante de la CPME. *Dans une petite structure, en général, le dirigeant connaît bien ses cadres. Tout cela dépend de la personnalité de chacun. Et si l'on veut le bien-être de ses salariés, cela relève de la culture générale de l'entreprise !* »
Séverine Touchard souligne par ailleurs le contenu « *assez flou* » de la loi quant à ses modalités d'application : « *Il est question de mettre en place des instruments de régulation, mais beaucoup d'entreprises n'auront pas les compétences juridiques pour savoir quoi faire exactement, elles devront chercher des conseils à l'extérieur.* »
Enfin, la revendication du droit à la déconnexion « *amènera sûrement des conflits aux prud'hommes* », redoute la secrétaire générale de la CPME Normandie.

Ce que dit la loi

L'article 55 de la loi Travail oblige depuis le 1er janvier les entreprises de plus de cinquante salariés à ouvrir des négociations sur le droit à la déconnexion ou le droit de ne pas répondre à ses courriels ou messages professionnels hors temps de travail.

Il n'y a cependant aucune obligation d'accord, ni aucun délai pour négocier.

À défaut d'accord, les entreprises peuvent se contenter d'une charte, rédigée unilatéralement par l'employeur. Pour faire valoir son droit à la déconnexion, s'il estime qu'il n'est pas respecté par sa direction, le salarié devra saisir les prud'hommes en apportant la preuve que son temps de repos n'a pas été suffisant.

62 % des actifs réclament une régulation, selon une étude publiée en octobre par le cabinet Eleas. D'après cette même étude, plus d'un tiers des actifs (37 %) utilisent chaque jour leurs outils numériques professionnels en dehors de leur temps de travail.

« Ça change la culture de l'entreprise »

Ancien élu à Mont-Saint-Aignan, le normand Éric Lemaire est le porte-parole d'Axa France. L'assureur a établi dès 2012 une charte stipulant le droit à la déconnexion. Qu'est-ce qui a poussé l'entreprise à prendre en main cette question ?

Éric Lemaire : « Nous menons régulièrement des enquêtes auprès de nos salariés, sur la qualité de vie au travail. En 2010-2011, nous avons eu beaucoup de remontées au sujet des nouvelles technologies, sur la manière dont elles influaient sur le temps de travail. Dans la foulée, nous avons établi une charte intitulée 'Pour mieux travailler ensemble', qui stipule la nécessité de préserver sa vie personnelle, de ne pas abuser des possibilités offertes par les nouveaux outils numériques ».

Cette charte a-t-elle été suivie d'actes ?
« Une fois que tout cela est dit, codifié à travers une charte, ça change la culture de l'entreprise. Nous revenons régulièrement sur le sujet dans notre communication interne, notre président lui-même insiste beaucoup là-dessus. C'est, de manière générale, une nouvelle façon de s'organiser ensemble, de valoriser la coopération. Il est nécessaire de sensibiliser tout le monde même si, sur nos 15 000 employés en France, il y a sûrement des exceptions. Il y a une double responsabilité : celle, de l'entreprise, d'émettre des normes, et celle, du collaborateur, de les respecter. »

Était-ce nécessaire de légiférer sur le droit à la déconnexion ? Est-ce que cela va aboutir chez vous à un accord d'entreprise spécifique ?
« La loi ne sert que si elle est appliquée et sanctionnée. Nous le savons bien, chez Axa, nous qui avions immédiatement mis en place les CV anonymes avant d'y revenir, car les textes n'ont finalement jamais été appliqués. La loi, dans ce cas, sert avant tout à interpeller. En ce qui concerne les accords d'entreprise, il en existe déjà un chez nous sur la prévention du stress, depuis juillet 2013, qui rappelle le bon usage des mails et SMS. Un autre accord a été signé début 2016, où il est directement mentionné cette fois-ci le droit à la déconnexion. »

PROPOS RECUEILLIS PAR T. D.

Document 5

la gazette.fr

FONCTION PUBLIQUE TERRITORIALE

Bientôt un « droit à la déconnexion » pour les agents ?

Claire Boulland | France | Toute l'actu RH | Publié le 13/01/2017 | Mis à jour le 16/01/2017

"Débrancher" n'est pas chose évidente pour certains agents, surtout ceux devant permettre la continuité du service public en cas de "situation de crise". Pour autant, instaurer "un droit à la déconnexion" semble nécessaire. Réflexions des grandes instances, chartes internes, formations adaptées... Les acteurs se saisissent du sujet.

La loi Travail impose aux employeurs privés, depuis le 1er janvier 2017, de réguler l'usage des SMS et des courriels des salariés. Si ce « droit à la déconnexion » n'est pas obligatoire pour les employeurs publics, « les collectivités se doivent tout de même d'avoir cette réflexion », selon Johan Theuret, président de l'association des DRH des grandes collectivités territoriales. « De manière isolée, certaines ont, avant cette loi, communiqué des notes de service en interne, incité à des règles de bienséance », rapporte Bruno Collignon, président fédéral de la FA-FP. « Mais il est difficile d'avoir une vision globale des initiatives au niveau national. »

La Ville de Paris a pour sa part fait savoir, le 4 janvier dernier, qu'elle a instauré des règles de bonnes pratiques afin de « préserver la qualité de vie au travail de ses agents, sans perdre de vue l'exigence de continuité du service public ». « Cette mesure de la loi El Khomri est tombée de manière concomitante avec l'action que nous menions sur cette problématique » explique Emmanuel Grégoire, adjoint à la maire en charge des questions RH. « Il n'y a pas eu d'enquête préalable à proprement parler auprès de nos cadres, mais il a été observé que les services pouvaient se trouver désorganisés par la surexploitation des outils numériques, à la fois durant les heures de travail – par exemple avec l'envoi de courriers électroniques à des centaines de destinataires sans que cela soit justifié – mais aussi en dehors des créneaux. Avec pour conséquence l'empiètement de la vie professionnelle sur la vie personnelle » insiste-t-il.

Mode d'emploi de la déconnexion

Paris s'est ainsi doté dès novembre dernier d'un « mode d'emploi de la déconnexion » invitant les agents à envisager systématiquement les alternatives aux emails (conférences téléphoniques, réunions, échanges informels, utilisation d'outils collaboratifs...). Il définit des plages horaires pendant lesquelles l'envoi de courriels doit être évité, et pendant lesquelles il n'est pas attendu de réponse de la part des agents. Il propose des conventions sur la longueur des emails, l'utilisation des copies ou encore l'usage des smartphones en réunion. A noter que le mode d'emploi ne s'appliquera « bien évidemment pas en cas de situation de crise ni en cas de situation exceptionnelle et lors de périodes d'astreinte ». Le document sera évalué après six mois d'expérimentation. « Des adaptations pourront y être apportées en fonction des retours d'expérience », précise la Ville.

En tout état de cause, Emmanuel Grégoire se dit « persuadé » que « l'on peut faire beaucoup de choses à peu de frais. Les mesures appliquées dans le secteur privé sont en cela une source d'inspiration. »

Adaptation des formations

« La priorité est avant tout de sensibiliser les agents à cette problématique », poursuit l'adjoint à la maire de Paris. Sentiment partagé par Sylvie Ménage, secrétaire générale de l'Unsa Territoriaux. « Ce sujet va devenir incontournable », estime-t-elle, notamment dans le cadre du développement du télétravail. « Je ne vois pas comment cela ne pourrait pas être pris en compte rapidement dans les formations. Peut-être, il faut l'espérer, que le Centre national de la fonction publique territoriale y réfléchit. »

Interrogé, le CNFPT confirme travailler actuellement sur l'adaptation de son offre de formation « à destination des équipes de direction des collectivités territoriales, des services des ressources humaines, des secrétaires de mairie et enfin, des membres des CHSCT qui auront à se prononcer sur les dispositifs proposés. Les référentiels de formation sont d'ores et déjà en cours d'adaptation pour y intégrer ce nouveau droit. En complément, et de manière transversale, cette question sera également intégrée dans les différentes formations au management », ajoute le Centre.

Sujet tabou ?

De son côté, Didier Pirot, de FO terriroriaux, ne doute pas que le sujet de la « déconnexion des agents » sera posé prochainement sur le bureau du Conseil supérieur de la fonction publique territoriale. « Cela pourrait faire l'objet des prochains travaux de l'instance », suggère-t-il. Philippe Laurent, président du Conseil sup', « ne [le] garanti[t] pas… Mais cela n'est pas impossible » ajoute-t-il. Le maire de Sceaux rappelle avoir écrit à ce sujet, dans son rapport sur le temps de travail des fonctionnaires, que le droit à la déconnexion « devrait faire l'objet d'une étude suivie (éventuellement par l'Agence nationale pour l'amélioration des conditions de travail), approfondie par différentes expérimentations. Car, dans ce domaine, chacun est à la fois victime et coupable ». Il avait suggéré aussi de généraliser l'adoption dans chaque service, collectivité ou établissement, d'une charte du temps actualisée au maximum tous les trois ans.

« A l'écoute de ces préoccupations », la ministre de la Fonction publique atteste « réfléchir à un droit à la déconnexion des agents ». Lequel pourrait trouver sa place, selon ses conseillers, dans une « ordonnance prise en application de la loi égalité et citoyenneté ». Reste que parler de « déconnexion » en ces temps de « fonctionnaires bashing » est osé : « peut-on employer ce terme lorsqu'on parle de personnels qui assurent le service public? », interroge Patrick Campagnolo (Unsa territoriaux).

Document 6

ORSE
Observatoire de la Responsabilité Sociétale des Entreprises

Du meilleur usage des outils de communication numérique dans les entreprises

(...)

A la recherche de solutions pour un bon usage des outils numériques :

Les effets paradoxaux et complexes de l'utilisation des outils numériques poussent à chercher et à proposer une diversité de solutions.

Il est nécessaire d'accompagner le changement généré par l'introduction des nouveaux outils de communication électronique puisqu'une mauvaise appropriation d'outils collaboratifs censés favoriser la dynamique du groupe peut, au contraire, fragiliser le collectif de travail.

Quels leviers d'action ?

Les entreprises qui souhaiteraient conduire une démarche d'amélioration de la gestion des outils numériques pourront mettre en œuvre une démarche de progrès autour de 10 étapes clés :

1. Etablir un diagnostic interne des pratiques de communication électronique
2. Impliquer les partenaires sociaux pour s'assurer que les outils numériques maintiennent des relations de travail respectueuses de chacun des salariés.
3. Impliquer les partenaires sociaux dans l'affirmation du respect de la vie privée des salariés (déconnexion des outils)
4. Rédiger et diffuser une charte de bon usage
5. Mieux réguler le volume des courriels échangés dans les entreprises
6. Promouvoir l'exemplarité des dirigeants et des managers
7. Mettre en œuvre des actions de communication interne, notamment à l'international
8. Intégrer les bonnes pratiques d'usage des outils numériques dans les formations managériales et techniques
9. Définir et mettre en place un volet stratégique propre aux outils numériques dans les entreprises
10. Entrer dans une dynamique de progrès à partir d'indicateurs de suivi des engagements.

(...)

4. Rédiger et diffuser une charte (ou un guide) de bon usage des outils numériques

La réflexion menée au sein de l'ORSE a conduit à élaborer trois modèles de chartes (**cf. annexe 1**). Si le fond des recommandations est sensiblement identique d'une charte à l'autre, c'est la façon de les aborder qui diffère.

Ces éléments vont servir de cadre aux entreprises dans leur politique :
- de formalisation des engagements sous forme de charte
- de communication en passant directement à un guide de bonnes pratiques.

- **La charte (ou guide) n°1** expose les recommandations selon les fonctionnalités de l'outil (envoi d'un message, réception d'un message, ...).

- **La charte (ou guide) n°2** les développe selon les enjeux des utilisateurs (limiter le stress, limiter la surcharge, ...).

- **La charte (ou guide) n°3** se fonde sur la base claire d'un équilibre et d'une réciprocité : équilibre de droits et de devoirs face aux nouveaux media et partage du bénéfice des bonnes pratiques selon les rôles interchangeables d'expéditeur et de destinataire.

Les règles de comportement ainsi définies peuvent être opposables aux salariés dans le cadre du règlement intérieur ou encore s'appuyer sur des paramétrages techniques, au travers par exemple du blocage automatique de la messagerie.

D'autres modalités de structuration d'une charte peuvent être envisagées pour aborder les relations hiérarchiques entre les salariés et leurs managers.

Focus sur la Charte du temps de la Direction Générale du Trésor

Les chartes peuvent également être utilisées par les administrations publiques qui rencontrent les mêmes problématiques que les entreprises. C'est le cas à la Direction Générale du Trésor du Ministère des Finances.
La Charte du temps mise en place en 2010 comporte un chapitre dédié au bon usage des courriels, destiné à optimiser la gestion du temps et améliorer l'efficacité collective et individuelle, mais aussi à préserver la vie privée :

« 1) Les courriels internes à la DG doivent comporter un objet clairement identifiable (« pour avis, pour décision, pour action, pour information, pour mémoire »). A l'instar d'une note, l'objet du mail doit être clairement identifiable, précisant le cas échéant l'échéance, (...)

*2) **En dehors des horaires de travail** et dans tous les cas, après 20h en semaine, le week-end ou pendant une période de congés du destinataire (réception d'un message d'absence), les **courriels ne sont pas présumés être lus.***
3) Le courriel doit répondre à un objectif clairement identifié et doit être utilisé avec parcimonie. Dans cet esprit :
- *les moyens alternatifs de communication (appel téléphonique interne, transmission d'une note ou fiche papier pour lecture différée, visite dans le bureau de la personne concernée) doivent être envisagés systématiquement avant d'adresser un courriel ;*
- *les courriels collectifs tendant à constituer un « forum de discussion » sans décision à la clef sont à proscrire (...)*

Focus sur la Charte du temps de la Direction Générale du Trésor (suite)

4) L'encadrement veille à assurer des réunions ou conversations téléphoniques quotidiennes, même très courtes, avec des collaborateurs directs (ex. chef de service avec sous-directeurs), et hebdomadaires avec ses équipes élargies (ex. sous-directeur avec chefs de bureaux et adjoints), permettant de mieux traiter le flux des courriels restés sans réponse et éviter ainsi la profusion de courriels de «questions-réponses» ou relances en cas de non-réponse.

5) Un courriel doit être concis (300 mots maximum), de sorte à permettre une prise de connaissance aisée y compris en situation de mobilité et une impression papier, si besoin est, sur une seule page. Un courriel ne saurait donc se substituer à une note ou une fiche exposant une problématique ou le résultat d'une analyse complexe.

6) Un courriel doit être précis et orienté vers l'action : les messages exprimant un simple avis non conclusif ou délibérément allusifs ou polémiques sont à proscrire ».

Nuancer et dépasser l'utilisation des chartes

Les pratiques d'utilisation des outils de la communication numérique sont variables selon :
- le niveau d'appropriation de la technologie par l'entreprise ;
- le niveau d'appropriation de la technologie par l'utilisateur ;
- les options technologiques existantes au sein de l'entreprise (diversité des outils) ;
- le contexte organisationnel (taille de l'entreprise, secteur d'activité, organisation structurelle plus ou moins hiérarchisée, mode de management) ;
- la culture d'entreprise.

Il n'existe donc pas de « charte universelle des bonnes pratiques ». Les trois chartes qui suivent représentent autant de pistes susceptibles de guider les entreprises dans la définition collective d'un certain nombre de règles d'usage des media.

Mais si la rédaction d'une charte est nécessaire, elle n'est pas suffisante. Elle doit s'inscrire plus globalement dans la gestion du changement sociotechnique. Autrement dit, il ne suffit pas de dicter les règles, encore faut-il que les acteurs se les approprient.

Cette appropriation peut passer par la prise en compte, l'explication et la discussion de ces règles dans les formations portant sur les outils numériques ou dans les formations de management dispensées aux responsables d'équipe, responsables de service ou chefs de projet.
Il est alors fondamental d'insister sur l'opposition entre la simplicité apparente d'utilisation des outils et la complexité de leurs effets.

Implication des différentes fonctions supports dans l'élaboration et la diffusion des chartes

Les responsables des Ressources Humaines et Systèmes d'Information sont des acteurs clés dans la prise de conscience des dérives potentielles liées aux outils numériques et dans la recherche de solutions.
Il ne faut pas oublier d'impliquer aussi la direction juridique ainsi que le Correspondant Informatique et Libertés (CIL) qui a pour mission de veiller à la bonne application de la loi et donc d'assurer le respect du droit fondamental à la protection des données personnelles de l'ensemble des salariés.

Le changement des pratiques de communication électronique doit être mis en œuvre à l'initiative de ces différents responsables, il doit être porté et supporté par les cadres dirigeants des organisations.

(...)

8. Intégrer les bonnes pratiques d'usage des outils numériques dans les formations managériales et techniques

Pour s'assurer que les salariés s'approprient un bon usage des nouvelles technologies, l'entreprise pourra valoriser les bonnes pratiques aussi bien dans les formations managériales que dans celles, plus techniques, qui nécessitent un recours aux nouvelles technologies.

Il est fondamental que les formations de management dispensées aux responsables d'équipe, de service ou encore aux chefs de projet comportent un volet traitant de l'utilisation des outils numériques.

Ces formations de type « conduite de projet », « animer une équipe » ou encore « mieux communiquer » sont des occasions idéales pour sensibiliser les cadres de proximité aux effets de l'utilisation du média et aux leviers d'action à mettre en œuvre.

Requestionner les formations traditionnelles (commerciales, techniques,...)

Il est également aujourd'hui essentiel d'inclure les préconisations d'utilisation des outils numériques dans les formations traditionnelles, quel qu'en soit leur objet (relations clients, pratiques commerciales, gestion RH,...).

9. Intégrer une bonne gestion des outils numériques dans les réflexions stratégiques de l'entreprise

Une régulation efficace des outils de communication numérique devrait être associée à une réflexion plus globale autour des questions d'organisation, de durée du travail et de méthodes managériales. Ainsi, le CRM (« Customer Relationship Management » ou « Gestion informatisée de la relation client ») ou la mise en place du télétravail sont l'opportunité de s'interroger sur une mise en cohérence des différentes formes de communication numérique.

La définition de la stratégie de l'entreprise intègre le choix et la mise en œuvre des moyens pour atteindre les objectifs fixés. Or les outils numériques représentent une part de plus en plus décisive du bon fonctionnement et de l'efficience de l'organisation.
Du fait de la nécessité de l'appropriation des nouveaux outils et de l'acquisition des bonnes pratiques relatives à leur utilisation, du fait aussi de la complexité de mise en œuvre des technologies, il ne faut pas sous-estimer les délais de concrétisation des ambitions.
En ce qui concerne la complexité, il convient de rappeler que la communication numérique est de plus en plus intégrée aux systèmes informatiques de gestion.

La diffusion et l'appropriation d'une charte, la prise en compte du phénomène dans un certain nombre de formations, les actions de communication interne sont autant d'actions qui permettent à chacun, individuellement, de développer sa propre ligne de conduite en matière de comportement et de protection. Ce sont également ces actions qui vont conduire l'organisation à produire et renforcer elle-même, progressivement, la dimension stratégique et sa culture de la communication numérique.

Comment aborder le sujet

a. Analysez la « mise en situation » et la « commande »

Vous êtes rédacteur territorial au sein du pôle santé et sécurité au travail de la direction des ressources humaines de la commune d'Admiville, qui compte 2 500 agents.
[...] La directrice des ressources humaines vous demande de rédiger à son attention, exclusivement à l'aide des documents joints, une note sur l'utilisation des outils numériques par les services.
Cette commande permet de satisfaire aisément au formalisme de l'épreuve, en étant attentif à ne pas introduire dans la copie de concours des éléments qui ne figurent pas dans cette commande et pourraient constituer des signes distinctifs de nature à entraîner l'annulation de la copie par le jury.
Le survol de la liste signalétique des documents au dossier rend évidente une référence, celle de la « loi travail » instaurant un droit à la déconnexion. Si l'on trouve en exploitant le dossier d'autres documents juridiques ou officiels, on veillera à les porter également en « références ».

Commune d'Admiville Direction des ressources humaines Pôle santé et sécurité au travail	Le (date de l'épreuve)

NOTE

à l'attention de Madame la Directrice des ressources humaines

Objet : L'utilisation des outils numériques par les services

Références : Loi travail

Sur le fond, la commande comporte une indication démographique : la commune d'Admiville compte 2 500 agents, ce qui la situe dans les communes de 100 000 à 300 000 habitants. Si la nature du sujet, qui n'est ni juridique, ni financier, ne laisse pas augurer de dispositions ou de dispositifs qui varieraient selon le nombre d'habitants des communes concernées, on gardera cette donnée en tête lorsqu'on exploitera les expériences locales dont rendra certainement compte le dossier.
Les éléments contextuels (« Les syndicats ont souhaité mettre à l'ordre du jour d'un prochain comité d'hygiène, de sécurité et des conditions de travail (CHSCT) la question des conséquences d'une utilisation accrue des outils numériques sur la santé et les conditions de travail des agents afin de dégager des pistes de travail. ») attirent l'attention sur deux dimensions de la question de l'utilisation des outils numériques par les services : **la santé des agents** et **les conditions de travail des agents**.
La qualité du destinataire, la directrice des ressources humaines, est sans incidence particulière sur le traitement du sujet. Il convient de l'informer de manière synthétique et claire, à l'aide d'une note qui lui permette de connaître l'essentiel sans devoir se référer au dossier, conformément à la nature même de l'épreuve, en étant évidemment attentif tant à l'exactitude qu'à l'exhaustivité des informations fournies.

b. Analysez la liste signalétique des documents

Le dossier ne contient pas de documents juridiques, mais plusieurs documents, soit par leur titre, soit par leur source, laissent évidemment transparaître une approche juridique de la question du droit à la déconnexion : « [...] entre tradition juridique [...] » (titre du document 2), « Le droit à la déconnexion - Cabinet d'avocat [...] » (document 3), « Loi travail » (titre du document 4).

Les titres des documents mettent assez facilement sur la piste de plusieurs axes du sujet, d'autant que l'on a en tête l'inquiétude des syndicats sur la santé et les conditions de travail des agents :
« Numérique et conditions de travail : les enjeux d'une transformation en marche ».
Croisons ces éléments avec les évolutions juridiques aperçues (le droit à la déconnexion) : on conçoit ainsi que le numérique a des **effets positifs**, mais aussi des **conséquences négatives** (sur les conditions de travail et la santé des agents).
Le **droit à la déconnexion** est une tentative de réponse à ces effets négatifs.
On « tient » déjà ainsi trois axes structurants. Le quatrième pourrait être, très classiquement que le droit ne suffit pas, ou qu'il ne réussira que dans certaines **conditions**.

c. Élaborez un plan sommaire

L'analyse des titres permet ainsi de repérer quatre axes structurants qui vont déterminer l'exploitation du dossier :
– **Les effets bénéfiques du numérique.**
– **Des conséquences négatives.**
– **Une réponse légale : le droit à la déconnexion.**
– **Les conditions de réussite.**
Il s'agit évidemment à ce stade d'une structuration sommaire, que l'exploitation du dossier conduira à affiner, mais elle est logique et constitue un bon outil d'exploitation du dossier.

d. Exploitez le dossier

J'alimente méthodiquement chacune de mes quatre fiches à l'aide des différents documents. Je note la source des informations (document 1, document 2...) afin de pouvoir si nécessaire retrouver rapidement l'information au cas où, procédant à la rédaction définitive de ma copie, l'information me paraîtrait alors insuffisamment claire.
Si des informations importantes non perçues lors de la lecture de survol du sujet s'avèrent nécessiter l'ouverture d'une nouvelle fiche thématique, j'ouvrirai sans hésiter une nouvelle fiche et je choisirai ensuite le plan le plus pertinent me permettant d'organiser toutes les informations recueillies au sein d'un plan comptant deux parties contenant chacune deux sous-parties.
Je préconçois également une **fiche introduction** que j'alimente, au fur et à mesure de l'exploitation du dossier, avec des informations requises pertinentes (définition, contexte, problématique...).

NOTE DU FORMATEUR

1. La « prise de notes », pour des raisons pédagogiques, donne ici lieu à une rédaction intégrale. Dans la réalité de l'épreuve, et compte tenu de sa durée limitée, la prise de notes est évidemment beaucoup plus sommaire. Elle doit toutefois être suffisamment aboutie pour faciliter la rédaction de la copie définitive.
2. En outre, nous nous sommes efforcés ici de classer logiquement les informations au sein des fiches, mais, dans la réalité d'un brouillon, ce travail de classement s'opérera au moyen de flèches ou de numérotations indiquant l'ordre de recopie.
3. Enfin, nous avons parfois pris le soin d'introduire au sein des fiches des mots de liaison facilitant la lecture et préfigurant la rédaction définitive.

Fiche introduction

Aujourd'hui, la généralisation de l'utilisation des outils numériques dans les collectivités territoriales, à l'instar des entreprises privées, est une évidence. Il paraît acquis que cet usage permet à toutes les organisations d'être plus efficientes et de mieux répondre aux demandes de leurs usagers ou clients. Pourtant, une littérature abondante met en avant les effets pervers de l'utilisation de ces outils. Dans la commune d'Admiville, les syndicats ont souhaité que soit inscrite à l'ordre du jour d'un prochain comité d'hygiène, de sécurité et des conditions de travail la question des conséquences de cette utilisation sur les conditions de travail et la santé des agents.

Qu'en est-il ? Dans quelle mesure peut-on considérer que l'outil numérique présente des dangers ? Si dangers il y a, peut-on s'en prémunir ? Comment ?

Fiche 1

Les effets bénéfiques du numérique

Les technologies numériques permettent plus de flexibilité, d'autonomie et de coopération entre les agents. Le numérique autorise des modes d'organisation plus souples, qui peuvent faciliter la vie des agents. Il favorise une communication transversale, qui permet un travail collaboratif et peut développer l'intelligence collective. Il offre l'opportunité de repenser complètement l'organisation du travail pour transformer l'administration en organisation apprenante grâce aux échanges et à la coopération entre les agents. On peut identifier trois effets bénéfiques du numérique sur les organisations : accroissement de l'efficacité et de l'intelligence des personnes, distribution de la production de valeur et collaboration étendue. L'autonomie accrue permet aux personnes de s'épanouir davantage dans leur travail. Les outils digitaux permettent également, grâce à l'analyse des données connectées, d'établir des diagnostics des organisations riches d'enseignements. *(document 1)*

Fiche 2

Les conséquences négatives

Les technologies numériques entraînent une surcharge informative, une intensification et une individualisation du travail. Elles permettent une intensification du contrôle de la hiérarchie, une culture de l'urgence et un brouillage des frontières entre vie professionnelle et vie personnelle qui dégradent les conditions de travail et peuvent entraîner usure professionnelle et risques psychosociaux. Les administrations ne savent pas toujours s'adapter à des modes de travail qui ne s'exercent plus nécessairement en même temps dans les mêmes lieux. La hiérarchie peut être déstabilisée par les nouvelles relations, non verticales, entre les agents. L'utilisation du numérique peut également se traduire par des suppressions de postes et la disparition de garanties collectives. Le télétravail risque d'entraîner une altération de la santé des agents, générer isolement, individualisation, délitement des collectifs de travail. Le numérique peut renforcer le contrôle du travail par la traçabilité et faire naître un surengagement des agents et une hyper-responsabilisation. *(document 1)*

La surinformation, le temps de gestion des courriels entraînent une baisse de créativité, anxiété, repli sur soi et irritabilité, liés à la « peur de rater quelque chose », avec un risque élevé de burn-out. La porosité entre vie professionnelle et vie privée accentue ces risques. Les manquements des employeurs à leurs obligations de santé et de sécurité de leurs agents sont punissables, de même qu'une charge de travail déraisonnable dégradant leurs conditions de travail. *(document 3)*

Fiche 3

Le droit à la déconnexion

Plusieurs entreprises ont expérimenté de différentes manières un droit à la déconnexion des agents. La solution d'une simple limitation du temps de connexion par fermeture des messageries électroniques, désactivation des renvois d'e-mails professionnels vers les smartphones… s'avère peu opérante, les salariés pouvant détourner ces mesures en envoyant les documents à travailler vers leur adresse personnelle. Plus intéressante apparaît la suppression automatique des courriels adressés aux salariés pendant leurs congés. L'essentiel est de poser des règles d'usage « raisonnable et raisonné » des outils informatiques. Il est vivement souhaitable que les responsables des ressources humaines y travaillent avec les responsables informatiques, le CHSCT et le médecin du travail. L'organisation concertée de plages de déconnexion, l'obligation d'une diffusion ciblée sans « répondre à tous », l'apprentissage de la gestion des priorités sans obligation de réponse immédiate, la prise de conscience des risques de la surenchère communicationnelle, autant de pratiques que le manager de proximité doit savoir promouvoir. *(document 3)*

La loi travail instaure à partir du 1er janvier 2017 un droit à la déconnexion en obligeant les entreprises de plus de 50 salariés à ouvrir des négociations sur le droit de ne plus répondre à ses courriels ou messages professionnels hors temps de travail. À défaut d'accord, les entreprises peuvent se contenter d'une charte rédigée par l'employeur, les salariés pouvant saisir les prud'hommes s'ils estiment que leur droit à la déconnexion n'est pas respecté. La rédaction d'une charte peut permettre de changer totalement la culture de l'entreprise. *(document 4)*

Si ce droit n'est pas imposé aux employeurs publics, de grandes collectivités, comme la ville de Paris, se dotent de « modes d'emploi de la déconnexion » pour responsabiliser les agents. Le Conseil supérieur de la fonction publique territoriale (CSFPT) et le ministère de la Fonction publique réfléchissent à un droit à la déconnexion dans la fonction publique. *(document 5)*

Fiche 4

Les conditions de réussite

Les qualités managériales jouent un rôle essentiel dans la réussite de l'utilisation des outils numériques : il faut savoir éviter que l'inflation des systèmes de reporting n'accapare tout le temps de l'encadrement, au détriment du développement de l'initiative et de l'appropriation collective des savoirs. Le développement de la formation des encadrants, et tout particulièrement des encadrants de proximité, est fondamental pour réussir. Le développement de plateformes numériques professionnelles peut jouer un rôle essentiel dans la formation de l'encadrement à la conciliation entre les performances et la qualité des conditions de travail. Il est important d'éviter que se creuse une fracture numérique entre les agents, souvent jeunes, parfaitement à l'aise avec les nouvelles technologies et ceux qui ne disposent pas des codes nécessaires à une bonne utilisation. Le numérique doit être intégré aux savoirs fondamentaux de tous les agents. Il est essentiel d'éviter la course aux équipements informatiques et de s'interroger préalablement sur leurs avantages et leurs inconvénients. L'organisation doit prendre part à la gestion de l'indépendance et de l'autonomie des agents pour que les outils numériques ne pèsent pas excessivement sur les individus, entraînant alors épuisement et burn-out. Il est indispensable que l'organisation pose clairement les règles d'utilisation de ces outils. Cela requiert une formation à leur utilisation, particulièrement nécessaire à l'encadrement de proximité. Il est également pertinent d'inscrire le changement dans la durée pour laisser à chacun le temps de l'appropriation et de la mesure des risques des outils. *(document 1)*

Un diagnostic interne à l'organisation, l'association des partenaires sociaux, l'adoption d'une charte des bonnes pratiques, l'exemplarité de l'encadrement, la formation et l'évaluation des dispositions adoptées, autant de pistes pour bien se servir des outils de communication numérique. Un règlement intérieur peut permettre de rendre les règles adoptées opposables à chacun. Plus que les outils eux-mêmes, c'est leur appropriation par tous qui est indispensable et doit déterminer toute la politique de formation de la collectivité. *(document 6)*

Fiche 5

Cette fiche n'a pas été prévue lors de l'élaboration initiale d'un plan sommaire, mais la lecture du document 2 fait apparaître sa nécessité. Il conviendra donc de revoir en fin d'exploitation du dossier le projet de plan esquissé en début d'épreuve. On voit ainsi comment un plan se cherche et peut évoluer au fil du traitement du sujet.

Les obligations des fonctionnaires (la généralisation du numérique impose aux agents de veiller particulièrement à s'exprimer avec pondération)
L'utilisation du numérique impose aux fonctionnaires de savoir concilier avec discernement leurs obligations avec les nouvelles possibilités que leur offrent les outils numériques. La loi consacre le bénéfice de la liberté d'opinion dont jouit le fonctionnaire, liberté constitutionnellement protégée. Pour autant, le fonctionnaire ne doit pas abuser de cette liberté : le secret professionnel, qui interdit la révélation de renseignements confidentiels notamment sur les usagers, comme la discrétion professionnelle qui prohibe la révélation d'informations confidentielles sur les services, peuvent être facilement mis à mal par l'utilisation des messageries professionnelles. Il en va de même de la neutralité qui empêche la propagande et le prosélytisme. L'obligation de réserve, elle, impose de la mesure dans la manifestation publique des opinions. Cette obligation est toutefois atténuée dans le cadre de l'activité syndicale d'agents amenés à s'exprimer sur leur collectivité. Les utilisateurs de Facebook et autres réseaux sociaux, comme la Commission nationale informatique et liberté l'a rappelé, doivent être particulièrement vigilants quant aux contenus qu'ils diffusent et aux personnes qui peuvent y accéder : une salariée, par exemple, a été licenciée pour dénigrement de son employeur sur Facebook. L'utilisation des blogs par les fonctionnaires doit veiller à traduire un comportement empreint de dignité : un adjoint de sécurité incitant à la haine et à la violence raciale a été sanctionné. La jurisprudence « Matelly » établit, s'agissant de la publication par un agent d'un article sur internet, que « les interventions médiatiques reprochées [...] excédaient les limites que les agents doivent respecter en raison de la réserve à laquelle ils sont tenus ». Ainsi, les agents, comme les administrations, doivent utiliser les outils numériques avec la plus grande mesure, pour éviter à la fois des agissements liberticides et des débordements excédant la liberté d'expression reconnue aux fonctionnaires. Une charte interne peut à cet égard se révéler très utile. *(document 2)*

e. Élaborez votre plan définitif

Il reste à décider de l'agencement le plus pertinent possible des fiches pour décider du plan définitif.

Rappelons que deux techniques d'annonce de plan en fin d'introduction sont possibles :

– la plus généralement utilisée se limite à l'annonce des parties;

– une autre technique possible est celle de l'annonce des parties et des sous-parties, qui s'avère ici adaptée, aucun concept générique ne s'imposant pour rendre compte de la totalité du contenu de chacune des parties.

La difficulté à trouver deux concepts génériques permettant de structurer chacune des deux parties conduit ainsi à préférer une annonce des parties et sous-parties.

(I) L'ambivalence des effets de l'usage accru du numérique dans les services (A) impose de veiller particulièrement aux conditions à réunir pour assurer son efficience (B). (II) L'émergence d'un droit à la déconnexion s'impose en outre aujourd'hui (A), qui doit s'accompagner d'une sensibilisation des agents à la nécessité de la pondération de leur expression au moyen de l'outil numérique (B).

f. Procédez à la rédaction finale

Restera à rédiger une conclusion (facultative, mais bienvenue), ainsi qu'une phrase de transition entre les deux parties.

Corrigé

Commune d'Admiville
Direction des ressources humaines
Pôle santé et sécurité au travail

Le (date de l'épreuve)

NOTE

à l'attention de Madame la Directrice des ressources humaines

Objet : L'utilisation des outils numériques par les services

Références : Loi travail

Aujourd'hui, la généralisation de l'utilisation des outils numériques dans les collectivités territoriales, à l'instar des entreprises privées, est une évidence. Il paraît acquis que cet usage permet à toutes les organisations d'être plus efficientes et de mieux répondre aux demandes de leurs usagers ou clients. Pourtant, une littérature abondante met en avant les effets pervers de l'utilisation de ces outils. Dans la commune d'Admiville, les syndicats ont souhaité que soit inscrite à l'ordre du jour d'un prochain comité d'hygiène, de sécurité et des conditions de travail la question des conséquences de cette utilisation sur les conditions de travail et la santé des agents.
Qu'en est-il ? Dans quelle mesure peut-on considérer que l'outil numérique présente des dangers ? Si dangers il y a, peut-on s'en prémunir ? Comment ?
(I) L'ambivalence des effets de l'usage accru du numérique dans les services (A) impose de veiller particulièrement aux conditions à réunir pour assurer son efficience (B). (II) L'émergence d'un droit à la déconnexion s'impose en outre aujourd'hui (A), qui doit s'accompagner d'une sensibilisation des agents à la nécessité de la pondération de leur expression au moyen de l'outil numérique (B).

I - Des effets ambivalents qui imposent des précautions pour réussir

A - Les bénéfices et les dangers de l'usage des outils numériques

Les technologies numériques permettent plus de flexibilité, d'autonomie et de coopération entre les agents. Le numérique autorise des modes d'organisation plus souples, qui peuvent faciliter la vie des agents. Il favorise une communication transversale, qui permet un travail collaboratif et peut développer l'intelligence collective. Il offre l'opportunité de repenser complètement l'organisation du travail pour transformer l'administration en organisation apprenante grâce aux échanges et à la coopération entre les agents. On peut identifier trois effets bénéfiques du numérique sur les organisations : accroissement de l'efficacité et de l'intelligence des personnes, distribution de la production de valeur et collaboration étendue. L'autonomie accrue permet aux personnes de s'épanouir davantage dans leur travail. Les outils digitaux offrent également la possibilité, grâce à l'analyse des données connectées, d'établir des diagnostics des organisations riches d'enseignements. En même temps, l'outil numérique présente des dangers.
Les technologies numériques entraînent en effet une surcharge informative, une intensification et une individualisation du travail. Elles génèrent une intensification du contrôle de la hiérarchie, une culture de l'urgence et un brouillage des frontières entre vie professionnelle et vie personnelle qui dégradent les conditions de travail et peuvent entraîner usure professionnelle et risques psychosociaux. Les administrations ne savent pas toujours s'adapter à des modes de travail qui ne s'exercent plus nécessairement en même temps dans les mêmes lieux. La hiérarchie peut être déstabilisée par les nouvelles relations, non verticales, entre les agents. L'utilisation du numérique peut également se traduire par des suppressions de postes et la disparition de garanties collectives. Le télétravail risque d'entraîner une altération de la santé des agents, de générer isolement, individualisation, délitement des collectifs de travail. Le

numérique peut renforcer le contrôle du travail par la traçabilité et générer un surengagement des agents et une hyper-responsabilisation. La surinformation, le temps de gestion des courriels entraînent une baisse de créativité, anxiété, repli sur soi et irritabilité, liés à la « peur de rater quelque chose », avec un risque élevé de burn-out. La porosité entre vie professionnelle et vie privée accentue ces risques. Les manquements des employeurs à leurs obligations de santé et de sécurité de leurs agents sont punissables, de même qu'une charge de travail déraisonnable dégradant leurs conditions de travail.

B - Des conditions exigeantes pour tirer bénéfice du numérique

Les qualités managériales jouent un rôle essentiel dans la réussite de l'utilisation des outils numériques : il faut savoir éviter que l'inflation des systèmes de reporting n'accapare tout le temps de l'encadrement, au détriment du développement de l'initiative et de l'appropriation collective des savoirs. Le développement de la formation des encadrants, et tout particulièrement des encadrants de proximité, est fondamental pour réussir. Le déploiement de plateformes numériques professionnelles peut jouer un rôle essentiel dans la formation de l'encadrement à la conciliation entre les performances et la qualité des conditions de travail. Il est important d'éviter que se creuse une fracture numérique entre les agents, souvent jeunes, parfaitement à l'aise avec les nouvelles technologies et ceux qui ne disposent pas des codes nécessaires à une bonne utilisation. Le numérique doit être intégré aux savoirs fondamentaux de tous les agents. Il est essentiel d'éviter la course aux équipements informatiques et de s'interroger préalablement sur leurs avantages et leurs inconvénients.

L'organisation doit prendre part à la gestion de l'indépendance et de l'autonomie des agents pour qu'elles ne pèsent pas excessivement sur les individus, entraînant alors épuisement et burn-out. Il est indispensable que l'organisation pose clairement les règles d'utilisation des outils numériques. Cela requiert une formation à son utilisation, particulièrement nécessaire à l'encadrement de proximité. Il est également pertinent d'inscrire le changement dans la durée pour laisser à chacun le temps de l'appropriation et de la mesure des risques des outils.

Un diagnostic interne à l'organisation, l'association des partenaires sociaux, l'adoption d'une charte des bonnes pratiques, l'exemplarité de l'encadrement, la formation et l'évaluation des dispositions adoptées, autant de pistes pour bien se servir des outils de communication numérique. Un règlement intérieur peut permettre de rendre les règles adoptées opposables à chacun. Plus que les outils eux-mêmes, c'est leur appropriation par tous qui est indispensable et doit déterminer toute la politique de formation de la collectivité.

Ainsi, l'utilisation accrue des outils numériques peut être bénéfique grâce à une mise en œuvre raisonnée. On ne saurait cependant faire l'économie de poser des règles nouvelles pour protéger les agents.

II - La nécessité d'un droit à la déconnexion et d'une expression pondérée

A - La protection des conditions de travail requiert un droit à la déconnexion

Plusieurs entreprises ont expérimenté de différentes manières un droit à la déconnexion des agents. La solution d'une simple limitation du temps de connexion par fermeture des messageries électroniques, désactivation des renvois d'e-mails professionnels vers les smartphones... s'avère peu opérante, les salariés pouvant détourner ces mesures en envoyant les documents à travailler vers leur adresse personnelle. Plus intéressante apparaît la suppression automatique des courriels adressés aux salariés pendant leurs congés. L'essentiel est de poser des règles d'usage « raisonnable et raisonné » des outils informatiques. Il est vivement souhaitable que les responsables des ressources humaines y travaillent avec les responsables informatiques, le CHSCT et le médecin du travail. L'organisation concertée de plages de déconnexion, l'obligation d'une diffusion ciblée sans « répondre à tous », l'apprentissage de la gestion des priorités sans obligation de réponse immédiate, la prise de conscience des risques de la surenchère communicationnelle, autant de pratiques que le manager de proximité doit savoir promouvoir.

La loi travail instaure à partir du 1er janvier 2017 un droit à la déconnexion en obligeant les entreprises de plus de 50 salariés à ouvrir des négociations sur le droit de ne plus répondre à ses courriels ou messages professionnels hors temps de travail. À défaut d'accord, les entreprises peuvent se contenter d'une charte rédigée par l'employeur, les salariés ayant la possibilité de saisir les prud'hommes s'ils estiment que leur droit à la déconnexion n'est pas respecté. La rédaction d'une charte peut permettre de changer totalement la culture de l'entreprise. Si ce droit n'est pas imposé aux employeurs publics, de grandes collectivités, comme la ville de Paris, se dotent de « modes d'emploi de la déconnexion » pour responsabiliser les agents. Le Conseil supérieur de la fonction publique territoriale (CSFPT) et le ministère de la Fonction publique réfléchissent à un droit à la déconnexion dans la fonction publique.

B - Les agents doivent être invités à pondérer leur expression

L'utilisation du numérique impose aux fonctionnaires de savoir concilier avec discernement leurs obligations avec les nouvelles possibilités que leur offrent les outils numériques. La loi consacre le bénéfice de la liberté d'opinion dont jouit le fonctionnaire, liberté constitutionnellement protégée. Pour autant, le fonctionnaire ne doit pas abuser de cette liberté : le secret professionnel, qui interdit la révélation de renseignements confidentiels notamment sur les usagers, comme la discrétion professionnelle qui prohibe la révélation d'informations confidentielles sur les services, peuvent être facilement mis à mal par l'utilisation des messageries professionnelles. Il en va de même de la neutralité qui empêche la propagande et le prosélytisme. L'obligation de réserve, elle, impose de la mesure dans la manifestation publique des opinions. Cette obligation est toutefois atténuée dans le cadre de l'activité syndicale d'agents amenés à s'exprimer sur leur collectivité.

Les utilisateurs de Facebook et autres réseaux sociaux, comme la Commission nationale informatique et liberté l'a rappelé, doivent être particulièrement vigilants quant aux contenus qu'ils diffusent et aux personnes qui peuvent y accéder : une salariée, par exemple, a été licenciée pour dénigrement de son employeur sur Facebook. L'utilisation des blogs par les fonctionnaires doit veiller à traduire un comportement empreint de dignité : un adjoint de sécurité incitant à la haine et à la violence raciale a été sanctionné. La jurisprudence « Matelly » établit, s'agissant de la publication par un agent d'un article sur internet, que « les interventions médiatiques reprochées [...] excédaient les limites que les agents doivent respecter en raison de la réserve à laquelle ils sont tenus ». Ainsi, les agents, comme les administrations, doivent utiliser les outils numériques avec la plus grande mesure, pour éviter à la fois des agissements liberticides et des débordements excédant la liberté d'expression reconnue aux fonctionnaires. Une charte interne peut à cet égard se révéler très utile.

Ainsi, l'utilisation accrue du numérique est un véritable défi pour la collectivité qui doit savoir, si elle veut en éviter les effets pervers, développer des outils de régulation dont la réussite requiert un fort investissement de l'encadrement de proximité.

Rapport sur dossier avec propositions opérationnelles

(rédacteur principal de 2e classe externe, interne et 3e voie)

DURÉE

3 HEURES

COEFFICIENT

1

INTITULÉ RÉGLEMENTAIRE DE L'ÉPREUVE

Concours externe, interne et troisième concours

La rédaction d'un rapport à partir des éléments d'un dossier portant sur les missions, compétences et moyens d'action des collectivités territoriales, assorti de propositions opérationnelles.

(durée : 3 heures ; coefficient 1)

Planning de révisions

Le **planning** ci-après entend vous proposer un **mode d'acquisition méthodique des savoir-faire et des connaissances indispensables** à la réussite de l'épreuve de rapport avec propositions opérationnelles.

La date à laquelle vous commencez à utiliser cet ouvrage pour vous préparer déterminera évidemment la durée de chaque période : si, par exemple, vous entamez votre préparation personnelle six mois avant le concours, chacune des périodes d'appropriation comptera de l'ordre de deux semaines. Il en ira tout différemment si vous pensez pouvoir préparer le concours en un mois : deux à trois jours seront alors consacrés à chaque période.

Soyez également attentif au fait que cette épreuve requiert non seulement une maîtrise de la **technique de la synthèse** des éléments d'un dossier, mais aussi celle des **connaissances sur les missions, compétences et moyens d'action des collectivités territoriales**.

Cadrage national

En l'absence de programme réglementaire, l'intitulé officiel de l'épreuve ainsi que les missions du cadre d'emplois permettent de prendre la mesure des thématiques possibles.

Le décret n° 2012-924 du 30 juillet 2012 portant statut particulier du cadre d'emplois des rédacteurs territoriaux fixe, en son article 3-I, que :

« Les rédacteurs territoriaux sont chargés de fonctions administratives d'application. Ils assurent en particulier des tâches de gestion administrative, budgétaire et comptable, en participant à la rédaction des actes juridiques. Ils contribuent à l'élaboration et à la réalisation des actions de communication, d'animation et de développement économique, social, culturel et sportif de la collectivité.

Les rédacteurs peuvent se voir confier des fonctions d'encadrement des agents d'exécution.

Ils peuvent être chargés des fonctions d'assistant de direction ainsi que de celles de secrétaire de mairie d'une commune de moins de 2 000 habitants. »

L'article 3-II précise :

« Les rédacteurs principaux de 2e classe et les rédacteurs principaux de 1re classe ont vocation à occuper les emplois qui, relevant des domaines d'activités mentionnés au I, correspondent à un niveau d'expertise acquis par la formation initiale, par l'expérience professionnelle ou par la formation professionnelle tout au long de la vie.

Ils peuvent à ce titre réaliser certaines tâches complexes de gestion administrative, budgétaire et comptable, être chargés de l'analyse, du suivi ou du contrôle de dispositifs ou assurer la coordination de projets.
Ils peuvent également se voir confier la coordination d'une ou plusieurs équipes, et la gestion ou l'animation d'un ou de plusieurs services. »

PÉRIODES	CONTENU DES RÉVISIONS	NOS OUTILS
1	Prendre connaissance des conseils de méthode de la note sur dossier	**Méthodologie et conseils :** pp. 36-73
2	Comprendre les exigences de l'épreuve, savoir présenter clairement un rapport avec propositions opérationnelles	**Méthodologie et conseils :** pp. 147-162
3	Exploiter méthodiquement un sujet, savoir gérer le temps de l'épreuve	**Méthodologie et conseils :** pp. 163-168
4	Se préparer en amont de l'épreuve	**Méthodologie et conseils :** pp. 169-173
5	Lire intégralement les dossiers de sujets d'une trentaine de pages	**Entraînement :** annales corrigées, pp. 174-244
6	Identifier les éléments à valoriser, discerner les apports de connaissances nécessaires, décider d'un plan	
7	Rédiger intégralement un rapport sans limite de temps	
8	Lire et analyser les corrigés type, mesurer et analyser les écarts de sa propre production avec les corrigés type	
9	Maîtriser la conduite de projet	
10	Relire l'ensemble des conseils méthodologiques	**Méthodologie et conseils :** pp. 147-173
11	À titre d'entraînement complémentaire, traiter les sujets de note des concours interne et de troisième voie de rédacteur territorial	

NOTE DU FORMATEUR

Pour éviter des redondances excessives entre la méthodologie de la note sur dossier et celle du rapport assorti de propositions opérationnelles, nous ferons fréquemment des renvois vers la méthodologie de la note.

Cette approche méthodologique est fondée sur le cadrage national élaboré par les centres de gestion de la fonction publique territoriale.

Ce cadrage national est notamment consultable en ligne sur le site www.cdg69.fr

1. Comprendre les exigences de l'épreuve

Cadrage national

L'épreuve vise à évaluer notamment les capacités du candidat à :
– analyser une commande et un dossier afin d'en identifier les éléments utiles au traitement du sujet ;
– mobiliser ses connaissances des missions, compétences et moyens d'action des collectivités territoriales pour élaborer des propositions réellement opérationnelles ;
– organiser méthodiquement les informations nécessaires à la rédaction d'un rapport ;
– produire en temps limité un document synthétique parfaitement compréhensible.

1. Produire un document synthétique

A. Rédiger intégralement

La concision et l'efficacité requises nécessitent que le rapport soit parfaitement lisible : cette lisibilité requiert une écriture simple, précise, une orthographe et une syntaxe les plus irréprochables possible. Même si l'on peut légitimement juger efficace un style télégraphique, une **rédaction intégrale** (pas de phrases sans verbe, pas d'accumulation de tirets, etc.) est ici exigée.

> **Cadrage national**
> Le rapport doit être correctement rédigé (pas de style télégraphique ou « prise de notes »).
> Le niveau attendu en matière de maîtrise de la langue (orthographe, syntaxe) est le même que dans les épreuves de composition ou de dissertation.
> Le style doit être neutre, précis et sobre. Le rapport a pour vocation première d'informer le destinataire avec efficacité.
> Un rapport ne devrait pas obtenir la moyenne lorsqu'il traduit une incapacité à rédiger clairement, ou témoigne d'une maîtrise linguistique insuffisante (trop nombreuses erreurs d'orthographe, de syntaxe, de ponctuation, de vocabulaire).

B. Éviter la « langue de bois »

Voir les conseils méthodologiques de la note sur dossier, page 37.

C. Se méfier du « jargon administratif »

Voir en page 39.

D. Traquer les fautes d'orthographe

Voir en page 40.

2. Produire un document parfaitement compréhensible

> **Cadrage national**
> Le rapport doit être concis : 5 à 6 pages sont nécessaires et suffisantes.

Le rapport est destiné à un responsable – administratif ou élu – le plus souvent situé plus haut dans la « hiérarchie » que le rédacteur du document. Il peut s'agir d'un directeur général des services, d'un adjoint au maire, d'un président de conseil départemental, régional, etc.

Cadrage national

Le rapport vise d'abord à informer rapidement et efficacement celui-ci, en général en position d'autorité hiérarchique, sur les problématiques essentielles du sujet ; de plus, s'inscrivant le plus souvent dans un processus de prise de décision, le rapport doit faire des propositions réellement opérationnelles adaptées au(x) problème(s) soulevé(s).

L'information transmise doit donc être efficace, concise, organisée, la présentation matérielle du rapport (voir ci-dessous) devant contribuer à cette efficacité. Le rapport ne doit être ni trop court, ni trop long : **de l'ordre de 5 à 6 pages** (une copie double plus un intercalaire recto verso sont nécessaires et suffisantes).

Le destinataire du rapport doit être à même de comprendre, sans avoir à recourir au dossier, les informations qui lui sont communiquées. Celles-ci ne doivent être **ni partielles, ni partiales** : l'approche exagérément optimiste d'un dispositif, d'un phénomène, de problèmes et de difficultés, induisant des propositions excessivement simples, etc., alors que le dossier comporte des éléments problématiques, serait à la fois partielle et partiale, donc récusée.

Cadrage national

Le destinataire est supposé ne pas connaître le sujet ni disposer du dossier, il n'a que le rapport pour s'informer et étayer sa réflexion, voire sa décision.
Aussi, il est exclu de restituer les informations de manière allusive ou de faire référence aux textes pour se dispenser d'en exprimer le contenu. Il est donc malvenu de faire apparaître des références aux documents dans le rapport (document 1, document 2, etc.). On considère que le dossier disparaît en tant que tel lors de la rédaction de ce rapport : le candidat n'en conserve que les informations essentielles.

Le rapport n'est donc pas écrit par un candidat anonyme rédigeant de manière peu convaincue un document sans enjeu : c'est un document écrit par **un professionnel en situation réelle**, répondant précisément à une commande, à une attente, qui entend informer et orienter l'action publique, avec la conscience de ses responsabilités, une compréhension du contexte général et des contraintes.

3. Analyser une commande et un dossier afin d'en identifier les éléments utiles au traitement du sujet

A. Une commande précisant le contexte

Dans de nombreuses épreuves de synthèse, la mise en situation est minimale et ne sert guère qu'à compléter le timbre et comprendre l'objet de la note (exemple : « Le maire de la commune de X vous demande de rédiger une note sur … »).

Ici, compte tenu de la nature de l'épreuve, qui requiert la mise en valeur de propositions opérationnelles, **les éléments de contexte sont également nécessaires à l'identification des propositions adaptées à ce contexte précis**.

La nature de la collectivité (commune, département ou région) ou de l'établissement public local concerné, la strate démographique à laquelle elle ou il appartient, la qualité du destinataire, celle de l'auteur du rapport, le contexte précis dans lequel le destinataire passe commande du rapport et tous les autres éléments éventuellement fournis (mode d'organisation de la collectivité, modes de gestion de ses services, mode de réalisation d'un projet, etc.) sont destinés à orienter tant la valorisation des informations utiles du dossier que la mobilisation de connaissances afin de dégager des propositions opérationnelles.

Cadrage national

Le sujet est présenté sous la forme d'une commande qui met précisément le candidat en situation, en lui donnant notamment des informations synthétiques sur la collectivité territoriale ou l'établissement concerné.

Elle indique précisément la ou les questions que le rapport devra traiter et invite le candidat, en fonction de la situation décrite, à dégager des solutions opérationnelles.

La commande est suivie d'une liste signalétique des documents, mentionnant le titre, l'auteur, la source, la date et le nombre de pages de chaque document.

La commande comporte une mise en situation qui, si elle doit être exploitée pour satisfaire aux exigences formelles de présentation du rapport (timbre, destinataire, objet, etc.) est essentiellement destinée à permettre au candidat une prise en compte précise des attentes du destinataire.

B. Un dossier

Cadrage national

Le dossier rassemble au plus une dizaine de documents et compte de l'ordre d'une vingtaine de pages.
Il peut comporter des documents de nature (documents juridiques, documents officiels, articles de presse spécialisée ou non, etc.) et de forme (textes, documents graphiques ou visuels, etc.) variées dont le candidat doit mesurer l'importance relative.
Si les informations peuvent être redondantes d'un document à l'autre, aucun document n'est jamais totalement inutile, le dossier ne contenant pas de « document piège ».
Le candidat devra donc être attentif à ne négliger aucun élément du dossier afin de ne pas omettre d'information essentielle.

4. Mobiliser des connaissances professionnelles pour élaborer des propositions réellement opérationnelles

Cadrage national

Le rapport comporte deux parties distinctes :
– une première partie, exclusivement rédigée à l'aide des éléments du dossier, qui informe le destinataire sur les problématiques essentielles du sujet (cadre juridique, contraintes techniques et financières, etc.);
– une deuxième partie qui présente des propositions opérationnelles. Cette partie peut valoriser des informations du dossier (par exemple des expériences éclairantes conduites par différents établissements et collectivités) mais fait également appel aux connaissances du candidat.
La première partie, informative, est notée sur 10 points, et la partie présentant des propositions opérationnelles sur 10 points.
Cette répartition des points est rappelée sur le sujet.

Vous devrez donc dépasser les informations du dossier pour dégager des solutions réalistes, adaptées au contexte, en précisant le cas échéant les conditions et les moyens de leur réalisation : mode de gestion, étapes du projet, moyens à mobiliser, contraintes, etc.

On attend ainsi de vous que vous produisiez le rapport demandé **à partir des éléments du dossier,** qui permettent d'en élaborer la première partie, **tout en sachant mobiliser des apports extérieurs**, reposant tant sur vos savoirs que sur vos savoir-faire, nécessaires à l'élaboration des propositions opérationnelles en seconde partie.

> **Cadrage national**
>
> L'exploitation du dossier et les connaissances du candidat doivent lui permettre de repérer dans le dossier les informations qui lui permettront de présenter des propositions réellement opérationnelles.
> Il devra également dépasser les informations du dossier pour dégager des solutions réalistes, adaptées au contexte, en précisant notamment le cas échéant les conditions et les moyens de leur réalisation : mode de gestion du projet, étapes du projet, moyens à mobiliser, contraintes, etc.

5. Organiser méthodiquement les informations nécessaires à la rédaction d'un rapport

A. Analyser les informations nécessaires

Cette démarche est évidemment requise pour :

- comprendre la commande (que vous demande-t-on exactement ?) et le contexte précis dans lequel cette demande est formulée;
- repérer dans la liste des documents joints, tant par les sources, les dates et les titres, ceux qui vont vous permettre d'identifier des problèmes et ceux dans lesquels vous trouverez des solutions;
- plus finement encore, repérer dans les titres des documents, dans la mesure où ils sont explicites, des problèmes ou des solutions précises;
- distinguer, pendant la « lecture de survol » du dossier, en vous aidant de la « titraille », les informations pertinentes et les informations inutiles;
- rattacher les informations pertinentes à la famille des problèmes ou à celle des solutions.

B. Synthétiser les informations

Les informations doivent être organisées en un ensemble cohérent, bâti à partir d'un plan clair, valorisant les éléments les plus pertinents.

> **Cadrage national**
>
> Le rapport n'est pas un résumé des textes, il ne s'agit pas de présenter succinctement et successivement les documents du dossier mais de structurer les informations essentielles du dossier par un plan qui reflète l'importance donnée aux différents aspects de ce qu'il convient de transmettre.

Le candidat doit restituer les informations par un travail de reformulation. Il ne peut se contenter de recopier intégralement des parties de textes. Les citations directes doivent être réservées aux seuls extraits succincts de textes juridiques, documents officiels, prises de position éclairantes de personnalités qualifiées.
Le candidat doit restituer les informations par un travail de reformulation. Il ne peut se contenter de recopier intégralement des parties de textes. Les citations directes doivent être réservées aux seuls extraits succincts de textes juridiques, documents officiels, prises de position éclairantes de personnalités qualifiées.

6. En bref : les exigences de fond du rapport assorti de propositions opérationnelles

Le rapport n'est pas la juxtaposition d'une synthèse du dossier et de propositions inventées par le candidat mais un document organisé dans lequel celui-ci présente les problèmes que la commande et les documents au dossier lui permettent d'identifier ainsi que les solutions opérationnelles appropriées à ce contexte, en puisant à la fois dans le dossier et dans ses propres connaissances.

En d'autres termes, il s'agit de **mettre au service de l'élaboration du rapport tous les éléments de la commande et du dossier utiles** tant à l'identification et la présentation des problèmes qu'à l'élaboration de solutions opérationnelles, tout en sachant mobiliser **les connaissances complémentaires indispensables :**

- à la compréhension et la présentation des problèmes ;
- à l'élaboration de solutions opérationnelles adaptées au contexte.

Bien traiter un sujet de rapport avec solutions opérationnelles impose ainsi de :

- bien comprendre, en mobilisant ses connaissances, les attentes du destinataire, le contexte dans lequel des problèmes se posent et des solutions doivent être proposées ;
- exploiter tous les éléments du dossier nécessaires à une présentation objective et cohérente de ces problèmes en première partie du rapport ;
- proposer des solutions réalistes, applicables, adaptées au contexte, en prenant en compte les éléments utiles dans le dossier et en mobilisant les connaissances indispensables à leur pertinence.

Ne constitue pas un bon rapport celui qui :

- disserte sur le thème sans exploiter le dossier ;
- réalise une synthèse du dossier éloignée du contexte, présentant par exemple des situations ou des problèmes qui figurent dans le dossier mais qui ne concernent pas la collectivité ;
- valorise des propositions totalement inadaptées au contexte ;
- escamote des problèmes qui concernent très directement la collectivité ;
- valorise à l'excès une solution en escamotant d'autres solutions présentées ou suggérées par le dossier.

7. Des exemples de sujets

Les sujets nationaux utilisés pour organiser cette épreuve des **concours** de rédacteur principal de 2e classe depuis leur réforme en 2012 ont porté sur les thèmes ci-après.

Session 2015

Un rapport sur **les enjeux de la restauration scolaire dans les écoles primaires** (maternelles et élémentaires). Des propositions opérationnelles pour **mettre en place une restauration scolaire « bio », et privilégier les circuits courts avec des produits d'origine locale**.

Session 2017

Un rapport sur **les communes nouvelles**. Des propositions opérationnelles pour **créer une commune nouvelle**.

Session 2019

Un rapport sur **l'écoresponsabilité dans les administrations**. Des propositions opérationnelles pour **engager une démarche écoresponsable au sein des services**.

Les thèmes ci-après des sujets de l'épreuve similaire des **examens professionnels** de rédacteur principal de 2e et de 1re classe sont également éclairants.

Session 2016

Rédacteur principal de 2e classe

Un rapport sur **le rôle des communes face à la problématique des nuisances sonores**. Des propositions opérationnelles pour **limiter les bruits de voisinage en centre-ville**.

Rédacteur principal de 1re classe

Un rapport sur **les moyens d'action des communes en matière d'emploi**. Des propositions opérationnelles en vue de définir précisément **les objectifs et les modalités de fonctionnement d'une structure communale de type « Maison de l'emploi »**.

Session 2018

Rédacteur principal de 2e classe

Un rapport sur **le principe de laïcité dans la fonction publique territoriale**. Des propositions opérationnelles favorisant **l'adoption par l'ensemble des agents de bonnes pratiques** respectant le principe de laïcité.

Rédacteur principal de 1re classe

Un rapport sur **l'évolution des rythmes scolaires**. Des propositions opérationnelles permettant au maire de **mettre en œuvre le retour aux quatre jours d'école** pour la prochaine rentrée scolaire.

2. Présenter clairement un rapport

1. Un certain formalisme respectant l'anonymat

A. Une présentation formalisée

Le rapport obéit à un formalisme dont la transgression, sanctionnée par un barème précis (– 0,5 point ou – 1 point), est toujours pénalisante au moins en ce qu'elle risque d'indisposer les correcteurs attachés à ces règles.

Une excellente copie qui ne respecterait pas ces règles n'en demeurerait pas moins excellente, une copie très mauvaise qui les respecterait n'en serait pas meilleure, mais ce défaut mineur s'ajoutant à d'autres dans une copie moyenne peut coûter le demi-point fatidique qui sépare le candidat admissible du non admissible.

Le **cadrage national** indique que le rapport doit adopter la forme suivante et reprendre les informations que le candidat trouve en première page du sujet dans la commande et la liste signalétique des documents au dossier.

Collectivité émettrice (Ville de … Service …) *Remarque : aucun nom de collectivité ni de service, existant ou fictif, autre que celui indiqué dans le sujet ne doit être utilisé sous peine d'annulation de la copie.*	Le (date de l'épreuve) *Remarque : la mention du lieu (déjà dans le timbre) n'est pas ici nécessaire. Un nom de lieu existant ou fictif non précisé dans le sujet pourrait constituer un motif d'annulation.*

RAPPORT

à l'attention de Monsieur (ou Madame) le (la), etc. (destinataire)
Exemple : à l'attention de Monsieur le Directeur général des services
Objet (thème du rapport)

Références : uniquement celles des principaux textes juridiques ou officiels fondant le rapport (cette mention est facultative)
Remarque : la prudence impose l'abandon de toute mention de signature afin d'éviter une rupture d'anonymat entraînant l'annulation de la copie. De même, aucun paraphe ne devra apparaître sur la copie.

Le barème de correction peut pénaliser faiblement le non-respect des règles formelles de présentation du rapport, de même qu'une présentation négligée.

Il est vivement conseillé de se plier à ces règles aisées à respecter :

- **L'objet** vise simplement à décrire **le thème (le sujet) du rapport :** il ne s'agit en aucun cas de la thèse (ce que le rapport ou la note va dire sur ce sujet) : l'objet doit être concis et précis.
- L'utilisation de la zone des **références**, qui ne doit pas être confondue avec une liste bibliographique, est facultative : elle présente l'avantage, dès lors qu'un texte est précisément référencé (exemple : loi constitutionnelle n° 2012-347 du 12 mars 2012 relative à l'accès à l'emploi titulaire et à l'amélioration des conditions d'emploi des agents contractuels dans la fonction publique), de permettre d'y faire référence dans le développement sans s'embarrasser de précisions déjà apportées (une fois la loi de 2012 clairement référencée dans la zone *ad hoc*, on pourra écrire dans le corps du rapport : « la loi de 2012… »).

L'attention doit toutefois être attirée sur la nécessité de respecter la hiérarchie des normes (Constitution, traité et droit communautaire dérivé – règlement et directive –, loi organique, loi ordinaire, décret, arrêté, circulaire, etc.) et de discerner les textes principaux afin de ne pas « encombrer » en vain cette zone ni de perdre un temps inutile à la remplir.

Un texte référencé peut être présent dans le dossier ou cité par des documents au dossier.

B. Une présentation qui respecte l'anonymat de la copie

Les candidats sont invités à se méfier, particulièrement dans ce type d'épreuve, de tout ce qui pourrait être interprété par le jury comme un **signe distinctif**.

- Vous ne devez faire apparaître aucun signe distinctif dans votre copie, ni votre nom ou un nom fictif, ni signature ou paraphe.
- Aucune référence (nom de collectivité, nom de personne, etc.) autre que celle figurant le cas échéant sur le sujet ou dans le dossier ne doit apparaître dans votre copie.
- Seul l'usage d'un stylo soit noir, soit bleu est autorisé (bille, plume ou feutre). L'utilisation d'une autre couleur, pour écrire ou souligner, sera considérée comme un signe distinctif, de même que l'utilisation d'un surligneur.

Le non-respect des règles ci-dessus peut entraîner l'annulation de la copie par le jury.
Les feuilles de brouillon ne seront en aucun cas prises en compte.

Les causes d'annulation des copies pour rupture d'anonymat sont nombreuses :

■ Dans le timbre :
- Nom et prénom du candidat
- Nom et prénom fictifs
- Nom de la collectivité du candidat
- Nom d'une autre collectivité existante
- Nom d'une collectivité fictive (autre que celle éventuellement mentionnée dans la commande)
- Référencement fictif (par exemple : initiales du rédacteur/date de rédaction/n° d'ordre)

▷

- En signature :
  - Nom et prénom du candidat
  - Paraphe lisible du candidat
  - Nom et prénom fictifs
  - Paraphe illisible
- Encres « distinctives ».

2. Une organisation visible

A. Une introduction

Cadrage national

Le rapport doit comporter une unique introduction d'une vingtaine de lignes rappelant le contexte et comprenant impérativement l'annonce de chacune des deux parties (partie informative/partie propositions). Les candidats doivent veiller à ce que l'annonce du plan aille au-delà d'une simple annonce de la structure de la copie et porte sur le contenu précis de chacune des parties.

L'introduction peut ainsi comporter plusieurs étapes.

a. Une entrée en matière (ou « accroche »)

Suivant le sujet, cette entrée en matière (une ou deux phrases) pourra consister par exemple en :

- l'approche historique ou géographique d'un phénomène ;
- des données chiffrées significatives ;
- une expérience récente particulièrement éclairante ;
- etc.

b. Une définition (si nécessaire)

On veillera évidemment à ce que cette définition soit brève mais il est souvent bienvenu de définir ce dont on va parler (la périurbanisation, les établissements publics de coopération culturelle...) avant d'en parler.

c. (et/ou) Un bref rappel du contexte juridique

Les sujets à forte tonalité juridique se prêtent fréquemment à un bref rappel des textes intervenus antérieurement aux nouvelles dispositions qui font l'objet du rapport.

d. Une reformulation de la commande (ou problématique)

Toute commande pose question, plus ou moins explicitement. Il convient de reformuler cette commande dans les termes posés par le dossier.

Cette reformulation est généralement présentée sous une forme affirmative, mais il est également envisageable de la rédiger sous une forme interrogative.

L'attention des candidats doit être cependant attirée sur la nécessité de bien ajuster la reformulation de la commande aux enjeux du dossier et de se méfier de problématiques trop formelles (rhétoriques) et trop imprécises sur le fond.

Cette rédaction peut être aisément mise en œuvre une fois l'annonce de plan rédigée, celle-ci étant l'annonce des réponses que le rapport va apporter à la commande.

e. L'annonce de plan

Alors que la problématique peut être exprimée de manière interrogative, **l'annonce de plan sera toujours rédigée sous forme affirmative**.

Cette annonce est incontestablement **un passage stratégique du rapport.**

Une annonce de plan réussie est un laissez-passer vers une bonne note. Séduisante, pertinente, elle prédispose favorablement le destinataire/correcteur.

À l'inverse, des informations pertinentes dont l'organisation serait mal présentée risquent de n'être pas perçues comme telles.

Soulignons cependant que l'annonce du plan est ici très guidée par la commande elle-même qui indique clairement les deux parties du rapport, **partie informative** d'une part, **partie proposant des solutions opérationnelles** d'autre part.

Comment annoncer le plan en fin d'introduction ?

L'introduction se termine par l'annonce de plan. On passe ensuite au développement.

Deux techniques d'annonce sont praticables :

■ **L'annonce des parties (la plus orthodoxe)**

Cette présentation offre l'avantage de la clarté et de la concision. Elle se prête bien à la mise en valeur de plans organisés autour de grands axes clairement identifiés, comme :

I. Questions (problèmes, problématiques, difficultés à résoudre, cas à résoudre, diagnostic, enjeux, *etc.*)

II. Réponses (solutions, préconisations, propositions, remèdes, moyens, plans d'actions, *etc.*)

Elle impose la rédaction de titres des parties et sous-parties clairs et suffisamment **informatifs.**

Exemple :

La commande

Vous exercez en qualité de rédacteur territorial dans la commune de X, qui compte 40 000 habitants. Le maire vient de vous nommer chargé(e) du projet agenda 21 local. À l'heure où de nombreuses collectivités se sont déjà engagées dans cette démarche, le maire souhaite que la commune de X « rattrape son retard », mais, pour l'heure, ni les élus, ni les services de la commune, ni a fortiori les habitants n'ont été impliqués dans un tel projet.

▷

Aussi, le maire vous demande – à partir du dossier ci-joint – de rédiger à son attention, dans la perspective d'un prochain bureau municipal entièrement consacré à cette question, un rapport présentant en première partie les principales problématiques liées à l'agenda 21 local (8 points au concours externe, 12 points aux concours interne et de troisième voie).
Vous proposerez dans une seconde partie les modalités de mise en œuvre d'un agenda 21 local dans la commune de X (12 points au concours externe, 8 points aux concours interne et de troisième voie).

L'annonce des parties en fin d'introduction
(Dernier paragraphe de l'introduction, annonce de plan)
Après avoir souligné les problématiques de l'agenda 21 local (I) nous proposerons les modalités de sa réalisation dans la commune de X. (II)
(Début du développement)

I. L'agenda 21 local, un projet confié par l'État aux collectivités territoriales
(Bref chapeau introductif :)
L'État encourage les collectivités à mettre en œuvre de tels projets (A), dont la responsabilité leur incombe (B).
A. Un programme ambitieux fortement encouragé par l'État
[...]
B. Une mise en œuvre entièrement confiée aux collectivités territoriales
[...]

(Phrase de transition)
II. Les modalités de réalisation d'un agenda 21 local
(Bref chapeau introductif :)
Réaliser un agenda 21 local impose à la fois d'impliquer les services (A) et de favoriser la participation (B), dans le cadre d'un calendrier précis (C).
A. Organiser méthodiquement l'implication de tous les services
[...]
B. Favoriser la participation de la cité tout entière
[...]
C. Adopter un calendrier rigoureux
[...]

L'annonce des parties et des sous-parties

L'annonce des sous-parties est dans ce cas mise en œuvre dès l'introduction, au moyen de l'annonce de plan.

Exemple :

(Dernier paragraphe de l'introduction, annonce de plan)
(I) L'agenda 21 local apparaît comme un programme ambitieux encouragé par l'État (A), mais entièrement confié aux collectivités territoriales (B).
(II) Sa réalisation dans la commune de X requiert l'implication des services (A) et la participation de la cité tout entière (B) dans le cadre d'un calendrier rigoureux (C).

▷

(Début du développement)
I. L'agenda 21, un programme confié par l'État aux collectivités territoriales
(Aucun chapeau introductif n'est ici nécessaire, le plan précis du développement ayant déjà été annoncé en fin d'introduction.)
A. Un programme ambitieux fortement encouragé par l'État
[...]
B. Une mise en œuvre entièrement confiée aux collectivités territoriales
[...]

(Phrase de transition)
II. Une réalisation qui requiert l'implication des services et la participation de tous
A. Organiser méthodiquement l'implication de tous les services
[...]
B. Favoriser la participation de la cité tout entière
[...]
C. Adopter un calendrier rigoureux
[...]

B. Un développement visiblement organisé

Cadrage national

Chacune des deux parties (partie informative/partie propositions) est organisée en sous-parties. Le plan est impérativement matérialisé par des titres comportant des numérotations en début des parties et sous-parties.
Une transition est attendue entre la première et la deuxième partie.

On conseille donc vivement aux candidats de **matérialiser le plan suivi** en titrant les parties et les sous-parties : ceci permet non seulement de vérifier si le plan annoncé « fonctionne » réellement mais aussi de repérer très facilement l'information à laquelle on veut accéder. La numérotation des parties et sous-parties au niveau de l'annonce du plan est, on l'a vu, possible, même si certains correcteurs jugent parfois qu'elle alourdit inutilement la présentation : mieux vaut être un peu lourd et clair qu'élégant et confus.

La **présentation de la copie** est également un outil essentiel dont vous devez vous servir pour améliorer la lisibilité de votre copie en rendant sa structure la plus évidente possible. Le destinataire/correcteur pourrait « passer à côté » d'une organisation qui ne serait pas suffisamment apparente.

Au-delà des titrages, il faut aussi utiliser de façon logique les sauts de ligne(s), les retraits par rapport à la marge :

Exemples :

- Vous sautez 3 lignes entre l'introduction et le développement comme entre le développement et la conclusion.

- Vous sautez 2 lignes entre la première partie et la deuxième.
- Vous sautez 1 ligne entre chaque sous-partie.
- Vous ne sautez pas de ligne entre les paragraphes de chaque sous-partie mais vous marquez un retrait (toujours le même) par rapport à la marge pour la première ligne de chaque paragraphe.
- Une phrase de transition est bienvenue entre chacune des parties.

C. Un développement réellement organisé

Un rapport organisé n'est pas seulement un rapport clairement structuré en parties et en sous-parties : encore faut-il que les sous-parties ne soient ni le lieu d'un déversement d'informations en vrac ni une juxtaposition d'informations : il est indispensable que les informations soient elles-mêmes organisées et que cette organisation soit rendue évidente par des **mots de liaison** (articulations logiques, connecteurs argumentatifs) sans lesquels ces informations paraissent juxtaposées.

La juxtaposition d'informations procède souvent d'une synthèse insuffisante qui conduit les candidats à « coller » de façon parfois hasardeuse des informations diverses recueillies dans le dossier.

D. Une conclusion facultative

Cadrage national

La conclusion est facultative. Elle peut brièvement souligner l'essentiel sans jamais valoriser des informations oubliées dans le développement.

Au vu de ce cadrage, l'absence de conclusion ne saurait en aucun cas être pénalisée.

Ne sera évidemment pas pénalisé non plus un candidat qui fera l'effort de conclure son rapport, bien au contraire.

La pratique de la correction montre cependant qu'**une conclusion présente le double avantage de rendre évidents le caractère achevé de la copie, signe d'une bonne maîtrise du temps, et la capacité du candidat à reformuler en quelques mots l'essentiel**.

Si conclusion il y a, elle doit être facilement identifiable : les règles de présentation adoptées (par exemple 3 lignes sautées entre la fin du développement et le début de la conclusion), une formulation nettement conclusive (ainsi, pour en terminer, au total, finalement, etc.) évitent toute ambiguïté.

Mieux vaut rédiger la conclusion tôt dans l'épreuve (rien, logiquement, ne devrait empêcher qu'elle le soit juste après la mise au point définitive de l'introduction) : trop de conclusions trahissent la fatigue et le manque de temps.

Sur le fond, la conclusion n'est pas un résumé du rapport mais une reformulation rapide (quelques lignes suffisent) de l'essentiel du message qu'elle contient : vous disposez ici d'un espace de liberté pour apporter sur le sujet l'éclairage qui, tout bien considéré, vous paraît le plus pertinent, dans la logique des réflexions préalablement conduites.

ATTENTION

La conclusion ne sera jamais le lieu du « repentir » où placer des éléments importants oubliés dans le développement : si l'on omet une information, laissons croire qu'on l'a fait en toute connaissance de cause et n'allons pas pointer du doigt notre propre erreur. Il n'est pas rare que des candidats démarrent ce type de conclusion par un « sans oublier… » particulièrement révélateur !

3. Exploiter méthodiquement le sujet

La difficulté majeure que les candidats disent rencontrer est celle de la longueur du dossier (une vingtaine de pages) et, en conséquence, un manque de temps. Comment s'en sortir ?

1. Analyser finement la commande

Les candidats consacrent généralement trop peu de temps à cette analyse qui détermine pourtant les informations à trouver dans les « documents joints ».

En effet :

- L'analyse de la commande permet d'abord de déterminer l'auteur supposé du rapport et, surtout, son destinataire.
- Elle permet de déterminer précisément l'objet du rapport : il ne sera pas inutile, pendant la phase d'exploitation des documents du dossier, de revenir régulièrement au sujet pour vérifier que l'on ne s'éloigne pas du « cahier des charges ».
- Elle contient des éléments de contexte précis permettant de mesurer l'utilité du rapport attendu.
- Elle est particulièrement utile à l'élaboration de propositions opérationnelles ajustées au contexte.

2. Analyser la liste des « documents joints » et leurs titres

Les documents peuvent être de nature diverse :

- **documents juridiques :** loi, décret, arrêté, circulaire, décision jurisprudentielle (tribunal administratif, Conseil d'État, etc.) ;
- **documents officiels :** rapports ;
- **articles de presse spécialisée :** doctrine juridique, presse spécialisée « collectivités territoriales » ;
- **articles de presse d'information générale** ;
- **extraits d'ouvrages** ;
- **documentation professionnelle sous d'autres formes** : fiches techniques, documents graphiques et visuels, plans, cartes, etc.

L'analyse de la composition du dossier vous permet d'adopter une stratégie (par quel document commencer ?) que la lecture de survol du dossier vous permettra de valider ou d'invalider.

Si le dossier comporte des **documents juridiques**, on aura généralement intérêt à commencer par la circulaire qui précise les modalités d'application de la loi : dans la plupart des cas, les informations de la circulaire dispenseront d'utiliser celles de la loi qui seraient redondantes (ce qu'il faudra tout de même vérifier !).

C'est souvent lorsque le dossier a une forte tonalité juridique, dans les documents commentant les documents juridiques, que l'on trouvera le « **document pivot** », celui qui fournit le maximum d'informations sur le sujet.

C'est généralement dans la presse, spécialisée ou non, que l'on trouve des approches problématiques de la question faisant l'objet du rapport.

Les **titres** et les **dates** des documents peuvent par ailleurs permettre une première approche problématique du sujet :

- Il n'est pas rare que les seuls titres des documents vous donnent déjà une idée de sous-partie, voire plus.
- Les dates peuvent être également très éclairantes : si des articles sont antérieurs à la création d'une institution, à l'instauration d'un dispositif, il y a tout lieu de penser qu'on va y trouver une analyse des causes de la réforme.

3. Parcourir le dossier

Ce parcours va vous permettre de hiérarchiser les différents articles :

- celui qui semble directement permettre de répondre à la demande ou à une partie importante de la demande : on parle alors de « **document pivot** » ;
- celui qui n'en aborde qu'un aspect; il apporte un complément d'information sur un aspect particulier : c'est le document complémentaire;
- celui qui illustre le sujet : article ou reportage sur telle ou telle réalisation ou mise œuvre;
- celui qui est périphérique : il ne concerne pas directement la demande, mais est un élément de compréhension du sujet : il sert souvent pour l'introduction;
- celui qui est hors sujet : c'est exceptionnel, mais des parties d'un article peuvent très bien être hors sujet;

et, de manière essentielle, **d'identifier ceux des documents qui vont vous permettre d'alimenter votre première partie (partie informative valorisant les problématiques) et ceux qui vont pouvoir vous servir en deuxième partie (partie propositions opérationnelles).**

Plusieurs articles peuvent remplir la même fonction : on parlera d'articles redondants. Après s'en être assuré, on sélectionnera celui qui se prête le mieux à la synthèse et on ne lira pas les autres.

D'une manière générale, il est rare qu'il faille lire l'intégralité du dossier remis. Par exemple, les textes juridiques sont la plupart du temps « doublés » par des articles parus dans des périodiques qui les présentent, en font l'analyse. Cela vous dispensera alors de leur lecture.

Trop souvent négligée par le candidat qui craint d'y perdre du temps, cette première lecture est utile si elle permet de valider l'analyse de la commande et de la liste des documents joints et, surtout, de déterminer le **document pivot** : ce document est celui dont l'exploitation va permettre d'identifier le plus grand nombre possible d'arguments permettant de traiter le sujet. Plus ce document permet d'alimenter des fiches par thèses (correspondant chacune à l'un des aspects du sujet), plus l'exploitation des autres documents sera rapide et facile.

Remarquons qu'une erreur sur le caractère « pivot » d'un document ne serait pas dramatique : si l'on n'y trouve que peu d'informations utilisables pour traiter le sujet, il faudra rapidement passer à un autre document pour tenter d'en extraire la « substantifique moelle ».

Soulignons enfin qu'on ne lit pas un dossier de synthèse comme on lit habituellement : cette lecture doit être rapide et utile. Le but : **repérer l'essentiel** (on peut se servir des titres et sous-titres, des intertitres, des chapeaux introductifs, des conclusions), **éliminer l'inutile**, redondant ou hors sujet.

4. Exploiter le dossier et ses connaissances personnelles

Plusieurs méthodes sont enseignées. Elles ont toutes leur pertinence et, de même qu'un formateur pourra en privilégier une, de même les stagiaires pourront être plus à l'aise avec telle méthode plutôt que telle autre (voir les trois méthodes présentées dans la méthodologie de la note des concours de rédacteur, page 62 et suivantes).

La nécessité de construire en trois heures un rapport synthétisant des informations et mobilisant des connaissances personnelles rend de loin la technique de rédaction à partir d'un plan préconçu la plus pertinente, d'autant que les deux parties du rapport sont précisées dans la commande.

Une **analyse fine de la commande et des titres** des documents au dossier puis une **« lecture de survol » de l'ensemble du dossier** sont vivement conseillées puisqu'elles vont permettre à la fois :

- **de construire un ordre d'exploitation du dossier.** La première lecture permet de hiérarchiser les textes en fonction de leur nature (texte juridique, presse spécialisée, presse généraliste, etc.), de leur date, de leur longueur, de leur pertinence pour honorer la commande. Elle va déterminer le document par lequel on commencera l'exploitation du dossier parce qu'il paraît contenir le plus d'informations utiles à la rédaction du rapport ;
- **de distinguer rapidement les grands axes de la première partie, et d'ouvrir des fiches correspondant à ces axes ;**
- **de repérer les informations utiles à la construction de la deuxième partie, et d'ouvrir également des fiches structurant la prise de notes.**

On procède ensuite à une exploitation méthodique du dossier en alimentant les fiches ouvertes.

5. Arrêter définitivement le plan

Cadrage national

Le rapport comporte deux parties distinctes :
– une première partie, exclusivement rédigée à l'aide des éléments du dossier, qui informe le destinataire sur les problématiques essentielles du sujet (cadre juridique, contraintes techniques et financières, etc.) ;
– une deuxième partie qui présente des propositions opérationnelles. Cette partie peut valoriser des informations du dossier (par exemple des expériences éclairantes conduites par différents établissements et collectivités) mais fait également appel aux connaissances du candidat.
Chacune des deux parties est organisée en sous-parties.

Le cadrage impose ainsi le nombre des parties mais pas celui des sous-parties : même si le plan en deux parties comprenant chacune deux sous-parties s'est largement imposé dans ce type d'épreuve, un plan en deux parties dont la première contiendrait deux sous-parties et l'autre trois sous-parties, par exemple, est parfaitement possible.

En toute hypothèse, **on veillera à équilibrer les différentes sous-parties**.

Plus précisément, une sous-partie qui ne comporterait qu'une dizaine de lignes risquerait d'être perçue comme inachevée ou comme non fondée (l'information paraissant complète mais relevant d'un champ si étroit qu'une sous-partie digne de ce nom est inenvisageable, pouvant tout juste constituer un paragraphe au sein d'une sous-partie).

6. Rédiger la copie

Reste à rédiger au brouillon l'introduction : on dispose déjà du passage essentiel de l'introduction, l'annonce de plan. On a également repéré les éléments utiles à une entrée en matière en analysant les documents. Il reste à exprimer clairement la problématique.

Profitons-en pour rédiger également la conclusion, qui, en quelques lignes, doit, si l'on choisit de conclure, souligner l'essentiel.

On peut alors procéder directement à la rédaction au propre en recopiant, avec quelques réécritures ponctuelles, dans les parties et sous-parties *ad hoc*, les informations contenues dans les fiches.

CONSEIL DU FORMATEUR

Pour éviter le piège du « copier-coller » et pour gagner du temps, adoptez un style « prise de notes » pour la rédaction de vos fiches (brouillon).

4. Gérer le temps de l'épreuve

La réussite au concours ne dépend pas de la seule capacité à rédiger une note, mais à le faire en **temps limité.** Cette contrainte de temps implique que **les feuilles de brouillon ne sont jamais corrigées**. Les prendre en compte équivaudrait de fait à accorder plus de temps à certains candidats qu'à d'autres.

1. La nécessité de s'entraîner en temps limité

C'est seulement en vous entraînant que vous mesurerez les difficultés que vous aurez à surmonter. Certains ont des difficultés dans la première partie du travail, celle qui permet d'accéder au plan, d'autres dans la prise de notes, d'autres enfin dans la rédaction. Il faut savoir situer ses faiblesses, et les travailler pour les atténuer.

Le travail de rédaction synthétique exige une capacité particulière à travailler vite, à ne pas « paniquer » devant la taille du dossier, les documents qui peuvent apparaître longs à lire, des textes peu lisibles pour qui n'a pas l'habitude d'en lire.

Souvent demandé par les candidats en formation de préparation au concours, le découpage du temps ci-après est purement indicatif et peut connaître de fortes variations d'un candidat l'autre. La qualité de la prise de notes à partir du dossier détermine en effet largement la durée de la rédaction définitive.

2. La gestion des trois heures de l'épreuve

A. 15 minutes d'exploitation de la commande et de la liste signalétique

15 minutes seront consacrées à travailler à l'identification des informations essentielles de la commande (que me demande-t-on précisément ? dans quel contexte ?) et les titres des documents. C'est un minimum pour percevoir quelles informations on devra trouver dans le dossier, où les trouver et comment les organiser. Les titres permettent souvent de repérer des « incontournables » du traitement du sujet.

Une **ébauche de plan** peut alors être posée comme hypothèse.

B. 15 minutes de parcours (survol méthodique) du dossier

Cette lecture très sélective ne s'intéresse qu'à ce qui se détache des documents, la titraille, leur introduction et leur conclusion s'ils en comportent. Elle doit néanmoins être très attentive et réflexive, interrogeant constamment ce qui est lu.

L'ébauche de plan faite précédemment doit pouvoir être remaniée et précisée en fonction de ce parcours. Il est particulièrement utile, même s'il n'est pas encore définitif, de disposer d'un plan qui va faciliter la prise de notes.

C. 1 heure 20 de prise de notes à partir du dossier intégrant les connaissances personnelles

C'est le travail le plus long, et si vous arrivez à le réaliser plus rapidement, c'est autant de temps supplémentaire dont vous disposerez pour rédiger définitivement sur votre copie.

Il vous faudra pourtant sans doute toujours plus d'une heure pour relever et compléter les points importants sur les feuilles que vous aurez préparées en fonction de votre plan.

D. 60 minutes de rédaction définitive sur la copie de concours

Rédigez très soigneusement intégralement, au brouillon, introduction et titres avant de les recopier. Pour le reste, le rapport sera rédigé directement, à partir de vos notes, feuille par feuille. Vous aurez regroupé sur chaque feuille les points qui doivent être évoqués ensemble, vous les aurez numérotés dans l'ordre où vous souhaitez les recopier.

E. 10 minutes de relecture

Il est essentiel de conserver un temps suffisant pour se relire sans complaisance, corriger les fautes mais aussi rajouter le mot qui manque, amender une phrase mal bâtie.

Le barème pénalisant l'orthographe rend ce temps particulièrement utile, le seuil fatidique des 11 fautes (il est préconisé d'ôter deux points d'orthographe lorsque plus de 10 fautes sont commises) pouvant être très rapidement franchi faute de relecture.

5. Se préparer en amont de l'épreuve

1. Connaître les compétences des collectivités territoriales

Outre un entraînement à la rédaction d'une synthèse organisée à partir d'un dossier, la préparation de l'épreuve requiert la maîtrise de connaissances nécessaires tant à la compréhension du contexte qu'à la formulation de propositions opérationnelles adaptées.

Malgré l'absence de programme réglementaire, l'épreuve exige que le candidat mobilise ses connaissances et son expérience. Il doit pouvoir disposer de **solides références sur le monde territorial** et d'une **bonne culture administrative**. Sa perception de l'environnement territorial, des missions, compétences et moyens d'action des collectivités territoriales sera nécessaire au traitement de l'épreuve.

2. Maîtriser la conduite de projet

Les épreuves de rapport avec solutions ou propositions opérationnelles requièrent souvent une maîtrise de **la conduite de projet**.

A. Connaître la méthodologie de projet

On appelle **projet** un ensemble finalisé d'activités et d'actions entreprises dans le but de répondre à un besoin défini dans des délais fixés et dans la limite de l'enveloppe budgétaire allouée.

Contrairement aux opérations, qui sont des processus répétitifs, l'essence d'un projet est d'être innovant et unique.

Un projet est une action temporaire avec un début et une fin, qui mobilise des ressources identifiées (humaines, matérielles, informationnelles, financières, etc.) durant sa réalisation, qui possède un coût et fait donc l'objet d'une budgétisation de moyens et d'un bilan indépendant de celui de l'entreprise ou de l'administration.

Les résultats attendus du projet sont parfois appelés « livrables ».

Le projet comporte toujours une notion de nouveauté et de changement.

Le projet cherche ainsi à atteindre un objectif « extraordinaire » (au sens littéral du mot) qui combine quatre aspects :

- fonctionnel : réponse à un besoin ;

- technique : respect des spécifications ;
- délais : respect des échéances ;
- coûts : respect du budget.

La **gestion de projet** ou **conduite de projet** est une démarche visant à structurer, assurer et optimiser le bon déroulement d'un projet dont la complexité requiert :

- une planification dans le temps ;
- une budgétisation (étude préalable des coûts et avantages ou revenus attendus en contrepartie, des sources de financement, étude des risques opérationnels et financiers et des impacts divers, etc.) ;
- une maîtrise et un pilotage des risques ;
- l'atteinte d'un niveau de qualité souhaité ;
- l'intervention de nombreuses parties prenantes : c'est l'objet des organisations qui identifient maîtrise d'œuvre et maîtrise d'ouvrage ;
- la responsabilisation d'un chef de projet ou d'un directeur de projet, la mise en place d'un comité de pilotage ;
- le suivi des enjeux opérationnels et financiers importants.

L'objectif doit être précisé de façon claire, chiffrée et datée. Le résultat doit être conforme à des normes de qualité et de performance prédéfinies, pour le moindre coût et dans le meilleur délai possible.

Lorsque la gestion de projet porte sur un ensemble de projets concourant à un même objectif, on parle de **gestion de programme.**

En d'autres termes, cette démarche est délimitée par trois bornes :

- la contrainte coût ;
- la contrainte délai ;
- la contrainte qualité.

Ces contraintes requièrent des acteurs du projet :

- la définition de moyens ;
- la définition d'un planning ;
- la définition de réalisations.

B. Maîtriser les principales étapes de la démarche projet

a. Concevoir

■ **Identifier les objectifs en fonction du besoin :** identifier la raison d'être du projet, c'est-à-dire le besoin à satisfaire ou le problème à résoudre.

■ **Préciser le thème :** procéder à la définition du thème du projet.

■ **Valider le besoin par l'analyse de l'existant :** vérifier l'existence et la réalité du besoin en analysant le contexte de réalisation du projet.

■ **Repérer les contraintes :**

- Déterminer les contraintes organisationnelles, temporelles, matérielles, financières, juridiques, etc.
- Identifier les facteurs possibles de résistance.

■ **Programmer les actions :** lister les actions à mettre en œuvre, évaluer la durée de chacune d'elles, choisir les acteurs du projet.

■ **Identifier les solutions :** rechercher les solutions possibles.

■ **Choisir une solution :** opérer le choix le plus approprié en fonction de la définition des objectifs et des contraintes repérées.

b. Réaliser

■ **Mettre en œuvre la solution :**
- Constituer des groupes de travail et informer les différents acteurs du projet.
- Répartir les actions à mener.
- Consigner l'ensemble des actions dans un planning orienté vers les objectifs à atteindre.
- Mettre en œuvre le projet par la réalisation des différentes actions.

■ **Ajuster les actions :**
- Coordonner les tâches grâce à des reportings réguliers et des réunions intermédiaires menées par le comité de pilotage du projet.
- Gérer les écarts : comparer le prévisionnel avec le réalisé en termes de coût et de qualité.

c. Évaluer

■ **Évaluer le projet :** réaliser un bilan sur la conformité des résultats aux objectifs, sur le fonctionnement des groupes de travail et leur efficacité ; vérifier le respect des contraintes.

■ **Capitaliser l'expérience :**
- Acquisition de connaissances, retour et capitalisation d'expériences, apprentissage organisationnel.
- Possibilité d'archivage sur un espace collaboratif dédié aux projets et consultable par les initiateurs du projet.

Ce phasage est théoriquement rigoureux, le passage d'un point à un autre étant conditionné par le traitement complet du précédent. La conduite de projet est à la fois un outil rigoureux de pilotage et un moyen de savoir si on peut aboutir, compte tenu des contraintes résultant de l'environnement du projet.

Toutefois, il est parfois possible de n'utiliser qu'une partie de cette méthode. En toute hypothèse, la connaissance de ces différents modules permet de structurer de façon claire des solutions opérationnelles.

Il est également essentiel de bien définir les **acteurs du projet** :

1. Le **chef ou directeur de projet**, référent et animateur du projet

2. Le **comité de pilotage**
Structure décisionnelle qui veille au bon déroulement du projet, le comité de pilotage d'un projet mis en œuvre par une collectivité territoriale ou un établissement public local est fréquemment constitué du chef de projet, de l'exécutif (maire, président…) ou de l'élu référent porteur du projet (adjoint au maire, vice-président…),

du directeur général des services, et, selon la taille et l'organigramme de la collectivité ou de l'établissement, des directeurs généraux adjoints ou des directeurs des services concernés, des chefs de service à compétence particulière (communication, juridique, marchés publics, finances...).

Ce comité a notamment en charge les choix stratégiques, la validation des choix et des différentes étapes, l'information de l'assemblée délibérante, la communication sur le projet.

3. Le **comité de suivi**
Il peut être nécessaire pour des projets de grande envergure, quand il faut vérifier l'adéquation entre les différentes actions et le programme initial (outils de reporting, analyse des indicateurs et tableaux de bord, proposition d'actions correctives…).

4. Les **groupes de travail** (ou équipes projet)
Le chef de projet constitue et anime, en tant que de besoin, des groupes de travail entre lesquels il répartit les différents axes du projet (par exemple : diagnostic, parangonnage [*benchmarking*], communication…). Ces groupes sont constitués de représentants des différents services, d'experts, de partenaires…

C. Savoir opter pour une conduite de projet en « mode projet »

a. Le mode projet en entreprise

Il s'agit d'une organisation temporaire pour atteindre un objectif, menée par un leader qui ne travaille que sur ce projet. Les projets réussis réunissent en général des salariés à plein temps, ou au moins un noyau dur de salariés à plein temps. On peut regrouper plusieurs petits projets pour les confier à une équipe. Mais, dans tous les cas, il faut que quelqu'un porte le projet. Pour une entreprise, travailler en mode projet signifie constituer des organisations temporaires avec des chefs de projet, au lieu de répartir l'activité dans les services. Dans l'organisation traditionnelle du travail, on attribue les tâches par service et la direction générale assure la coordination.

Dans quels secteurs la gestion de projet est-elle née ?
Au début des années 1980, la gestion de projet a débuté dans l'armement, le pétrole et l'ingénierie, afin de concevoir et développer de nouveaux produits. Ensuite, elle a été utilisée pour les projets informatiques. Aujourd'hui, dès que l'on veut faire bouger quelque chose, on lance un projet. L'État et les collectivités territoriales adoptent depuis plusieurs années cette organisation.

b. Pourquoi le « mode projet » ?

L'organisation hiérarchique (pyramidale) s'avère inadaptée à la réalisation de certains projets.

Le fonctionnement en mode projet s'avère très efficace pour mener à bien des opérations nouvelles, limitées dans le temps, et exigeant la coopération de plusieurs départements (directions, services, etc.).

Pour réussir, ce mode de réalisation requiert évidemment **l'existence d'un projet**, c'est-à-dire :

- des performances attendues : un cahier des charges, un objectif à atteindre… (dans un domaine défini) ;
- des moyens à disposition : ressources humaines, financières, techniques, etc. ;
- un délai (du temps) sous la forme d'un début et d'une fin (annoncée).

c. Les acteurs du projet

Dans l'entreprise, la structure en mode projet requiert deux acteurs en relation :

- un maître d'œuvre, entouré d'une équipe projet : le **chef de projet** (ou directeur de projet) ;
- un **maître d'ouvrage**, entouré d'un comité de pilotage. C'est le « client » du projet, le donneur d'ordre, l'utilisateur.

L'**équipe projet** est un regroupement d'experts du projet, choisis pour leur variété (multidisciplinarité), en nombre limité (moins de 10, sinon découper en sous-projets)

Le **comité de pilotage** est également composé d'experts, hiérarchiquement supérieurs aux experts de l'équipe projet, en nombre suffisant pour « critiquer » le travail de l'équipe projet et aider le maître d'ouvrage à faire les choix, au fur et à mesure que le chef de projet lui présentera des options lors du déroulement…

Ce schéma connaît des variations lorsque les collectivités territoriales et leurs établissements publics les adoptent, mais la distinction entre équipe(s) projet, animée(s) par le chef de projet, et comité de pilotage est une constante.

Pour ce management hors hiérarchie qui traverse et réunit, sur un objectif précis, plusieurs fonctions de l'entreprise (de la collectivité), le responsable de projet doit acquérir de nouvelles pratiques de management, et en même temps connaître et comprendre l'organisation de son entreprise (de sa collectivité) pour faire vivre la structure temporaire qu'il met en place. Il doit créer une équipe et la faire travailler sans exercer de pouvoir hiérarchique sur ses membres.

De la même façon, ce responsable est amené à communiquer, à négocier avec différentes hiérarchies. Il doit tenir compte des enjeux de pouvoir s'il veut être efficace. Enfin, l'autonomie de l'équipe et les résultats obtenus sont des éléments gratifiants très importants.

SUJET N° 1 : Rapport avec proposition

DURÉE : 3 HEURES

Concours externe, interne et 3e voie de rédacteur principal de 2e classe, session 2019

Énoncé

Vous êtes rédacteur principal territorial de 2e classe au sein de la commune de Vertville, qui compte 20 000 habitants et 300 agents. La commune souhaite devenir une collectivité exemplaire en matière environnementale.
Dans un premier temps, le directeur général des services vous demande de rédiger à son attention, exclusivement à l'aide des documents joints, un rapport sur l'écoresponsabilité dans les administrations.
10 points
Dans un deuxième temps, il vous demande d'établir un ensemble de propositions opérationnelles permettant à la commune de Vertville d'engager une démarche écoresponsable au sein des services.

Pour traiter cette seconde partie, vous mobiliserez également vos connaissances.
10 points

Liste des documents :

Document 1 : « Administration écoresponsable. Des gestes si simples et tellement utiles… » (extraits) - *Direction régionale de l'environnement Midi-Pyrénées* - février 2005 - 2 pages

Document 2 : « Mener une démarche écoresponsable : le facteur humain » (extraits) - *Club Développement Durable Grand Lyon* - 10 avril 2017 - 5 pages

Document 3 : « Plan national d'action pour les achats publics durables 2015-2020 » (extrait) - *Ministère de l'Écologie, du Développement durable et de l'Énergie* - mis à jour en 2017 - 4 pages

Document 4 : « Se doter d'une flotte de véhicules propres » - *courrierdesmaires.fr* - 11 janvier 2018 - 3 pages

Document 5 : « La définition du besoin » (extraits) - Direction des affaires juridiques - *economie.gouv.fr* - 1er avril 2019 - 5 pages

Document 6 : « Le développement durable. Territoriaux, nous agissons » (extraits) - *CNFPT* - juillet 2013 - 4 pages

Document 7 : « Les cimetières passent du gris au vert » - Isabelle Verbaere - *laGazette.fr* - 31 octobre 2018 - 2 pages

Document 8 : « Agir sur… les déchets » - extrait du « Guide des administrations écoresponsables » - *ademe.fr* - octobre 2005 - 2 pages

Certains documents peuvent comporter des renvois à des notes ou à des documents non fournis, car non indispensables à la compréhension du sujet.

Document 1

L'histoire (...) de l'éco-responsabilité

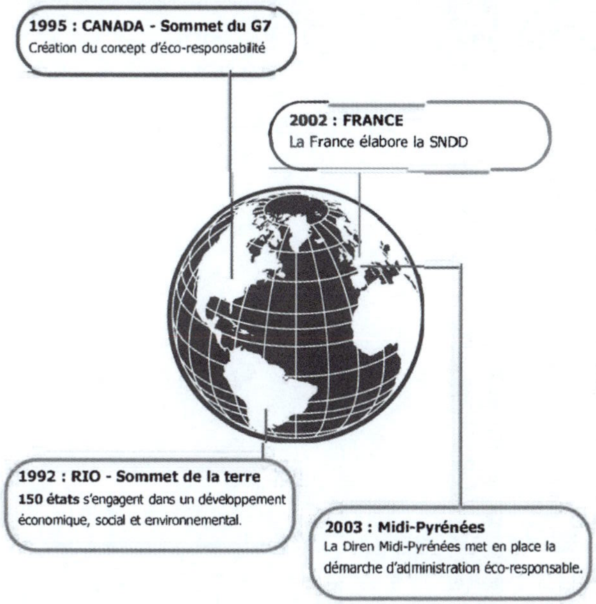

La notion d'éco-responsabilité

La promotion du principe d'éco-responsabilité au sein des administrations et des collectivités publiques vise à développer l'intégration des préoccupations environnementales dans leurs activités internes.

1 Des gestes si simples et tellement utiles...

L'histoire en détail

1992 : RIO - Sommet de la Terre

Lors du sommet de la terre à Rio, 150 Etats s'engagent dans un développement économique, social et environnemental.

1995 : CANADA - Réunion du G7

La réunion d'un G7 au Canada crée le concept d'éco-responsabilité.

2002 : FRANCE - Elaboration de la SNDD

La France élabore sa stratégie nationale de développement durable (SNDD) et met en avant la nécessité pour l'Etat de devenir exemplaire.

Cette stratégie fixe :
. des objectifs concrets et quantifiables en matière d'éco-responsabilité dans les domaines de l'énergie, de l'eau, des déchets, des achats, des bâtiments, des transports, des gaz à effets de serre.
. des principes tels, qu'intégrer dans toute décision, notamment dans tout acte de gestion, la protection de l'environnement : . protéger les ressources naturelles (air, eau, énergie...) - réduire les pollutions - préserver les droits des générations futures.

Le ministère de l'écologie et du développement durable (MEDD) se doit d'agir concrètement en faveur du développement durable. Il est aussi porteur et pilote de la démarche.

2003 : Midi-Pyrénées - Démarche de la Diren

La Diren Midi-Pyrénées met en place la démarche d'administration éco-responsable. Dans ce but, elle crée un groupe éco-responsable, se fixe des objectifs, réalise des actions en vue d'exporter son expérience.

. je veux en savoir plus :

> MEDD:
Ministère de l'écologie et du développement durable ;
. www.ecologie.gouv.fr
- rubrique Administration ECO-RESPONSABLE

> ADEME :
Agence de l'environnement et de la maîtrise de l'énergie ;
. www.ademe.fr
- rubrique Développement durable - Eco-responsabilité

La démarche éco-responsable

La méthodologie proposée par la Diren Midi-Pyrénées consiste à sensibiliser, informer et ensuite, exporter certains principes de base vers les autres acteurs publics.

5 domaines sont retenus et 5 slogans créés :

Achetons autrement

Trions nos déchets de bureau

Economisons l'eau

Maîtrisons l'énergie

Améliorons nos déplacements

(...)

Notre objectif : une démarche en 2 temps

- une administration qui montre l'exemple,
- une exportation des principes et de nos expériences vers les autres acteurs publics.

2 **Des gestes si simples et tellement utiles...**

Document 2

CLUB
DÉVELOPPEMENT
DURABLE
GRANDLYON

Restitution de la séance du 10 avril 2017

Mener une démarche éco-responsable : le facteur humain (extraits)

Hôtel de la métropole, 20, rue du Lac, 69003 Lyon

Accueil et Introduction

Bruno Charles – *Vice-président de la Métropole de Lyon en charge du développement durable, de la biodiversité, de la trame verte et de la politique agricole.*

Bruno Charles rappelle que la thématique de l'éco-responsabilité, au cœur de cette séance du Club Développement Durable, a été proposée par les communes. Il rappelle que cet enjeu de l'exemplarité n'est pas anecdotique car, dans tous les domaines liés au développement durable, le modèle traditionnel de la délégation ne fonctionne plus : qu'il s'agisse de trier ses déchets ou de prendre son vélo, si le citoyen ne s'empare pas de la politique publique qui est proposée, celle-ci échoue. Le modèle de citoyenneté classique ne suffit plus : je suis éco-citoyen car je m'engage concrètement, par l'acte et pas seulement par le vote. C'est pour cela que nos organisations collectives ne peuvent plus se contenter de proposer des changements, elles doivent se les approprier et changer elles-mêmes leur organisation. C'est une question de crédibilité, même si cette exemplarité se heurte bien souvent au phénomène bureaucratique et à ce que les psychologues sociaux appellent le dilemme social (ou la théorie du passager clandestin, à savoir que chacun a intérêt à ce que les autres changent pour ne pas être obligé de changer lui-même). Aujourd'hui la plupart des gens ont compris ce que sont les enjeux d'un développement durable, sans pour autant nécessairement changer de comportement : c'est à nous, acteurs publics, de montrer l'exemple, afin d'être cohérents avec nous-mêmes, de convaincre le reste de la société de la nécessité de passer à l'acte. La question de cette matinée est bien celle-ci : comment impulse-t-on et prend-on la tête du changement ?

Bruno Charles rappelle que l'exemplarité n'est pas anecdotique : les acteurs publics ne peuvent plus se contenter de proposer le changement, ils doivent l'appliquer pour y participer concrètement, au côté des citoyens.

Les démarches éco-responsables des administrations : une brève introduction

▯ **Aurélien Boutaud** – *Consultant environnement, co-animateur du Club développement durable du Grand Lyon.*

a) Une dynamique née dans les années 2000

Les démarches éco-responsables ont connu un certain engouement dans les années 2000, portées notamment par l'Etat, rapidement rejoint par de nombreuses collectivités. Cette dynamique a permis d'établir des réseaux, de diffuser des bonnes pratiques et de produire des outils méthodologiques…

Aurélien Boutaud rappelle que la notion d'éco-responsabilité n'a pas de définition officielle. L'Ademe la décrit comme"*l'engagement des administrations à limiter les impacts environnementaux dans leurs modalités de fonctionnement interne : déplacements, consommations d'énergie (électricité, chauffage, climatisation...),de biens (papier, eau...)*". Ces démarches ont connu un engouement dans les années 2000, suite notamment à la publication de la Stratégie Nationale de développement durable qui faisait de l'exemplarité de l'Etat un levier d'action à part entière. La circulaire du 3 décembre 2008 a renforcé cette dynamique et amené les ministères à se doter d'un Plan d'Administration éco-responsable. Au tournant des années 2010, les retours d'expérience ont permis de mieux structurer les démarches des acteurs publics : des formations, des guides méthodologiques et des réseaux d'échange se sont alors multipliés.

Pas de définition officielle, mais une idée générale :

« ***L'éco-responsabilité*** *c'est l'engagement des administrations à limiter les impacts environnementaux dans leurs modalités de fonctionnement interne : déplacements, consommation d'énergie (électricité, chauffage, climatisation...), consommation de biens (papier, eau...).* » (Ademe, 2005)

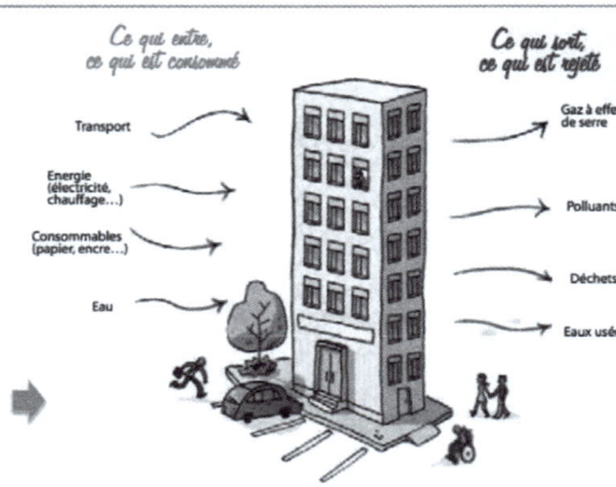

b) Une diffusion des démarches au tournant des années 2010

… la dynamique s'est toutefois ralentie. De nombreuses bonnes pratiques se sont largement diffusées, mais les démarches globales d'exemplarité ne se sont pas généralisées. Parfois délaissé, l'accompagnement au changement est pourtant un facteur clé de la réussite des démarches.

Le tournant des années 2010 est ainsi marqué par un certain engouement pour l'éco-responsabilité. Aurélien Boutaud l'illustre à travers l'exemple du Parc National de la Vanoise, qui a mené à cette époque une démarche originale basée sur le calcul de l'empreinte écologique de l'administration. Ce calcul a permis de hiérarchiser les enjeux pour mener des actions sur les postes de consommation les plus impactants. Par exemple, pour le poste de chauffage au gaz du bâtiment principal, des actions ont été proposées selon les trois modalités du scénario négaWatt : sobriété (baisse de la température de chauffe), efficacité (isolation du bâtiment) et substitution des énergies fossiles par des renouvelables (chaudière bois). Appliqué à tous les postes de consommation, ce travail a permis d'estimer les réductions d'empreinte écologique de l'administration envisageables à court et moyen terme.

c) Aujourd'hui : le facteur humain au cœur des démarches éco-responsables

Malgré cette dynamique des années 2010, l'éco-responsabilité n'est toutefois pas parvenue à s'imposer dans toutes les administrations. Il semble même que l'on assiste aujourd'hui à un certain essoufflement. D'un côté, de nombreuses bonnes pratiques se sont diffusées (restauration collective, marchés publics) et les exigences réglementaires se sont parfois accrues (usage des phytosanitaires, réglementation thermique...). Mais d'un autre côté, la thématique de l'éco-responsabilité apparaît aujourd'hui moins porteuse, tandis que l'accompagnement des démarches est parfois délaissé. Ce dernier est pourtant indispensable : toute démarche éco-responsable suppose des changements de comportement et d'organisation. Ce facteur humain, longtemps délaissé, est sans doute le plus important. C'est pourquoi il est au cœur de cette séance du club développement durable.

Le facteur humain au cœur du changement : mobiliser pour réussir sa démarche éco-responsable

 Lara Mang-Joubert – *Facilitatrice de changement, écologie et transition de société*

Pour comprendre l'importance du facteur humain dans les démarches éco-responsables, Lara Mang-Joubert en appelle à l'image de l'iceberg, dont la face visible serait la bonne connaissance technique des enjeux. Cet iceberg repose sur une face cachée, une base constituée d'hommes et de femmes qui participent au quotidien d'une organisation. On ne peut pas changer le haut de l'iceberg sans s'intéresser à ce sur quoi il repose. La proposition de cette matinée consiste à explorer ce facteur humain, qui est la face invisible mais fondamentale de l'éco-responsabilité.

a) L'éco-exemplarité : quels enjeux humains ?

L'éco-exemplarité soulève en général trois types d'enjeux qui relèvent de la routine (les habitudes qu'il faut changer), du sens (la finalité de l'action) et enfin des dissonances cognitives (la cohérence entre les valeurs et l'action).

Pour débuter, Lara Mang-Joubert demande à chacun de réfléchir à quelques enjeux d'éco-responsabilité qui le concernent directement au sein de sa structure. Les propositions sont variées : des déplacements professionnels à la machine à café, en passant par les commandes publiques, les logiciels libres, la distribution des journaux communaux ou encore la dématérialisation.

De manière générale, trois enjeux s'entremêlent pour les agents : l'évolution des routines (les habitudes du quotidien, qui jouent un rôle important et confortant de "système d'économie d'énergie psychique"), le sens des missions (ma place dans la collectivité, mon rôle, le sens de mon action : ce que je fais s'inscrit-il dans une vision collective qui fait sens pour moi ?) et enfin ce que les psychologues appellent les dissonances cognitives (le fait de ne pas être en phase avec ce que je dis, ou ce que sont mes valeurs).

Il est important de comprendre que l'éco-exemplarité ne relève pas d'une obligation : il ne s'agit pas de conduire le changement, mais de l'accompagner. Cela suppose de ne pas imposer un changement, mais de permettre à chacun d'en devenir acteur.

L'éco-exemplarité concerne 5,6 millions d'hommes et de femmes au sein des administrations, qui sont confrontés quotidiennement à ce type de questionnement.

L'éco-exemplarité pose de nombreuses questions : comment ça marche, est-ce que c'est efficace, quels sont les outils, etc. Mais de manière implicite, une question souterraine vient souvent diriger nos projets : "comment puis-je faire changer les autres ?". Or cette question, légitime, est problématique : elle génère davantage de résistances que de changements. En effet, l'éco-exemplarité nécessite de rendre acteurs toutes les personnes, en premier lieu les élus et les décideurs, mais également l'ensemble des agents et même les partenaires de la collectivité. (...)

Ateliers de travail autour de témoignages des communes

Deux ateliers ont été constitués. Sur la base des témoignages de collectivités ayant mené une démarche éco-responsable, les participants ont été invités à retenir les principaux éléments pour mener à bien une telle démarche, ainsi que les principaux points de vigilance à conserver à l'esprit.

Témoignage de la Ville de Sainte Foy-lès-Lyon

- **Anastasia Musart –** *Chargée de mission développement durable à la Ville de Sainte Foy-lès-Lyon.*

La démarche d'éco-responsabilité a été initiée dans le cadre de l'Agenda 21 de la Ville, dont elle constitue un volet à part entière. Initiée en 2012, elle s'est traduite dans un premier temps par la création d'un réseau d'agents " animateurs développement durable " dont la mission est de sensibiliser leurs collègues à l'éco-responsabilité. Dix volontaires représentant 7 services ont été nommés animateurs et se sont vus remettre une fiche de mission signée par le Maire. Piloté par la chargée de mission développement durable, le réseau se réunit deux à trois fois par an afin de traiter à chaque fois d'une thématique spécifique, qui fait ensuite l'objet d'une publication sous forme de guides pratiques : " les cahiers de DéDé ". De nombreuses thématiques ont été abordées depuis la création du réseau, complétées d'actions concrètes au sein des services. Sur le tri des déchets par exemple (cahier n°1), une visite du centre de tri a été organisée, suivie de la réorganisation du tri dans les services. D'autres thématiques ont été traitées : la réduction des impressions et le tri du papier (cahier n°2), les économies d'énergie (cahier n°3), les économies d'eau (cahier n°4)... En 2015, la dynamique a été relancée grâce à une formation du CNFPT pour les animateurs, ainsi qu'une réunion avec le DGS et le Maire. Un pique-nique pour les agents a été initié lors de la semaine du développement durable (et reconduit chaque année) et de nouveaux sujets ont été abordés, toujours accompagnés de cahiers pratiques à destination des agents : le climat (avec l'organisation d'un défi entre services), le recyclage et la récupération (avec l'organisation d'un " troc des agents " et d'un vide bureau en ligne), l'alimentation durable (avec un repas de noël développement durable réalisé par les agents), etc.

Le bilan est positif : le réseau d'agents est dynamique et force de proposition. Le renouvellement des animateurs se fait au fur et à mesure, même si certains services sont plus difficiles à mobiliser. L'exercice a permis de souligner l'importance de la formation et de la convivialité, ainsi que le besoin de reconnaissance et de valorisation de cette mission. Autre point important : il ne faut pas se limiter à la communication, mais proposer des actions concrètes.

Témoignage de la Ville de Lyon

- **Isabelle Niesseron –** *Responsable de la Mission Développement Durable de la Ville de Lyon*

La démarche d'éco-responsabilité est une déclinaison du PCET de la Ville. Elle visait à réaliser des économies d'énergie grâce à un " Défi Bâtiment " (ciblé sur le bâtiment Griffon). Les autres objectifs étaient d'améliorer le confort et la qualité de vie, et de sensibiliser les agents aux éco-comportements à travers différents leviers : les moyens de transport, l'électricité, l'eau, le chauffage, l'utilisation des bureaux et des lieux communs, la gestion des déchets, l'alimentation sur le lieu de travail, etc. Un questionnaire élaboré en mai 2016 a permis d'identifier les pratiques et les opinions, suite à quoi un groupe pilote a été créé, sur la base du volontariat. Ces ambassadeurs ont pour mission de concrétiser des projets à travers des groupes thématiques. Des animations et une campagne d'information et de sensibilisation des agents sont ainsi construites, et un bilan sera réalisé au bout d'un an – avec notamment un suivi des consommations et la valorisation des économies réalisées et des éco-gestes.

L'enquête a permis d'identifier que l'éclairage du bâtiment et le chauffage étaient des sujets importants d'inconfort pour les agents. Il est également apparu qu'il était important de donner aux agents les moyens des éco-gestes : améliorer les équipements permettant le tri des déchets, faciliter le stationnement des vélos, améliorer le chauffage, favoriser la convivialité et l'aménagement des terrasses afin de favoriser le compostage, etc. Il est également ressorti de l'enquête que la démarche devait reposer sur des aspects ludiques et pratiques, une incitation basée sur des aspirations personnelles, davantage que sur des contraintes ou des injonctions hiérarchiques.

Le bilan est encourageant, puisque trois groupes de travail fonctionnent : sur l'énergie, la végétalisation et l'alimentation ; en revanche, deux groupes n'ont pas "pris", sur la mobilité (difficulté pratique à résoudre pour le stationnement des vélos) et la convivialité (aspect qui a été intégré aux trois groupes qui fonctionnent). Une interrogation demeure toutefois sur la capacité de la démarche à se pérenniser sans animation et pilotage, puisque l'idée est à présent de mettre les moyens d'animation sur d'autres bâtiments. Une méthodologie de l'animation d'une démarche d'éco-responsabilité sera diffusée pour pallier cette incertitude.

Témoignage de la Ville de Dardilly

- **Frédéric Brocard –** *Directeur général des Services de la Ville de Dardilly.*

La démarche a été initiée dans le cadre de l'Agenda 21 de Dardilly, qui date de 2007 et se caractérise par le fait que chaque adjoint porte le développement durable au sein de sa délégation. La première étape de l'Agenda 21 a consisté à développer une démarche interne, en s'appuyant sur les personnes les plus mobilisées et volontaires mais aussi sur des personnes désignées, pour constituer un réseau de correspondants touchant tous les services – soit une vingtaine de personnes au total, qui se réunissent trois à quatre fois par an. Une charte de l'engagement éco-citoyen a été élaborée par ce groupe, recouvrant six thématiques : achats, consommations d'eau, d'énergie, recyclage, déplacements, consommation du papier et sensibilisation du public. Une formation interne au développement durable est venue compléter cette démarche auprès d'une centaine d'agents.

Entre 2009 et 2015, la dynamique s'est toutefois essoufflée, pour différentes raisons – notamment les freins liés aux changements de comportements, parfois difficiles à pérenniser. En 2015, l'évaluation de l'Agenda 21 a été réalisée et a permis d'identifier : les forces (par exemple une stabilité des RH, des ressources qui se maintiennent), les faiblesses (un relatif saupoudrage, un manque de retours sur les effets, ...), les opportunités (la mutualisation des achats, opportunité pour les clauses sociales et environnementales) et enfin les menaces (la lassitude, la dimension non prioritaire du développement durable, etc.).

Le choix a été fait de focaliser les actions internes sur quelques thématiques phares : la mobilité, l'énergie, les déchets, l'alimentation et les achats. Enfin, le renouvellement des correspondants développement durable a permis de relancer fortement la dynamique, et les nouveaux arrivants bénéficient systématiquement d'une sensibilisation au développement durable. La dynamique semble repartie, comme en témoigne par exemple la vidéo élaborée à la demande des correspondants, qui vient illustrer de manière ludique les enjeux de l'éco-citoyenneté. (...)

Document 3

Plan national d'action pour les

ACHATS PUBLICS DURABLES 2015 - 2020 (extrait)

mis à jour en 2017

Liberté · Égalité · Fraternité
RÉPUBLIQUE FRANÇAISE

Ministère de l'Écologie, du Développement durable et de l'Énergie

1 - Première partie - Contexte et périmètre

Le présent document se veut une feuille de route.

10 ans après la directive Marchés publics qui, en 2004, a pour la première fois organisé les conditions d'une insertion de problématiques environnementales ou sociales dans les spécifications techniques des produits et services souhaités et/ou les critères de choix des offres, et après un état des lieux opéré auprès des acteurs de terrain de l'achat public émanant des trois administrations publiques (Etat, collectivités territoriales, hôpitaux), il fixe des objectifs et prévoit des actions qui répondent aux besoins exprimés par ceux-ci.

Ainsi, il ne s'agit plus de rappeler l'état des textes, désormais mieux connus qu'au moment du premier PNAAPD de 2007, ni de faire le tour de toutes les questions qui se posent en termes juridiques et pratiques, même si le présent document énumère quelques travaux prioritaires à mener à ce titre, mais de s'attaquer de façon pragmatique, et sur la durée, aux obstacles qui ralentissent la montée en puissance de l'achat public durable : convaincre les décideurs, accompagner les acheteurs, dialoguer avec les autres acteurs essentiels que sont les entreprises et leurs organisations représentatives, montrer, démontrer, valoriser, évaluer...

Les objectifs stratégiques fixés par le document le sont à l'horizon 2020. Les outils pour mesurer leur atteinte n'existent pas toujours au moment de la mise en place du plan.

Le présent document se présente donc sous la forme d'une liste d'actions thématiques parfois très concrètes (maintenance d'un site internet par exemple) qui ont été déterminées par les réseaux d'acheteurs consultés comme les plus à même de les aider à progresser dans l'achat public durable.

Certaines sont déjà entamées, d'autres entièrement à construire.

Les cibles du PNAAPD sont prioritairement les acheteurs publics, à deux titres :

comme bénéficiaires des actions qui seront mises en place ou poursuivies sur son fondement

comme participants potentiels et bienvenus à la création et l'animation de ces actions au sein de réseaux territoriaux et nationaux, experts comme praticiens au quotidien.

Et même si l'achat public présente des spécificités relatives à ses procédures, garanties et contrôles, la dynamique du PNAAPD n'ignorera pas l'apport et la richesse de l'échange avec les initiatives privées d'achat responsable.

1.1 - Définition des achats publics durables

Un achat public est un achat réalisé par un pouvoir adjudicateur soumis au code des marchés publics ou à l'ordonnance n° 2005-649 du 6 juin 2005 relative aux marchés passés par certaines personnes publiques ou privées non soumises au code des marchés publics.

Un achat public durable est un achat public :

- intégrant des dispositions en faveur de la protection ou de la mise en valeur de l'environnement, du progrès social, et favorisant le développement économique ;
- qui prend en compte l'intérêt de l'ensemble des parties prenantes concernées par l'acte d'achat ;
- permettant de réaliser des économies « intelligentes » au plus près du besoin et incitant à la sobriété en termes d'énergie et de ressources
- et qui intègre toutes les étapes du marché et de la vie du produit ou de la prestation.

Plan national d'action pour les achats publics durables 2015 - 2020

Un marché public comporte une disposition sociale si :

- l'objet du marché (article 5 du code des marchés publics) comporte une dimension sociale, comme par exemple : « prestation de services réservée à des structures employant des handicapés » ; cet objet donne lieu à l'inscription d'au moins une clause contractuelle dans le marché ;

- ou bien la dimension sociale est prise en compte dans les spécifications techniques (article 6 du code des marchés publics) ; par exemple : « le matériel doit être adapté à une utilisation par une personne handicapée » ;

- ou bien la dimension sociale est prise en compte dans les conditions d'exécution du contrat qui comportent au moins une clause sociale comme l'insertion par l'activité économique (article 14 du code des marchés publics) ou le recours aux structures employant une majorité de travailleurs handicapés (article 15 du code des marchés publics) ;

- ou bien un ou plusieurs critères d'attribution à caractère social (article 53 du code des marchés publics) sont pris en compte, assortis d'au moins une clause contractuelle associée au(x) critère(s). Les critères sociaux éventuellement utilisés pour juger et classer les offres ne sont considérés que dans la mesure où leur utilisation a pour conséquence d'entraîner l'inscription d'au moins une clause dans le contrat.

Un marché public comporte une disposition environnementale si :

- l'objet du marché (article 5 du code des marchés publics) comporte une dimension environnementale, comme par exemple : « prestation de services de restauration avec des produits issus de l'agriculture biologique » ; cet objet donne lieu à l'inscription d'au moins une clause contractuelle dans le marché

- ou bien la dimension environnementale est prise en compte dans les spécifications techniques (article 6 du code des marchés publics). Cela peut se faire par la définition d'exigences équivalentes à celles des écolabels (écolabel européen par exemple) des exigences de performance (par exemple : « automobile émettant moins de 110g CO_2/km ») ou de méthodes et processus de production (par exemple, « l'électricité doit être produite à partir de sources d'énergie renouvelables »)

- ou bien la dimension environnementale est prise en compte dans les conditions d'exécution (article 14 du code des marchés publics) du marché (par exemple : « collecte et recyclage des déchets produits ») ;

- ou bien un ou plusieurs critères d'attribution liés au développement durable (article 53 du code des marchés publics) sont pris en compte, assortis d'au moins une clause contractuelle associée au(x) critère(s). Il peut s'agir des performances en matière de protection de l'environnement, des performances en matière de développement des approvisionnements directs des produits de l'agriculture, du coût global d'utilisation ou des coûts tout au long du cycle de vie. Les critères environnementaux éventuellement utilisés pour juger et classer les offres ne sont considérés que dans la mesure où leur utilisation a pour conséquence d'entraîner l'inscription d'au moins une clause dans le contrat.

Cette définition est désormais commune au présent plan d'action, au Service des achats de l'Etat (SAE) et à l'Observatoire économie des achats publics (OEAP) notamment pour les besoins de son recensement annuel.

Plan national d'action pour les achats publics durables 2015 - 2020

Elle est proposée comme définition commune à l'ensemble des acheteurs publics jusqu'à son évolution éventuelle dans le cadre de la future transposition de la directive 2014/24/UE du 26 février 2014 sur la passation des marchés publics.

1.2 - Contexte

A l'origine du plan national d'action pour les achats publics durables (PNAAPD), une exigence de la commission européenne

La mise en œuvre de plans nationaux d'action pour des achats publics durables est une attente de la Commission européenne, exprimée en 2003 (avec demande d'une actualisation tous les trois ans)[1] et poursuivie depuis[2].

La direction générale Environnement de la commission européenne anime un comité dédié à l'achat public durable (the *Green public procurement advisory group*) qui permet d'échanger sur les bonnes pratiques en matière d'achats publics durables, suit la mise en œuvre des plans d'action nationaux et formule des préconisations sur les guides élaborés par la commission à destination des acheteurs publics. La France y présente le PNAAPD et les politiques menées au titre de l'exemplarité des services centraux et déconcentrés de l'Etat dans leur fonctionnement comme ses deux principaux dispositifs en faveur de l'achat public durable.

Un premier plan national d'action pour des achats publics durables avait été élaboré pour la période 2007-2010

S'agissant d'un premier document de ce type, sur une politique encore naissante, il faisait un état des lieux d'une réglementation, d'acteurs et de dispositifs encore mal connus et fixait quelques axes stratégiques. La circulaire du Premier ministre du 3 décembre 2008 relative à l'exemplarité de l'Etat au regard du développement durable dans le fonctionnement de ses services et de ses établissements publics[3] reprenait une bonne partie de ses objectifs et lui donnait un caractère opérationnel mais limité aux services de l'État (centraux puis rapidement déconcentrés).

Le premier PNAAPD avait pour objectif de faire de la France l'un des pays de l'Union européenne les plus engagés dans l'intégration du développement durable au sein de la commande publique. Sans être à la pointe, la France obtient de bons résultats par rapport à ses voisins européens : d'après l'enquête menée en 2010 par la commission européenne, la France se situe dans les cinq premiers États membres en nombre d'acheteurs publics ayant inclus des clauses environnementales dans au moins 50 % de leurs marchés.

Les acheteurs publics souhaitaient un deuxième plan national d'action pour des achats publics durables plus opérationnel et mieux diffusé

En 2011, une enquête a été menée par l'Observatoire économique de l'achat public (OEAP)

---

1 Communication de la Commission au Conseil et au Parlement européen du 18 juin 2003 [COM(2003) 302]

2 Communication de la Commission du 16 juillet 2008 relative à des marchés publics pour un environnement meilleur - Plan d'action pour une consommation et une production durables et pour une politique industrielle durable - Développement d'une réflexion environnementale axée sur le cycle de vie

3 http://www.legifrance.gouv.fr/affichTexte.do?cidTexte=JORFTEXT000020243534

sur les achats publics durables afin de tirer un bilan du premier exercice du PNAAPD et de comprendre les attentes des acheteurs publics[4]. La majorité de ceux qui ont déclaré connaître le PNAAPD indiquent que celui-ci a contribué à orienter leurs choix dans l'insertion de clauses environnementales et sociales dans leurs marchés. Les lacunes évoquées portent sur le caractère peu pratique et non contraignant du document.

Les suggestions des acheteurs publics pour son amélioration sont les suivantes :

- compléter l'outil par des expériences, des exemples concrets reproductibles ;
- fixer des objectifs opérationnels par famille de produits ;
- mettre en place un système d'évaluation des achats durables, proposer des indicateurs de résultats ;
- veiller à la promotion de l'outil ;
- proposer un guide faisant l'état des lieux des outils disponibles.

Résultats de l'enquête 2011 de l'Observatoire Économique des Achats Publics (OEAP)

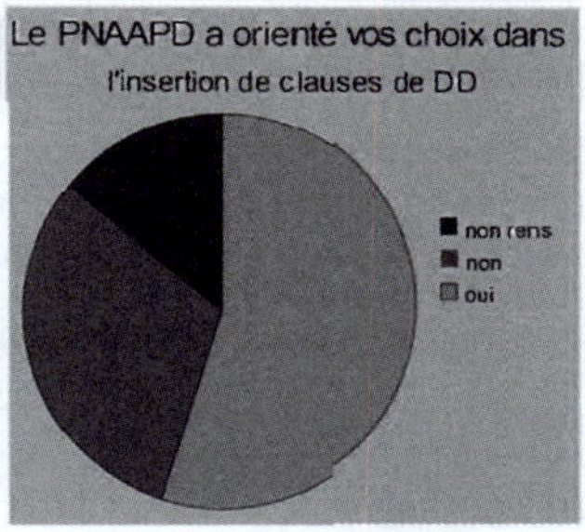

Dans le groupe des institutions ayant répondu par "oui" à la question "Connaissez-vous le PNAAPD?", 55 % répondent par oui à la question : « Le PNAAPD a-t-il contribué à orienter vos choix dans l'insertion de clauses sociales et environnementales » ?, 31 % par non, et 14% n'ont pas répondu.

Résultats de l'enquête statistique 2013 de l'OEAP

Le dernier recensement des achats publics publié en novembre 2014 pour les marchés passés en 2013[5] indique que 6,7 % des marchés de 90 000 € HT et plus comportent une clause environnementale et 6,1 % comportent une clause sociale. Bien que ces pourcentages paraissent bas, ils ne sont pas moins en progression. Pour rappel, en 2009, ils atteignaient respectivement 2,6 % et 1,9 %.

(...)

4 http://www.economie.gouv.fr/files/files/directions_services/daj/marches_publics/oeap/publications/lettre/2011/lettre-OEAP-N-special.pdf
5 http://www.economie.gouv.fr/daj/recensement-des-marches-publics-en-2013

Plan national d'action pour les achats publics durables 2015 - 2020

Document 4

LE COURRIER DES MAIRES et des élus locaux

Courrierdesmaires.fr

PARC AUTOMOBILE DES COLLECTIVITÉS - 11/01/2018

Se doter d'une flotte de véhicules propres

par Frédéric Ville

Alors que la ministre des Transports Élisabeth Borne doit présider ce 11 janvier une table-ronde avec les acteurs de la filière du Gaz naturel pour les véhicules (GNV), quid des possibilités offertes aux collectivités pour se doter d'une flotte de véhicules verts? L'offre s'élargit, mais choisir la technologie puis maîtriser le coût global, investissement comme entretien, ne s'improvise pas.

«Green washing » ou véritable levier pour « verdir » les modes de transport ? La loi du 17 août 2015 de transition énergétique prévoit le renouvellement ou l'acquisition de flottes publiques en véhicules à faibles émissions (1) à hauteur de 20 % pour les moins de 3,5 tonnes, pour des parcs de plus 20 véhicules. Mais comment atteindre ces objectifs sans mettre des bâtons dans les roues du fonctionnement quotidien des collectivités ?

Parmi les technologies propres à leur disposition, les biocarburants (biodiesel, bioéthanol) sont controversés. Ils nécessitent des surfaces de terres agricoles importantes, bien qu'on puisse aussi utiliser des friches agricoles, voire certains déchets localement. Le GNV (gaz naturel pour véhicules) est peu polluant (pollution de proximité, émissions de CO2 faibles) mais son approvisionnement et son autonomie (200 à 500 km maximum) posent problème.

GNC ou GPL, des usages différents

Le surcoût à l'achat pour un véhicule léger est respectivement de 2 500 et 1 000 euros par rapport à l'essence et au diesel. Forme la plus répandue du GNV, le GNC (gaz naturel comprimé), d'origine fossile, peut être utilisé pour les poids lourds, et surtout être remplacé par du biogaz (issue de matières organiques, boues de station d'épuration, déchets agroalimentaires, lisiers agricoles), avec 90 à 100 % de CO2 en moins.
Le gaz de pétrole liquéfié (GPL), plus adapté aux véhicules légers, émet très peu de particules fines et 10 à 20 % de CO2 en moins que l'essence. En outre, c'est un carburant économique (0,77 € contre 1,44 € au litre pour le SP 95, mais une consommation supérieure de 10 à 20 %), facile d'approvisionnement, d'autonomie correcte (300 km) et d'un prix équivalent au diesel en bicarburation.

Des écosystèmes vertueux

Les véhicules électriques à batterie sont plus adaptés que les hybrides électriques, rechargeables ou non, les trajets en collectivités étant souvent courts. Les voitures électriques de dernière génération avec batteries au lithium ont plus d'autonomie (près de 300 km). Le prix de revient kilométrique (PRK) d'une Renault Zoé parcourant 10 000 km par an (moyenne pour les collectivités) et 150 000 km au total, est de 12 % supérieur à celui d'une Renault Clio. Avantages : consommation d'environ 2,50 € d'électricité en moyenne aux 100 km pour une citadine/berline compacte, entretien réduit. Les réseaux de bornes de recharge commencent à s'étoffer, le SAV s'organise, le personnel est formé. Reste que le bilan écologique est délicat (industrie nucléaire), le prix d'achat encore élevé et la durée de vie des batteries pas encore connue.

En amont du marché, mieux vaut donc bien déterminer le type de technologie/carburant souhaité. Car le poste carburant représente plus de 50 % du PRK des véhicules. Si l'on change de technologie/carburant, il est bon de soumettre les véhicules à des essais en conditions réelles.

Des collectivités précurseurs

Certaines collectivités se sont lancées dans des écosystèmes vertueux et facteurs de développement économique : Locminé (Morbihan) avec ses véhicules, sa station GNV et son unité de méthanisation valorisant le lisier de porcs bretons ; la région Nouvelle Aquitaine avec son car expérimental roulant au biocarburant produit à partir de déchets de la production viticole ; une borne électrique à Hyères fonctionnant à partir de déchets végétaux, etc.
Pour acheter, mieux vaut définir, à partir d'une période d'amortissement, un coût global : coût d'acquisition, frais de maintenance (vidange, changement de freins, filtres, pneus, etc.), de consommables (carburant, électricité, huile), subventions (État, Ademe, collectivités), incitations fiscales et, s'ils sont différenciant, les coûts d'assurance et de fin de vie.

L'alternative des systèmes hybrides

En matière d'environnement, on valorisera les émissions de polluants (gaz à effet de serre, oxydes d'azote, particules fines) comme les économies d'énergie primaire et de carburant, en les rapportant à la durée de vie et au kilométrage parcouru. A noter que les données de consommation et d'émission sont disponibles pour les véhicules légers, moins pour les poids lourds et autres matériels roulants (engins de chantier, tondeuses, etc.), où cela dépend de l'utilisation faite.

Une alternative à l'achat de nouveaux véhicules : équiper ses voitures de systèmes hybrides (kits à éthanol, GPL, etc.). Enfin, la technique, la sécurité, le SAV, les délais de livraison feront aussi partie des critères d'attribution des marchés. Pour obtenir les données des fournisseurs et ainsi des offres valables, il faudra leur expliquer la démarche.

Les balbutiements des véhicules à hydrogène

Un véhicule à hydrogène contient une bonbonne à hydrogène et une pile à combustible transformant cet élément « H » et l'oxygène de l'air en électricité. Si l'on ajoute une grosse batterie rechargeable au véhicule, l'autonomie passe alors de 150 à 300 kilomètres. Elle est de 500 à 600 kilomètres pour une voiture 100 % hydrogène, dotée d'une petite batterie mais d'une grosse pile à combustible. La voiture à hydrogène réduit les nuisances sonores, utilise une énergie renouvelable (biométhane, biogaz), ne pollue pas (sauf en production d'hydrogène), seule de l'eau étant rejetée. Mais cela a un prix : de 30 000 à 50 000 euros HT par véhicule. Pour être rentable, la consommation étant d'un kilo d'hydrogène aux 100 kilomètres (2 à 200 euros le kilo en fonction des volumes), il faut viser moins de 10 euros/kg par rapport au diesel. Deux expérimentations sont en cours : l'unité de production d'hydrogène du syndicat de déchets Trifyl (Tarn) qui fournit la Kangoo ZE ; la navette fluviale à pile combustible et la station hydrogène mutualisée de Nantes métropole.

Nos conseils

Redimensionner sa flotte

Avant même d'acheter, le dimensionnement de la flotte peut être réduit par du covoiturage professionnel, l'utilisation des transports en commun, l'autopartage, le vélo, la mutualisation des véhicules entre services et/ou collectivités. La tenue d'un planning de réservation de véhicules facilitera le diagnostic pré-achat : qui se déplace, quand, pour quelles distances ? De quoi optimiser ensuite le suivi et l'entretien. Plus les véhicules seront mutualisés, plus ils rouleront et plus les prix de revient kilométrique (PRK) diminueront.

À explorer : mutualiser un garage en régie entre plusieurs collectivités et rationaliser la maintenance avec un nombre réduit de modèles de véhicules.

S'appuyer sur la directive européenne

Tout acheteur public se conformera à la directive européenne sur les véhicules propres (2009/33/CE) et tiendra compte des externalités environnementales : consommations d'énergie, émissions de CO_2, d'oxydes d'azote, d'hydrocarbures non méthaniques et de particules. La directive préconise à cet effet des spécifications techniques, des critères d'attribution ou, avec méthodologie imposée, des coûts de cycles de vie.

Trancher entre achat et location

En louant les véhicules, on bénéficie des évolutions technologiques (batteries). Pour une commune dotée d'un petit parc, la location longue durée simplifie la gestion. Mais elle ne peut pas déduire l'amortissement du résultat, comme une entreprise.

Utiliser l'accord-cadre

Marché public de trois ans, où le choix des entreprises est séparé de l'attribution des commandes (marché subséquent) au gré des besoins, l'accord-cadre est judicieux. Il prévoit un seuil et un plafond en quantité ou en valeur. Intéressant dans un secteur où les prix et technologies évoluent vite. Les groupements de commande sont à favoriser. Recourir à l'Union des groupements d'achats publics dispensera de passation de marché, tout en s'assurant expertise… et remises.

Adapter la taille… et la conduite

Pour une utilisation urbaine ou pour un véhicule utilisé seul et sans transport de marchandise, une petite cylindrée suffira. Des formations à l'écoconduite réduiront aussi les consommations.

Note 01:

Pas plus de 60 g/km de CO_2 selon le décret n° 2017-21 du 11 janvier 2017

DAJ

ESPACE MARCHES PUBLICS

Rubrique Conseil aux acheteurs et aux autorités concédantes / Fiches techniques

FICHE

La définition du besoin (extraits)

(...)

Par « besoins » du pouvoir adjudicateur, on entend, non seulement, les besoins liés à son fonctionnement propre (ex : des achats de fournitures de bureaux, d'ordinateurs pour ses agents, de prestations d'assurance pour ses locaux, etc.) mais également les besoins liés à son activité d'intérêt général et qui le conduisent à fournir des prestations à des tiers (ex : marchés publics de formation et d'insertion, marchés publics de transport scolaire, etc.).

Pour être efficace, l'expression des besoins impose :

l'analyse des besoins fonctionnels des services sur la base, par exemple, d'états de consommation

la connaissance, aussi approfondie que possible, des marchés fournisseurs, qui peut s'appuyer par exemple, sur la participation de l'acheteur à des salons professionnels ou sur la documentation technique ou sur l'organisation d'un sourçage ;

la distinction, y compris au sein d'une même catégorie de biens ou d'équipements, entre achats standards et achats spécifiques ;

lorsqu'elle est possible, l'adoption d'une démarche en coût global prenant en compte, non seulement le prix à l'achat, mais aussi les coûts de fonctionnement et de maintenance associés à l'usage du bien ou de l'équipement acheté, voire des coûts liés à son élimination ou à son recyclage.

1. Comment l'acheteur doit-il déterminer ses besoins ?

L'acheteur doit traduire **le** besoin dans un document contractuel, en principe, le cahier des clauses techniques particulières (CCTP). Les opérateurs économiques sont tenus de remettre une offre conforme à ce cahier des charges. Quel que soit le type de procédure, les besoins doivent être définis avec précision. En procédure adaptée, cette obligation peut être satisfaite, en pratique, par la rédaction d'un descriptif qui, le cas échéant, pourra être succinct. En tout état de cause, l'acheteur doit communiquer aux candidats toutes les informations utiles dont il dispose.

1.1. Les besoins doivent être déterminés par référence à des spécifications techniques

L'acheteur doit définir ses besoins en recourant à des spécifications précises qui ont pour objet de décrire les prestations faisant l'objet du marché public. A cet égard, une offre d'un candidat qui ne respecte pas une spécification technique doit être rejetée par le pouvoir adjudicateur en tant qu'elle constitue une offre irrégulière au sens des articles L. 2152-2 (marchés publics classiques) et L. 2352-1 du code (marchés publics de défense ou de sécurité) Usuellement, ces spécifications sont les prescriptions techniques qui décrivent les caractéristiques d'un produit, d'un ouvrage ou d'un

Mise à jour le 01/04/2019.

service. Mais elles peuvent également se référer au processus ou à la méthode spécifique de production ou à une caractéristique du cycle de vie. En tout état de cause, ces spécifications techniques doivent être liées à l'objet du marché public et proportionnées à sa valeur et à ses objectifs.

L'acheteur peut :

- se référer à des normes (ou à d'autres documents préétablis), approuvés par des organismes reconnus, notamment par des instances professionnelles en concertation avec les autorités publiques nationales ou européennes. Il s'agit d'une évaluation technique européenne, d'une spécification technique commune ou d'un référentiel technique. L'avis du 27 mars 2016 relatif à la nature et au contenu des spécifications techniques dans les marchés publics définit ces termes. Dans ce cas, l'attention de l'acheteur est attirée sur le fait que les articles R. 2111-9 (marchés publics classiques) et R. 2311-5 du code (marchés publics de défense ou de sécurité) imposent un ordre de priorité entre ces différentes normes ou documents équivalents ;

- exprimer les spécifications techniques, en termes de performance à atteindre ou d'exigences fonctionnelles. Par exemple, pour un marché de vêtements de pompier, le pouvoir adjudicateur peut exiger, au titre des spécifications techniques, un tissu résistant au minimum à tel degré de chaleur ou de pression d'eau chaude, avec des renforts ou un poids maximal identifiés.

L'acheteur a la possibilité de combiner les deux catégories de spécifications techniques. Ainsi, pour un même produit, service ou type de travaux, il peut faire référence à des normes pour certaines caractéristiques et à des performances ou exigences fonctionnelles pour d'autres caractéristiques.

Les spécifications techniques doivent être objectives et neutres et ne sauraient avoir pour effet de fausser la concurrence en créant une discrimination entre les opérateurs économiques.

Pour les mêmes raisons, les spécifications techniques ne peuvent mentionner une marque, un brevet ou un type qui auraient pour objet ou pour effet de favoriser ou d'écarter certains produits ou services. L'acheteur peut toutefois y recourir à titre exceptionnel, lorsqu'il lui est impossible de déterminer autrement, une description technique précise de l'objet du marché et à la condition expresse que ces références soient accompagnées de la mention « ou équivalent ». Dans un tel cas, le juge examine si la spécification technique en cause a ou non pour effet de favoriser ou éliminer certains opérateurs économiques puis, dans l'hypothèse d'une atteinte à la concurrence éventuelle, si cette spécification est justifiée par l'objet du marché public ou, si tel n'est pas le cas, si une description suffisamment précise et intelligible de l'objet du marché n'est pas possible sans cette indication.

Dans tous les développements qui suivent, sont traités des aspects spécifiques liés au développement durable. Toutefois, l'attention des acheteurs et des opérateurs économiques est attirée sur l'intérêt de consulter également les fiches techniques spécialement dédiées au développement durable.

1.2. L'acheteur doit prendre en compte les préoccupations de développement durable dans la définition de ses besoins, dans le respect des principes généraux de la commande publique

Lorsqu'il détermine la nature et l'étendue de ses besoins, l'acheteur doit prendre en compte « *des objectifs* de *développement durable dans leur dimension économique, sociale et environnementale* ». Le développement durable peut être défini comme un développement qui répond aux besoins du présent sans compromettre la capacité des générations futures à répondre aux leurs.

La prise en compte de ces objectifs dans la définition des besoins est, pour l'acheteur, une obligation de moyen : l'acheteur peut déroger à cette obligation, s'il est en mesure de justifier de son impossibilité à prendre en compte de tels objectifs. Par ailleurs, si l'article L 2111-1 du code impose à l'acheteur de prendre en compte des objectifs de développement durable, il ne lui impose pas de retenir un critère écologique au sein des critères de choix des offres. En effet, il peut également satisfaire à cette obligation notamment par référence à des spécifications techniques, par la prise en compte de labels, de normes écologiques, de clauses d'exécution, etc.

Cette obligation, applicable à l'ensemble des acheteurs, transpose les obligations prévues par la directive du Parlement européen et du Conseil concernant l'indication, par voie d'étiquetage et d'informations uniformes relatives aux produits, de la consommation en énergie et autres ressources des produits liés à l'énergie, qui impose à certains acheteurs de tenir compte, au-dessus des seuils de procédures formalisées, de la performance énergétique des produits qu'ils acquièrent.

1.2.1. Les préoccupations environnementales

Les préoccupations environnementales peuvent être intégrées dans le processus d'achat à différentes étapes : lors de la définition et de l'expression du besoin, lors de la présentation des candidatures, lors de la présentation des offres ou au stade de l'exécution du marché public.

- S'agissant de la phase de définition et d'expression du besoin, les exigences environnementales peuvent être prises en compte via des spécifications techniques, les labels ou les écolabels attribués par des organismes indépendants.

Les labels s'entendent comme tout document, certificat ou attestation confirmant que les ouvrages, les produits, les services, les procédés ou les procédures concernés par la délivrance de ce label remplissent certaines exigences. Les écolabels quant à eux sont des déclarations de conformité des prestations labellisées à des critères préétablis d'usage et de qualité écologique, qui tiennent compte du cycle de vie et des impacts environnementaux des produits et qui sont établis par les pouvoirs publics en concertation avec les parties intéressées, tels que les distributeurs industriels, les associations de consommateurs et de protection de l'environnement. Par ces outils, l'acheteur peut ainsi poser des exigences particulières en termes de consommation d'énergie des produits qu'il achète.

Le recours à un label par l'acheteur impose le respect de diverses conditions prévues par les articles R. 2111-14 et R. 2111-15 du code.

Tout d'abord, la réglementation impose le respect de conditions tenant au label lui-même, lequel doit présenter les caractéristiques suivantes :

Avoir été établi par une procédure ouverte et transparente ;

Reposer sur des critères objectivement vérifiables et non-discriminatoires ;

Présenter des conditions d'obtention qui ont été fixées par un tiers sur lequel l'opérateur économique qui demande son obtention ne peut exercer d'influence décisive et sont accessibles à toute personne intéressée.

Par ailleurs, les dispositions du code de la commande publique prévoient que l'acheteur, lorsqu'il entend imposer aux opérateurs économiques le recours à un label, doit s'assurer que les caractéristiques prouvées par ce label :

- Présentent un lien avec l'objet du marché au sens de l'article L. 2112-3 du code ;
- Permettent de définir les travaux, fournitures ou services qui font l'objet du marché.

A cet égard, la référence à des spécifications du label excédant l'objet du marché public ou ses conditions d'exécution, pourrait être contestée par toute personne ayant un intérêt à conclure le contrat au motif qu'elle constitue une restriction injustifiée à l'accès des opérateurs économiques audit marché public.

De même, un acheteur ne peut exiger un label qui serait attribué sur la base de considérations insusceptibles d'être prises en compte car dépourvues de tout lien avec l'objet du marché public ou ses conditions d'exécution (ex: niveau de salaire versé aux employés, mise à disposition d'écoles pour les enfants des salariés, etc.). Tel est le cas des labels qui prévoient la mise en place d'une politique de responsabilité sociale ou environnementale de l'entreprise, ou prévoient le réinvestissement d'une partie des revenus tirés de la vente au bénéfice de l'éducation des conjoints ou des enfants des travailleurs ou de l'amélioration des conditions de vie de leur famille. Ces labels ne peuvent être considérés comme présentant un lien suffisant avec l'objet du marché public ou ses conditions d'exploitation, comme le rappelle régulièrement la Commission. L'acheteur qui souhaiterait définir les spécifications techniques des travaux, services ou fournitures objet du marché public par référence à de tels labels doit s'en tenir à la seule reprise, dans les documents du marché public, des conditions d'obtention de ces labels qui répondent aux exigences précitées.

Ce faisant, le produit bénéficiant du label qu'il n'était pas possible de citer en tant que tel pourra être proposé par les opérateurs économiques, tout en respectant les règles des marchés publics.

De même, si l'acheteur n'exige pas que les travaux, fournitures ou services répondent à l'ensemble des exigences sur la base desquelles le label est attribué, il lui appartient de ne pas faire référence directement à ce label mais d'indiquer celles des exigences qu'il requiert.

Il est possible, en revanche, comme l'indique le considérant 37 de la directive, de faire référence à un label fondé sur le fait que le produit acheté est issu du commerce équitable comportant l'obligation de payer aux producteurs un prix minimum et une majoration de prix.

L'acheteur est tenu d'accepter tout label qui remplirait des exigences équivalentes au label particulier exigé.

L'acheteur doit accepter tout autre moyen de preuve approprié lorsqu'un opérateur économique n'avait manifestement pas la possibilité d'obtenir le label particulier spécifié par l'acheteur ou un label équivalent dans les délais fixés pour des raisons qui ne lui sont pas imputables, et sous réserve que ces moyens satisfassent les exigences indiquées dans les documents de la consultation. A défaut, l'acheteur pourrait être regardé comme imposant aux opérateurs économiques une contrainte discriminante qui conduirait à méconnaître le principe fondamental d'égal accès des candidats à la commande publique.

- Les préoccupations de développement durable peuvent également être prises en compte au stade de l'analyse des candidatures. Ainsi, l'acheteur peut, si cela est justifié par l'objet du marché public ou ses conditions d'exécution, utiliser par exemple un critère de sélection des candidatures relatif au savoir-faire des candidats en matière de protection de l'environnement à travers l'appréciation de leurs capacités techniques.
- Les préoccupations de développement durable peuvent également être intégrées au stade de l'analyse des offres via l'utilisation d'un critère environnemental par exemple (CJCE, 17 septembre 2002, *Concordia Bus Finland Oy Ab,* Aff. C-513/99). L'acheteur prendra garde à ce que l'appréciation du critère se fasse de

manière impartiale et que celui-ci s'accompagne d'exigences permettant d'assurer un contrôle effectif de l'exactitude des informations retenues dans les offres. Ainsi, il est par exemple impossible d'utiliser un critère lié au niveau d'électricité verte produite par le soumissionnaire si rien ne garantit que, dans le cadre de la fourniture d'électricité, l'acheteur bénéficiera effectivement de ce niveau d'électricité dédié (CJCE, 4 décembre 2002.*EVN AG, Wienstrom GmbH Republik Osterreich,* Aff. C-448/01).

- Depuis l'entrée en vigueur du décret n° 2016-412 du 7 avril 2016 relatif à la prise en compte de la performance énergétique dans certains contrats et marchés publics, dans certains cas, les articles R. 234-1 à R. 234-6 du code de l'énergie imposent à l'État et à certains de ses établissements publics d'acheter, des produits, services ou bâtiments à haute performance énergétique. Ces articles imposent à ces acheteurs d'exiger, dans certains cas, des titulaires du marché public, qu'ils n'utilisent que des produits satisfaisant aux mêmes exigences.

Pour de plus ample informations, l'acheteur est invité à se reporter au guide publié par la Commission européenne, « Acheter vert : un manuel sur les marchés publics écologiques », ainsi qu'à sa communication interprétative relative à des marchés publics pour un environnement meilleur. Il est également conseillé de consulter les guides du groupe d'étude des marchés (GEM) développement durable, environnement. (...)

Document 6

LE CNFPT AU SERVICE DES COLLECTIVITÉS

À travers son offre de service, le CNFPT accompagne les collectivités dans la mise en œuvre de leurs politiques de développement durable, comme dans la formation de leurs agents. Exemples.

TARBES (HAUTES-PYRÉNÉES)

LES AGENTS, ÉCO-RESPONSABLES DE LEUR VILLE

Dès 2008, la Ville de Tarbes s'engage sur un projet de long terme avec l'élaboration d'une charte d'écologie urbaine et de développement durable qui décline trois démarches de qualité : « Éducation au développement durable » (EDD), « Tarbes, Mairie éco-responsable » (TMER) et « Tarbes, Ville durable » (TVD). Objectif : donner corps aux principes de développement durable par des actions concrètes et efficaces, portées sur le terrain par les agents de la Ville.

FORMER À LA CONDUITE D'ÉCO-PROJETS

Sollicitée par la Mairie de Tarbes, la délégation régionale Midi-Pyrénées du CNFPT accompagne la démarche TMER, dès 2009. Son ambition est de placer les agents municipaux au cœur du dispositif pour en faire de véritables ambassadeurs du développement durable. Pour aller plus loin, le CNFPT associe au projet les élus et les cadres de la direction générale. Tout au long de l'année, quatre grandes phases d'information, de sensibilisation et de formation sont organisées. Début avril, le projet d'éco-responsabilité et les futures formations sont présentés à l'occasion de six rencontres. Les élus sont ensuite sensibilisés au projet lors d'une demi-journée programmée fin avril. De mai à juin, 105 cadres et leurs adjoints participent à un jour et demi de formation-action. Puis, 450 agents prennent part à une demi-journée de sensibilisation, entre septembre et octobre.

VERS UNE ACTION LOCALE PARTAGÉE...

Désormais formés, les participants peuvent être conviés, fin 2009, aux six groupes de travail thématiques créés. Six grands domaines de l'action publique locale ont ainsi été identifiés pour porter cette démarche transversale : achats durables, bâtiments municipaux, déchets, déplacements, espaces verts et espaces publics, et enfin, communication, formation et sensibilisation au développement durable. Pour piloter au mieux le programme, ces groupes bénéficient d'un accompagnement permanent du CNFPT et de l'appui du comité technique créé à cette occasion. Après trois ans, le bilan est encourageant avec 20 réunions organisées, 70 actions élaborées dont 53 actions éco-responsables, mises en œuvre par les agents de la Ville et évaluées depuis 2013. À suivre désormais, le passage d'une démarche qualité portée par les agents vers une politique de développement durable mobilisatrice, partagée par les habitants, comme par les acteurs socio-économiques de la ville !

i Plus d'informations sur cnfpt.fr

MARTINIQUE
SENSIBILISER LES AGENTS ET LES HABITANTS AUX ÉCO-GESTES

Selon une récente enquête de l'Ademe, la précarité énergétique toucherait 14 000 foyers martiniquais. Pour venir en aide au quelque 8% des ménages qui ne peuvent honorer leurs factures énergétiques (eau et électricité), le Conseil général de la Martinique a versé, pour la seule année 2011, 64 000 euros d'aides. Aujourd'hui, son Agenda 21 prolonge cette action, avec le lancement d'un dispositif de formation d'envergure adapté aux habitants comme aux agents du Département.

DES HABITANTS AMBASSADEURS...

Première étape, le Syndicat mixte d'électricité de la Martinique (Smem) anime une formation auprès de 70 ménages fragilisés, sur les trois sites pilotes des quartiers Godissard et Dillon et de la commune du Lamentin. Durant ces ateliers, les familles sont initiées aux gestes éco-responsables et reçoivent un kit « anti-gaspi » d'énergie. Seconde étape, ces nouveaux ambassadeurs, devenus « foyers-relais » dans leur propre commune, sont accompagnés par le Conseil général pendant deux ans. Leur mission ? Sensibiliser le voisinage aux économies d'énergie.

...ET DES AGENTS FORMÉS

Dans le même temps, le CNFPT organise une formation de trois jours à destination de 110 agents du Conseil général, assistantes sociales et aidants familiaux, pour les sensibiliser à la précarité énergétique. L'occasion aussi de les former aux éco-gestes pour faciliter in fine la transmission de bonnes pratiques aux familles (extinction des appareils électriques, contrôle du débit d'eau et de la climatisation...). Au-delà de ce partenariat avec le Département, le CNFPT accompagne cinq communes martiniquaises dans élaboration de leur plan de développement durable. Comme le souligne Arlette Pujar, directrice régionale du CNFPT de Martinique : *« la volonté, ici, est de faire en sorte que le développement durable irradie toutes les formations dispensées aux agents, qu'ils soient cadres ou non. »*

(...)

LES ACTIONS AU SEIN DU CNFPT

Tendre vers l'exemplarité, comme garantie d'une plus grande expertise. Inscrit dans cette démarche, le CNFPT se mobilise aussi dans ses établissements à travers de multiples actions pour répondre au triple objectif économique, social et écologique du développement durable. La preuve par l'exemple...

CONJUGUER RECYCLAGE ET ÉCONOMIE SOCIALE ET SOLIDAIRE

VINCENT BRUNET, RESPONSABLE LOGISTIQUE ET RÉFÉRENT CARBONE DE LA DÉLÉGATION RÉGIONALE POITOU-CHARENTES

Comment a émergé votre projet de gestion écologique et solidaire des papiers de bureaux ?

Vincent Brunet : Cela faisait deux ans que nous réfléchissions à une meilleure gestion de nos déchets. Le papier, deuxième plus gros volume de nos déchets après les déchets industriels banalisés, nous semblait une piste de progrès assez simple à travailler. Toutefois, nous ne trouvions pas de solution de proximité satisfaisante. Puis, en 2012, un agent commercial de La Poste nous a informés de la mise en place d'un service de valorisation des papiers de bureaux, via leur filiale Nouvelle attitude, une entreprise spécialisée dans l'insertion. Ce service repose sur un principe simple : le facteur qui dépose le courrier repart, une fois par semaine, avec le papier collecté au sein de l'organisation partenaire.

Le papier est alors expédié vers la plateforme logistique de La Poste près de Poitiers. Il est ensuite trié et conditionné par des personnes en insertion professionnelle avant d'être remis aux papetiers recycleurs de proximité pour en faire... de la pâte à papier. Un véritable cercle vertueux donc !

Qu'est-ce qui vous a séduit dans cette démarche ?

V.B. : Nous menions déjà des actions de développement durable, avec un axe fort en faveur de la dématérialisation. Ce partenariat avec La Poste dynamise notre politique et témoigne de notre engagement pour une transition durable. C'est aussi une action doublement gagnante. D'un côté nous optimisons les déplacements du facteur qui ne repart pas « à vide » de sa dépose de courrier. De l'autre, nous favorisons l'emploi puisque le tri du papier est effectué par des personnes en insertion. C'est un bel exemple d'économie circulaire, où les déchets produits par les uns créent des emplois pour les autres ! Enfin, c'est un service très simple à mettre en place, qui ne change pas les habitudes de travail et qui peut facilement être transposé au niveau national.

Concrètement, comment cela fonctionne-t-il en interne ?

V.B. : Chaque agent dispose dans son bureau (ou près des photocopieurs) d'une boîte Éco'belle sur laquelle sont inscrits des messages forts et incitatifs comme par exemple « 100 tonnes de papier recyclé = 1 emploi d'insertion ». Une fois par semaine, notre service logistique se charge, quant à lui, de vider les Éco'belle dans des bacs identiques à ceux utilisés pour la dépose du courrier. Le facteur peut ainsi récupérer ces papiers, dès le lendemain matin. À noter qu'un tri étant effectué après la collecte les agents n'ont pas, par exemple, à enlever les agrafes sur les documents. Il faut en revanche perdre le réflexe de froisser les papiers car cela rend le travail plus long et plus complexe en aval. Tous les papiers peuvent être récupérés (catalogues, magazines, enveloppes, etc.) à l'exception des post-it, ou encore des pochettes cartonnées, qui ne sont pas recommandées. Il faut savoir également qu'avant le lancement du service nous avons reçu de La Poste un kit de communication destiné à sensibiliser nos agents à cette nouvelle démarche éco-solidaire.

Quels sont les premiers résultats ?

V .B . : Nous avons signé le contrat en juin 2012. Et à la fin de cette même année, nous avions déjà recyclé 1,2 tonne de papier ! Il faut dire qu'en été nous réalisons notre campagne d'archivage, qui représente de gros volumes de papier à jeter. Alors, certes, le service a un coût (ndlr : calculé en fonction du nombre de salariés dans l'établissement), mais d'un point de vue environnemental nous sommes tous plus que gagnant.

« Sur plus de 900 000 tonnes de déchets de papier de bureau produites chaque année en France, seules 400 000 tonnes sont recyclées ! »

De plus, grâce à ce service, nous avons également pu faire des économies sur la redevance payée à l'agglomération pour la collecte de nos papiers et cartons… Hier, deux bacs de 340 litres étaient ramassés chaque semaine, aujourd'hui nous n'en produisons plus qu'un !

LES ÉCO-AMBASSADEURS DU CNFPT

Au CNFPT, le développement durable dispose de deux réseaux d'ambassadeurs. Le premier fédère 34 référents carbone chargés de diffuser les pratiques éco-responsables dans les instituts et les délégations régionales. Le second réseau réunit 18 référents développement durable, soit un correspondant pour chacun des pôles de compétences dédiés aux grands domaines de l'action locale. Ces derniers veillent à la prise en compte des enjeux de la transition écologique dans la réflexion prospective sur les évolutions des métiers et des territoires, ainsi que dans l'offre de formation. Enfin, la direction de projet développement durable assure le rôle de chef d'orchestre pour coordonner l'action de ces ambassadeurs, en appui des initiatives internes et des projets de collectivités.

UN PLAN DE DÉPLACEMENT POUR RÉDUIRE SON EMPREINTE CARBONE

JOSIANE ALVAREZ, DIRECTRICE ADJOINTE DES RESSOURCES, DÉLÉGATION RÉGIONALE DE CORSE

Pour s'inscrire, au quotidien, dans une démarche de développement durable, la délégation régionale de Corse a déterminé différents axes de progrès en 2012. Un de ces axes vise à élaborer un plan de déplacement de ses agents et des stagiaires accueillis et par conséquent à réduire l'empreinte carbone de son activité de formation. *« Suite à un diagnostic, nous avons constaté que 90% des stagiaires utilisent leur voiture pour se rendre aux formations organisées dans les locaux de la délégation précise Josiane Alvarez. Un certain nombre d'actions ont donc été engagées pour les inciter à modifier leur comportement » :*

- alignement des heures de début et de fin des formations sur les horaires de desserte de l'établissement par les transports en commun ;

- diffusion d'une fiche transport « Un bus direct pour vos formations » ;

- aménagement d'un Abribus dédié au CNFPT ;

- prise en charge partielle du titre de transport pour les agents du CNFPT, suite à la signature d'une convention avec la Communauté d'agglomération du pays ajaccien.

« Les intervenants venant du continent sont, eux aussi, sensibilisés à cette question et invités à privilégier les modes de transport doux. Le taxi n'est, par exemple, plus remboursé. Nous avons aussi développé la visioconférence pour diminuer les déplacements liés à nos réunions. Enfin, la mise en place d'une offre de formation territorialisée en Corse avec quatre sites dédiés va permettre de faire baisser les longs déplacements vers Bastia et Ajaccio. »

lagazette.fr

Les cimetières passent du gris au vert

Publié le 31/10/2018 • Par Isabelle Verbaere • dans : France, Innovations et Territoires, Régions

Le zéro phyto et les évolutions de l'offre funéraire permettent de modifier l'aménagement des cimetières pour donner davantage de place au végétal. Les communes, même petites, peuvent développer l'intérêt paysager de leurs cimetières, en se faisant accompagner par un professionnel. L'évolution doit être progressive. Il est essentiel que les habitants comprennent qu'il ne s'agit pas d'un manque d'entretien mais d'une gestion plus écologique.

Chiffres-clés

- Avantage : planté et fleuri, un cimetière est un refuge pour la biodiversité, il participe à la lutte contre les îlots de chaleur urbains et les inondations.
- Inconvénient : le passage à l'entretien sans pesticide sans remise en question du paysage global du cimetière demande plus de temps de travaux et de moyens humains.

Sépultures en pierre, allées et espaces intertombes gravillonnés, sablés ou couverts de bitume : dans la plupart des 40 000 cimetières français, le minéral domine encore largement. « Toutefois, on note un souhait de les voir évoluer vers une présence plus forte du végétal », observe Sandrine Larramendy, paysagiste chargée d'études pour l'association Plante & cité qui a réalisé l'enquête « paysages et entretien des cimetières », publiée en octobre 2017. Plus de 230 collectivités y ont participé.

Plusieurs facteurs incitent les collectivités à développer l'intérêt paysager de leurs cimetières. « Avec le zéro pesticides dans les espaces publics, les lignes bougent, poursuit Sandrine Larramendy. Certes, cette interdiction ne s'applique pas encore aux cimetières, sauf à ceux qui sont des lieux avérés de promenade. Mais beaucoup de collectivités ont anticipé cette interdiction, la moitié de celles qui ont répondu à notre enquête, par exemple ». Se passer de produits chimiques oblige à réaliser des aménagements pour diminuer la contrainte du désherbage : enherbement des allées ou des surfaces minérales, plantations d'arbres, d'arbustes, de vivaces, acceptation de la flore spontanée… La ville d'Angers (151 500 hab.) dispose de trois cimetières dont celui de l'Est, inauguré en 1848, qui compte 18 500 tombes et s'étend sur 14 hectares. « Ce cimetière était très minéral, avec ces sépultures en pierres, ces allées bitumées ou ensablées » expose Yolande Pignon, responsable des questions et de l'expertise funéraires à la direction des parcs, jardins et paysages. « Quand nous sommes passés au zéro phyto en 2011, nous avions deux options : le minéraliser davantage ou le verdir pour tendre vers un cimetière paysager. Les espaces intertombes, les bords de carrés et certaines allées ont été enherbés. Nous avons essayé différentes plantes couvre-sol pour réduire les indésirables. Aujourd'hui, nous utilisons des végétaux allélopathiques, comme le thym serpolet, qui produisent des composés chimiques limitant la germination d'autres plantes. »

Désherbeur thermique et paillage

La ville de Forcalquier (5 000 hab., Alpes-de-Haute-Provence) a renoncé à l'usage des pesticides dans son cimetière dès 2009. Ce lieu, qui date de 1835, est classé depuis 1946 pour son architecture paysagère unique, notamment ses imposants massifs d'ifs qui délimitent les secteurs. « Nous avons utilisé le désherbeur thermique et le paillage pour limiter les herbes folles » détaille Peguy Dalle, chargée de la gestion des flux. « Il n'était pas question d'enherber. Nous ne souhaitions pas arroser davantage. Nous avons donc choisi des plantes économes en eau et semé des messicoles [plantes sauvages des champs de céréales, comme les bleuets, ndlr], qui accueillent une grande biodiversité. »

Reste que les résultats ne sont pas tout de suite à la hauteur de ceux obtenus après des applications de glyphosate, ce qui peut être mal vécu par les familles endeuillées. « Les cimetières sont des lieux hypersensibles » remarque Rémi Duthoit, élu chargé des espaces verts et de la nature en ville à Forcalquier. « Dès qu'il y a une apparence de négligence, les gens ont le sentiment légitime qu'on oublie les morts, et c'est insupportable pour eux. Afin de les convaincre qu'il ne s'agit pas d'un laisser-aller mais d'une nouvelle forme de gestion, les parties où l'on a choisi de ne pas laisser pousser l'herbe, comme les entrées ou certaines allées, doivent être irréprochables. » « La fleur doit prendre la place de la mauvaise herbe dans les endroits où la solution mécanique ou thermique n'est pas satisfaisante », estime Laurence Veillard chargée de mission « éducation au territoire et au développement durable » au syndicat mixte d'aménagement et d'équipement du Mont-Ventoux.

Chouettes, hérissons, écureuils…

Il s'agit donc de montrer à la population l'intérêt de gérer différemment cet espace public. « En communiquant sur le vivant, on donne du sens à la gestion sans pesticide », poursuit Rémi Duthoit. Forcalquier a signé une charte d'engagement pour la biodiversité avec la Ligue de protection des oiseaux [LPO] pour cinq ans. Elle s'est engagée à prendre des mesures en faveur de la faune : ne plus tailler le lierre et les arbustes, laisser du bois mort et des tas de feuilles, construire des abris pour les chauves-souris, etc. L'association a réalisé un inventaire de la faune du cimetière : 67 espèces ont été recensées, dont 32 de vertébrés, oiseaux et reptiles essentiellement. Ces résultats ont été publiés dans le journal municipal accompagnés de relevés et d'illustrations. « Le rapport à la nature est fait de peur. La connaissance permet de lever ce verrou », ajoute Rémi Duthoit. Un inventaire des espèces animales vivant dans les vingt cimetières parisiens a également été dressé. À l'occasion du printemps des cimetières, la ville a valorisé leur patrimoine naturel. Le plus riche, à ce titre, est peut-être le cimetière d'Ivry-sur-Seine, dans le Val-de-Marne, où les visiteurs ont été invités à partir sur les traces des perruches, chouettes, hérissons, écureuils et d'une famille de renard qui a élu domicile au milieu des tombes. Le cimetière du parc de Nantes présente 6 600 espèces d'arbres et arbustes inventoriés par un botaniste local.

Plantation d'arbres fruitiers

Le baromètre Ipsos 2018 pour les services funéraires de la ville de Paris, publié le 4 octobre, montre que les Français sont majoritairement favorables à la crémation pour eux-mêmes et pour leurs proches. Et ce, d'autant que la loi du 19 décembre 2008 relative à la législation funéraire contraint les communes de 2 000 habitants et plus à disposer d'au moins un site destiné au dépôt et à la dispersion des cendres. Ces sites, jardins du souvenir, aires de dispersion et cavurnes (petits caveaux destinés à recueillir une urne) peuvent disposer d'aménagements favorables à la biodiversité. Dans le cimetière d'Ivry, des fruitiers ont été plantés pour nourrir les animaux. « Nous allons aménager le jardin du souvenir avec des pierres, afin de créer un milieu favorable aux petits vertébrés, comme les reptiles », détaille Rémi Duthoit.

Refuge pour la biodiversité, les cimetières paysagers participent également à la lutte contre les îlots de chaleur urbains et à celle contre les inondations par ruissellement. Chaque cimetière recèle aussi un patrimoine à valoriser. « C'est un espace d'histoire et de mémoire, à partager comme lieu de recueillement et de culture », souligne Laurence Veillard. Toutefois, certaines collectivités se refusent à y développer de nouveaux usages, telle que la promenade. « Nous ne souhaitons pas que nos cimetières deviennent des lieux traversants, assure Yolande Pignon. Il n'y a pas d'espace pour ça. Toute la surface est occupée, il y a des inhumations tous les jours. Chaque endeuillé doit pouvoir s'y recueillir sereinement. »

Document 8

Liberté • Égalité • Fraternité
République Française

Ministère de l'Ecologie et du Développement Durable

ADEME

Agence de l'Environnement et de la Maîtrise de l'Energie

Guide des administrations éco-responsables (extrait)

octobre 2005

Agir sur… les déchets

Recycler 60 % des déchets de papiers de bureaux et diminuer de 5 % par an pendant cinq ans les quantités de déchets générés par l'administration.

Ce sont les objectifs de la stratégie nationale de développement durable, appliquée aux administrations de l'Etat

→ Un employé du tertiaire génère environ 100 kg de déchets par an, dont la très grande majorité est constituée de papiers usagés (80 kg).

→ Un service de 800 salariés (taille moyenne d'un conseil régional avant 2005) produit plus de 400 kg de déchets de papiers par jour.

→ La quantité de déchets produits par la restauration collective est très variable : 120 g/repas (moyenne des restaurants collectifs sous contrat ou délégués) à 450 g/repas (moyenne des restaurants et cantines d'entreprises).

Quelques aspects réglementaires ou d'évidence à respecter

→ Trions les déchets pour développer le recyclage… mais surtout réduisons les déchets (choix des produits, des fournisseurs, du conditionnement…).

→ Interdiction de mélanger déchets dangereux et déchets banals.

→ Interdiction de brûler les déchets.

→ Obligation de faire éliminer les déchets dangereux par des filières prévues à cet effet. Obligation d'établir un "Bordereau de suivi des déchets" pour toute production mensuelle ou tout chargement supérieur à 100 kg de déchets dangereux (néons, hydrocarbures, produits chimiques…).

→ Les détenteurs de déchets d'emballages produisant plus de 1 100 litres de déchets d'emballages par semaine doivent soit procéder eux-mêmes à leur valorisation dans des installations agréées, soit les céder par contrat à l'exploitant d'une installation agréée, soit les céder par contrat à un intermédiaire assurant une activité de transport par route, de négoce ou de courtage de déchets.

→ Les seuls modes d'élimination autorisés pour les déchets d'emballages sont la valorisation par réemploi, recyclage ou toute autre action visant à obtenir des matériaux réutilisables ou de l'énergie.

actions près de chez vous…

Le ministère de l'Ecologie et du développement durable a réduit son budget d'enlèvement des déchets de 30 000 €. L'impression en recto-verso limite les déchets, limite les achats de papiers, permet de faire des économies sur les frais d'envoi de documents (poids réduit des documents…).

Le site Descartes (ministère de l'Education nationale de l'Enseignement supérieur et de la Recherche) collecte les cartouches de toner pour les recycler et va mettre en place la collecte sélective de papier.

Le ministère de la Défense à Besançon a remplacé les solvants de nettoyage par des procédés propres. Des gains économiques ont été ainsi réalisés et les déchets toxiques sont limités (90 % en moins).

Agir sur les déchets : exemples d'actions

Sous-thème	Actions individuelles	Actions programmées – Sans moyens lourds	Actions programmées – Avec de l'investissement
Papiers	- Paramétrer le pilote de l'imprimante pour imprimer en recto-verso. Limiter les photocopies couleurs. - Utiliser l'option deux pages par page imprimée. - Utiliser des versos vierges comme papier de brouillon. - Limiter l'impression des mails ou documents électroniques. - Se désabonner de publications ou revues de presse non lues. - Réutiliser le matériel de classement (pochettes, classeurs, cartons...). - Eviter les pages quasi vides, densifier vos textes (sans pour autant les rendre illisibles).	- Dématérialiser les appels d'offres. - Mener une réflexion sur la diffusion de certaines informations (nombre de revues de presse, abonnements, messagerie...). - Former le personnel.	- Acheter des imprimantes et photocopieurs recto-verso. - Mettre en place une collecte systématique avec stockage et enlèvement hebdomadaire ou mensuel.
Déchets bureautiques	- Récupérer les piles et les toners d'imprimantes usagés et les mettre dans les réceptacles correspondants. - Ne pas jeter les toners d'imprimantes : ils sont toxiques et peuvent se recycler. - Eviter les aplats de couleur et les images inutiles qui peuvent multiplier par 5 ou 10 la consommation de toner.	- Mettre en place une collecte spécifique des piles usagées et toners d'encre. - Faire collecter l'ensemble des déchets électriques et électroniques ; les éliminer en les faisant traiter par une entreprise spécialisée.	- Préférer les matériels ayant une durée de vie plus longue et facilement recyclables. - Favoriser les produits labellisés (NF-Environnement...). - Prendre en compte la gestion de la fin de vie de vos matériels électriques et électroniques lors des appels d'offres (prise en charge par le producteur).
Les autres déchets d'activités	- Ne pas mélanger les déchets dangereux avec les autres déchets et s'assurer que les filières sont adaptées. - Ne pas mélanger les emballages à d'autres déchets qui ne peuvent pas être valorisés selon la même voie.	- Porter les déchets spéciaux et dangereux à la déchèterie.	- Mettre en place des collectes spécifiques. - Choisir des produits non dangereux (peintures à base aqueuse...).

Sources d'infos

- **ADEME Guide "Administrations et établissements publics : comment gérer vos déchets ?" 2005** Réf : 5491
- Collectes de cartouches : **www.emmaus.asso.fr** **www.abcartouches.com**
- Voir aussi les sites des fournisseurs.
- Contactez la collectivité (communes, intercommunalité...) pour connaître sa politique en matière de collecte des déchets non ménagers.

Premiers gestes et mesures des résultats

Pesage de la quantité de déchets (par sondage). Suivi des coûts et des contrats d'enlèvement des déchets. Suivi du nombre de copies ou du stock de papier acheté.

Comment aborder le sujet

a. Analysez le contexte et la commande

Les règles de présentation peuvent être facilement honorées.
On trouve dans le dossier, essentiellement dans le document 5 (produit par la Direction des affaires juridiques du ministère de l'Économie et des Finances) de nombreuses références juridiques de nature à prendre place dans la zone des « références » du rapport. Beaucoup sont issues du Code des marchés publics qui peut donc être porté en « références ». Les plus avisés des candidats pourront avoir en tête que le Code des marchés publics a été abrogé par l'ordonnance du 23 juillet 2015 et remplacé par le Code de la commande publique, entré en vigueur le 1er avril 2019.

Commune de Vertville	Le (date de l'épreuve)

RAPPORT
à l'attention de Monsieur le Directeur général des services

Objet : La mise en œuvre d'une démarche écoresponsable au sein de la commune de Vertville

Références : Code de la commande publique

■ **Les éléments contextuels**
Le contexte est rapidement décrit, mais on y trouve des éléments qui méritent d'être pris en compte pour rédiger le rapport demandé :
– la commune de Vertville compte **20 000 habitants** et emploie **300 agents**.
On sera attentif à cette précision du nombre des agents dans l'élaboration des propositions opérationnelles de la seconde partie du rapport et on s'efforcera d'exploiter avant tout, si elles existent, les expériences relatées dans le dossier correspondant à cette strate démographique. Cette dernière serait essentielle si les dispositions juridiques en vigueur variaient selon que la commune compte ou non 20 000 habitants ou plus, mais l'exploitation du dossier montrera qu'un tel « ressort » démographique n'existe pas en la matière;
– le fait que le rapport soit commandé par le **directeur général des services**, et non par un directeur général adjoint chargé d'un secteur, permet de mesurer qu'une démarche écoresponsable concerne l'ensemble des services de la commune.

■ **La commande**
Comme le plus souvent dans ce type d'épreuve, les deux parties du rapport sont très nettement indiquées dans la commande, ce qui facilite l'élaboration du plan :
– la première partie porte sur **l'écoresponsabilité dans les administrations.**
C'est donc une présentation générale de cette démarche qui est attendue, sans se limiter au cadre de la commune de Vertville;
– la seconde partie doit présenter des propositions opérationnelles pour **engager cette démarche dans les services de la commune de Verville**.
Il restera évidemment à trouver un plan pour structurer chacune de ces deux parties, le plan le plus classiquement retenu étant celui d'une première partie comportant deux sous-parties, la seconde partie pouvant en comprendre par exemple deux ou trois.

b. Exploitez le sommaire et opérez une lecture de survol du dossier

La **lecture de survol** du dossier permet aisément de repérer ceux des documents qui permettent d'alimenter la première partie et ceux qui contribueront à la rédaction de la seconde, la première étant exclusivement fondée sur des éléments du dossier et la seconde faisant en outre appel à des connaissances du candidat, comme indiqué dans le cadrage national de l'épreuve et rappelé sur le sujet lui-même.

Les titres des documents, reproduits dans la liste signalétique de la première page du sujet, peuvent être rendus plus explicites par la « titraille » (chapeaux, sous-titres, intertitres...), que la lecture de survol du dossier permet facilement d'identifier.

1re partie : l'écoresponsabilité dans les administrations	2e partie : une démarche écoresponsable au sein des services
Document 1 Administration écoresponsable. Des gestes si simples et tellement utiles L'histoire de l'écoresponsabilité La **notion** d'écoresponsabilité La **démarche** écoresponsable	*Document 1* La **démarche** écoresponsable
Document 2 Mener une démarche écoresponsable : **le facteur humain** Le facteur humain au cœur du changement : **mobiliser pour réussir** sa démarche écoresponsable	*Document 2* Ateliers de travail autour de **témoignages de communes**
Document 3 Plan national d'action pour **les achats publics durables** 2015-2020 Définition des achats publics durables	
Document 4 Se doter d'une **flotte de véhicules propres**	
Document 5 La définition du besoin **L'acheteur doit prendre en compte les préoccupations de développement durable dans la définition de ses besoins**, dans le respect des principes généraux de la commande publique	
Document 6 Conjuguer **recyclage** et **économie sociale et solidaire** Un **plan de déplacement** pour réduire son empreinte carbone	*Document 6* Le développement durable. Territoriaux, nous agissons Les agents, écoresponsables de leurs villes **Former à la conduite d'écoprojets** **Vers une action locale partagée** **Des habitants ambassadeurs et des agents formés** **Les éco-ambassadeurs du CNFPT**
Document 7 Les **cimetières** passent du gris au vert	
	Document 8 **Guide** des administrations écoresponsables Recycler 60 % des déchets de papier de bureaux et diminuer de 5 % par an pendant cinq ans les quantités de déchets générés par l'administration. **Agir sur les déchets : exemples d'actions**

c. Préconcevez un plan

L'exploitation du sommaire et la lecture de survol du dossier permettent assez facilement de dessiner un plan qui permet d'ordonner les différentes informations collectées.
La seconde partie reste à structurer davantage en utilisant tant des informations du dossier que des connaissances personnelles, dont les « incontournables » de la conduite de projet.

Introduction
Histoire de l'écoresponsabilité
Notion d'écoresponsabilité

I (A) Une démarche ambitieuse
La démarche écoresponsable
Les achats publics durables
La prise en compte du développement durable dans la définition des besoins
Une flotte de véhicules propres
Recyclage et économie sociale et solidaire
Un plan de déplacement
Les cimetières

I (B) Les conditions de réussite
Le facteur humain
Mobiliser pour réussir

II La mise en œuvre de la démarche d'écoresponsabilité au sein des services
La démarche écoresponsable
Témoignages de communes
Des agents formés
Des habitants ambassadeurs
Des exemples d'actions sur les déchets

d. Exploitez le dossier à partir du plan préconçu

NOTE DU FORMATEUR

Dans un but pédagogique, les fiches ci-après sont davantage rédigées qu'elles ne peuvent l'être réellement pendant les 3 heures de l'épreuve. Dans la réalité de celle-ci, seule une prise de note rapide mais précise est possible, la rédaction aboutie s'effectuant directement sur la copie à partir des informations repérées dans le dossier, en étant attentif à éviter le « copier-coller » grâce à un effort de reformulation des informations.

Fiche introduction

En 1992, lors du Sommet de la Terre à Rio, 150 États se sont engagés dans un développement économique, social et environnemental, avant qu'une réunion du G7 au Canada crée le concept d'écoresponsabilité. En 2002, la France a élaboré sa stratégie nationale de développement durable, fixant des objectifs concrets et quantifiables en matière d'écoresponsabilité *(document 1)*.

Comme de nombreuses communes aujourd'hui, la commune de Vertville souhaite devenir une collectivité exemplaire en matière environnementale. À cette fin, elle entend engager une démarche écoresponsable au sein de ses services. Par écoresponsabilité dans les administrations, on entend développement de l'intégration des préoccupations environnementales dans leurs activités internes. Plus précisément, l'Agence de l'environnement et de la maîtrise de l'énergie (ADEME) définit l'écoresponsabilité comme « l'engagement des administrations à limiter les impacts environnementaux dans leurs modalités de fonctionnement interne : déplacements, consommation d'énergie, de biens » *(document 2)*.

Fiche 1

Une démarche ambitieuse

La Direction régionale de l'environnement (DIREN) Midi-Pyrénées a édité en 2005 un dépliant qui présente de manière pédagogique l'écoresponsabilité dans toutes ses dimensions : les cinq axes valorisés sont acheter autrement, trier les déchets de bureau, économiser l'eau, maîtriser l'énergie, améliorer les déplacements *(document 1)*.

En matière d'achats publics, dix ans après une directive marchés publics insérant des problématiques environnementales et sociales dans les spécifications et critères de choix des marchés publics, le plan national d'action pour les achats publics durables 2015-2020, élaboré par le ministère de l'Écologie, du Développement durable et de l'Énergie, précise les conditions auxquelles l'achat public doit satisfaire pour être durable : il doit notamment intégrer des dispositions en faveur de la protection ou de la mise en valeur de l'environnement, du progrès social, favorisant le développement économique, et permettre de réaliser des économies « intelligentes ». Dans ce cadre, un marché public comporte une dimension environnementale si l'objet du marché comporte une dimension environnementale, ou si la dimension environnementale est prise en compte dans les spécifications techniques, ou si la dimension environnementale est prise en compte dans les conditions d'exécution, ou encore si un ou plusieurs critères d'attribution liés au développement durable sont pris en compte *(document 3)*.

S'agissant de l'amélioration des déplacements, la loi du 17 août 2015 de transition énergétique prévoit le renouvellement ou l'acquisition de flottes publiques en véhicules à faibles émissions à hauteur de 20 % pour les moins de 3,5 tonnes pour des parcs de plus de 20 véhicules. Avant d'acheter, il convient de redimensionner la flotte au moyen du covoiturage, de l'utilisation des transports en commun, de l'autopartage, du vélo, de la mutualisation des véhicules entre services et collectivités. On devra également arbitrer entre achat et location *(document 4)*.

L'acheteur public, lorsqu'il détermine la nature et l'étendue de ses besoins, doit prendre en compte des objectifs de développement durable dans la définition de ses besoins, dans le respect des principes généraux de la commande publique. Les préoccupations environnementales peuvent être intégrées dans le processus d'achat à différentes étapes : lors de la définition et de l'expression du besoin, lors de la présentation des offres ou au stade de l'exécution du marché public *(document 5)*.

Un plan de déplacement des agents permet de réduire leur empreinte carbone, par exemple en alignant les heures de début et de fin de travail sur les horaires de desserte par les transports en commun, en prenant en charge une partie de leurs titres de transport *(document 6)*.

Les collectivités peuvent donner davantage de place au végétal dans leurs cimetières, en renonçant aux produits chimiques et en utilisant les désherbeurs thermiques et le paillage *(document 7)*.

Fiche 2

Les conditions de réussite

Comme le souligne le vice-président de la Métropole de Lyon chargé du développement durable, de la biodiversité, de la trame verte et de la politique agricole, une administration locale ne peut se contenter de proposer l'écoresponsabilité : elle doit changer sa propre organisation. Si de nombreuses bonnes pratiques se sont diffusées, l'accompagnement des démarches est indispensable à la réussite : il faut en effet changer les routines, permettre de percevoir le sens des missions et de l'écart entre valeurs et actes quotidiens *(document 2)*.

À Dardilly, dans le cadre de l'Agenda 21, un réseau de correspondants touchant tous les services et une charte de l'engagement écocitoyen ainsi qu'une formation interne ont rencontré des limites dues à une résistance au changement et à un certain essoufflement qui ont conduit à privilégier des actions phares et à renouveler les correspondants *(document 2)*.

Les agents municipaux doivent être placés au cœur de la démarche d'écoresponsabilité afin qu'ils deviennent de véritables ambassadeurs du développement durable. Leur formation joue ainsi un rôle déterminant dans la réussite du projet : comme le souligne la directrice régionale du CNFPT de Martinique, il faut faire en sorte que « le développement durable irradie toutes les formations dispensées aux agents, qu'ils soient cadres ou non » *(document 6)*.

Il est indispensable d'éduquer le public : il faut montrer à la population l'intérêt de gérer différemment les espaces publics, au premier rang desquels les cimetières, lieux particulièrement sensibles : on peut communiquer par exemple sur le fait que ces espaces peuvent devenir des refuges pour la biodiversité, participer à la lutte contre les îlots de chaleurs urbains et les inondations par ruissellement, se prêter à l'usage de la promenade *(document 7)*.

Fiche 3

La mise en œuvre de la démarche

- Les **expériences d'autres collectivités** sont éclairantes : à **Sainte-Foy-lès-Lyon**, des « animateurs développement durable » ont été chargés de sensibiliser leurs collègues à l'écoresponsabilité au moyen de réunions sur des thèmes spécifiques aboutissant à des guides pratiques. À **Lyon**, des ambassadeurs ont pour mission d'informer et de sensibiliser les agents aux écogestes *(document 2)*.
- La **ville de Tarbes** s'est engagée en 2008 dans l'élaboration d'une charte d'écologie urbaine et de développement responsable reposant sur trois démarches de qualité : l'éducation au développement durable, l'écoresponsabilité des services, la durabilité de la ville. Elle entend réaliser des actions concrètes et efficaces, portées sur le terrain par les agents de la ville, qui doivent devenir de véritables ambassadeurs du développement durable. Le **CNFPT** accompagne la démarche, en associant au projet les élus et les cadres de la direction générale : après la présentation du projet et des futures formations, les élus sont sensibilisés au projet sur une demi-journée, puis l'encadrement sur une journée et demie de formation-action, puis tous les agents. Les participants sont ensuite conviés à des groupes de travail thématiques, avec accompagnement du CNFPT et l'appui d'un comité technique : achats durables, bâtiments municipaux, déchets, déplacements, espaces verts et espaces publics, communication, formation et sensibilisation au développement durable. La démarche qualité portée par les agents devrait s'élargir en une politique de développement durable partagée par les habitants et les acteurs socio-économiques de la ville *(document 6)*.
- Le **CNFPT** a mis en œuvre une **gestion écologique et solidaire des papiers de bureau** grâce à un partenariat avec La Poste : les papiers de bureaux sont expédiés vers une plateforme logistique de La Poste, triés et conditionnés par des personnes en insertion professionnelle et remis aux papetiers recycleurs de proximité *(document 6)*.

– La stratégie nationale de développement durable appliquée aux administrations de l'État fixe comme objectif le recyclage de 60 % des déchets de papier de bureaux et la diminution de 5 % par an pendant cinq ans des quantités de déchets générés par l'administration. Des **actions sans moyens lourds** doivent permettre d'atteindre ces objectifs, comme la dématérialisation des appels d'offres, une réflexion sur le nombre d'abonnements papier et de revues de presse, une collecte spécifique des piles et toners d'encre usagés, la collecte et le retraitement des déchets électriques et électroniques, le portage des déchets spéciaux et dangereux en déchèterie. Elles s'ajoutent aux **actions individuelles** et doivent parfois être prolongées par des **actions avec investissement** *(document 8)*.

Corrigé

NOTE DU FORMATEUR

Le corrigé ci-après contient quelques précisions en italiques à visée pédagogique qui ne figurent évidemment pas dans une copie de concours (« Introduction », « Entrée en matière », « Contexte », « Problématique », « Annonce de plan », « Développement », etc.).

Rappelons également que la copie ne doit contenir aucun signe distinctif sous peine d'annulation par le jury du concours pour rupture d'anonymat : il convient donc d'être particulièrement attentif à ne faire figurer dans le timbre aucune mention ne figurant pas dans la commande (n'utilisez pas de nom de collectivité réel ou fictif autre que « commune de Vertville », ni de numéro d'enregistrement du rapport, etc.). De même, gardez-vous bien de porter un paraphe ou une signature en fin de copie.

Commune de Vertville | Le (date de l'épreuve)

RAPPORT

à l'attention de Monsieur le Directeur général des services

Objet : La mise en œuvre d'une démarche écoresponsable au sein de la commune de Vertville

Références : Code de la commande publique

(*Introduction*)

Entrée en matière (*accroche*)

En 1992, lors du Sommet de la Terre à Rio, 150 États se sont engagés dans un développement économique, social et environnemental, avant qu'une réunion du G7 au Canada crée le concept d'écoresponsabilité. En 2002, la France a élaboré sa stratégie nationale de développement durable, fixant des objectifs concrets et quantifiables en matière d'écoresponsabilité.

Contexte

Comme de nombreuses communes aujourd'hui, la commune de Vertville souhaite devenir une collectivité exemplaire en matière environnementale. À cette fin, elle entend engager une démarche écoresponsable au sein de ses services. [commande] Par écoresponsabilité dans les administrations, on entend développement de l'intégration des préoccupations environnementales dans leurs activités internes.

Définition

Plus précisément, l'Agence de l'environnement et de la maîtrise de l'énergie (ADEME) définit l'écoresponsabilité comme « l'engagement des administrations à limiter les impacts environnementaux dans leurs modalités de fonctionnement interne : déplacements, consommation d'énergie, de biens ».

Problématique

Quel est le périmètre exact de l'écoresponsabilité dans les administrations ? Quelles sont les conditions de réussite ? Comment mettre en œuvre cette démarche dans la commune de Vertville ?

Annonce de plan (*nous faisons ici le choix d'annoncer les parties et leurs sous-parties*)

(I) L'écoresponsabilité dans les administrations apparaît comme une démarche ambitieuse (A) qui ne peut réussir que dans certaines conditions (B).
(II) La mise en œuvre d'une démarche responsable dans la commune de Vertville requiert un processus participatif (A), fondateur d'un plan d'action rigoureusement construit (B).

(*Développement*)

I - L'écoresponsabilité dans les administrations, un processus exigeant

A - Une démarche ambitieuse

La Direction régionale de l'environnement (DIREN) Midi-Pyrénées a édité en 2005 un dépliant qui présente de manière pédagogique l'écoresponsabilité dans toutes ses dimensions : les cinq axes valorisés sont acheter autrement, trier les déchets de bureau, économiser l'eau, maîtriser l'énergie, améliorer les déplacements.
En matière d'achats publics, dix ans après une directive marchés publics insérant des problématiques environnementales et sociales dans les spécifications et critères de choix des marchés publics, le plan national d'action pour les achats publics durables 2015-2020, élaboré par le ministère de l'Écologie, du Développement durable et de l'Énergie, précise les conditions auxquelles l'achat public doit satisfaire pour être durable : il doit notamment intégrer des dispositions en faveur de la protection ou de la mise en valeur de l'environnement, du progrès social, favorisant le développement économique, et permettre de réaliser des économies « intelligentes ». Dans ce cadre, un marché public comporte une dimension environnementale si l'objet du marché comporte une dimension environnementale, ou si la dimension environnementale est prise en compte dans les spécifications techniques, ou si la dimension environnementale est prise en compte dans les conditions d'exécution, ou encore si un ou plusieurs critères d'attribution liés au développement durable sont pris en compte. L'acheteur public, lorsqu'il détermine la nature et l'étendue de ses besoins, doit prendre en compte des objectifs de développement durable dans la définition de ses besoins, dans le respect des principes généraux de la commande publique. Les préoccupations environnementales peuvent être intégrées dans le processus d'achat à différentes étapes : lors de la définition et de l'expression du besoin, lors de la présentation des offres ou au stade de l'exécution du marché public.
S'agissant de l'amélioration des déplacements, la loi du 17 août 2015 de transition énergétique prévoit le renouvellement ou l'acquisition de flottes publiques en véhicules à faibles émissions à hauteur de 20 % pour les moins de 3,5 tonnes pour des parcs de plus de 20 véhicules. Avant d'acheter, il convient de redimensionner la flotte au moyen du covoiturage, de l'utilisation des transports en commun, de l'autopartage, du vélo, de la mutualisation des véhicules entre services et collectivités. On devra également arbitrer entre achat et location. Un plan de déplacement des agents permet de réduire leur empreinte carbone, par exemple en alignant les heures de début et de fin de travail sur les horaires de desserte par les transports en commun, en prenant en charge une partie de leurs titres de transport.
Un autre exemple d'action possible : les collectivités peuvent donner davantage de place au végétal dans leurs cimetières, en renonçant aux produits chimiques et en utilisant les désherbeurs thermiques et le paillage.

B - Des conditions de réussite incontournables

Comme le souligne le vice-président de la Métropole de Lyon chargé du développement durable, de la biodiversité, de la trame verte et de la politique agricole, une administration locale ne peut se contenter de proposer l'écoresponsabilité : elle doit changer sa propre organisation.
Si de nombreuses bonnes pratiques se sont diffusées, l'accompagnement des démarches est indispensable à la réussite : il faut en effet changer les routines, permettre de percevoir le sens des missions et de l'écart entre valeurs et actes quotidiens.
Les agents municipaux doivent être placés au cœur de la démarche d'écoresponsabilité afin qu'ils deviennent de véritables ambassadeurs du développement durable. Leur formation joue ainsi un rôle déterminant dans la réussite du projet : comme le souligne la directrice régionale du CNFPT de Martinique, il faut faire en sorte que « le développement durable irradie toutes les formations dispensées aux agents, qu'ils soient cadres ou non ».
À Dardilly, dans le cadre de l'Agenda 21, un réseau de correspondants touchant tous les services et une charte de l'engagement écocitoyen ainsi qu'une formation interne ont rencontré des limites dues à une résistance au changement et à un certain essoufflement qui ont conduit à privilégier des actions phares et à renouveler les correspondants.
Enfin, il est indispensable d'éduquer le public : il faut montrer à la population l'intérêt de gérer différemment les espaces publics, au premier rang desquels les cimetières, lieux particulièrement sensibles; on peut communiquer par exemple sur le fait que ces espaces peuvent devenir des refuges pour la biodiversité, participer à la lutte contre les îlots de chaleur urbains et les inondations par ruissellement, se prêter à l'usage de la promenade.

Phrase de transition

Après avoir pris la mesure des exigences d'une démarche écoresponsable dans les administrations, il convient de préciser comment la commune de Vertville peut la mettre en œuvre.

II - La mise en œuvre d'une démarche écoresponsable dans la commune de Vertville

A - Un processus participatif

Rendre les services de la commune écoresponsables requiert l'implication de tous les élus de la commune, de tous les agents et de leurs encadrants. L'ambition de ce projet impliquant tous les services nécessite un mode de conduite qui permette aux idées de tous les agents de s'exprimer et de prendre corps sans que la place des agents dans la hiérarchie influe sur le sort réservé à leurs propositions. Il convient donc d'adopter une conduite de projet non fondée sur les relations hiérarchiques et favorisant l'expression de chacun. Une conduite en mode projet paraît ainsi s'imposer, avec la création d'un comité de pilotage comprenant le maire, ou un adjoint au maire à qui le maire souhaitera déléguer cette mission, le directeur général des services et les directeurs de pôle. Un comité technique, qui pourra constituer des groupes de travail thématiques, sera composé des chefs des services principalement concernés (ou des adjoints aux chefs de service que ces derniers souhaiteront déléguer), ressources humaines, services techniques, service finances, service marchés publics. Ce comité technique comprendra également des agents écoresponsables, qui pourront être dénommés éco-agents, choisis sur la base du volontariat avec un souci de représentation des principaux services concernés et d'équilibre des catégories hiérarchiques (A, B et C), des sexes et des âges, afin que tous puissent se sentir représentés par ces agents.

Il est essentiel, pour que le projet réussisse, que sa dimension participative soit fortement affirmée avant son démarrage, afin que tous ses acteurs, au premier rang desquels les éco-agents, se sentent légitimes et reconnus par la collectivité comme porteurs d'un projet stratégique. Plus fondamentalement encore, il convient que la commune de Vertville inscrive l'écoresponsabilité des services dans un projet plus large de développement durable afin que cette écoresponsabilité ne s'arrête pas « à la porte » des services, mais contribue à l'émergence d'une ville durable. À cette fin, on peut envisager que la ville se dote d'une charte d'écologie urbaine et de développement responsable reposant sur trois démarches de qualité : l'écoresponsabilité des services, l'éducation au développement durable, la durabilité de la ville. Cette charte pourrait être élaborée de manière participative, dans le cadre de la démarche de lancement du projet d'écoresponsabilité : lors d'une première réunion de sensibilisation des élus au projet sur une demi-journée, qui pourrait être accompagnée par le CNFPT, les principales valeurs et les grands engagements de la commune pourraient être identifiés, avant une réunion de formation-action de l'encadrement sur une journée et demie, puis une réunion de présentation des objectifs et de la démarche à tous les agents.

B - Un plan d'action rigoureusement construit

Le comité de pilotage devra s'attacher à structurer la démarche à partir des phases essentielles de toute conduite de projet, dans le cadre d'une feuille de route arrêtée en concertation avec le comité technique précisant les objectifs, les différentes actions à mener, les acteurs, les outils, les échéances et les indicateurs de réussite.

1 - Un diagnostic interne collaboratif

Le rôle des éco-agents dans ce diagnostic sera déterminant : immergés au sein des services, ils sont les mieux à même d'opérer un diagnostic précis et exhaustif, dès lors que le comité de pilotage en aura précisé les grands axes : achats durables, bâtiments municipaux, déchets, déplacements, espaces verts et espaces publics, communication. Les éco-agents acquerront une légitimité d'autant plus grande dans les services qu'ils seront attentifs à consulter tous les agents dès cette phase, faisant ainsi la preuve de leurs capacités à faire également remontrer leurs suggestions en matière d'écoresponsabilité des services. Ce diagnostic portera à la fois sur un bilan des consommations de la commune (eau, électricité, carburants, papier...) et sur un repérage des bonnes pratiques.

2 - Un *benchmarking* (parangonnage) soigné

Le comité technique aura tout intérêt, pendant la phase de diagnostic, à se livrer à une observation attentive des expériences écoresponsables déjà conduites par d'autres collectivités. Il pourra utilement se rapprocher du CNFPT, qui a accompagné plusieurs de ces démarches, pour en repérer les freins, les forces et les faiblesses. Le CNFPT a notamment accompagné la ville de Tarbes dans son programme de développement durable mis en œuvre depuis 2008.

À Sainte-Foy-lès-Lyon, par exemple, des « animateurs développement durable » ont été chargés de sensibiliser leurs collègues à l'écoresponsabilité au moyen de réunions sur des thèmes spécifiques aboutissant à des guides pratiques. À Lyon, des ambassadeurs ont pour mission d'informer et de sensibiliser les agents aux écogestes.

Le CNFPT a en outre mis en œuvre une gestion écologique et solidaire des papiers de bureau grâce à un partenariat avec La Poste : les papiers de bureaux sont expédiés vers une plateforme logistique de La Poste, triés et conditionnés par des personnes en insertion professionnelle et remis aux papetiers recycleurs de proximité.

3 - Une priorisation des actions

Le *benchmarking*, allié au diagnostic interne, permettra de dresser une liste exhaustive des actions à mener, en les priorisant. Sur chaque thématique, le plan d'action pourra distinguer les actions individuelles, les actions à programmer, en distinguant celles qui peuvent être réalisées sans moyens lourds de celles qui requièrent des investissements. Il conviendra de veiller à ce que ces actions soient réalistes et réellement opérationnelles.

Certaines actions sont indispensables mais peu « voyantes », d'autres sont « voyantes » mais d'une portée plus symbolique que réelle. Il faudra veiller à les mêler intelligemment afin que le projet soit à la fois visible, donc mobilisateur, et utile.

À titre d'exemple, l'intégration de clauses environnementales dans les marchés publics de la commune est incontournable mais peu visible, alors que l'acquisition de vélos électriques de service en remplacement de voitures de service pour le déplacement des agents est visible et mobilisateur, de nature à modifier les comportements des agents dans leur vie quotidienne. De même, privilégier l'économie circulaire n'est pas très porteur sans une politique de communication soignée, alors que l'utilisation de produits et techniques respectueux de l'environnement pour l'entretien des espaces verts et des cimetières rend particulièrement visible la « révolution » entamée.

On sera particulièrement attentif à mettre en œuvre au plus vite les actions individuelles et les actions sans moyens lourds qui démontrent une recherche d'efficacité immédiate, comme, en matière d'action sur les déchets, une réduction du nombre des abonnements papier et des revues de presse, une collecte spécifique des piles et toners d'encre usagés, la collecte et le retraitement des déchets électriques et électroniques, le portage des déchets spéciaux et dangereux en déchèterie.

4 - L'organisation d'événements fédérateurs

Pour valoriser les actions exemplaires et entretenir la motivation des agents, des événements fédérateurs pourront être régulièrement organisés, médiatisés tant par l'intranet de la commune que par les médias locaux : la commune pourra ainsi participer à ces challenges inter-collectivités comme à des défis « mobilité durable » organisés par la région. La remise de récompenses symboliques aux services ou aux agents les plus exemplaires en matière d'écoresponsabilité sera de nature à permettre une émulation féconde.

5 - Une évaluation du projet

La feuille de route devra prévoir, au terme d'un temps suffisant de mise en œuvre du projet, une phase d'évaluation sur la base des indicateurs préalablement fixés.

La communication tant interne qu'externe jouera un rôle déterminant dans la pérennisation des actions efficaces. Les actions les moins probantes pourront être abandonnées, en veillant à ce que cet abandon, tout comme le démarrage de nouvelles actions à expérimenter, soit géré de manière participative afin d'éviter une démotivation des agents ou des services dont les projets seraient abandonnés.

(*Conclusion*)

Si l'on prend le soin de permettre l'adhésion de tous les agents au projet d'administration écoresponsable grâce à une démarche participative, cette dernière peut devenir un levier de changement puissant dans l'ensemble de la commune, en dépassant les limites de ce projet pour aller jusqu'à un développement durable porté non seulement par la collectivité mais par tous les acteurs privés du territoire et par tous les citoyens.

SUJET N° 2 : Rapport avec proposition

DURÉE : 3 HEURES

Concours externe, interne et 3e voie de rédacteur principal de 2e classe, session 2017

Énoncé

Rédacteur territorial principal de 2e classe, vous êtes secrétaire général de la commune de Joly-Bourg (1 800 habitants). La commune de Joly-Bourg et ses deux communes limitrophes, Petit-Bourg et Bourg-Charmant, font partie de la communauté de communes de Beauvallon (12 communes, 18 500 habitants). Les maires de ces trois communes ont exprimé le souhait de fusionner leurs communes et de créer ainsi une commune nouvelle.
Dans un premier temps, votre maire vous demande de rédiger à son attention, exclusivement à l'aide des documents joints, un rapport sur les communes nouvelles (10 points).
Dans un deuxième temps, il vous demande d'établir des propositions opérationnelles pour la création de la commune nouvelle regroupant Joly-Bourg, Petit-Bourg et Bourg-Charmant.
Pour traiter cette seconde partie, vous mobiliserez également vos connaissances (10 points).

Liste des documents :

Document 1 : « Communes nouvelles : cinq points qui font encore hésiter les acteurs locaux » (extrait) - *La Gazette des communes* - 23 novembre 2016 - 3 pages

Document 2 : « Communes nouvelles : impacts sur les personnels » (extrait) - *Association des maires de France et FNCDG* - Novembre 2016 - 4 pages

Document 3 : « Bienvenue - Clap de fin et demain... » - Projet commune nouvelle du Pays valletais - *projetcommunenouvelle44.wordpress.com* - Site consulté en avril 2016 - 1 page

Document 4 : « Les maires doivent apprendre à gérer le succès des communes nouvelles » - *Association des maires de France* - *Maire info* - 3 mars 2017 - 2 pages

Document 5 : « Les noms des communes nouvelles, un sujet hautement sensible » - *La Gazette des communes* - 12 janvier 2017 - 2 pages

Document 6 : « La commune nouvelle, pensons-la ensemble » - Questionnaire de consultation de la population d'Annecy, Annecy-le-Vieux, Cran-Gevrier, Meythet, Pringy, Seynod - *lacommunenouvelle.fr* - Mai 2016 - 2 pages

Document 7 : « Communes nouvelles : savoir éviter les écueils quand on se lance » - *La Gazette des communes* - 4 juillet 2016 - 2 pages

Document 8 : « Les communes nouvelles » (extraits de diaporamas) - *Association des maires de France* - Mars 2017 - 5 pages

Document 9 : « Commune nouvelle : "Au moins, on aura essayé", dit Christian Noir » - *leprogres.fr* - 2 août 2015 - 1 page

Certains documents peuvent comporter des renvois à des notes ou à des documents non fournis, car non indispensables à la compréhension du sujet.

Document 1

RÉFORME INSTITUTIONNELLE

Communes nouvelles : cinq points qui font encore hésiter les acteurs locaux (extrait)

Publié le 23/11/2016 • Par Pablo Aiquel • dans La Gazette des communes

Fotolia

La recomposition des EPCI, imposée par la loi « Notre », plane au-dessus de quasiment tous les projets de mariage de communes, pour le meilleur et pour le pire. Florilège d'exemples pour tenter d'expliquer ce qui, pour certains, bloque encore.

01 – La peur de l'inconnu

Au cœur de la forêt de Tronçais, Meaulne et Vitray, deux communes voisines de l'Allier, ont préparé leur union. Ensemble, la commune nouvelle Meaulne-Vitray comptera... 894 habitants. Même pas les 1 000 habitants requis pour atteindre le bonus de l'État.

Sur le périmètre de l'interco du pays de Tronçais (16 communes, 7 600 hab.) la question a été à peine effleurée. Meaulne a étudié la possibilité de fusionner avec trois voisins. « Mais le projet accrochait avec Vitray, pas avec les autres », assure le maire, Pierre-Marie Delanoy.

Après avoir réfléchi une bonne année et rédigé une charte commune, la décision a été prise en mars. En janvier 2017, elle deviendra la deuxième commune nouvelle de l'Allier.

Des exemples comme celui-ci, il y en a pléthore en France. Qu'est-ce qui freine les autres ? Pourquoi la réflexion n'est-elle pas menée sur l'aire intercommunale, comme dans le Grand Ouest ?

« Peut-être parce que ce qui est nouveau effraie un peu. Certains départements ont besoin de plus de temps. Mais si on veut sauver nos petites communes, c'est une bonne solution », analyse Pierre-Marie Delanoy. Peut-être aussi parce que le maire historique de Cérilly et ancien président de la communauté de communes, le sénateur et président du conseil départemental (LR) Gérard Dériot est un fervent défenseur du département et un pourfendeur des intercos XXL.

« Pour que ça marche, il faut un préfet ou un président de l'Association des maires qui prônent le dispositif, il faut des exemples qui donnent envie aux autres de se lancer », affirme pour sa part la députée (PS) Christine Pirès-Beaune, coauteure de la loi sur les communes nouvelles. « Cela a plus de mal à démarrer s'il n'y pas de VRP pour expliquer en quoi ça consiste », assure-t-elle, comme c'est le cas chez elle, dans le Puy-de-Dôme, où « la présidente départementale de l'Association des maires n'y est pas favorable ».

Au-delà de la gouvernance, de la fiscalité, des ressources humaines ou des compétences, l'incapacité à se projeter différemment et à modifier des délimitations administratives parfois multiséculaires demeure le principal frein à la création de communes nouvelles.

A contrario, ceux qui avaient pris l'habitude de dépasser les frontières communales pour travailler ensemble n'ont eu aucun mal à fusionner. La communauté de communes du Centre-Mauges (11 communes, 23 100 hab., Maine-et-Loire) avait adopté une feuille de route de mutualisation des services en 2009, créé des services communs finances et RH dès 2010 et unifié les services techniques en 2012. La transformation de l'EPCI en commune nouvelle n'était qu'une étape, envisagée pour 2016 certes, mais prévue dès avant la loi de 2015.

02 – L'abandon de certaines compétences et prérogatives

Autre frein, la crainte de transferts jugés trop massifs et de perte de pouvoir au niveau local. « Ce sont des décisions trop importantes pour être motivées par des carottes financières. Aujourd'hui il y a un transfert des charges et des compétences vers les intercommunalités, certaines sont agrandies sur des territoires très vastes. Cela bouleverse beaucoup de choses », assure Denis Durant, président des maires ruraux du Cher.

« Il faut rester à taille humaine, certaines intercos font la moitié d'un département, et certaines communes n'y ont plus voix au chapitre. Cette logique de centralisation du pouvoir, en lieu et place de la décentralisation, a fait gagner de nombreux adhérents à l'Association des maires ruraux de France », ajoute-t-il.

Au cœur de l'agglomération du Pays voironnais, Jean-Paul Bret, le président de l'EPCI (34 communes, 92 700 hab., Isère), avait envisagé la fusion des cinq communes situées autour du lac Paladru. Finalement seules deux communes, Le Pin et Paladru, vont se marier en début d'année prochaine.

« Nous avons fait le tour des communes voisines et nous avons compris que les autres n'étaient pas intéressées. L'un des maires a dit qu'il était contre, qu'il avait été élu pour défendre la commune et qu'il y voyait une perte de pouvoir. D'autres n'étaient ni pour ni contre. Si les conseils municipaux ne sont pas d'accord, ce n'est pas possible », explique Gérard Seigle-Vatte, maire (Divers droite) de Paladru. Qu'à cela ne tienne, les deux voisins se préparent à fusionner et s'appelleront « les villages du lac Paladru » (2 500 hab.), afin de laisser la porte ouverte aux futurs candidats.

« La population est prête à avancer, ce sont les maires qui freinent. Nous avons déclenché les débats. Certains élus d'opposition leur demandent s'ils sont accrochés à leur écharpe. Pour nous, il s'agit de garder nos services de proximité et de renforcer le pôle tourisme autour du lac. Si on attend tout le monde, on ne commence jamais », assure-t-il. L'avantage, c'est qu'ils peuvent changer d'avis. En 2015, Boulazac (10 200 hab., Dordogne) a fusionné avec trois voisins. En 2016, un quatrième va être accueilli.

03 – Des règles de gouvernance drastiques

La phase transitoire des communes nouvelles prévoit deux possibilités pour organiser la représentativité des populations : soit le nouveau conseil municipal inclut tous les conseillers municipaux des communes membres, ce qui peut vite devenir pléthorique – notamment dans les zones urbaines -, soit une répartition proportionnelle est organisée dès le départ. Autant dire que pour ne pas heurter les susceptibilités et pour respecter le mandat des élus de 2014, la plupart optent pour la première possibilité.

A compter de 2020, le conseil municipal de la commune nouvelle sera réduit au nombre prévu pour la strate supérieure de population pendant un mandat, puis à la strate prévue par le droit commun lors du mandat suivant, à partir de 2026. A Annecy, par exemple, il y aura 202 conseillers municipaux jusqu'en 2020, puis 59 avec le bonus.

« La transformation de plusieurs communes ayant l'habitude de travailler à quinze conseillers en une commune travaillant à 219 conseillers municipaux doit être anticipée bien en amont », souligne le rapport Gatel-Manable.

Toujours est-il que dans de nombreux territoires, la réorganisation intercommunale – avec ses délais imposés – reste la priorité, car elle prend beaucoup de temps aux services, aussi bien de l'Etat que des communes et des EPCI. La commune nouvelle peut être envisagée comme une solution, mais pour les années qui viennent.

04 – Un calendrier trop serré

A contrario, il arrive que la création d'une interco XXL entraîne la création de communes nouvelles en son sein. Michel Canoville, le président de la communauté de communes de La Hague (19 communes, 11 900 hab., Manche), s'est opposé autant qu'il a pu à la création de la méga-interco du Grand Cotentin (210 communes, 205 000 hab., Manche). Mais finalement son territoire en fera partie et l'interco de La Hague va se transformer en commune nouvelle.

« Notre communauté est très intégrée, de nombreuses compétences lui ayant été transférées au fil des ans. Nous étions alors face à un problème énorme : soit nous devions entrer dans le Grand Cotentin et confier toutes nos compétences, ce qui revenait pratiquement à nous retrouver sous tutelle, soit il fallait rendre les compétences aux communes, ce qui est impossible », explique-t-il.

Mais comment préparer une fusion à 19 communes en un semestre ? « Modifier 200 ans d'histoire en six mois, c'est difficile. Nous allons le faire. Mais les parlementaires sont loin du compte dans l'appréciation de capacités des communes et des EPCI », souligne Michel Canoville. « Pour une transformation apaisée, ajoute-t-il, il aurait fallu un an entre l'arrêté de création et la mise en place effective. »

05 – Une fiscalité à double tranchant

Certes, la carotte financière qui assure aux communes mariées un gel des dotations – voire un bonus de 5 % pour celles situées dans la tranche de 1000 à 10 000 habitants – n'est pas négligeable.

D'ailleurs le rapport Manable-Gatel propose de rallonger le délai qui se termine à la fin de l'année.

De nombreuses communes ont fait leurs calculs et comparé le maintien des dotations grâce à la commune nouvelle au montant des dotations allouées aux communes indépendantes. Pour Paladru, la différence est de 224 447 euros, soit l'équivalent de 6,8 % d'augmentation d'impôts. Mais, pour beaucoup de maires, l'harmonisation des impôts locaux pèse plus que la carotte. C'est d'ailleurs l'un des arguments utilisé par les sept maires ayant refusé la fusion avec Annecy : la crainte d'une importante augmentation de la taxe d'habitation pour se rapprocher de la moyenne de l'agglomération.

Au-delà des aspects financiers, les fusions ont aussi une visée économique. C'est le cas notamment pour les stations de ski : Courchevel et Val Cenis en Haute-Savoie, les Deux-Alpes en Isère ou encore Neussargues-la-Pinatelle, à côté du Lioran, dans le Cantal. Toutes y voient sans doute l'opportunité d'être plus fortes ensemble.

FOCUS

Un bourg et cinq villages qui conservent leur identité

Argences-en-Aubrac (Aveyron) 1 800 hab.

La commune nouvelle d'Argences-sur-Aubrac est née le 1 er janvier dernier de la fusion de six municipalités : un bourg-centre, Saint-Geneviève-sur-Argence, et cinq villages, Graissac, Lacalm, La Terrisse, Vitrac-en-Viadène et Alpuech. « Nous avons mené une réflexion au niveau de l'interco qui regroupe sept communes, mais le village de Cantoin n'a pas souhaité venir, considérant que son budget était suffisant pour mener à bien ses projets », explique le maire de la commune nouvelle, Jean Valadier. « La fusion amène une cohérence, dans le cadre de la future interco, qui réunit quatre communautés sur un territoire très vaste. Notre première motivation a été la solidarité, nous avions des habitudes de mutualisation », souligne-t-il. Et de conclure : « Ce n'est pas la mort des petites communes. L'identité de la commune historique se fait à travers les villages, qui gardent leur dynamique et leur identité. Des groupes de citoyens constituent des conseils de village, tout l'enjeu sera de faire en sorte qu'ils gardent un véritable pouvoir d'orientation. » (...)

Document 2

AMF — ASSOCIATION DES MAIRES DE FRANCE ET DES PRÉSIDENTS D'INTERCOMMUNALITÉ

Communes nouvelles : impacts sur les personnels (extrait)

FNCDG — Fédération Nationale des Centres de Gestion de la Fonction Publique Territoriale

INTRODUCTION
QU'EST-CE QU'UNE COMMUNE NOUVELLE ?

Issue de la loi de réforme des collectivités territoriales du 16 décembre 2010, la commune nouvelle se substitue au dispositif de fusion de communes de la loi du 16 juillet 1971, dite loi Marcellin.

Après la création de 25 communes nouvelles entre le 1er janvier 2013 et le 1er janvier 2015, ce nouveau régime connaît un véritable essor suite à l'adoption de la loi améliorant le régime des communes nouvelles, initiée par Jacques PELISSARD, député-maire de Lons-le-Saunier et alors président de l'AMF. La loi du 16 mars 2015 apporte de la souplesse dans le fonctionnement et la mise en place de la commune nouvelle, tout en respectant le principe du volontariat, l'identité des communes fondatrices et en prévoyant des incitations financières.

La commune nouvelle permet non seulement de répondre à la nécessaire mutualisation des moyens, d'assurer les projets d'investissement mais également de continuer à offrir des services publics de qualité aux habitants.

La création d'une commune nouvelle permet aussi d'être mieux représenté au sein d'un établissement public de coopération intercommunale (EPCI), auprès des autres collectivités locales tels que le département et la région et de l'Etat. Elle participe enfin à l'anticipation de l'extension des périmètres intercommunaux ou à l'adhésion à une communauté moins intégrée.

Comme toute commune, la commune nouvelle doit obligatoirement être rattachée à une communauté. Toutefois, elle dispose d'un délai différent de rattachement selon que la commune nouvelle est issue :

- de toutes les communes membres d'une même communauté (deux ans maximum),
- ou de communes membres d'EPCI à fiscalité propre distincts (un mois à six mois au plus).

Seule la commune nouvelle dispose de la qualité de collectivité territoriale avec des droits et obligations identiques aux autres communes en termes de services publics mais dont le fonctionnement et l'organisation sont adaptés à l'existence des communes déléguées. Elle bénéficie d'une fiscalité propre et de la clause de compétence générale.

Les communes déléguées, dotées d'une annexe de la mairie, conservent des compétences en matière d'état civil concernant les habitants de la commune déléguée, peuvent gérer des équipements de proximité (crèches, jardins d'enfants, gymnases, maisons de quartier,...), rendent des avis en matière d'urbanisme, sur le montant des subventions aux associations.... Ainsi, l'un des objectifs des communes nouvelles est de conserver un lien de proximité avec les habitants des communes fondatrices (désormais communes déléguées), en maintenant leur nom et leurs limites territoriales.

L'initiative de la création de la commune nouvelle émane très généralement d'une démarche volontaire des communes.

Comme toute commune, la nouvelle entité dispose d'un maire, d'adjoints et de conseillers municipaux. Pendant la période transitoire, à savoir jusqu'aux prochaines élections municipales en 2020, la loi a prévu un régime spécifique permettant aux communes nouvelles d'être composées soit de l'ensemble des membres des conseils municipaux des communes fondatrices, soit, à défaut d'accord de tous les conseils municipaux, d'une répartition des anciens conseillers municipaux à la proportionnelle au plus fort reste.

Novembre 2016

La commune déléguée, quant à elle, est administrée par un maire délégué pouvant être assisté d'un conseil communal composé d'un ou plusieurs adjoints délégués, désignés par le conseil municipal de la commune nouvelle.

Sur le plan financier, seule la commune nouvelle dispose d'un budget et arrête chaque année les modalités de répartition des sommes destinées aux « dotations » des communes déléguées. S'agissant de l'ensemble des dépenses et des recettes des communes déléguées, elles sont retracées dans un état spécial annexé au budget de la commune nouvelle.

Les communes nouvelles connaissent un véritable essor avec la création de plus de 300 communes nouvelles au 1er janvier 2016, regroupant plus de 1 000 communes et concernant plus d'un million d'habitants. Ce mouvement devrait se poursuivre en 2016 avec près de 400 projets à l'étude.

Les grandes étapes RH qu'implique la création d'une commune nouvelle, de manière chronologique :

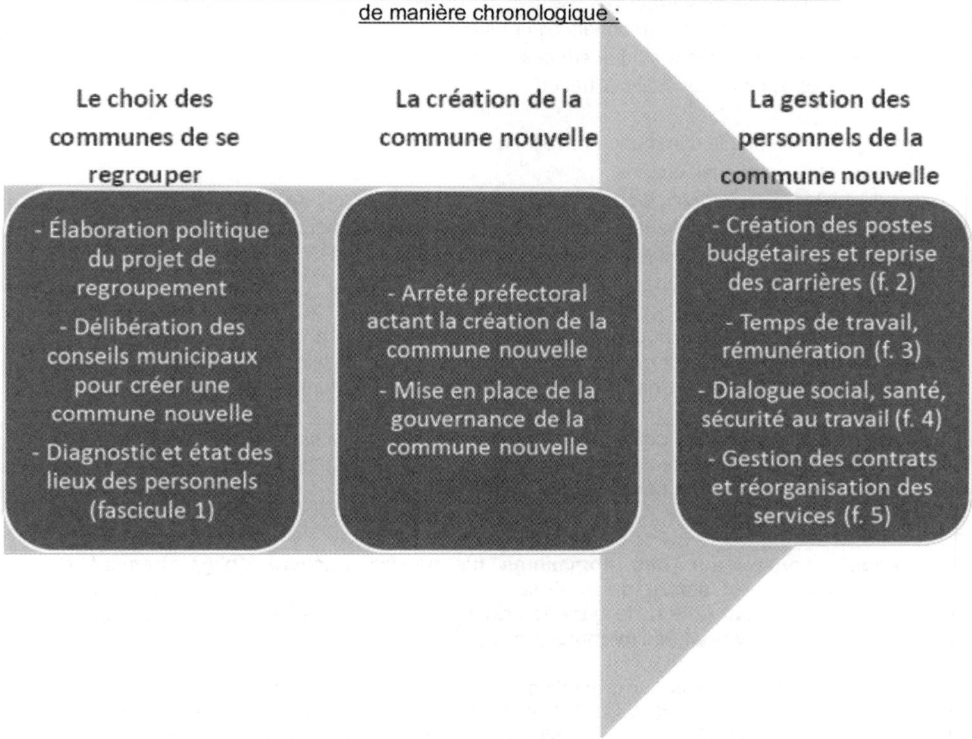

Références

Loi n° 2010-1563 du 16 décembre 2010 de réforme des collectivités territoriales

Loi n° 2015-292 du 16 mars 2015 relative à l'amélioration du régime de la commune nouvelle, pour des communes fortes et vivantes.

Powerpoint de présentation des communes nouvelles www.amf.asso.fr /réf. CW12746

CHAPITRE I : LA GESTION DES PERSONNELS DANS UNE COMMUNE NOUVELLE

Les agents territoriaux de l'ensemble des communes composant la commune nouvelle ont désormais comme unique employeur la commune nouvelle, représentée par son maire, autorité territoriale.

Seul ce dernier :
- nomme aux grades et emplois,
- gère les carrières des personnels communaux,
- exerce le pouvoir hiérarchique sur ces agents,
- prononce les sanctions disciplinaires....

Le conseil municipal de la commune nouvelle, quant à lui :
- crée et supprime les emplois,
- définit les compléments de salaire tels que le régime indemnitaire,
- met en place l'action sociale ou encore les avantages en nature,
- définit les temps et cycles de travail avec la fixation des RTT, du compte épargne temps et des astreintes...

Si le maire de la commune nouvelle souhaite associer un élu à la gestion du personnel de la commune nouvelle, il peut décider de déléguer tout ou partie de la gestion du personnel à l'un de ses adjoints, à l'un des maires délégués ou l'un des conseillers municipaux.

Attention ! La délégation est obligatoirement accordée à un élu nommément désigné par arrêté municipal qui devra faire l'objet d'une publication. Les délégations de fonction sont définies de manière précise et entrainent délégation de signature.

Les agents communaux des communes historiques relèvent obligatoirement de la commune nouvelle et seront prioritaires sur les postes créés par cette collectivité. Ils conservent, s'ils y ont intérêt, le bénéfice du régime indemnitaire qui leur était applicable ainsi que, à titre individuel, les avantages acquis.

En l'absence de texte précis sur la gestion des personnels lors de la création d'une commune nouvelle, à l'exception de l'article 114 IX de la loi NOTRe, portant sur la gestion des emplois fonctionnels, deux interprétations sont faites en la matière. Certains considèrent qu'il s'agit d'un transfert de personnel, terminologie employée dans le cadre des mutualisations (transfert de compétences à l'EPCI,...) ; d'autres, en revanche, analysent la démarche comme un changement d'employeur au même titre que lors d'une fusion d'EPCI (cf. article 114 de la loi NOTRe).

Dans ce guide, le choix a été volontairement fait d'employer indifféremment les deux terminologies, nonobstant leurs conséquences juridiques.

Dans le cadre de l'organisation de la commune nouvelle, les fonctions et les missions des agents ainsi que les conditions de travail peuvent évoluer.

Au-delà des aspects statutaires, se posent également des questions managériales qui seront abordées dans un fascicule ultérieur.

La commune nouvelle devra créer sa propre politique RH en veillant à une harmonisation des politiques RH des communes historiques.

En effet, la création d'une nouvelle entité bouleverse les pratiques professionnelles et l'environnement de travail et peut être un facteur d'inquiétude pour certains agents.

Se posent principalement les questions suivantes concernant les personnels municipaux transférés obligatoirement vers la commune nouvelle :

- quelles pratiques managériales d'accompagnement des transferts visant à permettre la continuité du service public et à limiter les conflits par l'adhésion des personnels ?
- quelles conséquences sur les compétences et l'organisation du travail des personnels ?
- comment se recomposent les domaines d'intervention, les activités et les pratiques professionnelles ?
- comment favoriser l'intégration des personnels dans la nouvelle structure ?
- quelles nouvelles méthodes de management dans le cadre de la commune nouvelle ?

La mise en place de la commune nouvelle nécessite de s'interroger sur :

- la création des postes budgétaires (reprise des personnels, organigramme, encadrement, tableau des effectifs, déclarations de créations de postes...),
- la reprise de la gestion des carrières (arrêtés de transfert, gestion des dossiers individuels, stages, contrats de travail, suppressions de poste, immatriculation des agents, gestion de la maladie et des absences, allocations au retour à l'emploi (ARE) et assurances, agréments et assermentations...),
- le temps de travail (cycles, horaires, annualisation, congés, RTT, CET, autorisations d'absence, astreintes, permanences, heures supplémentaires, temps non complet, temps partiel...),
- la rémunération et notamment l'évolution des régimes indemnitaires, les avantages en nature, l'action sociale, la prévoyance, la gestion des paies...,
- le dialogue social et le fonctionnement des instances paritaires,
- la santé et la sécurité au travail (la désignation des assistants et conseillers de prévention, l'inspection, le document unique, les autorisations et les habilitations, la médecine professionnelle, le fonctionnement des instances médicales, les travailleurs handicapés, la gestion de l'inaptitude...),
- la gestion des contrats et des conventions (contrats d'assurance et de mutuelle, conventions de mise à disposition, conventions de mutualisation, affiliation ou adhésion au centre de gestion (CDG), prestataires de service...),
- la réorganisation des services (les fiches de poste, l'encadrement, le plan de formation, la mise en œuvre d'une politique RH, GPEEC, pilotage de la masse salariale, délégations de signature et de fonctions, gestion des procédures administratives, gestion du parc informatique, des logiciels, du patrimoine, des matériels, lien avec les autres acteurs de la scène publique locale...).

<u>Conseil</u> : il convient d'associer au maximum les agents à la mise en place de la nouvelle organisation en évaluant le plus tôt possible son impact sur les personnels afin d'une part d'évoquer avec ces derniers les changements et d'autre part, d'éviter toute difficulté ultérieure en mentionnant de façon transparente le projet d'organisation de la commune nouvelle. Cette communication doit être adaptée sur le fond, la forme et dans le temps.
L'aspect managérial ne devra ainsi pas être négligé.

Document 3

Projet Commune Nouvelle du Pays Valletais – *projetcommunenouvelle44.wordpress.com* – Site consulté en avril 2016

Bienvenue
Clap de fin et demain...

Le 9 avril dernier, les élus des communes de La Regrippière, Mouzillon, Le Pallet, La Chapelle-Heulin, Vallet, La Boissière-du-Doré et de La Remaudière avaient voté unanimement la conduite d'une réflexion sur le projet de Commune Nouvelle.

L'ambition de ce « projet de territoire » était prioritairement centrée sur les services de proximité apportés et les nouveaux projets à mener pour les habitants de nos communes en préservant leur identité.

Projection visuelle de la Commune Nouvelle et de ses territoires voisins

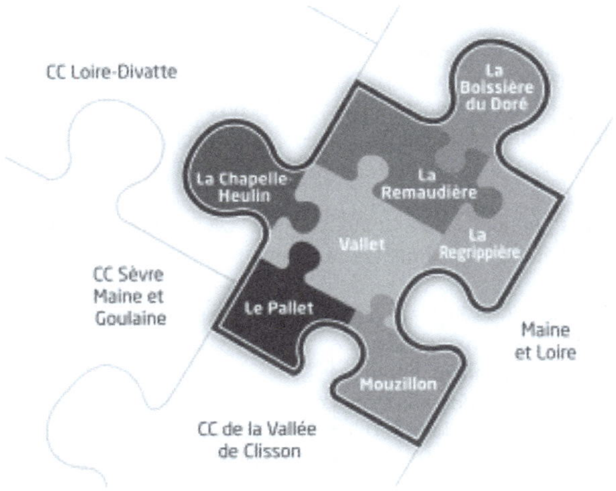

Bienvenue

Ce site a été créé dans un but informatif et participatif.

Il permet d'y présenter les fondements de la commune nouvelle, le contexte communautaire, national et local, les 4 hypothèses d'organisation territoriale et la méthodologie de travail.

N'hésitez pas à poser vos questions ou à nous transmettre vos suggestions par mail ou via le formulaire « vos questions » :
– par mail à : projet.commune.nouvelle@gmail.com
– sur le formulaire de contact en cliquant ici.

Bonne lecture !

Document 4

AMF — Association des Maires de France et des présidents d'intercommunalité

MAIRE*info*

Les maires doivent apprendre à gérer le succès des communes nouvelles

03/03/2017 - Xavier Brivet

« *Les communes nouvelles sont un succès car leur création repose sur la volonté et le libre choix des élus, sans schéma imposé par l'Etat* », a affirmé hier Jacques Pélissard, député-maire de Lons-le-Saunier, à l'occasion de la troisième Rencontre nationale des communes nouvelles, organisée dans ses locaux par l'AMF, en partenariat avec Territoires Conseils (groupe Caisse des dépôts). Devant 200 participants, le président d'honneur de l'AMF, à l'initiative de la loi du 16 mars 2015, s'est réjoui de cette « *révolution silencieuse* » dont l'essor se poursuit. « *En 2015 et en 2016, 1760 communes ont fusionné pour donner naissance à 517 communes nouvelles au 1er janvier 2017* », a précisé Vincent Aubelle, professeur associé à l'Université de Paris-Est Marne-la-Vallée, lors de la présentation du Panorama des communes nouvelles (1). Les 517 communes nouvelles (317 ont été créées en 2015 et 200 en 2016) représentent 1,8 million d'habitants et regroupent en moyenne 3,4 communes. « *En deux ans, ce mouvement de fusion dépasse les résultats des fusions réalisées en 40 ans d'application de la loi Marcellin de 1971 ! C'est le succès du droit souple et du principe de liberté laissés aux maires* », a-t-il confirmé.

Ce succès quantitatif, imputable en partie aux incitations financières accordées par le législateur, qui ont pris fin en décembre dernier, ne doit pas masquer les enjeux liés à la création des communes nouvelles. « *Les maires doivent avoir envie de se regrouper et bâtir un véritable projet de territoire*, a souligné Michel Mercier, sénateur et maire de la commune nouvelle de Thizy-les-Bourgs. *Les bénéfices financiers découleront de leur projet, notamment en terme de mutualisation, et constitueront un apport précieux dans un contexte durable de diminution des dotations de l'Etat* ». « *La commune nouvelle, c'est une commune plus forte, capable de bâtir un projet permettant de répondre aux demandes de services et d'équipements des habitants, tout en préservant un lien social de proximité indispensable* », a résumé Christian Bilhac, maire de Péret et co-président du groupe de travail communes nouvelles de l'AMF.

La rencontre de l'AMF a également permis aux maires d'exprimer les difficultés générées par la création des communes nouvelles, dans deux principaux domaines : la relation de la commune nouvelle à l'intercommunalité et la représentativité des élus des communes déléguées, particulièrement après 2020. Sur le premier point, « *les deux structures divergent*, estime Vincent Aubelle. *Les EPCI grandissent en périmètre et en compétences avec un problème de proximité, tandis que les communes nouvelles rechignent à leur transférer des compétences qu'elles peuvent exercer directement. Il faut donc repenser l'architecture intercommunale* ». Pour Christine Pires-Beaune, députée du Puy-de-Dôme, « *la clause de bon sens doit prévaloir et l'EPCI doit laisser à la commune nouvelle les compétences de proximité, en privilégiant le principe de subsidiarité* ».

Concernant la gouvernance, Vincent Aubelle a rappelé que « *le droit commun s'appliquera lors du prochain mandat, à partir de 2020* ». « *Dans une commune nouvelle comportant beaucoup de communes et peu d'habitants, il sera quasiment impossible d'avoir une représentation de toutes les communes déléguées au sein du conseil municipal, sauf si le législateur modifie les règles de composition des assemblées* », a-t-il dit. Dans la période transitoire actuelle, très peu de communes nouvelles ont supprimé les conseillers municipaux délégués, la plupart recourent au système dérogatoire permettant leur maintien afin de garantir la proximité « *et de respecter le suffrage exprimé par les électeurs en 2014* », a souligné Florence Thérond, maire déléguée de la commune des Gorges-du-Tarn-Causses (Lozère). « *La commune nouvelle ne peut pas être l'addition des communes fondatrices,* a tranché Françoise Gatel, sénatrice-maire de Châteaugiron (Ille-et-Vilaine). C'est une invention pour gérer l'avenir, qui provoquera des bouleversements y compris au niveau de la gouvernance, dont il faut apprécier les effets avant sa création en procédant à une étude d'impact ». En conclusion des débats, François Baroin a estimé qu'« *il faudra clarifier les choses sur la représentation des communes délégués* ». Le président de l'AMF a aussi rappelé que l'association souhaite « *la poursuite des avantages financiers consentis aux communes nouvelles jusqu'à la fin du mandat actuel* ».

(1) Panorama des communes nouvelles. Etude AMF/ Caisse des dépôts.

Document 5

COMMUNES NOUVELLES

Les noms des communes nouvelles, un sujet hautement sensible

Publié le 12/01/2017 • Par Marie-Pierre Bourgeois • dans La Gazette des communes

Commune de Thizy-les-Bourgs

Les quelque 518 communes nouvelles créées cette année sont considérées comme une bonne nouvelle pour alléger le mille-feuilles territorial. Un succès qui ne permet pas d'oublier la difficulté à choisir le nom du nouveau territoire. Les règles à respecter et les écueils à éviter peinent à être bien compris par les communes.

Champion d'Europe du nombre de communes, l'Hexagone a tenté de réduire la voilure par la réforme des collectivités territoriales en 2010 puis par la loi relative à l'amélioration du régime de la commune nouvelle en 2015. Si de nombreuses inquiétudes ont été en partie levées notamment sur la délicate question des financements, un point continue de faire débat, une fois l'opération lancée, celui des noms des communes nouvelles.

L'objectif de création de ces communes nouvelles s'appuie sur plusieurs stratégies, notamment territoriales ou encore financières pour augmenter et simplifier les capacités de gestion. L'impulsion première peut être lancée, sur le papier du moins, par les communes à l'unanimité, le conseil communautaire et le préfet avec l'accord des 2/3 des communes.

Comment se décide le nom d'une commune nouvelle ?

Mais dans la France des villages, là où les noms des lieux et des communes font l'objet de volumineux dictionnaires, changer de nom devient un sujet plus qu'épineux, pour lequel les passions s'enflamment.

Dans sa grande sagesse, le législateur a donc encadré la procédure. D'après la loi du 16 mars 2015 relative à l'amélioration du régime de la commune nouvelle, article 2, les conseillers municipaux des communes qui se regroupent doivent se mettre d'accord à l'unanimité et transmettre leur décision en préfecture.

À défaut, le préfet propose un nom. Le cas échéant, les conseils municipaux disposent d'un mois pour donner leur avis sur la proposition du préfet. En cas de non-réponse, la proposition du préfet l'emporte.

Le nom des nouveaux territoires, patrimoine des citoyens

« Les noms des communes sont porteurs de symbolique, d'histoire et appartiennent au patrimoine local. Changer le nom d'un territoire, c'est changer son histoire » assure Paul Molac, député du Morbihan (PS-EELV), à l'origine d'une proposition de loi visant à ajuster les mécanismes des communes nouvelles.

Pour lui, les exemples de communes nouvelles aux noms problématiques sont nombreux, à l'instar du cas des « Moulins » (Côte d'Armor). Issue du regroupement des deux communes de Plémet et de La Ferrière, « les habitants ont fait part de leur incompréhension quand ils ont eu connaissance du nom retenu par les conseils municipaux », relate le maire Romain Boutron.
« Il y a une vraie perte d'identité pour les habitants », souligne Anne Charles, déléguée à la commune nouvelle. Et Paul Molac de souligner que « les communes sont libres et peuvent donc choisir un nom qui n'a aucun rapport avec la géographie ou l'histoire du lieu, perdant ce repère précieux pour les habitants ».

Stéphane Lainé, docteur en science du langage à l'université de Caen, cite, lui, l'exemple de Bourgvallées (Manche), une commune nouvelle issue de la fusion de Gourfaleur, La Mancellière-sur-Vire, Saint-Romphaire et Samson-de-Bonfossé. « Il y a des bourgs, des vallées, donc on choisit Bourgvallées. Il n'y a aucune imagination, aucune historicité » s'étonne le chercheur. « Les communes font cela dans l'urgence, sans forcément solliciter des personnes référentes qui pourraient les conseiller comme des historiens, des linguistes... », ajoute-t-il.

La marche arrière des Moulins

Aux Moulins, face à la levée de bouclier des habitants, le conseil municipal a décidé de faire marche arrière. Une fois la décision actée par les élus de nommer finalement la commune nouvelle La Plémet, le Conseil d'Etat devrait prendre la main et donner son aval. Une bizarrerie, estime le député Paul Molac : « les communes peuvent choisir n'importe quel nom, mais c'est à l'État de donner son accord pour rattraper leurs erreurs. Il serait plus judicieux qu'il soit présent en amont en guise de conseil ».

Et le parlementaire de regretter une certaine inégalité de traitement, puisque les communes qui veulent changer de nom sans que leur périmètre évolue doivent, elles, consulter pour avis le conseil départemental, le changement de nom définitif étant décidé par décret en Conseil d'État (article L 2111-1 du CGCT). « Quant aux régions, les débats très forts qui ont eu lieu après leur redécoupage au sujet de leur nouvelle identité montre qu'on ne prend pas au sérieux la vie des communes » insiste-t-il.

Un positionnement qui ne doit toutefois pas faire oublier que dans la plupart des cas, le choix du nom de commune se déroule dans de bonnes conditions. « C'est en général le nom de la plus grande des communes qui devient le nom du nouveau territoire, sans encombre », conclut Paul Molac.

Document 6

ANNECY
ANNECY-LE-VIEUX
CRAN-GEVRIER
MEYTHET
PRINGY
SEYNOD

LA COMMUNE NOUVELLE PENSONS-LA ENSEMBLE

Après plusieurs mois de travail, six communes de l'agglomération (Annecy, Annecy-le-Vieux, Cran-Gevrier, Meythet, Pringy et Seynod) vont se prononcer le 20 juin prochain sur leur projet de fusion au sein d'une « commune nouvelle » au 1er janvier 2017. Voici les raisons et les grands axes de ce projet sur lequel tous les habitants sont invités à donner leur avis, avant la décision des élus.

www.lacommunenouvelle.fr

ANNECY – ANNECY-LE-VIEUX – crangevrier – meythet – PRINGY LA VIE HARMONIE – Seynod

QU'EST-CE QU'UNE COMMUNE NOUVELLE ?

UNE FUSION DE COMMUNES

> La « commune nouvelle » est une collectivité territoriale qui se substitue aux communes qui la composent. Celles-ci deviennent des « communes déléguées » avec pour chacune, une mairie annexe.

COMMENT ÇA MARCHE ?

DE 2017 À 2020, UNE PÉRIODE TRANSITOIRE

> Si la commune nouvelle est créée au 1er janvier 2017, les six communes « fondatrices » conserveront leur maire jusqu'en 2020, qui deviendra maire délégué. Les conseils municipaux des six communes resteront également en fonction : les 202 conseillers municipaux éliront le maire de la commune nouvelle en janvier 2017 et ils formeront le conseil de la commune nouvelle, dont le mandat se déroulera jusqu'aux élections municipales de 2020.

EN 2020, UN NOUVEAU CONSEIL MUNICIPAL DE 59 ÉLUS

> Les habitants de la commune nouvelle voteront pour un nouveau conseil municipal issu de l'ensemble du territoire qui élira un maire. Ce conseil désignera les 6 maires et les élus de chaque commune déléguée, issus de leurs communes respectives, conformément à la « charte de gouvernance » qui fait partie du projet.

LE CALENDRIER

Décembre 2015 mai 2016	**Élaboration du projet** par 11 groupes de travail (élus et services), réunions publiques et ateliers participatifs avec les habitants.
Jusqu'au 8 juin 2016	**Consultation des habitants.**

20 juin 2016 : Vote des conseils municipaux. Si chaque conseil vote Pour, à la majorité :

1er janvier 2017	**Création de la commune nouvelle** puis élection du maire de la commune nouvelle.
De 2017 à 2020 (période transitoire)	**Les maires restent maires** des « communes déléguées ».
2020	**Élections municipales** du nouveau conseil de la commune nouvelle.

mai 2016 - Photothèques Annecy, Annecy-le-Vieux, Cran-Gevrier, Meythet, Pringy et Seynod

POURQUOI ?

5 RAISONS DE SE REGROUPER

Le projet de fusion permettrait de :

1 maintenir un bon niveau de services publics et d'investissements, que chaque commune serait incapable de maintenir seule ;

2 optimiser les moyens, tout en maîtrisant l'évolution des taux d'impôts locaux ;

3 aménager le territoire, de manière complémentaire : équipements, logements, entreprises... ;

4 élargir l'accès aux services et équipements publics ;

5 peser plus fort (avec 122 000 habitants) au sein de la nouvelle agglomération, du département et de la nouvelle région.

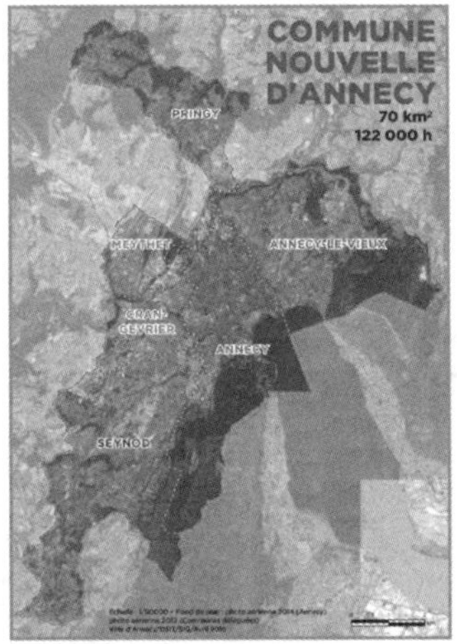

POURQUOI MAINTENANT ?

TROIS FAITS MAJEURS QUI CHANGENT LA DONNE

> Après les élections municipales de 2014, les pouvoirs publics ont pris des décisions qui allaient impacter fortement l'avenir des collectivités : baisse des dotations aux collectivités locales, augmentation des transferts fi nanciers entre collectivités, et création des grandes régions aux compétences élargies avec l'aménagement et le développement des territoires, les départements ne conservant à terme que la compétence sociale.

> En raison du dynamisme économique de notre territoire, nos collectivités vont se retrouver confrontées à un « redoutable effet de ciseaux » financier qu'il convient d'anticiper pour en contenir l'impact sur la fiscalitélocale,notamment.

> Face à la grande région Auvergne Rhône-Alpes, en lien privilégié avec les métropoles de Lyon, Grenoble, Saint-Etienne ou Clermont-Ferrand, nos « petites » collectivités ne pourront plus faire face et être audibles. Il est donc très important de trouver des solutions qui nous permettent de nous faire entendre et de faire ainsi aboutir les projets essentiels pour notre territoire, en matière d'enseignement supérieur, d'infrastructures, de transports, d'agriculture et d'économie.

Château de Prome...

Hôtel de Ville - Meythet

UN PROJET DANS L'INTÉRÊT DES HABITANTS

Le projet de « commune nouvelle » vise d'abord à maintenir un bon niveau de services publics aux habitants et d'investissements pour notre territoire. En voici les principaux axes...

> Maintenir **la tarification familiale et sociale** des services publics.

> **Petite Enfance** : optimiser la capacité d'accueil et adapter l'amplitude des horaires aux besoins des familles.

> **Enfance et jeunesse** : activités à l'école et en dehors de l'école pour l'épanouissement et la réussite des enfants.

> **Accès au sport et à la culture pour tous.**

> **Poursuivre les actions d'insertion par l'emploi** en direction des jeunes et des personnes en difficulté.

> **Seniors** : développer une politique de prévention et de solidarité.

> **Logement** : favoriser la mixité sociale via une répartition équitable dans la commune nouvelle.

> **Economie/transports** : mener une politique en faveur du commerce de proximité et du tourisme.
La Commune nouvelle portera au sein de la nouvelle agglomération les priorités que sont l'industrie, les services et le tourisme, ainsi que les transports.

> **Agriculture** : maintenir les secteurs ruraux et développer l'agriculture urbaine.

> **Développement durable** : un plan climat / air / énergie pour préserver notre cadre de vie exceptionnel et la qualité de l'air.

> **Tranquillité/sécurité** : des unités territorialisées de police municipale et une connexion des systèmes de vidéo-surveillance et protection.

« L'objectif est de maintenir notre qualité de vie économique, sociale et environnementale »

QU'EN SERA-T-IL DE LA PROXIMITÉ ?

Les réunions publiques et les ateliers participatifs organisés en février/mars ont permis d'identifier les principales questions posées par les habitants.

Service état civil - Cran-Gevrier

> Quels services publics de proximité ?

• Etat civil, petite enfance, scolaire et périscolaire, guichet CCAS, urbanisme... les services de proximité seront maintenus dans les « communes déléguées » et leur mairie annexe. L'harmonisation des services publics sera progressive jusqu'en 2020.

> Quelle démocratie locale et quelle identité ?

• Le projet prévoit de conserver, y compris après 2020, **un pouvoir d'expression des « communes déléguées » avec leur maire et leurs élus délégués**, qui seront consultés sur les projets concernant leur territoire.

• Un **« Conseil d'initiative et de consultation »** réunira les associations et **des conseils de quartier** permettront l'expression des habitants.

> Quel devenir pour les associations ?

• Le projet prévoit de soutenir la vie associative et de ne pas contraindre à des fusions. Les maires des « communes déléguées » resteront leurs interlocuteurs. Les critères de subventions seront harmonisés dans le temps.

UNE FISCALITÉ MAÎTRISÉE ET SOCIALE

> L'harmonisation des taux d'imposition sera progressive sur 12 ans. Les évolutions, à la baisse et à la hausse, seront légères, alors que chaque commune, seule, serait dans l'obligation d'augmenter davantage ses taux.

> Les élus ont convenu que la commune nouvelle appliquera dès le 1er janvier 2017 les abattements maximum prévus par la loi pour les personnes à charge (enfants), les personnes handicapées et les ménages à faibles revenus.

> Avec une fiscalité maîtrisée et grâce aux économies de fonctionnement réalisées, la commune nouvelle disposera d'un bon potentiel d'investissement de 50 à 60 millions d'euros par an et sera peu endettée.

En savoir plus, s'exprimer :
www.lacommunenouvelle.fr

Document 7

Communes nouvelles : savoir éviter les écueils quand on se lance

Publié le 04/07/2016 • Par **Fabienne Proux** • dans : LA GAZETTE DES COMMUNES

© Guillaume Duris Fotolia

Tout n'est pas si rose dans l'univers des communes nouvelles. Entre les problèmes de représentativité, les complexités inhérentes aux nouveaux périmètres intercommunaux, les subtilités de consolidation des budgets... Les retours de bâton sont quelque peu douloureux.

Plusieurs élus locaux se sont précipité pour créer une commune nouvelle avant l'échéance de fin 2015 afin de bénéficier de la « carotte financière », mais au final ils auraient perdu au change. Car s'ils ont conservé leurs dotations, ils disposent d'une moindre représentativité au sein de l'intercommunalité. Leur déception est d'autant plus forte que la possibilité d'être exonéré de la baisse des dotations a été prolongée jusqu'au 30 juin 2016, puis désormais jusqu'au 31 décembre 2016.

« Si le nombre de représentants d'une commune dans une communauté de communes ou d'agglomération est proportionnel à sa population, chaque commune membre est assurée de disposer d'au moins un siège », rappelle Pierre-Stéphane Rey, avocat associé au cabinet Itinéraires droit public. « En cas de fusion, seule la population municipale de la commune nouvelle est prise en compte ». Les communes qui ont fusionné en 2015 sont davantage pénalisées que celles qui engagent la démarche cette année car elles découvrent la situation une fois bouclés les nouveaux SDCI (schémas départementaux de coopération intercommunale) qui entreront en vigueur en 2017. Certains maires auraient donc préféré ne pas bénéficier du bonus financier mais conserver leur représentativité, « d'autant que des élus avaient choisi de fusionner pour peser davantage dans l'intercommunalité et au final c'est l'inverse qui se produit », poursuit Pierre-Stéphane Rey. « Leurs efforts ne sont pas récompensés ».

1. La fusion de cinq communes repoussée à 2020

En Ardèche, la perte de représentativité a pesé davantage dans la balance que celle des dotations, « cela n'a jamais été notre première motivation », admet Alain Delaleuf, maire d'Andance (Ardèche, 1 150 hab.). Prévue au 1er janvier 2017, la fusion de cinq communes a finalement été repoussée à 2020. Le projet consiste à fusionner quatre communes membres de la communauté de communes (CC) de DrômArdèche (35 communes) et une cinquième commune, Saint-Désirat, appartenant à la CC VivaRhône. Dans l'organisation actuelle, chaque commune a un représentant à l'interco et l'une des communes, Andance, en a même deux, soit au total cinq conseillers communautaires. De même, Saint-Désirat dispose de deux sièges dans la CC VivaRhône. De sept représentants, ces cinq communes, une fois fusionnées, n'en compteraient plus que quatre. « Pour créer la commune nouvelle en 2017, il fallait que Saint-Désirat quitte dès 2016 la CC VivaRhône. Mais le préfet n'autorisait la sortie de Saint-Désirat qu'à la condition que la commune nouvelle soit créée ce qui n'a pu être le cas faute d'arriver à un accord sur la représentativité de nos communes à la CC de DrômArdèche », déplore Alain Delaleuf.

2. Organiser en amont la répartition des compétences

Vincent Aubelle tempère ce constat, car pour ce professeur des universités associé à l'université Paris-Est-Marne-la-Vallée, « la représentativité dans l'absolu ne présente pas d'intérêt ». « La représentativité devient un problème en fonction de la plus ou moindre grande étendue des compétences de l'interco », explique ce fin connaisseur du monde local. Pour éviter cet écueil, il convient de prévoir et d'organiser en amont la répartition des compétences, c'est-à-dire en menant de front la création de la commune nouvelle et l'élargissement des périmètres intercommunaux, à l'instar des Mauges dans le Maine-et-Loire où « les élus ont placé les compétences au cœur de leur réflexion ».

Les déceptions sur le plan de la représentativité politique pourraient dès lors être compensées lors des restitutions de compétences de l'interco vers les communes, mais elles n'interviendront qu'en 2017 ou 2018. En effet, « le fait d'être constitué en commune nouvelle peut devenir un atout, car cette dernière pourra exercer la compétence sur un territoire plus large que celui des anciennes communes isolées », fait valoir Pierre-Stéphane Rey.

Le fait d'imposer au salarié une charge de travail déraisonnable dégradant ses conditions de travail peut également entrainer la responsabilité civile mais aussi pénale (2 ans d'emprisonnement et 30 000€ d'amende) de l'employeur sous l'angle du harcèlement moral.

(...)

IV. Faire du droit a la deconnexion un enjeu collectif

Plusieurs grandes entreprises se sont déjà emparées du sujet et ont signé un accord sur la qualité de vie au travail comportant notamment un droit à la déconnexion.

IV.1 « Y'a qu'à couper le serveur » !

Certaines grandes entreprises se sont bornées à appréhender l'usage des outils numériques sous le seul angle de la charge de travail que cela induit pour les salariés hors des heures de bureau ou d'usine. Elles ont alors décidé de réguler ces pratiques par des dispositifs techniques rigides, par exemple en fermant les serveurs de messagerie à des heures données afin d'empêcher l'envoi d'emails en soirée et durant le week-end.

Tel est le cas du groupe de protection sociale et de retraite complémentaire Réunica dont l'accord « *prévoit la fermeture des messageries électroniques de 20 heures à 7 heures et le week-end* ».

Dans le même sens, le groupe Volkswagen désactive le renvoi des e-mails professionnels vers les smartphones des salariés à partir de 18h15, soit une demi-heure après le départ du bureau des derniers collaborateurs. La trêve dure jusqu'au lendemain matin à 7 h, soit trente minutes avant l'arrivée des premiers employés au bureau.

Chez Allianz France, les e-mails envoyés le week-end n'arrivent à leurs destinataires que le lundi, sauf en cas d'urgence, comme lors des inondations ayant dévasté tout un territoire.

Certaines entreprises comme Thalès Avionics sont même allées jusqu'à interdire à leurs salariés de pénétrer dans leurs locaux avant 7h15 et après 19h30, et pendant leurs vacances.

Disons-le tout de go, ce type de politique parait totalement impensable pour les entreprises travaillant en continu ou à l'international. Et puis quel salarié passera un week-end ou des vacances détendus à la perspective de devoir traiter des centaines voire des milliers d'emails lorsqu'il sera de retour au bureau … Pour s'éviter cette corvée, le salarié préfèrera envoyer les documents qu'il doit travailler sur son adresse personnelle avant de renvoyer son labeur dominical de son adresse personnelle vers son adresse professionnelle.

Par ailleurs, de nombreux salariés voudront d'eux-mêmes rediriger vers leurs collègues les emails urgents reçus pendant leurs congés ou y répondre succinctement en dehors de leurs heures de travail afin de ne pas perdre d'opportunités professionnelles. A ce titre, l'incitation des salariés à utiliser leurs outils numériques personnels, à l'instar de la pratique répandue du BYOD (*Bring your own device*) pose de réelles difficultés en termes de sécurité des informations d'entreprise.

De façon plus intéressante la firme automobile Daimler-Benz a, en août 2014, permis à 100 000 de ses employés de participer au dispositif « Mail on Holiday ». Les courriels envoyés aux salariés durant leurs périodes de congés sont suivis d'une réponse automatique redirigeant l'interlocuteur vers des contacts disponibles ou l'invitant à réexpédier son message au retour de l'intéressé. La spécificité du dispositif réside dans l'option de suppression automatique de ces courriels qui, suivant les conclusions de recherches sur la qualité de vie au travail, permettent d'éviter la surcharge de messages en attente au retour des congés.

Document 8

Les communes nouvelles

Marie-Cécile GEORGES, responsable du département « Intercommunalité » - AMF (marie-cecile.georges@amf.asso.fr)
Alexandre HUOT, conseiller technique – AMF (alexandre.huot@amf.asso.fr)
Julie ROUSSEL, conseillère technique – AMF (julie.roussel@amf.asso.fr)

mars 2017

(...)

Qu'est ce qu'une commune nouvelle ?

Créée par la loi du 16 décembre 2010 de réforme des collectivités territoriales, la commune nouvelle est une formule rénovée de regroupement de communes pouvant être instituée à plusieurs échelles :

- regrouper des communes contigües au sein d'une même communauté ou issues de communautés différentes ;
- s'appuyer sur le périmètre de l'ensemble des communes membres d'une communauté (quelle que soit sa taille).

=> Dispositif très adaptable à la diversité des territoires

La commune nouvelle est une commune, collectivité territoriale pleine et entière, qui dispose des mêmes droits et obligations en termes de services publics, mais dont le fonctionnement et l'organisation sont adaptés à l'existence de communes fondatrices-historiques (communes déléguées).

=> Projet de territoire

Elle dispose d'une compétence générale comme toutes les communes et bénéficie d'une fiscalité directe locale (4 taxes).

=> Solidarité dans les recettes et les dépenses

** Les lois du 16 mars 2015 et du 8 novembre 2016 apportent de la souplesse dans le fonctionnement et la mise en place de la commune nouvelle, tout en respectant l'identité des communes fondatrices.*

(...)

La dynamique des communes nouvelles (au 1er janvier 2017)

Nombre de communes nouvelles créées au 1er janvier 2017 (carte)	200 (soit un total de 542 communes nouvelles)
Nombre de communes regroupées	670 (soit un total de 1830 communes regroupées)
Population regroupée	Environ 650 000 (soit un total d'environ 1 800 000 hab.)
Projets aboutis à l'échelle de CC	7 (soit un total de 30)

Sources : chiffres et carte AMF

(...)

Un régime qui évolue

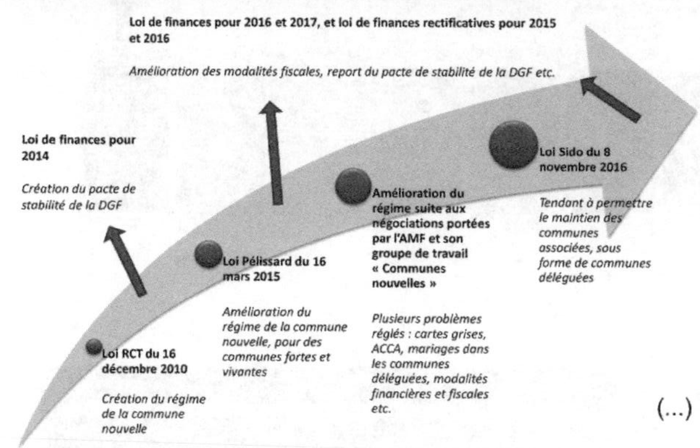

(...)

Pourquoi créer une commune nouvelle?

- ✓ Préparer l'avenir

Maintenir et renforcer la capacité d'action des communes : répondre à la nécessaire mutualisation des moyens, assurer les projets d'investissements et continuer à offrir des services aux populations dans un contexte de contraintes financières sans précédent.

=> *Changer le mode de gestion des communes*

- ✓ Renforcer la place de la commune et disposer d'une influence plus importante au sein d'un EPCI mais aussi auprès des autres collectivités locales (département, région) et de l'Etat,

Dans des ensembles plus vastes, quel est le poids des petites communes ? Comment exister dans de grandes intercommunalités ?

=> *Renforcer le rôle et la place de la commune*

- ✓ Se regrouper avec la ville centre et créer ou renforcer un centre-bourg, faire ensemble ce que l'on ne peut accomplir seul.

=> *Dépasser les fractures territoriales*

Les étapes de création de la commune nouvelle

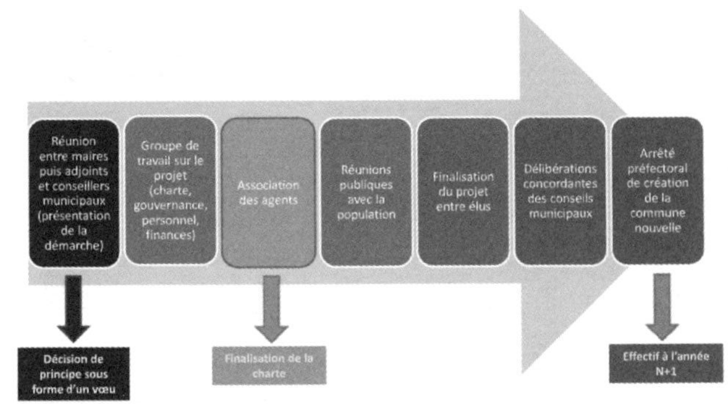

(…)

Création

L'initiative de la création de la commune nouvelle peut provenir :

1) Démarche volontaire des conseils municipaux : <u>accord unanime (majorité simple de chaque conseil municipal)</u> ;

À l'échelle d'une communauté

2) soit à la demande des 2/3 au moins des conseils municipaux des communes membres d'un même EPCI à fiscalité propre représentant plus des 2/3 de la population totale de celui-ci ;

3) soit à la demande du conseil communautaire d'un EPCI à fiscalité propre. La décision de création est soumise à l'accord des 2/3 au moins des conseils municipaux des communes représentant plus des 2/3 de la population totale de celles-ci ;

4) soit à l'initiative du préfet, la décision de création est soumise à l'accord des 2/3 au moins des conseils municipaux des communes intéressées représentant plus des 2/3 de la population totale de celles-ci.

⚠ Sans accord unanime des conseils municipaux, la consultation de la population de chaque commune est obligatoire.

Nota : une commune nouvelle existante peut <u>s'étendre selon la même procédure</u>.

Rattachement à une communauté

Le <u>rattachement de la commune nouvelle à une communauté est obligatoire</u>, quelle que soit sa taille, seul le délai de rattachement diffère :

- *lorsque la commune nouvelle est issue de communes contiguës membres d'une même communauté*, le rattachement se fait d'office à cette communauté ;

Loi 2017

- *lorsqu'elle est issue de communes contiguës membres d'EPCI à fiscalité propre distincts*, les délibérations concordantes des conseils municipaux créant la commune nouvelle doivent mentionner la communauté à laquelle ils souhaitent être rattachés dès la création de la commune nouvelle. A défaut d'accord du préfet, des EPCI concernés ou de leurs communes membres, saisine de la CDCI (possibilité de confirmer ou amender le projet à majorité des 2/3 de la CDCI).

* Si l'une des communes est membre d'une communauté urbaine (ou d'une métropole), la commune nouvelle est automatiquement rattachée à la communauté urbaine (ou à la métropole).

Loi 2015

- *lorsque la commune nouvelle se substitue à une communauté, **elle a l'obligation d'adhérer à un autre EPCI à fiscalité propre au plus tard dans le délai de 24 mois suivant sa création** (et non plus un an).*

Conseil municipal *jusqu'en 2020*

La commune nouvelle dispose d'un maire et d'un conseil municipal. La loi prévoit un <u>régime transitoire jusqu'aux prochaines élections municipales</u> (2020):

Loi 2015 Le conseil municipal de la commune nouvelle est composé de l'ensemble des membres des conseils municipaux des communes fondatrices jusqu'en 2020.

Cette faculté est décidée par délibérations concordantes des communes avant la création de la commune nouvelle.

À défaut d'accord de tous les conseils municipaux s'applique la répartition de droit commun où tous les anciens conseillers municipaux ne rentrent pas obligatoirement dans le nouveau conseil municipal :

- le nombre de conseillers provenant de chacun des anciens conseils municipaux est réparti proportionnellement au nombre des populations municipales, suivant la règle du « plus fort reste » ;
- le maire et les adjoints de chacune des communes fondatrices entrent obligatoirement dans le conseil municipal de la commune nouvelle ;
- l'effectif total du conseil ne peut pas dépasser 69 membres, sauf dans le cas où la désignation des maires et des adjoints des anciennes communes rend nécessaire l'attribution de sièges supplémentaires ;
- la désignation se fait dans l'ordre du tableau (maire, adjoints, conseillers).

Conseil municipal *en 2020*

Le conseil municipal de la commune nouvelle entre dans le droit commun :

- ✓ une seule circonscription électorale ;
- **Loi 2015** ✓ un conseil municipal composé à titre <u>dérogatoire</u> d'un nombre de membres égal au nombre prévu pour une commune appartenant à la strate démographique supérieure ;
- ✓ les maires délégués sont élus par le conseil municipal de la commune nouvelle.

(Extrait article L. 2121-2 du CGCT)

COMMUNES	NOMBRE DES MEMBRES du conseil municipal
De moins de 100 habitants	7
De 100 à 499 habitants	11
De 500 à 1 499 habitants	15
De 1 500 à 2 499 habitants	19
De 2 500 à 3 499 habitants	23
De 3 500 à 4 999 habitants	* 27
De 5 000 à 9 999 habitants	29
De 10 000 à 19 999 habitants	33
De 20 000 à 29 999 habitants	35
De 30 000 à 39 999 habitants	39

** Exemple : commune nouvelle de 2800 habitants : 27 conseillers municipaux*

(...)

Statut des communes fondatrices : les communes déléguées

Loi 2015 Les communes historiques, ainsi que les communes associées, deviennent <u>automatiquement</u> des communes déléguées, sauf décisions contraires et concordantes de tous les conseils municipaux avant la création. Elles conservent leur nom ainsi que leurs limites territoriales, mais perdent le statut de collectivités territoriales.

La création de communes déléguées entraîne pour chacune d'entre elles :

1) l'institution d'un <u>maire délégué</u>, les anciens maires sont de droit maires délégués pendant la phase transitoire ; puis - *en 2020* - ils seront élus par le conseil municipal de la commune nouvelle parmi ses membres.
   Le maire délégué peut être assisté <u>d'un conseil communal</u> et d'un ou plusieurs <u>adjoints</u> au maire délégué désignés par le conseil municipal de la commune nouvelle (parmi les conseillers communaux et dans la limite de 30 % de ceux-ci).

2) la création d'une <u>annexe de la mairie</u> dans laquelle sont établis les actes de l'état civil concernant les habitants.

Il est possible de créer dans chaque commune déléguée des conseils de quartier, un comité d'initiative et de consultation des associations, une caisse des écoles, etc.

Tout ou partie des communes déléguées peuvent être supprimées par décision du conseil municipal.

Le maire délégué

Attributions de plein droit

Il est officier d'état civil et officier de police judiciaire (*et dispose des attributions des maires en matière d'affaires scolaires liées au respect de l'obligation scolaire*).

Loi 2015 Il exerce également les fonctions d'adjoint au maire de la commune nouvelle (hors plafond du nombre de 30 % de l'effectif du conseil municipal).

Délégations de fonctions

Il peut recevoir du maire de la commune nouvelle des <u>délégations territorialisées</u> (ex : *en matière de police municipale, délivrance des autorisations d'urbanisme...*).

Rôle consultatif

Il rend un avis sur les autorisations d'urbanisme, les permissions de voirie, les projets d'acquisition, d'aliénation d'immeubles ou de droits immobiliers réalisés par la commune nouvelle, les changements d'affectations de biens communaux, les projets de transformation d'immeubles en bureaux ou en locaux d'habitation.

Il est informé des projets d'équipements, des DIA (déclarations d'intention d'aliéner) lors des procédures de préemption.

<u>Remarque</u> : il est possible de cumuler les fonctions de maire de la commune nouvelle et de maire délégué pendant la période transitoire. Cependant, à partir de 2020, les fonctions de maire de la commune nouvelle et de maire délégué sont incompatibles.

Le conseil de la commune déléguée

Il est créé, à la majorité des <u>2/3 des membres du conseil municipal</u>, dans une ou plusieurs communes déléguées.

Il est composé du maire délégué et de conseillers communaux, désignés par le conseil municipal parmi ses membres et qui en fixe le nombre. Il est présidé par le maire délégué.

Ses attributions correspondent aux dispositifs applicables aux *arrondissements de Paris Lyon Marseille* :

- Il <u>gère les équipements de proximité</u> (éducatif, social, culturel, sportif - *crèches, espaces verts, gymnase, ...*) définis par la commune nouvelle et chaque commune déléguée ; il délibère sur leur implantation et le programme d'aménagement des équipements de proximité qui ne concernent pas l'ensemble des habitants de la commune ; *mais la réalisation des équipements appartient à la commune nouvelle ;*
- Il peut recevoir, <u>par délégation, la gestion de tout équipement ou service de la commune</u>,
- Il est saisi <u>pour avis</u> des projets de décision sur les affaires concernant le territoire, il est consulté sur le montant des subventions aux associations, sur la modification du PLU et sur tout projet d'opération d'aménagement ;
- Il peut demander au conseil de la commune nouvelle de débattre de toute affaire intéressant le territoire et adresser des questions écrites au maire ou émettre des vœux.

=

- Collectivité territoriale
- Mêmes droits et obligations en termes de services publics que les autres communes
- Compétence générale
- Bénéficie d'une fiscalité directe locale

(...)

La fiscalité de la commune nouvelle

La fiscalité de la commune nouvelle n'est pas différente de celle des autres communes.

Elle bénéficie, sous réserve du régime fiscal de la communauté à laquelle elle appartient :

- de la taxe foncière sur les propriétés bâties,
- de la taxe foncière sur les propriétés non bâties,
- de la taxe d'habitation,
- de la cotisation foncière des entreprises,
- d'une fraction de la cotisation sur la valeur ajoutée des entreprises,
- d'une fraction de l'impôt forfaitaire sur les entreprises de réseaux,
- de la taxe d'enlèvement des ordures ménagères, si elle le souhaite,
- etc...

Sous réserve du régime de fiscalité de la communauté

La commune nouvelle est également soumise aux règles de lien et de plafonnement des taux de fiscalité votés.

(...)

Lissage progressif des taux de fiscalité

La création de la commune nouvelle naît du regroupement de communes sur lesquelles étaient appliqués des taux différents. C'est pourquoi, il est possible <u>d'unifier progressivement les taux</u> appliqués sur le territoire des anciennes communes vers le taux voté par les élus de la commune nouvelle.

Depuis le 1er janvier 2017, à la demande de l'AMF, il n'est plus nécessaire d'avoir un écart de taux minimum pour procéder à une harmonisation fiscale progressive.

Cette unification, appréciée taxe par taxe, peut être appliquée sur une période de 2 à 12 ans après décision du conseil municipal de la commune nouvelle ou sur délibérations concordantes (unanimité) des anciens conseils municipaux des communes concernées (avant la création).

Le lissage devra être précédé d'une homogénéisation des abattements appliqués pour le calcul de la taxe d'habitation (décisions prises au même moment que le vote des taux : avant le 15 avril).

<u>Remarques :</u> la durée de la période de lissage ne peut être modifiée ultérieurement. Si la délibération de lissage des taux ne précise pas la durée (2 à 12 ans), la période d'harmonisation sera fixée à 12 ans.

(...)

Avantages financiers liés à la création d'une commune nouvelle

Depuis le 1er janvier 2017, le pacte de stabilité de la DGF n'existe plus pour les communes qui souhaitent se regrouper en commune nouvelle. Cependant, certains avantages existent toujours et ne nécessitent pas de condition d 'éligibilité en termes de date de création ou de seuil de population :

1) Les communes nouvelles sont garanties de percevoir, à compter de l'année de leur création, *et sans limitation de durée*, les montants de dotation de solidarité rurale (DSR) que percevait chaque commune avant de se regrouper. Cette garantie évolue en cas de hausse de l'enveloppe globale de DSR nationale dans les mêmes proportions à compter de la 2ème année.

2) Les transferts de biens, droits et obligations résultant de la création de la commune nouvelle, quel que soit son périmètre, sont exemptés de tout droit, taxe, salaire ou honoraire.

3) Les communes nouvelles bénéficient d'un versement au titre du FCTVA l'année même des dépenses (n+1 ou n+2 en droit commun).

4) Lorsque la commune nouvelle se substitue à une communauté, elle perçoit à compter de sa 1ère année d'existence l'ancienne DGF (dotation d'intercommunalité et dotation de compensation) que percevait l'EPCI à fiscalité propre.

5) La DETR est prioritairement dirigée vers les communes nouvelles.

6) Les effets de la mutualisation (ex: contrats d'assurances et de maintenance, groupement d'achats, économies d'échelle etc.).

(...)

Charte fondatrice de la commune nouvelle

Elle permet d'acter la gouvernance et l'organisation particulière de la commune nouvelle :

✓ Organisation : un maire, des adjoints et des maires délégués, un conseil municipal et éventuellement des conseils communaux et des adjoints au maire délégué, une conférence des maires, un ou des comité(s) consultatif(s) etc...

✓ Rôle des communes déléguées : maintien d'une mairie annexe, gestion de certains équipements ou services (écoles, associations, salle des fêtes, état civil...), consultation sur les projets concernant leur territoire, ses ressources (dotations)...

✓ Personnel (services mutualisés et services mis à disposition des communes déléguées...).

Charte fondatrice de la commune nouvelle

La Charte constitue le socle des principes fondateurs de la commune nouvelle.

Elle rappelle le contexte (historique, social, culturel, économique, géographique ...), les habitudes de vie de la population, les coopérations existantes entre les communes (travail commun, existence de syndicats intercommunaux ...), les enjeux et les perspectives (renforcer la représentation du territoire par rapport à l'Etat, aux autres collectivités et à l'intercommunalité...).

Elle permet de formaliser le projet commun de territoire défini entre les élus :

la volonté de regrouper les communes et les objectifs poursuivis (aménager le territoire, créer et/ou maintenir des services publics, permettre l'égalité d'accès aux services par les habitants, partager des politiques, mutualiser et mettre en commun des moyens...), tout en conservant l'identité des communes fondatrices .

Principaux éléments des délibérations portant création d'une commune nouvelle

Les délibérations des communes doivent *au minimum* indiquer :

- ✓ le nom des communes fondatrices de la commune nouvelle et la population totale regroupée,
- ✓ le nom de la commune nouvelle,
- ✓ le chef-lieu de la commune nouvelle,
- ✓ la composition du conseil municipal de la commune nouvelle : décision de maintenir l'ensemble des conseillers municipaux,
- ✓ l'EPCI à fiscalité propre de rattachement (si les communes sont situées sur des EPCI distincts),
- ✓ la date de création.

Le cas échéant :

- ✓ le nombre des communes déléguées si les conseils municipaux décident de ne pas maintenir l'ensemble des communes déléguées (PPL),
- ✓ le lissage des taux (et l'harmonisation des abattements de TH) : les décisions concordantes des conseils municipaux doivent être prises avant le 1er octobre n-1 pour être applicables la première année de création (n). A défaut le lissage ne sera appliqué qu'en année n+1 (décision du conseil municipal de la commune nouvelle)
- ✓ le règlement spécial organisant la gouvernance financière entre la commune nouvelle et les communes déléguées (le cas échéant).

La charte fondatrice de la commune nouvelle peut être annexée aux délibérations.

Document 9

Commune nouvelle : « Au moins, on aura essayé » dit Christian Noir

Politique. Les communes de l'ancienne communauté de communes du premier plateau et celles qui sont limitrophes ne sont pas parvenues à un accord pour la création d'une éventuelle commune nouvelle. Alors que, pour certaines communes, elle signifierait une augmentation des taux de fiscalité, d'autres redoutent un projet « trop précipité ».

Jeudi soir, les élus du premier plateau et des communes limitrophes étaient invités pour une troisième réunion d'informations sur les communes nouvelles par Christian Noir, maire de Granges-sur-Baume, et Daniel Segut, maire de Crançot.

La charte de l'éventuelle commune nouvelle, son périmètre et la fiscalité étaient à l'ordre du jour.

À titre d'exemple, les mairies avaient reçu la charte établie par la commune nouvelle de Baugé-en-Anjou.

Des communes défavorables sont au centre du projet

Daniel Segut a présenté les taux de fiscalité de chaque commune. Il a proposé une simulation du lissage des taux pour la commune nouvelle, soit 7,17 % pour la taxe d'habitation, 13,27 % pour le foncier bâti et 31,674 % pour le foncier non bâti. Pour certaines communes, les taux seraient à la baisse. Mais ils seraient en augmentation pour Vevy et Briod de près de 50 %.

La carte du périmètre se rapprocherait de la communauté de communes du premier plateau, aujourd'hui dissoute.

Un réel désaccord existe entre les communes qui avaient choisi de rejoindre l'Espace communautaire Lons agglomération et celles qui ont rejoint la communauté de communes des Coteaux de la Haute Seille (CCCHS). Car ces communes devront désormais faire partie d'une même communauté de communes. Et la CCCHS devra retrouver de nouvelles adhésions pour la fusion des communautés de communes. Une commune nouvelle serait donc la bienvenue.

Ce qu'en pensent les communes

Plusieurs communes ont déjà pris une décision ou une tendance dans leur conseil municipal et en ont fait part.

Les communes de Crançot, Granges-sur-Baume, Publy, Revigny et Verges seraient plutôt favorables. Briod n'est pas fermé, mais émet beaucoup de réserves.

Baume-les-Messieurs, La Marre, Mirebel et Vevy ont émis un avis défavorable : « Le gouvernement nous incite à une fusion pour une stabilisation des dotations globales de fonctionnement (DGF) de l'État pour 3 ans si la commune nouvelle est créée avant janvier 2016. La DGF baissera de 30 % d'ici 2017 si la commune nouvelle n'est pas créée. C'est vraiment trop précipité, affirment unanimement toutes ces communes. « On sait ce qu'on a à gagner mais pas ce que l'on a à perdre. Il nous faut quelque chose de cohérent, des projets. »

Il apparaît donc impossible de créer une commune nouvelle, puisque ces communes se situent au centre du périmètre du projet. Il n'y aurait donc pas de continuité territoriale : « Au moins on aura essayé », conclut Christian Noir.

www.leprogres.fr – 2 août 2015

Comment aborder le sujet

a. Analysez le contexte et la commande

Les règles de présentation peuvent être facilement honorées. On trouve les références juridiques en bas du document 2.

> Commune de Joly-Bourg — Le (date de l'épreuve)
> Secrétariat général
>
> **RAPPORT**
> à l'attention de Monsieur le Maire
>
> **Objet :** Les communes nouvelles
>
> **Références :** Loi n° 2010-1563 du 16 décembre 2010 portant réforme des collectivités territoriales.
> Loi n° 2015-292 du 16 mars 2015 relative à l'amélioration du régime de la commune nouvelle, pour des communes fortes et vivantes.

■ Les éléments contextuels

Le contexte est rapidement décrit, mais on y trouve des éléments qui vont orienter la rédaction du rapport demandé :

– la commune de Joly-Bourg compte **1 800 habitants**.

On sera attentif à cette donnée dans l'élaboration des propositions opérationnelles de la seconde partie du rapport et on s'efforcera d'exploiter avant tout, si elles existent, les expériences relatées dans le dossier correspondant à cette strate démographique ;

– la commune fait, avec deux autres communes limitrophes, partie d'une communauté de communes de 18 500 habitants. Ces trois communes veulent fusionner et créer une commune nouvelle ;

– selon toute vraisemblance, la commune de Joly-Bourg est, à l'échelle des autres communes de la communauté de communes, une commune importante, ce qui explique que ce soit son secrétaire général qui est chargé par le maire d'établir des propositions pour créer une commune nouvelle.

■ La commande

Comme le plus souvent dans ce type d'épreuve, les deux parties du rapport sont très nettement indiquées dans la commande, ce qui facilite l'élaboration du plan :

– la première partie porte sur **les communes nouvelles**.

C'est donc une présentation de ce dispositif qui est attendue ;

– la seconde partie doit présenter des propositions opérationnelles pour **créer une commune nouvelle**.

Il restera évidemment à trouver un plan pour structurer chacune de ces deux parties, le plan le plus classiquement retenu étant celui d'une première partie comportant deux sous-parties, la seconde partie pouvant en comprendre par exemple deux ou trois.

b. Exploitez le sommaire et opérez une lecture de survol du dossier

La **lecture de survol** du dossier permet aisément de repérer ceux des documents qui permettent d'alimenter la première partie et ceux qui contribueront à la rédaction de la seconde, la première étant exclusivement fondée sur des éléments du dossier et la seconde faisant en outre appel à des connaissances du candidat.

Les titres des documents, reproduits dans la liste signalétique de la première page du sujet, peuvent être rendus plus explicites par la « titraille » (chapeaux, sous-titres, intertitres) que la lecture de survol du dossier permet facilement d'identifier.

1re partie : les communes nouvelles	2e partie : la création d'une commune nouvelle
Document 2 Communes nouvelles : impacts sur les personnels Introduction : **qu'est-ce qu'une commune nouvelle** ?	*Document 1* **Communes nouvelles : cinq points qui font encore hésiter les acteurs locaux** Chapeau : La recomposition des EPCI, imposée par la loi « NOTRe », plane au-dessus de quasiment tous les projets de mariage de communes, pour le meilleur et pour le pire. Florilège d'exemples pour tenter d'expliquer **ce qui, pour certains, bloque encore.**
Document 4 Les maires doivent apprendre à gérer **le succès des communes nouvelles**	*Document 2* **Communes nouvelles : impacts sur les personnels** Chapitre I : **la gestion des personnels** dans une commune nouvelle
Document 6 La commune nouvelle, pensons-la ensemble **Qu'est-ce qu'une commune nouvelle ?** **Comment ça marche ?** **Pourquoi ?** **Un projet dans l'intérêt des habitants**	*Document 5* **Les noms des communes nouvelles, un sujet hautement sensible** Chapeau : Les quelque 518 communes nouvelles créées cette année sont considérées comme une bonne nouvelle pour alléger le mille-feuille territorial; un succès qui ne permet pas d'oublier **la difficulté à choisir le nom du nouveau territoire**. Les règles à respecter et **les écueils à éviter** peinent à être bien compris par les communes.
Document 8 Les communes nouvelles **Qu'est-ce qu'une commune nouvelle ?** **Le dynamisme des communes nouvelles** **Un régime qui évolue** **Pourquoi créer une commune nouvelle ?** **Les étapes de la création d'une commune nouvelle**	*Document 7* Communes nouvelles : **savoir éviter les écueils quand on se lance** Chapeau : Tout n'est pas si rose dans l'univers des communes nouvelles. Entre **les problèmes de représentativité**, les **complexités inhérentes aux nouveaux périmètres** intercommunaux, les subtilités de la **consolidation des budgets**... **Les retours de bâton sont quelque peu douloureux**.
	Document 9 Commune nouvelle : « Au moins, on aura essayé », dit Christian Noir Chapeau : les communes de l'ancienne communauté de communes du premier plateau et celles qui sont limitrophes ne sont pas parvenues à un accord pour la création d'une éventuelle commune nouvelle. Alors que, **pour certaines communes, elle signifierait une augmentation des taux de fiscalité, d'autres redoutent un projet « trop précipité »**.

On perçoit, dans les documents permettant d'alimenter la seconde partie, des documents à dimension problématique, qui devraient permettre de bien cerner les précautions à prendre pour réussir la création d'une commune nouvelle.

Ce survol permet également de repérer les principaux textes juridiques qui peuvent être signalés dans la zone des « références ».

c. Préconcevez un plan

La lecture de survol du dossier met sur la voie d'une organisation possible de la première partie autour de deux axes :

– **des règles incitatives** ;
– **des freins**.

S'agissant de la seconde partie, on repère de nombreuses **précautions à prendre pour réussir** : des blocages, le problème du nom, la gestion du personnel, la représentativité, la complexité des périmètres, la consolidation budgétaire, la fiscalité, la précipitation. Il faudra également rendre compte des **étapes de la création** des communes nouvelles pour proposer un agenda réaliste.

On ouvrira donc *a priori* des fiches sur ces thèmes, fiches que l'on remplira au fur et à mesure de l'exploitation du dossier.

Nous ouvrons également *a priori* une fiche **introduction** que nous alimentons au fil du dossier.

d. Exploitez le dossier à partir du plan préconçu

NOTE DU FORMATEUR

Dans un but pédagogique, les fiches ci-après sont davantage rédigées qu'elles ne peuvent l'être réellement pendant les trois heures de l'épreuve. Dans la réalité de celle-ci, seule une prise de note rapide, mais précise, est possible, la rédaction aboutie s'effectuant directement sur la copie à partir des informations repérées dans le dossier, en étant attentif à éviter le « copié-collé » et en s'efforçant de reformuler ces informations.

Fiche introduction

Nombreuses sont aujourd'hui les communes confrontées à de graves difficultés financières liées à ce qu'on appelle communément « l'effet de ciseau », baisse des recettes notamment liée à la diminution des dotations et hausse des dépenses causée par les difficultés économiques. La communauté de communes à laquelle appartient la commune de Joly-Bourg peut contribuer au maintien d'un service public de qualité, mais il paraît aujourd'hui nécessaire d'aller plus loin dans la rationalisation de l'exercice des compétences qui continuent à être exercées par la commune.

Les communes nouvelles, instituées par la loi du 16 décembre 2010 de réforme des collectivités territoriales et modifiées par la loi du 16 mars 2015 relative à l'amélioration du régime de la commune nouvelle, peuvent constituer une bonne solution. Les communes de Joly-Bourg, de Petit-Bourg et de Bourg-Charmant ont décidé de fusionner et de créer une commune nouvelle.

Comment expliquer le succès de cette nouvelle institution ? À quelles règles obéit-elle ? Comment réussir dans cette entreprise ?

Fiche 1

Des règles incitatives
Alors que le dispositif de fusion de communes créé par la loi dite Marcellin du 16 juillet 1971 n'avait rencontré aucun succès, la commune nouvelle instituée par la loi de réforme des collectivités territoriales du 16 décembre 2010 connaît un certain essor : 25 communes nouvelles ont été créées entre le 1er janvier 2013 et le 1er janvier 2015, plus de 300 au 1er janvier 2016, 517 au 1er janvier 2017, grâce à la loi du 16 mars 2015 relative à l'amélioration du régime de la commune nouvelle : cette loi assouplit sa création et son fonctionnement, respectant le volontariat et l'identité des communes fondatrices tout en instaurant des incitations financières. Si la commune nouvelle doit impérativement être rattachée à une communauté, elle dispose d'un délai de rattachement de deux ans si elle est issue de toutes les communes membres d'une même communauté. La commune nouvelle, dotée d'un maire, d'adjoints au maire et de conseillers municipaux, bénéficie seule de la clause générale de compétence et d'une fiscalité propre, mais les communes déléguées, dotées de mairies annexes, conservent notamment des compétences sur leur territoire en matière d'état civil, de gestion d'équipements de proximité ; gardant leur nom et leurs limites territoriales, elles restent proches de leurs habitants. En outre, jusqu'aux élections municipales de 2020, les communes nouvelles peuvent comprendre l'ensemble des conseillers municipaux des communes fondatrices. Enfin, la commune déléguée est administrée par un maire délégué qui peut être assisté d'un conseil communal composé d'adjoints délégués désignés par le conseil municipal de la commune nouvelle. *(document 2)* Pour Jacques Pélissard, député-maire de Lons-le-Saunier, « les communes nouvelles sont un succès, car leur création repose sur la volonté et le libre choix des élus, sans schéma imposé par l'État ». *(document 4)*

Fiche 2

Des freins
Ce qui est nouveau effraie. L'incapacité à se projeter et à modifier les délimitations administratives traditionnelles peut empêcher de « se lancer ». La crainte des maires de perdre des compétences et des prérogatives joue également contre les communes nouvelles. Le conseil de la commune nouvelle peut, à titre transitoire jusqu'en 2020, inclure tous les conseillers municipaux des communes membres : difficile de travailler au sein d'une assemblée soudain fortement augmentée. Lorsqu'une intercommunalité de grande taille entraîne la création de communes nouvelles, le temps de la fusion des communes est beaucoup trop limité (un mois à six mois) lorsque la commune nouvelle est issue d'EPCI à fiscalité propre distincts. De nombreux maires craignent de devoir augmenter fortement la taxe d'habitation pour se rapprocher de la moyenne de l'agglomération. *(document 1)* À compter des élections municipales de 2020, sauf modification des règles de composition des assemblées, toutes les communes déléguées ne pourront plus être représentées au sein du conseil municipal de la commune nouvelle. *(document 4)* [En effet, ce conseil municipal sera réduit à la strate supérieure de population de 2020 à 2026, puis à la strate de droit commun à partir de 2026 *(document 1, document 8)*] Le choix du nom de la commune nouvelle est essentiel : mal choisi, il risque d'être incompris et d'entraîner une véritable perte d'identité pour les habitants. *(document 5)* Les problèmes de représentativité des communes peuvent hypothéquer l'avenir du projet si l'essentiel n'a pas été réglé en amont, et qui réside avant tout dans l'organisation de la répartition des compétences entre l'intercommunalité et la commune nouvelle. *(document 7)* À titre d'exemple, une commune nouvelle de 2 400 habitants ne comptera plus, à titre dérogatoire pendant le mandat de 2020 à 2026, que 23 conseillers, puis, à compter de 2026, 19 conseillers. Si elle résulte de la fusion de trois communes comptant chacune entre 500 et 1 499 habitants, le nombre de conseillers jusqu'en 2020 s'élève à 45. *(document 8)*

Fiche 3

Les précautions à prendre
– Associer les agents à la nouvelle organisation
La mise en place d'une politique de ressources humaines (RH) est indispensable à la réussite du projet : les agents territoriaux de l'ensemble des communes fondatrices ont pour employeur le maire de la commune nouvelle. La commune nouvelle doit donc créer sa propre politique RH en étant attentive à une harmonisation des politiques RH des communes d'origine. Sans une politique RH attentive à des pratiques managériales permettant l'adhésion des agents, facilitant leur intégration et réorganisant le travail, le bouleversement des pratiques et l'inquiétude des agents risquent de compromettre la réussite du projet. Aussi, il est essentiel d'associer les agents à la mise en place de la nouvelle organisation en échangeant avec eux sur les changements, en prenant en compte leurs inquiétudes et leurs éventuelles suggestions. *(document 2)*
– Se fonder sur un véritable projet de territoire
Pour réussir, il faut conforter les maires des communes de Petit-Bourg et Bourg-Charmant dans leur volonté de créer une commune nouvelle en leur proposant de construire un véritable projet de territoire. Il est essentiel de faire valoir, pour reprendre les termes de Christian Bilhac, maire de Péret et coprésident du groupe de travail communes nouvelles de l'Association des maires de France (AMF), que « la commune nouvelle, c'est une commune plus forte, capable de bâtir un projet permettant de répondre aux demandes de services et d'équipements des habitants, tout en préservant un lien social de proximité indispensable ». *(document 4)*
– Faire valoir les avantages de la commune nouvelle :
Maintien d'un bon niveau d'investissement et de services, optimisation des moyens, complémentarité des aménagements sur le territoire, élargissement de l'accès des habitants aux services et équipements, poids accru au sein de la communauté de communes *(document 6)*;
La commune nouvelle est une commune disposant des mêmes droits et obligations que les communes traditionnelles dont l'organisation est adaptée à l'existence des communes fondatrices, grâce à un projet de territoire; elle exerce une compétence générale et bénéficie d'une fiscalité directe locale. *(document 8)*
Les communes nouvelles sont assurées de percevoir, sans limitation de durée, les montants de dotation de solidarité rurale (DSR) perçue par chaque commune avant regroupement. Les transferts de biens, droits et obligations sont exemptés de tout droit, taxe, salaire ou honoraires. La commune nouvelle bénéficie d'un versement du FCTVA l'année même des dépenses. *(document 8)*

Fiche 4

Les étapes de la création
Après l'élaboration politique du projet de regroupement, la commune nouvelle est créée par délibération des conseils municipaux des communes fondatrices. *(document 2)* Les conseillers municipaux doivent se mettre d'accord à l'unanimité sur le nom de la commune nouvelle et transmettre leur décision en préfecture. À défaut, le préfet propose un nom, les conseillers municipaux disposant d'un mois pour donner leur avis. *(document 5)* *On peut s'inspirer, en le transposant, du calendrier décrit dans le document 6 :* – Novembre 2017-mai 2018 : élaboration du projet. Réunions publiques et ateliers participatifs avec les habitants. – Jusqu'en juin 2018 : consultation des habitants. – Juin 2018 : vote des conseils municipaux. Si chaque conseil vote pour, à la majorité : – 1er janvier 2019 : création de la commune nouvelle, puis élection du maire de la commune nouvelle. Les maires restent maires des communes déléguées ; – 2020 : élection du nouveau conseil de la commune nouvelle. Dans la mesure où les maires des trois communes sont d'accord pour créer une commune nouvelle, sa création relèvera, s'ils parviennent à convaincre les conseils municipaux de leurs communes, d'un accord unanime exprimé par une majorité simple de chacun des trois conseils municipaux. La création est également possible à la demande de deux conseils municipaux sur trois représentant les deux tiers de la population totale. Sans accord unanime des conseils municipaux, la consultation de la population de chaque commune est obligatoire. *(document 8)* *Le document 8 contient une chronologie très précise :* Réunion entre les trois maires puis adjoints et conseillers municipaux pour présenter la démarche et prise d'une décision de principe sous forme de vœu ; Constitution d'un groupe de travail sur le projet (charte, gouvernance, personnel, finances) ; Association des agents (finalisation de la charte) ; Réunions publiques avec la population ; Finalisation du projet entre élus ; Délibérations concordantes des conseils municipaux ; Arrêté préfectoral de création de la commune nouvelle. La charte fondatrice de la commune nouvelle permet de formaliser le projet commun de territoire et d'acter la gouvernance et l'organisation : organisation avec des adjoints et des maires délégués, des conseils communaux…, maintien de mairies annexes, gestion d'équipements et services, services mutualisés et mis à disposition des communes déléguées… *(document 8)*

Au terme de cette exploitation du dossier, on peut souligner à la fois le caractère redondant des informations d'ordre juridique sur la création et le fonctionnement des communes nouvelles, qui impose de veiller à ne pas écrire deux fois la même chose, et la richesse des informations permettant d'élaborer les propositions opérationnelles attendues. La longueur du dossier au regard du temps limité de l'épreuve impose de savoir identifier rapidement, pendant l'exploitation du dossier, les informations dont on dispose déjà, afin de décider sans état d'âme de **ne pas se servir de telle ou telle information, voire tel ou tel document, redondants**.

Corrigé

NOTE DU FORMATEUR

Le corrigé ci-après contient quelques précisions en italique à visée pédagogique qui ne figurent évidemment pas dans une copie de concours (« entrée en matière », « contexte », « problématique », « annonce de plan », etc.).
Rappelons également que la copie ne doit contenir aucun signe distinctif sous peine d'annulation par le jury du concours pour rupture d'anonymat : il convient donc d'être particulièrement attentif à ne faire figurer dans le timbre aucune mention ne figurant pas dans la commande (n'utilisez pas de nom de collectivité réel ou fictif autre que « Commune de Joly-Bourg », ni de numéro d'enregistrement du rapport, etc.). De même, gardez-vous bien de porter un paraphe ou une signature en fin de copie.

Commune de Joly-Bourg
Secrétariat général

Le (date de l'épreuve)

RAPPORT
à l'attention de Monsieur le Maire

Objet : Les communes nouvelles

Références : Loi n° 2010-1563 du 16 décembre 2010 portant réforme des collectivités territoriales. Loi n° 2015-292 du 16 mars 2015 relative à l'amélioration du régime de la commune nouvelle, pour des communes fortes et vivantes.

(Introduction)

Entrée en matière (accroche)

Nombreuses sont aujourd'hui les communes confrontées à de graves difficultés financières liées à ce qu'on appelle communément « l'effet de ciseau », baisse des recettes notamment liée à la diminution des dotations et hausse des dépenses causée par les difficultés économiques. La communauté de communes à laquelle appartient la commune de Joly-Bourg peut contribuer au maintien d'un service public de qualité, mais il paraît aujourd'hui nécessaire d'aller plus loin dans la rationalisation de l'exercice des compétences qui continuent à être exercées par la commune.

Contexte (cadre juridique et contexte territorial)

Les communes nouvelles, instituées par la loi du 16 décembre 2010 de réforme des collectivités territoriales et modifiées par la loi du 16 mars 2015 relative à l'amélioration du régime de la commune nouvelle, peuvent constituer une bonne solution. Les communes de Joly-Bourg, de Petit-Bourg et de Bourg-Charmant ont décidé de fusionner et de créer une commune nouvelle.

Problématique

Comment expliquer le succès de cette nouvelle institution ? Le succès est-il nécessairement acquis ? À défaut, comment réussir dans cette entreprise ?

Annonce de plan (nous faisons ici le choix d'annoncer les parties et leurs sous-parties)

(I) Si la commune nouvelle rencontre aujourd'hui un succès certain grâce à des règles incitatives (A), elle n'en reste pas moins pénalisée par des freins non négligeables (B).

(II) Pour réussir, le projet de fusion des trois communes devra se fonder sur un projet politique mobilisateur (A) et s'attacher à construire méthodiquement l'adhésion de tous les acteurs à ce projet (B).

(Développement)

I - Le succès relatif des communes nouvelles

A - Des règles indéniablement incitatives

Alors que le dispositif de fusion de communes créé par la loi dite Marcellin du 16 juillet 1971 n'avait rencontré aucun succès, la commune nouvelle instituée par la loi de réforme des collectivités territoriales du 16 décembre 2010 connaît un certain essor : 25 communes nouvelles ont été créées entre le 1er janvier 2013 et le 1er janvier 2015, plus de 300 au 1er janvier 2016, 517 au 1er janvier 2017, grâce à la loi du 16 mars 2015 relative à l'amélioration du régime de la commune nouvelle : cette loi assouplit sa création et son fonctionnement, respectant le volontariat et l'identité des communes fondatrices tout en instaurant des incitations financières. Si la commune nouvelle doit impérativement être rattachée à une communauté, elle dispose d'un délai de rattachement de deux ans si elle est issue de toutes les communes membres d'une même communauté.

La commune nouvelle, dotée d'un maire, d'adjoints au maire et de conseillers municipaux, bénéficie seule de la clause générale de compétence et d'une fiscalité propre, mais les communes déléguées, dotées de mairies annexes, conservent notamment des compétences sur leur territoire en matière d'état civil, de gestion d'équipements de proximité; gardant leur nom et leurs limites territoriales, elles restent proches de leurs habitants. En outre, jusqu'aux élections municipales de 2020, les communes nouvelles peuvent comprendre l'ensemble des conseillers municipaux des communes fondatrices. Enfin, la commune déléguée est administrée par un maire délégué qui peut être assisté d'un conseil communal composé d'adjoints délégués désignés par le conseil municipal de la commune nouvelle.

Pour Jacques Pélissard, député-maire de Lons-le-Saunier, « les communes nouvelles sont un succès, car leur création repose sur la volonté et le libre choix des élus, sans schéma imposé par l'État ».

B - Des freins à ne pas sous-estimer

Ce qui est nouveau effraie. L'incapacité à se projeter et à modifier les délimitations administratives traditionnelles peut empêcher de « se lancer ».

La crainte des maires de perdre des compétences et des prérogatives joue également contre les communes nouvelles. Le conseil de la commune nouvelle peut, à titre transitoire jusqu'en 2020, inclure tous les conseillers municipaux des communes membres : difficile de travailler au sein d'une assemblée soudain fortement augmentée. Lorsqu'une intercommunalité de grande taille entraîne la création de communes nouvelles, le temps de la fusion des communes est beaucoup trop limité (un mois à six mois) si la commune nouvelle est issue d'EPCI à fiscalité propre distincts. De nombreux maires craignent de devoir augmenter fortement la taxe d'habitation pour se rapprocher de la moyenne de l'agglomération.

À compter des élections municipales de 2020, sauf modification des règles de composition des assemblées, toutes les communes déléguées ne pourront plus être représentées au sein du conseil municipal de la commune nouvelle. En effet, ce conseil municipal sera réduit à la strate supérieure de population de 2020 à 2026, puis à la strate de droit commun à partir de 2026. À titre d'exemple, une commune nouvelle de 2 400 habitants ne comptera plus, à titre dérogatoire, pendant le mandat de 2020 à 2026, que 23 conseillers, puis, à compter de 2026, 19 conseillers. Si elle résulte de la fusion de trois communes comptant chacune entre 500 et 1 499 habitants, le nombre de conseillers jusqu'en 2020 s'élevait à 45.

Le choix du nom de la commune nouvelle est essentiel : mal choisi, il risque d'être incompris et d'entraîner une véritable perte d'identité pour les habitants. Enfin, les problèmes de représentativité des communes peuvent hypothéquer l'avenir du projet si l'essentiel n'a pas été réglé en amont, qui réside avant tout dans l'organisation de la répartition des compétences entre l'intercommunalité et la commune nouvelle.

(Phrase de transition)

Ainsi, la réussite n'est pas automatiquement acquise et requiert un projet soigneusement concerté pour entraîner l'adhésion.

II - Un projet mobilisateur

A - Un projet politique solidement bâti

Pour réussir, il est essentiel de conforter les maires des communes de Petit-Bourg et Bourg-Charmant dans leur volonté de créer une commune nouvelle en leur proposant de construire un véritable projet de territoire. Il est fondamental de faire valoir, pour reprendre les termes de Christian Bilhac, maire de Péret et coprésident du groupe de travail communes nouvelles de l'Association des maires de France (AMF), que « la commune nouvelle, c'est une commune plus forte, capable de bâtir un projet permettant de répondre aux demandes de services et d'équipements des habitants, tout en préservant un lien social de proximité indispensable ».
Plus précisément, le projet devra s'attacher à montrer qu'une commune nouvelle permet le maintien d'un bon niveau d'investissement et de services, une optimisation des moyens, une complémentarité des aménagements sur le territoire, un élargissement de l'accès des habitants aux services et équipements, un poids accru des communes fondatrices au sein de la communauté de communes.
De plus, la commune nouvelle sera une commune disposant des mêmes droits et obligations que les communes traditionnelles dont l'organisation est adaptée à l'existence des communes fondatrices, grâce à un projet de territoire; elle exerce une compétence générale et bénéficie d'une fiscalité directe locale. Les communes nouvelles sont d'ailleurs assurées de percevoir, sans limitation de durée, les montants de dotation de solidarité rurale (DSR) perçus par chaque commune avant regroupement. Les transferts de biens, droits et obligations sont exemptés de tout droit, taxe, salaire ou honoraires. La commune nouvelle, enfin, bénéficie d'un versement du FCTVA l'année même des dépenses.
Mais la mise en place d'une politique de ressources humaines (RH) est indispensable à la réussite de ce projet politique : les agents territoriaux de l'ensemble des communes fondatrices ont pour employeur le maire de la commune nouvelle. La commune nouvelle doit donc créer sa propre politique RH en étant attentive à une harmonisation des politiques RH des communes d'origine. Sans une politique RH attentive à des pratiques managériales permettant l'adhésion des agents, facilitant leur intégration et réorganisant le travail, le bouleversement des pratiques et l'inquiétude des agents risquent de compromettre la réussite du projet. Aussi, il est essentiel d'associer les agents à la mise en place de la nouvelle organisation en échangeant avec eux sur les changements, en prenant en compte leurs inquiétudes et leurs éventuelles suggestions.

B - Une concertation méthodiquement construite

Après l'élaboration politique du projet de regroupement, la commune nouvelle est créée par délibération des conseils municipaux des communes fondatrices.
Dans la mesure où les maires des trois communes sont d'accord pour créer une commune nouvelle, sa création relèvera, s'ils parviennent à convaincre les conseils municipaux de leurs communes, d'un accord unanime exprimé par une majorité simple de chacun des trois conseils municipaux. La création serait également possible à la demande de deux conseils municipaux sur trois représentant les deux tiers de la population totale. Sans accord unanime des conseils municipaux, la consultation de la population de chaque commune serait obligatoire. Les conseillers municipaux devront également se mettre d'accord à l'unanimité sur le nom de la commune nouvelle et transmettre leur décision en préfecture. À défaut, le préfet propose un nom, les conseillers municipaux disposant d'un mois pour donner leur avis.
Ne préjugeons pas de l'accord des conseils municipaux de Joly-Bourg, Petit-Bourg et Bourg-Charmant. Même si le projet politique est séduisant, même si les trois maires veulent l'inscrire dans la réalité, il faut travailler à obtenir un accord unanime des trois conseils municipaux. En ma qualité de secrétaire général de la commune de Joly-Bourg, je propose la constitu-

tion d'un comité de pilotage associant les maires des trois communes et les secrétaires généraux des deux autres communes. Ce comité organisera tout d'abord une réunion associant les trois maires à leurs différents adjoints, avant une réunion de l'ensemble des conseillers municipaux des trois communes pour leur présenter la démarche. Il leur sera, dans ce cadre, proposé d'acter leur décision de principe sous forme d'un vœu.
Seront alors constitués des groupes de travail sur l'écriture du projet : un groupe travaillera sur un projet de charte. La Charte fondatrice de la commune nouvelle permet de formaliser le projet commun de territoire et d'acter la gouvernance et l'organisation : organisation avec des adjoints et des maires délégués des conseils communs, maintien de mairies annexes, gestion d'équipements et services, services mutualisés et mis à disposition des communes déléguées. Un groupe sera spécifiquement chargé d'une concertation avec tous les agents des communes fondatrices afin de les associer à l'élaboration de la charte et de contribuer à la définition d'une politique RH par le comité de pilotage.
Seront ensuite organisées par un autre groupe de travail des réunions publiques avec la population pour présenter la charte et l'amender si nécessaire. Le comité de pilotage la présentera alors à l'ensemble des élus, en arrêtera la rédaction définitive avant délibérations concordantes des conseils municipaux sur la création de la commune nouvelle et sur son nom. Un arrêté préfectoral pourra alors créer la commune nouvelle.
Le calendrier suivant pourra être adopté :
- novembre 2017-mai 2018 : élaboration du projet et réunions publiques;
- jusqu'en juin 2018 : présentation aux élus;
- juin 2018 : vote des conseils municipaux;
- 1er janvier 2019 : création de la commune nouvelle, puis élection du maire de la commune nouvelle.

(Conclusion)

Plus l'adhésion au projet sera forte dès son origine, mieux la commune nouvelle trouvera rapidement ses marques et saura aisément franchir l'obstacle de la réduction du nombre de ses élus pour se consacrer pleinement à son projet de territoire.

Série de questions

(Rédacteur externe, rédacteur principal de 2e classe externe, interne et 3e voie)

DURÉE

3 HEURES

COEFFICIENT

1

INTITULÉ RÉGLEMENTAIRE

- **Rédacteur**

Externe

Réponses à une série de questions portant, au choix du candidat lors de son inscription, sur l'un des domaines suivants :

a) les finances, les budgets et l'intervention économique des collectivités territoriales ;

b) le droit public en relation avec les missions des collectivités territoriales ;

c) l'action sanitaire et sociale des collectivités territoriales ;

d) le droit civil en relation avec les missions des collectivités territoriales.

- **Rédacteur principal de 2e classe**

Externe

Réponses à des questions de droit public et de finances publiques portant notamment sur le fonctionnement des collectivités territoriales.

Interne, troisième concours

Réponses à une série de questions portant sur les missions, compétences et moyens d'action des collectivités territoriales permettant d'apprécier les connaissances professionnelles du candidat.

(durée : 3 heures)

1. Maîtriser les connaissances

Vous ne disposez ici d'aucun dossier et devez élaborer les réponses à l'aide de vos seules connaissances.

A. Concours externe de rédacteur

Au **concours externe** de **rédacteur**, vous choisissez au moment de votre inscription au concours le domaine sur lequel portera le sujet que vous aurez à traiter.

ATTENTION

Ne vous trompez pas dans votre choix, celui-ci ne pouvant plus être modifié après la clôture des inscriptions.

L'épreuve ne comporte pas de programme réglementairement fixé. La seule précision est apportée par le libellé réglementaire même de l'épreuve en ce qu'il précise que les différents domaines (finances, budget et intervention économique/droit public/action sanitaire et sociale/droit civil) sont inscrits dans le champ des missions des collectivités territoriales.

Le **cadrage national** fournit cependant des précisions sur les thèmes dans chaque domaine en se référant **à titre indicatif** au programme des épreuves des anciens concours de rédacteur territorial :

- **Finances, budget et intervention économique des collectivités territoriales :**

a) Notions budgétaires :
- les principes budgétaires;
- les budgets locaux : élaboration, exécution et contrôles;
- notions sur les instructions budgétaires et comptables applicables aux collectivités locales;
- la séparation de l'ordonnateur et du comptable.

b) Les ressources des collectivités locales :
- les recettes fiscales;
- les dotations et subventions de l'État;
- les emprunts;
- les ressources domaniales.

c) Les dépenses des collectivités locales :
- dépenses obligatoires et dépenses facultatives ;
- les différentes phases de la dépense.

d) L'intervention économique des collectivités locales :
- les compétences des collectivités territoriales et de leurs groupements dans le domaine économique ;
- l'aspect économique des finances locales.

Droit public en relation avec les missions des collectivités territoriales :

a) L'organisation administrative :
- l'administration de l'État, les collectivités décentralisées et leurs groupements, les établissements publics ;
- l'organisation juridictionnelle.

b) L'action administrative :
- la règle de droit et le principe de légalité ;
- le pouvoir réglementaire, les actes unilatéraux ;
- les contrats administratifs ;
- la police administrative ;
- le service public et ses modes de gestion ;
- la responsabilité de l'administration ;
- le contrôle de l'action administrative.

c) La fonction publique :
- principes généraux : statut, recrutement, obligations et droits des fonctionnaires ;
- la fonction publique territoriale : principales règles relatives au recrutement et à la carrière des fonctionnaires territoriaux ; les acteurs de la fonction publique territoriale.

Le secteur sanitaire et social, et notamment les politiques de santé, la protection sociale et l'action sanitaire ainsi que les domaines d'intervention des collectivités territoriales dans ce secteur :

a) La protection sociale :
- l'organisation de la protection sociale : les différents acteurs ;
- la sécurité sociale : les principaux régimes (régime général, régimes spéciaux et autonomes) ; principes essentiels, évolution, principaux types de prestations, financement.

b) L'action sociale :
- aide sociale légale, aide sociale complémentaire ou facultative ; le rôle de l'État, des collectivités territoriales et de leurs établissements publics ;
- les structures de l'aide et de l'action sociale dans les collectivités territoriales.

c) Les institutions sanitaires et les politiques de la santé :
- l'organisation de la santé : les différents acteurs ; le rôle respectif de l'État et des collectivités territoriales ;
- le système hospitalier : service public hospitalier, établissements d'hospitalisation publics et privés ;
- les principales politiques de protection et de prévention dans le domaine de la santé : protection maternelle et infantile, protection de l'enfant, lutte contre les dépendances.

d) Les politiques sociales et de solidarité : le rôle respectif de l'État et des collectivités territoriales :

- la politique de la famille ;
- la politique en faveur des personnes âgées ;
- la lutte contre la pauvreté et l'exclusion ;
- la politique du logement ;
- la politique de la ville.

■ **Le droit civil en relation avec les missions des collectivités territoriales**

a) Les personnes physiques : nom, domicile, état, capacité et incapacité.

b) Le droit de la famille : le mariage et sa dissolution, les différents modes de filiation, l'autorité parentale.

Le concubinage, le pacte civil de solidarité et sa dissolution.

c) La propriété et la possession : le droit de propriété et ses démembrements.

d) Les contrats conclus par les collectivités territoriales : bail, bail rural, bail commercial, acceptation des dons et legs, contrats de cession du domaine privé.

B. Concours externe de rédacteur principal de 2e classe

Le domaine sur lequel portent les questions de l'épreuve du **concours externe** de **rédacteur principal de 2e classe** est plus étroit, l'épreuve consistant en des « réponses à des **questions de droit public et de finances publiques** portant notamment sur le fonctionnement des collectivités territoriales ».

Le **cadrage national** fait référence, à titre indicatif, au programme des anciennes épreuves des concours de rédacteur.

■ **Droit public en relation avec les missions des collectivités territoriales :**

a) L'organisation administrative :

- l'administration de l'État, les collectivités décentralisées et leurs groupements, les établissements publics ;
- l'organisation juridictionnelle.

b) L'action administrative :

- la règle de droit et le principe de légalité ;
- le pouvoir réglementaire, les actes unilatéraux ;
- les contrats administratifs ;
- la police administrative ;
- le service public et ses modes de gestion ;
- la responsabilité de l'administration ;
- le contrôle de l'action administrative.

c) La fonction publique :

- principes généraux : statut, recrutement, obligations et droits des fonctionnaires ;
- la fonction publique territoriale : principales règles relatives au recrutement et à la carrière des fonctionnaires territoriaux ; les acteurs de la fonction publique territoriale.

- **Finances, budget et intervention économique des collectivités territoriales :**

  a) Notions budgétaires :
  - les principes budgétaires ;
  - les budgets locaux : élaboration, exécution et contrôles ;
  - notions sur les instructions budgétaires et comptables applicables aux collectivités locales ;
  - la séparation de l'ordonnateur et du comptable.

  b) Les ressources des collectivités locales :
  - les recettes fiscales ;
  - les dotations et subventions de l'État ;
  - les emprunts ;
  - les ressources domaniales.

  c) Les dépenses des collectivités locales :
  - dépenses obligatoires et dépenses facultatives ;
  - les différentes phases de la dépense.

  d) L'intervention économique des collectivités locales :
  - les compétences des collectivités territoriales et de leurs groupements dans le domaine économique ;
  - l'aspect économique des finances locales.

C. Concours interne et de 3e voie de rédacteur principal de 2e classe

Le champ des questions de l'épreuve des **concours interne et de 3e voie** de **rédacteur principal de 2e classe** est nettement plus large, portant sur « **les missions, compétences et moyens d'action des collectivités territoriales** ».

Pas plus que l'épreuve du concours externe, cette épreuve ne comporte de programme réglementaire permettant de circonscrire précisément le champ de l'épreuve.

Le **cadrage national** propose cependant quelques pistes.

À titre d'illustration, et sans que cette liste non exhaustive constitue un programme réglementaire dont les candidats pourraient se prévaloir, les questions peuvent notamment porter sur :

- la décentralisation ;
- les compétences de la commune, du département, de la région ;
- les organes délibérants et exécutifs des collectivités territoriales et de leurs établissements ;
- l'intercommunalité et les établissements publics locaux ;
- les ressources et les dépenses des collectivités territoriales ;
- les modes de gestion des services publics locaux ;
- les contrats conclus par les collectivités territoriales ;
- la fonction publique territoriale ;
- la gestion des ressources humaines ;
- le dialogue social dans les collectivités territoriales ;
- la place des citoyens dans la vie des collectivités territoriales ;
- l'organisation et la gestion des services ;
- etc.

Insistons sur le fait que les points de suspension signifient bien que cette liste ne saurait être exhaustive et que d'autres thèmes peuvent également être abordés dès lors qu'ils s'inscrivent dans le champ des missions, compétences et moyens d'action des collectivités territoriales.

Enfin, une précision essentielle : le **cadrage national** de chacune des épreuves de série de questions indique que, outre les connaissances dans le domaine de l'épreuve, le candidat est évalué sur **son intérêt pour les questions d'actualité** en lien avec ce domaine.

CONSEILS DU FORMATEUR

À l'approche des épreuves du concours, soyez particulièrement attentif à l'actualité territoriale. Cette attention pourra vous permettre de « faire la différence » en sachant, si des questions s'y prêtent, dépasser une approche « question de cours » pour montrer combien l'actualité récente éclaire la question. Cette actualité peut tout aussi bien consister en une évolution institutionnelle, une décision jurisprudentielle notable, un rapport officiel, un débat national, une déclaration officielle, etc.

Certains domaines sont particulièrement susceptibles de connaître des évolutions, comme celui de l'organisation et des compétences des collectivités territoriales : comment la disparition de la taxe d'habitation pour les résidences principales sera-t-elle compensée ? Les collectivités territoriales vont-elles acquérir de nouvelles compétences dans le cadre de la lutte contre le réchauffement climatique ? Quel rôle des collectivités territoriales dans la couverture du risque de la dépendance ?

Inévitablement, les réformes opérées modifieront nombre de points au « programme » de l'épreuve, et un candidat qui n'aurait pas actualisé ses connaissances au fil des jours pourrait s'en trouver lourdement pénalisé.

En outre, l'épreuve orale d'entretien donnera également l'occasion au jury de vérifier l'actualité des connaissances du candidat en matière d'administration territoriale.

2. Adopter une stratégie gagnante

Le cadrage précise que les sujets peuvent comporter **au maximum 10 questions.**

Généralement, dans ce type d'épreuve, le sujet indique que vous pouvez traiter les questions dans l'ordre qui vous convient.

Comme le cadrage le suggère, sachez déterminer le temps et l'énergie que vous consacrerez à chaque question en fonction du nombre de points alloués à chacune d'entre elles. Si vous connaissez parfaitement la réponse à une question alors que celle-ci n'est dotée que d'un seul point, il est inutile de développer longuement votre réponse. Si, en revanche, une question est dotée de 4 ou 5 points, c'est à l'évidence une question importante qui requiert un développement organisé et développé.

Cadrage national

Le nombre de points alloué à chaque question peut varier en fonction de l'importance de la question et de la longueur de la réponse attendue. Ce barème est porté sur le sujet afin que les candidats puissent arrêter leur stratégie de traitement du sujet en toute connaissance de cause.

Certaines questions peuvent requérir un développement structuré, d'autres des réponses plus brèves destinées à mesurer des connaissances.

Le **cadrage national** précise en outre, pour l'épreuve de « série de questions portant sur les missions, compétences et moyens d'action des collectivités territoriales permettant d'apprécier les connaissances professionnelles du candidat » des concours interne et de 3e voie de rédacteur principal de 2e classe, que **les questions peuvent, le cas échéant, prendre la forme de mises en situation**.

CONSEIL DU FORMATEUR

N'hésitez jamais, lorsqu'une question appelle un développement structuré, à rédiger une mini-introduction comportant une entrée en matière, une contextualisation et/ou une définition, une problématique et une annonce de plan, selon la technique en vigueur tant dans les épreuves de synthèse que dans celles, en voie de disparition, de composition.

Un exemple d'introduction

Question : Selon vous, les communes doivent-elles mutualiser leurs polices municipales ?

(Entrée en matière)

La sécurité apparaît aujourd'hui comme une préoccupation essentielle des Français. Les polices municipales jouent un rôle déterminant par les missions essentiellement préventives qu'elles exercent sous la responsabilité des maires. Elles ont vu leurs effectifs augmenter depuis le début des années 1980 et, triplant en 25 ans, elles représentent aujourd'hui 6 % des forces de sécurité.

(Contextualisation)

Dans ce contexte, les petites et moyennes communes rencontrent fréquemment des difficultés à assumer seules la charge d'une police municipale. Des dispositions législatives récentes entendent faciliter la mutualisation des services.

(Problématique)

Pour améliorer l'efficience des polices municipales sans accroître excessivement les coûts, quelles possibilités s'ouvrent aux communes ? La mutualisation offre-t-elle vraiment des avantages ? Peut-elle être mise en œuvre sans risques ?

(Annonce de plan)

Après une présentation des différentes modalités de mutualisation applicables (I), nous en présenterons les avantages tout en soulignant les précautions à prendre (II).

3. Soigner la rédaction

Le **cadrage national** indique notamment que l'épreuve vise à évaluer :

- la capacité du candidat à rendre compte de ses connaissances de manière cohérente ;
- les qualités rédactionnelles du candidat.

Il ajoute : sauf indications contraires dans le sujet pour telle ou telle question, des réponses intégralement rédigées sont attendues et seront notamment évaluées en fonction du respect des règles syntaxiques.

Cette insistance marquée est à nouveau signifiée par le barème de correction, identique à celui des autres épreuves.

Le cadrage indique que l'évaluation du niveau de maîtrise de la langue est prise en considération dans la note globale attribuée à la copie.

On distingue deux cas de figure :

- les copies dans lesquelles les fautes d'orthographe et de syntaxe participent d'un défaut global d'expression. Ces copies ne sauraient, en tout état de cause, obtenir la moyenne ; elles peuvent même se voir attribuer une note éliminatoire ;
- les copies qui, malgré quelques fautes d'orthographe ou de syntaxe, témoignent d'une maîtrise de la langue correcte. Un système de pénalités s'applique alors en fonction du nombre de fautes.

À titre indicatif, le barème suivant pourrait être appliqué :

- copie négligée (soin, calligraphie, présentation) : – 0,5 point ;
- au-delà de 10 fautes d'orthographe ou de syntaxe : – 1 point.

Nous vous conseillons donc vivement de lire les conseils portant sur la syntaxe et l'orthographe développés dans la méthode de l'épreuve de note sur dossier.

QUESTIONS : droit public et finances publiques

Concours externe de rédacteur principal de 2e classe, session 2019, extraits

Question 1 (4 points)

Utilité et perspectives du statut de la fonction publique.

Les réformes engagées par l'État suscitent des interrogations sur l'avenir du statut de la fonction publique. Beaucoup ont vu dans la disparition programmée du « statut » des cheminots de la SNCF, bien qu'il soit de nature différente, les prémices de celle du statut des fonctionnaires. Cette actualité conduit à s'interroger tant sur l'utilité que sur les perspectives de ce statut.

Après avoir rappelé le fondement juridique de ce statut (I), nous soulignerons son utilité (II) avant d'en esquisser les perspectives (III).

I - Le fondement juridique du statut de la fonction publique

Les fonctionnaires travaillant au sein des administrations publiques ne relèvent pas du code du travail, contrairement aux salariés du secteur privé, liés par contrat de droit privé avec leurs employeurs, mais du statut général des fonctionnaires.

Le statut général des fonctionnaires est fixé par quatre lois formant chacune l'un des titres de ce statut : son titre I est la loi nº 83-634 du 13 juillet 1983 portant droits et obligations des fonctionnaires (dite loi Le Pors), son titre II la loi nº 84-16 du 11 janvier 1984 portant dispositions statutaires relative à la fonction publique de l'État, son titre III la loi nº 84-53 du 26 janvier 1984 portant dispositions statutaires relative à la fonction publique territoriale, son titre IV la loi nº 86-33 du 9 janvier 1986 portant dispositions relatives à la fonction publique hospitalière.

Ainsi, au-delà de leurs différences de statut, les fonctionnaires des trois versants de la fonction publique bénéficient des mêmes droits et sont soumis aux mêmes obligations.

II - L'utilité du statut

La situation statutaire des fonctionnaires tient à la nature des fonctions qu'ils exercent, fonctions qui intéressent l'ensemble des citoyens. Elles doivent s'exercer dans le respect des principes démocratiques du service public : impartialité, neutralité, probité, égalité de traitement des citoyens. Ainsi, le statut est d'abord une protection des citoyens.

Le statut est également protecteur des fonctionnaires : les protégeant de l'arbitraire, il évite l'instrumentalisation de l'administration à des fins partisanes par le pouvoir politique.

Les principes fondamentaux du statut des fonctionnaires sont ainsi fondateurs de la confiance réciproque entre administration publique et citoyens et constituent un des piliers de la démocratie française.

III - Perspectives

Le statut paraît depuis plusieurs années menacé par le développement du recrutement par les administrations d'agents contractuels qui, même s'ils ont les mêmes obligations et bénéficient d'une partie des droits des fonctionnaires, ne bénéficient pas de la même sécurité de l'emploi que les fonctionnaires, tout en pouvant relever de régimes de rémunération plus favorables.

On peut ainsi craindre le développement de deux fonctions publiques parallèles, avec des cultures professionnelles différentes qui peuvent poser des problèmes de « cohabitation » au sein des administrations, une fonction publique statutaire et une fonction publique contractuelle.

Cette crainte est renforcée par l'élargissement des possibilités de recours au contrat permis par la loi n° 2019-828 du 6 août 2019 de transformation de la fonction publique, pour les emplois de direction, les emplois de catégorie B, ainsi que tous les emplois dans les communes de moins de 1 000 habitants et les établissements publics de coopération intercommunale (EPCI) de moins de 15 000 habitants. S'y ajoute la création d'un nouveau type de contrat à durée déterminée dans la fonction publique, le contrat de projet.

Nombreux sont ceux qui expriment leur crainte de voir se développer une fonction publique recrutée par contrats liés à la durée d'exercice des mandats politiques, au risque de porter atteinte à la continuité des politiques publiques et à l'impartialité des fonctionnaires. On pourrait ainsi voir peu à peu disparaître, au fur et à mesure des départs en retraite, les fonctionnaires titulaires qui céderaient la place à des agents contractuels moins protecteurs et moins protégés, réalisant ainsi la prophétie de « la mort du statut ».

Question 2 (4 points)

Le principe de libre administration protège-t-il efficacement les finances des collectivités territoriales ?

De nombreux élus locaux, dans le contexte de la suppression totale de la taxe d'habitation programmée en 2023, s'inquiètent d'une possible baisse des ressources des collectivités territoriales. Cette crainte n'est pas nouvelle, les élus dénonçant depuis des années une compensation financière insuffisante par l'État des compétences transférées aux collectivités territoriales.

Qu'en est-il réellement ? Des textes fondamentaux ne garantissent-ils pas aux communes les ressources nécessaires pour s'administrer librement ?

Nous examinerons les grands principes (I) avant d'en monter les limites (II).

I - Les grands principes

Le principe constitutionnel de libre administration s'accompagne de dispositions garantissant des ressources aux collectivités territoriales.

La libre administration des collectivités territoriales est un principe consacré par la Constitution (article 72 al. 3) : « Dans les conditions prévues par la loi, les collectivités s'administrent librement par des conseils élus et disposent d'un pouvoir réglementaire pour l'exercice de leurs compétences. »

L'article 72-2 de la Constitution, pour sa part, précise le principe d'autonomie financière des collectivités, en disposant que « les collectivités territoriales bénéficient de ressources dont elles peuvent disposer librement dans les conditions fixées par la loi.

Elles peuvent recevoir tout ou partie du produit des impositions de toutes natures. La loi peut les autoriser à en fixer l'assiette et le taux dans les limites qu'elle détermine.

Les recettes fiscales et les autres ressources propres des collectivités territoriales représentent, pour chaque catégorie de collectivités, une part déterminante de l'ensemble de leurs ressources. La loi organique fixe les conditions dans lesquelles cette règle est mise en œuvre.

Tout transfert de compétences entre l'État et les collectivités territoriales s'accompagne de l'attribution de ressources équivalentes à celles qui étaient consacrées à leur exercice. Toute création ou extension de compétences ayant pour conséquence d'augmenter les dépenses des collectivités territoriales est accompagnée de ressources déterminées par la loi.

La loi prévoit des dispositifs de péréquation destinés à favoriser l'égalité entre les collectivités territoriales ».

II - Les limites

La loi organique du 29 juillet 2004 définit les ressources propres des collectivités : « Au sens de l'article 72-2 de la Constitution, les ressources propres des collectivités territoriales sont constituées du produit des impositions de toutes natures dont la loi les autorise à fixer l'assiette, le taux ou le tarif, ou dont elle détermine, par collectivité, le taux ou une part locale d'assiette, des redevances pour services rendus, des produits du domaine, des participations d'urbanisme, des produits financiers et des dons et legs. »

En application de la loi organique du 29 juillet 2004, le niveau des ressources propres des collectivités ne peut ainsi être inférieur à leur niveau constaté au titre de l'année 2003.
Afin de vérifier l'état de ce ratio, le gouvernement transmet au Parlement, le 1er juin de chaque année, un rapport faisant « apparaître, pour chaque catégorie de collectivités territoriales, la part des ressources propres dans l'ensemble des ressources ainsi que ses modalités de calcul et son évolution ».

En 2015, les ressources propres représentaient 68,6 % des finances des communes et de leurs EPCI, 70,9 % de celles des départements et 62,5 % de celles des régions.

Ainsi, outre le fait que les ressources propres des collectivités territoriales comprennent des recettes sur lesquelles les collectivités n'ont pas de pouvoir de décision, comme les dotations sous forme de parts locales d'impôts étatiques, les collectivités n'ont aucune maîtrise sur une autre partie non négligeable de leurs ressources (de l'ordre de 30 %), au premier rang desquelles des transferts financiers de l'État, ce qui porte atteinte à leur libre administration.

SÉRIE DE QUESTIONS : missions, compétences et moyens d'action des collectivités territoriales

Concours interne
et troisième concours
de rédacteur principal
de 2e classe,
session 2019, extraits

Question 1 (4 points)

De quels leviers dispose l'encadrant pour développer la motivation de son équipe ?

On dit souvent que la motivation ne se décrète pas et qu'il n'est pas possible pour un encadrant de motiver une équipe. En revanche, il peut contribuer à faire vivre cette motivation qui risquerait de s'éteindre s'il n'utilisait pas de bonne façon les leviers dont il dispose.
Quels sont les outils utilisables ? Sont-ils suffisants ?
Nous présenterons d'abord les leviers disponibles (I) avant de souligner les conditions de leur efficacité (II).

I - Les leviers disponibles

Le statut offre à l'encadrant plusieurs leviers pour motiver les agents placés sous sa responsabilité.
La rémunération constitue le premier de ces leviers. Le protocole parcours professionnels, carrières et rémunérations (PPCR), mis en œuvre progressivement dans les trois fonctions publiques à compter du 1er janvier 2016 jusqu'à sa généralisation au 1er janvier 2020, a renforcé l'attractivité des grilles de rémunération des fonctionnaires. En catégorie A, par exemple, la généralisation de la création de grades à accès fonctionnels culminant en hors échelle lettre, comme le nouveau grade d'attaché hors classe qui se substitue à celui de directeur en voie d'extinction, vise à favoriser la prise de responsabilité et constitue un levier de reconnaissance de l'engagement des cadres. Toutefois, la suppression de la distinction entre avancement de grade au minimum et avancement de grade au maximum, système qui permettait à l'encadrant « d'accélérer la carrière » d'agents qu'il jugeait méritants, a disparu dans le cadre du PPCR.
Le régime indemnitaire constitue également un levier efficace, grâce à des éléments de différenciation indemnitaire en lien avec l'évaluation des résultats professionnels. Le régime indemnitaire est fixé par l'organe délibérant de la collectivité territoriale, après avis du comité technique. Cette mise en place n'est pas obligatoire. Le régime indemnitaire fixé par une collectivité peut tenir compte des conditions d'exercice des fonctions, de l'engagement professionnel des agents et, si la collectivité le souhaite, des résultats collectifs du service. Le régime indemnitaire tenant compte des fonctions, des sujétions, de l'expertise et de l'engagement professionnel (RIFSEEP) de l'État sert de référence au régime indemnitaire pour la plupart des cadres d'emplois dans la fonction publique territoriale.
Enfin, permettre aux agents d'accéder aux formations les mieux adaptées à leurs attentes, à leurs besoins et à ceux du service constitue un important levier de motivation, les agents de la fonction publique territoriale (FPT) bénéficiant d'un crédit annuel d'heures de formation professionnelle, appelé compte personnel de formation (CPF). Ces heures sont mobilisables à leur initiative. Elles permettent d'accomplir des formations visant l'acquisition d'un diplôme ou le développement de compétences dans le cadre d'un projet d'évolution professionnelle (mobilité, promotion, reconversion professionnelle).

II - Les conditions d'efficacité des leviers à disposition des encadrants

La loi n° 2014-58 du 27 janvier 2014 de modernisation de l'action publique territoriale et d'affirmation des métropoles (MAPTAM) dispose que « l'appréciation, par l'autorité territoriale, de la valeur professionnelle des fonctionnaires se fonde sur un entretien professionnel annuel conduit par le supérieur hiérarchique direct qui donne lieu à l'établissement d'un compte rendu ». La notation est supprimée de manière définitive et le nouveau dispositif d'entretien

professionnel s'impose à toutes les collectivités et à l'ensemble des cadres d'emplois. Cet entretien annuel constitue un moyen privilégié pour évaluer l'atteinte des objectifs individuels et collectifs fixés au précédent entretien, examiner la cause des écarts entre objectifs atteints et fixés, s'accorder sur de nouveaux objectifs et les moyens nécessaires pour les atteindre. L'expression des besoins en formation de l'agent évalué, les appréciations de l'encadrant, son avis sur l'évolution de la carrière et du régime indemnitaire de l'agent sont évidemment au cœur de l'entretien et jouent un rôle déterminant dans le développement de la motivation.
Mais cet entretien annuel est loin de constituer le seul moment où l'encadrant travaille au développement de la motivation de son équipe : son management tout au long de l'année est déterminant.
Pour nourrir la motivation, l'encadrant doit savoir reconnaître quotidiennement les agents dans l'exercice de leur travail en les respectant, les informant, en valorisant leurs réalisations, leur faisant des retours constructifs. Fondamentalement, l'encadrant doit être capable de donner du sens aux missions de chacun, en montrant comment elles s'inscrivent dans les missions de service public dont il doit savoir expliquer le sens : pour être motivé, tout agent a besoin de donner du sens à son travail, de savoir et de comprendre le but de ses missions quotidiennes.
Une pratique intelligente de la délégation, qui doit s'accompagner de la mise à disposition des moyens nécessaires et d'évaluations régulières pour la réajuster si nécessaire, constitue également, dans un contexte de confiance réciproque, un excellent outil de motivation.

Question 4 (2 points)

Action sociale : quelle répartition des compétences entre départements et communes ?

La loi de modernisation de l'action publique territoriale et d'affirmation des métropoles (MAPTAM) du 27 janvier 2014 désigne le département comme « chef de file » en matière d'aide sociale, d'autonomie des personnes et de solidarité des territoires.
La loi portant nouvelle organisation territoriale de la République (NOTRe) du 7 août 2015 énumère limitativement les compétences du département : en matière d'action sociale, qui représente plus de la moitié de son budget de fonctionnement, le département intervient dans les domaines suivants :
– l'enfance : aide sociale à l'enfance (ASE), protection maternelle et infantile (PMI), adoption, soutien aux familles en difficulté financière ;
– les personnes handicapées : politiques d'hébergement et d'insertion sociale, prestation de compensation du handicap ;
– les personnes âgées : création et gestion de maisons de retraite, politique de maintien des personnes âgées à domicile (allocation personnalisée d'autonomie) ;
– les prestations légales d'aide sociale : gestion du revenu de solidarité active (RSA) ;
– la contribution à la résorption de la précarité énergétique.

Les communes, pour leur part, sont chargées de l'aide sociale de proximité : elles exercent leurs compétences en matière d'aide sociale dite « facultative » grâce au centre communal d'action sociale (CCAS) ou au centre intercommunal d'action sociale (CIAS).
Chargés d'une action générale de prévention et de développement social, ils peuvent :
– attribuer des aides financières, en nature ou sous forme de prêts ;
– développer des activités, comme la gestion d'établissements d'hébergement pour personnes âgées ou de services à domicile ;
– mettre en œuvre des actions d'animation ou de soutien : lutte contre l'isolement, maintien du lien social, accès à la culture et aux loisirs, actions de prévention, adaptation du logement, etc.
L'intervention en matière d'aide sociale facultative est également possible pour les communes sur le fondement et dans les limites de la clause générale de compétence.

Concours externe de rédacteur, session 2019, extraits

Finances publiques

Question 1 (4 points)

Le rapport d'orientation budgétaire. Vous développerez votre réponse.

Les impératifs contemporains d'information et de transparence ont, depuis la décentralisation, fait évoluer les obligations qui s'imposent aux collectivités territoriales. Dans ce contexte, le débat d'orientation budgétaire (DOB), qui vise à informer les assemblées délibérantes avant le vote du budget sur la gestion et les projets des exécutifs, constitue une étape obligatoire dans le processus budgétaire d'un nombre important de collectivités territoriales.
Après avoir souligné l'obligation d'un débat d'orientation budgétaire (I), nous préciserons la nature et le contenu du rapport d'orientation budgétaire (II).

I - L'obligation d'organiser un débat d'orientation budgétaire

Depuis la loi du 6 février 1992 relative à l'administration territoriale de la République, un débat sur les orientations générales du budget doit avoir lieu au conseil municipal des communes de 3 500 habitants et plus dans un délai de deux mois précédant l'adoption du budget. Ce débat est également obligatoire dans les établissements publics de coopération intercommunale (EPCI) comprenant au moins une commune de 3 500 habitants et plus. Cette obligation existait déjà dans les départements. S'agissant des régions, le débat doit avoir lieu dans un délai de dix semaines précédant l'adoption du budget.
La jurisprudence fixe que le débat d'orientation ne doit pas intervenir dans un délai trop court avant le vote du budget.
Le débat est une formalité substantielle à l'adoption du budget, ce qui signifie que le juge administratif peut annuler la délibération d'adoption du budget primitif si elle n'a pas été précédée du débat d'orientation budgétaire.

II - La nature et le contenu du rapport d'orientation budgétaire

La loi du 7 août 2015 portant nouvelle organisation de la République (NOTRe) fixe que le débat d'orientation budgétaire se fonde sur un rapport d'orientation budgétaire (ROB).
S'agissant des communes, l'article L. 2312-1 du Code général des collectivités territoriales (CGCT) dispose que le ROB porte sur « les orientations budgétaires, les engagements pluriannuels envisagés ainsi que sur la structure et la gestion de la dette ». Dans les communes de 10 000 habitants et plus, « le rapport comporte, en outre, une présentation de la structure et de l'évolution des dépenses et des effectifs. Il précise notamment l'évolution prévisionnelle et l'exécution des dépenses de personnel, des rémunérations, des avantages en nature et du temps de travail. »
Un décret du 24 juin 2016 apporte des précisions sur le contenu, les modalités de publication et de transmission du ROB pour les communes, les départements et les régions. S'agissant des communes, il précise notamment « les orientations budgétaires envisagées par la commune portant sur les évolutions prévisionnelles des dépenses et des recettes, en fonctionnement comme en investissement. Sont notamment précisées les hypothèses d'évolution retenues pour construire le projet de budget, notamment en matière de concours financiers, de fiscalité, de tarification, de subventions ainsi que les principales évolutions relatives aux relations financières entre la commune et l'établissement public de coopération intercommunale à fiscalité propre dont elle est membre ».
Ce décret fixe également, s'agissant des communes, que le ROB « est transmis par la commune au président de l'établissement public de coopération intercommunale à fiscalité propre dont

elle est membre dans un délai de quinze jours à compter de son examen par l'assemblée délibérante. Il est mis à la disposition du public à l'hôtel de ville, dans les quinze jours suivant la tenue du débat d'orientation budgétaire. Le public est avisé de la mise à disposition de ces documents par tout moyen ».

Question 4 (3 points)

Les collectivités territoriales et l'emprunt. Vous développerez votre réponse.

L'emprunt est une dette à long terme souscrite par une entité, en l'espèce une collectivité territoriale, auprès d'un organisme de financement dans le cadre d'un contrat de droit privé. Il s'agit d'une ressource temporaire qui fait l'objet d'un remboursement.
Le Code général des collectivités territoriales précise les conditions dans lesquelles les collectivités territoriales peuvent recourir à l'emprunt.
Le recours à l'emprunt constitue une compétence de l'autorité délibérante qui peut toutefois la déléguer à l'exécutif. L'emprunt est exclusivement destiné à financer des investissements, et peut être globalisé pour couvrir l'ensemble du besoin de financement de la section d'investissement. L'emprunt ne peut pas combler un déficit de la section de fonctionnement, ni une insuffisance des ressources propres pour assurer l'amortissement de la dette, ni des dépenses d'investissement imprévues.
Le remboursement du capital est inscrit en dépense de la section d'investissement et doit être financé par des ressources propres. L'acquittement de la dette constitue une dépense obligatoire. Les frais financiers (intérêts, frais financiers annexes) sont inscrits en dépense de la section de fonctionnement.
Le remboursement des « emprunts toxiques », à taux d'intérêt variable reposant sur des valeurs spéculatives, a lourdement pesé sur les finances de nombreuses collectivités territoriales entre 2009 et 2017. Cette crise a conduit à des dispositions inscrites dans la loi du 26 juillet 2013 de séparation et de régulation des activités bancaires, qui précisent les caractéristiques que doivent présenter les emprunts souscrits par les collectivités territoriales.
De nombreuses collectivités mettent en œuvre une gestion active de leur dette en pratiquant remboursements anticipés et renégociations d'emprunts et cherchent à faire baisser leur taux d'endettement. En 2017, l'encours de la dette des collectivités s'élève à 178 milliards d'euros.

Droit public

Question 1 (4 points)

Le dialogue social au sein de la fonction publique territoriale. Vous développerez votre réponse.

Les fonctionnaires ont longtemps été privés du droit syndical, considéré comme incompatible avec leur position statutaire et le principe hiérarchique. Ce n'est qu'en 1946 que ce droit leur a été reconnu et que les premières instances représentatives ont été instituées.
Après avoir rappelé les bases du droit syndical, fondement du dialogue social (I), nous préciserons les modalités d'exercice de ce dialogue dans la fonction publique territoriale (II).

I – Les bases du droit syndical

La loi nº 83-634 du 13 juillet 1983 portant droits et obligations des fonctionnaires (dite loi Le Pors) fixe, par son article 8, que « le droit syndical est garanti aux fonctionnaires. Les intéressés peuvent librement créer des organisations syndicales, y adhérer et y exercer des mandats. Ces organisations peuvent ester en justice.

Elles peuvent se pourvoir devant les juridictions compétentes contre les actes réglementaires concernant le statut du personnel et contre les décisions individuelles portant atteinte aux intérêts collectifs des fonctionnaires ».

L'article 9 de la loi dispose que « les fonctionnaires participent par l'intermédiaire de leurs délégués siégeant dans des organismes consultatifs à l'organisation et au fonctionnement des services publics, à l'élaboration des règles statutaires, à la définition des orientations en matière de politique de ressources humaines et à l'examen de décisions individuelles dont la liste est établie par décret en Conseil d'État. Ils participent à la définition et à la gestion de l'action sociale, culturelle, sportive et de loisirs dont ils bénéficient ou qu'ils organisent ».

II - Les modalités d'exercice du dialogue social

La loi n° 2010-751 du 5 juillet 2010 relative à la rénovation du dialogue social et comportant diverses dispositions relatives à la fonction publique ouvre le champ de la négociation dans la fonction publique à tous les domaines concernant la vie des agents : carrière et formation professionnelle; formation; action sociale; hygiène, sécurité et santé au travail; insertion sociale des handicapés; égalité professionnelle entre les hommes et les femmes.

Les principales instances du dialogue social dans la fonction publique territoriale sont les suivantes :

– les **commissions administratives paritaires** (CAP), pour les fonctionnaires, et **commissions consultatives paritaires** (CCP) pour les agents non titulaires, instances que la collectivité employeuse doit consulter avant de prendre certaines décisions individuelles relatives à la carrière des fonctionnaires ou à la situation des contractuels. Composées en nombre égal de représentants des personnels élus et de représentants de la collectivité, elles sont obligatoirement saisies pour donner un avis consultatif sur les actes ayant un impact sur les effectifs et sur la carrière des agents;

– les **comités techniques (CT)**, instances consultatives de concertation chargées de donner leur avis sur les questions et projets de textes relatifs à l'organisation et au fonctionnement des services. Depuis 2010, ils ne sont plus paritaires, les deux catégories de représentants qui les composent, représentants du personnel élus et représentants de la collectivité ne devant plus être en nombre égal. Un comité technique est créé au sein de chaque collectivité ou établissement public employant au moins 50 agents. Pour les collectivités et établissements affiliés employant moins de 50 agents, c'est le comité technique placé auprès du centre de gestion de la fonction publique territoriale auquel toute collectivité de moins de 350 agents est obligatoirement affiliée qui est compétent;

– les **comités d'hygiène, de sécurité et des conditions de travail**, instances de concertation chargées de contribuer à la protection de la santé physique et mentale et de la sécurité des agents dans leur travail, composées de représentants désignés par les organisations syndicales les plus représentatives;

– le **conseil commun de la fonction publique**, instance inter-fonction publique créée par la loi du 5 juillet 2010, formée de représentants des organisations syndicales et des employeurs, consulté sur les questions et textes communs aux trois versants de la fonction publique.

À noter que la loi du 6 août 2019 de transformation de la fonction publique dispose qu'un **comité social territorial**, fusionnant comité technique et comité d'hygiène, de sécurité et des conditions de travail « est créé dans chaque collectivité ou établissement employant au moins cinquante agents ainsi qu'auprès de chaque centre de gestion pour les collectivités et établissements affiliés employant moins de cinquante agents » (article 32 de la loi).

En outre (article 32-1.-I), « dans les collectivités territoriales et les établissements publics employant deux cents agents au moins, une formation spécialisée en matière de santé, de sécurité et de conditions de travail est instituée au sein du comité social territorial ».

Question 6 (2 points)

La protection fonctionnelle.

La protection fonctionnelle désigne les mesures de protection et d'assistance dues par la collectivité territoriale à chacun de leurs agents afin de les protéger et de les assister s'ils sont victimes d'une infraction dans le cadre de leurs fonctions ou en raison de leurs fonctions.
Ces infractions peuvent être des atteintes volontaires à l'intégrité de la personne, des violences, des actes de harcèlement, des menaces, des injures, des diffamations ou des outrages qui peuvent intervenir pendant ou en dehors du temps de travail dès lors que le lien de causalité entre le dommage subi par l'agent (ou ses proches) et les fonctions qu'il exerce est établi.
Saisie d'une demande de protection écrite de l'agent apportant la preuve des faits, la collectivité employeuse doit prendre des mesures de prévention, apporter son assistance juridique, réparer les préjudices.

Action sanitaire et sociale

Question 2 (4 points)

Les interventions de la commune en matière de santé publique. Vous développerez votre réponse.

Les communes demeurent les seules collectivités territoriales à bénéficier de la clause générale de compétence. L'article L. 2121-29 du Code général des collectivités (CGCT) dispose en effet que « le conseil municipal règle par ses délibérations les affaires de la commune ». Dans ce cadre, la commune peut intervenir en matière de santé publique.
Quelles sont les limites de ces interventions ? Comment s'articulent-elles avec les compétences du département et de l'État ?
Nous présenterons les pouvoirs du maire en matière de santé publique (I) avant d'examiner les interventions liées à celles du département (II) et de l'État (III).

I - Les pouvoirs du maire en matière de santé publique

Le maire détient des pouvoirs propres en matière de police administrative, qu'il peut exercer au moyen d'une police municipale.
L'article L. 2212-2 du CGCT dispose : « La police municipale a pour objet d'assurer le bon ordre, la sûreté, la sécurité et la salubrité publique. » En outre, l'article L. 1311-2 du Code de la santé publique fixe que les décrets mentionnés à l'article L. 1311-1 (fixant les règles générales d'hygiène et toutes autres mesures propres à préserver la santé de l'homme) peuvent être complétés par des arrêtés du maire ayant pour objet d'édicter des dispositions particulières en vue d'assurer la protection de la santé publique dans la commune.
L'enlèvement des ordures ménagères, le nettoiement de la voirie, l'assainissement, la distribution d'eau potable, la réglementation des marchés de denrées alimentaires, autant de compétences exercées par les communes ou les groupements de communes qui jouent un rôle essentiel en matière de santé publique.

II - Les compétences exercées en lien avec le département

Par convention, un département peut déléguer à une commune ou un groupement de communes une partie de ses compétences en matière de santé.
Ainsi, une commune peut, par délégation, organiser et financer des services municipaux de désinfection et des services communaux d'hygiène et de santé.
De plus, l'article L. 1422-1 du Code de la santé publique dispose que « les services communaux d'hygiène et de santé qui, à la date d'entrée en vigueur (...) de la loi n° 83-663 du 22 juillet 1983

complétant la loi n° 83-8 du 7 janvier 1983 relative à la répartition de compétences entre les communes, les départements, les régions et l'État, exercent effectivement des attributions en matière de vaccination ou de désinfection ainsi qu'en matière de contrôle administratif et technique des règles d'hygiène continuent d'exercer ces attributions par dérogation aux articles 38 et 49 de ladite loi. À ce titre, les communes dont relèvent ces services communaux d'hygiène et de santé reçoivent la dotation générale de décentralisation correspondante dans les conditions prévues par le code général des collectivités territoriales ».

III - Les compétences exercées en lien avec l'État

La loi n° 2009-879 du 21 juillet 2009 portant réforme de l'hôpital et relative aux patients n'autorise plus les collectivités territoriales à créer des établissements publics de santé.

Toutefois, en application des articles L. 1413-4 et L. 1413-5 du Code de la santé publique, les communes doivent alerter le directeur général de l'Agence régionale de santé (ARS) en cas de menaces imminentes pour la santé de la population et transmettre à l'Institut de veille sanitaire les informations nécessaires à l'exercice de ses missions.

Par convention avec l'État, les communes peuvent également mettre en œuvre des programmes de santé spécifiques (lutte contre l'alcoolisme, lutte contre les maladies sexuellement transmissibles).

Enfin, les communes et leurs groupements peuvent attribuer des aides pour l'installation ou le maintien de professionnels de santé dans les zones déficitaires en offres de soins, pour financer des structures participant à la permanence des soins pour la construction, en zone de montagne, d'équipements sanitaires dans le respect des décisions des ARS.

Question 6 (2 points)

Le service d'aide et d'accompagnement à domicile (SAAD).

Le service d'aide et d'accompagnement à domicile (SAAD) est spécifiquement habilité à intervenir, au moyen d'auxiliaires de vie et d'aides ménagères, auprès d'une population considérée comme fragile : enfants de moins de 3 ans, familles en difficulté ou en situation d'exclusion, personnes en situation de handicap et personnes âgées en perte d'autonomie.

Le fonctionnement d'un SAAD est subordonné à une autorisation administrative.

Depuis le 1er janvier 2016, en application des dispositions de la loi du 28 décembre 2015 relative à l'adaptation de la société au vieillissement (dite loi ASV), le département est compétent pour accorder l'autorisation d'exercer à tous les SAAD, services autorisés tarifés dont les tarifs sont fixés par le conseil départemental et constituent des services médico-sociaux et services autorisés non tarifés.

Droit civil

Question 2 (4 points)

Quelles sont les conditions requises pour l'adoptant et l'adopté dans le cadre d'une adoption plénière ? Vous développerez votre réponse.

L'adoption plénière supprime le lien de filiation entre l'adopté et sa famille d'origine en lui substituant un nouveau lien de filiation avec l'adoptant. Elle est irrévocable et définitive.

Aussi, elle répond à des conditions strictes.

Nous examinerons d'abord les conditions requises pour l'adoptant (I), puis pour l'adopté (II).

I - Les conditions requises pour l'adoptant

Pour pouvoir adopter un enfant, l'adoptant doit obtenir un agrément délivré par le service d'aide sociale à l'enfance (ASE) de son département. L'agrément permet de s'assurer des conditions d'accueil. Il est accordé pour une durée de 5 ans. La décision de refus d'agrément peut être contestée.

Une fois obtenu l'agrément, le parent peut accueillir l'enfant chez lui. L'enfant est placé chez l'adoptant pendant au moins 6 mois. C'est seulement après le placement de l'enfant que l'adoptant doit présenter une requête au procureur de la République de son lieu de résidence.

Il convient de distinguer l'adoption par une personne seule et l'adoption de l'enfant de son conjoint.

– L'adoption par une personne seule : elle requiert que l'adoptant soit âgé de plus de 28 ans. La différence d'âge entre l'adoptant et l'adopté doit être de 15 ans au moins. Le juge peut toutefois accorder une dérogation pour juste motif (adoption d'une fratrie, par exemple).

– L'adoption de l'enfant du conjoint : elle impose que l'adoptant soit marié avec le parent de l'enfant (sans condition de durée du mariage), ait au moins 10 ans de plus que l'enfant (sauf dérogation du tribunal accordée selon les circonstances familiales), que le conjoint de l'adoptant donne son consentement devant notaire.

II - Les conditions requises pour l'adopté

L'adopté doit être âgé de moins de 15 ans. S'il a plus de 13 ans, il doit donner son accord devant un notaire. Le consentement peut également être établi par le service de l'aide sociale à l'enfance (ASE) lorsque l'enfant lui a été remis.

L'âge limite est repoussé à 20 ans, quand l'enfant a été accueilli dans la famille adoptante avant l'âge de 15 ans ou quand une demande d'adoption simple a été formulée avant cette date.

Un enfant est adoptable s'il se trouve dans l'une des situations suivantes :

– pupille de l'État;
– enfant dont les parents ou le conseil de famille ont accepté l'adoption;
– enfant déclaré abandonné par jugement du tribunal;
– enfant étranger en fonction de la législation applicable.

L'adoption plénière de l'enfant du conjoint est possible dans les situations suivantes :

– le conjoint est l'unique parent inscrit sur l'acte de naissance de l'enfant;
– l'autre parent de l'enfant s'est vu retirer l'autorité parentale;
– l'autre parent de l'enfant est décédé et les parents du défunt sont eux-mêmes décédés ou se sont manifestement désintéressés de l'enfant;
– l'enfant a déjà été adopté par le conjoint en la forme plénière et n'a de filiation établie qu'à son égard;
– le conjoint est décédé et l'enfant avait été précédemment adopté en la forme plénière par le conjoint et son ancien conjoint.

Question 5 (2 points)

Qu'est-ce qu'un mandat de protection future ?

Il s'agit d'un contrat, consenti librement, qui permet d'organiser à l'avance la protection personnelle, physique et mentale, d'une personne et/ou de son patrimoine ou de celle de son enfant, malade ou handicapé.

La personne qui établit le mandat conservera tous ses droits malgré l'altération de ses facultés et elle sera représentée par un mandataire en qui elle a toute confiance.

Il existe deux types de mandats :

– le mandat de protection pour soi (signé par toute personne majeure ou tout mineur émancipé);

– le mandat de protection pour autrui (signé par les parents d'un enfant mineur sur lequel ils exercent l'autorité parentale ou d'un enfant majeur dont ils ont la charge matérielle et affective au moment de la signature du mandat. Cet enfant doit être atteint d'une altération de ses facultés l'empêchant d'exprimer sa volonté. Ce type de mandat doit obligatoirement être rédigé sous forme notariée).

Ce mandat peut être conclu :

– par acte notarié qui permet de confier au mandataire des pouvoirs étendus (actes patrimoniaux importants);

– sous seing privé, avec des effets plus limités, le mandataire ne pouvant prendre que des décisions nécessaires à la bonne gestion du patrimoine.

PARTIE 2

Maîtriser les connaissances indispensables sur **l'environnement territorial**

Sans viser ici l'exhaustivité, nous entendons fournir ici des repères solides qui devraient permettre à chacun de maîtriser les connaissances de base en matière d'administration territoriale, nécessaires à l'élaboration des solutions opérationnelles du **rapport** des **concours externe, interne** et du **troisième concours** de rédacteur principal de 2e classe.
Ces connaissances sont également indispensables à l'épreuve de **série de questions portant sur les missions, compétences et moyens d'action des collectivités territoriales** permettant d'apprécier les connaissances professionnelles des candidats au concours interne et au troisième concours de rédacteur principal de 2e classe.
Elles permettent également de se préparer à l'épreuve de **série de questions**, dans les domaines du droit public et des finances publiques, du concours externe de rédacteur principal de 2e classe.
Enfin, elles constituent un vivier très utile à l'**épreuve orale d'entretien** des concours de rédacteur et de rédacteur principal de 2e classe.

Planning de révisions

Le **planning** ci-après entend vous proposer un **mode d'acquisition méthodique des connaissances**.

La date à laquelle vous commencez à utiliser cet ouvrage pour vous préparer déterminera évidemment la durée de chaque période : si, par exemple, vous entamez votre préparation personnelle six mois avant le concours, les onze périodes d'appropriation seront de l'ordre de deux semaines chacune. Il en ira tout différemment si vous pensez pouvoir préparer le concours en un mois : deux à trois jours seront alors consacrés à chaque période.

Soyez également attentif au fait que ces épreuves requièrent non seulement des connaissances en administration des collectivités territoriales, mais aussi une maîtrise de la méthodologie des différentes épreuves, elle-même découpée en différentes périodes.

PÉRIODES	CONTENU DES RÉVISIONS	NOS OUTILS
1	Le service public, grands principes, principaux modes de gestion	**L'essentiel du cours** : pp. 270-273
2	Les grands axes du système juridictionnel français, les normes juridiques et leur hiérarchie, la responsabilité administrative	**L'essentiel du cours** : pp. 274-280
3	Les principales compétences et attributions des collectivités territoriales	**L'essentiel du cours** : pp. 281-294
4	Les réformes territoriales	**L'essentiel du cours** : pp. 295-303
5	Les principaux modes d'élection locale et leurs conséquences	**L'essentiel du cours** : pp. 304-313
6	Les modes de fonctionnement des collectivités territoriales et de leurs établissements publics	**L'essentiel du cours** : pp. 314-329
7	Les principaux modes de recrutement des agents publics et des fonctionnaires	**L'essentiel du cours** : pp. 330-332
8	Les finances publiques et les budgets locaux, la commande publique, le contrôle des actes	**L'essentiel du cours** : pp. 333-355
9	Les modes d'information des administrés et des élus, la démocratie consultative et participative	**L'essentiel du cours** : pp. 356-362
10	Les modes de management	**L'essentiel du cours** : pp. 363-368
11	Révision d'ensemble	**L'essentiel du cours** : pp. 270-368

1. Le service public, grands principes, principaux modes de gestion

1. Définition et grands principes du service public

A. Définition

Une activité constitue un service public quand elle est assurée ou assumée par une personne publique en vue d'un intérêt public. C'est une activité d'intérêt général gérée par une personne publique ou sous son contrôle par une personne privée, soumise, à des degrés variables suivant les catégories de services, au droit administratif.

B. Grands principes

Le service public obéit aux « lois de Rolland », du nom du juriste Louis Rolland qui les a systématisées dans les années 1930.

Premier principe : la **continuité**. Un service public doit fonctionner de manière continue et régulière, sans autres interruptions que celles prévues par la réglementation. Ce principe a une valeur constitutionnelle. Corollaire de ce principe, l'**adaptabilité** ou **mutabilité** : afin de continuer à poursuivre l'intérêt général, le service public doit s'adapter aux mutations techniques et à l'évolution de la demande sociale. Cette nécessité d'adaptation fonde l'administration à modifier unilatéralement le service public pour répondre à l'évolution de l'intérêt général.

Le principe d'**égalité** impose que tous les usagers, à situation égale, bénéficient des mêmes prestations. Toute discrimination est donc exclue dans l'accès au service comme dans l'usage du service. Les différences de traitement sont possibles dans le respect de la loi et pour des motifs d'intérêt général, sous réserve de ne pas être arbitraires ou discriminatoires.

La **neutralité** signifie que le service public doit être sous-tendu par l'intérêt général sans être influencé par les intérêts privés. Elle interdit à tous les agents des services publics d'exprimer leurs opinions politiques ou religieuses dans l'exercice de leurs missions. En découle le principe de l'égal accès aux emplois publics.

La **laïcité** est inscrite tant dans le préambule de la Constitution de 1946 que dans la Constitution du 4 octobre 1958 : l'article 1er du titre premier du préambule de la Constitution de 1946 fixe en effet que « la France est une République indivisible, laïque, démocratique et sociale ». La Constitution de 1946 précise également que « l'organisation de l'enseignement public, gratuit et laïque à tous les degrés, est un devoir de l'État ». Ces termes sont repris et complétés par l'article 1 de la Constitution du 4 octobre 1958 : « La France est une République indivisible, laïque, démocratique et sociale. Elle assure l'égalité devant la loi de tous les citoyens sans distinction d'origine, de race ou de religion. Elle respecte toutes les croyances. [...] »

La jurisprudence a également affirmé d'autres principes comme l'obligation de fonctionnement correct des services publics.

2. Les modes de gestion des services publics

A. Les marchés publics

Les marchés publics permettent à l'administration de recourir à une personne publique ou privée pour répondre à ses besoins en matière de travaux, de fournitures ou de services, nécessaires à l'exécution d'un service public, en échange d'un prix qu'elle acquitte.

Ce sont des contrats conclus par l'État et ses établissements publics administratifs (ceux à caractère industriel et commercial en sont exclus) ou les collectivités territoriales et les établissements publics locaux.

Il existe plusieurs types de marchés publics : les marchés de travaux publics pour la construction de bâtiments publics, les marchés de fournitures nécessaires au fonctionnement de l'administration (ex. : papier, équipements divers), les marchés de services pour la réalisation de prestations (ex. : nettoyage de locaux administratifs).

B. Les délégations de service public (DSP)

La loi n° 2001-1168 du 11 décembre 2001 portant mesures urgentes de réformes à caractère économique et financier définit comme suit la délégation de service public.

Son article 3 dispose « qu'une délégation de service public est un contrat par lequel une personne morale de droit public confie la gestion d'un service public dont elle a la responsabilité à un délégataire public ou privé, dont la rémunération est substantiellement liée aux résultats de l'exploitation du service. Le délégataire peut être chargé de construire des ouvrages ou d'acquérir des biens nécessaires au service ».

Par convention, une personne morale de droit public confie ainsi pour une durée limitée à une personne publique – une autre administration publique – ou privée – qui peut être un particulier ou une entreprise – la gestion d'un service public dont elle a la responsabilité. Ce mode de gestion de services publics est aujourd'hui répandu tant pour ceux qui relèvent de l'autorité de l'État que des collectivités territoriales.

Le bénéficiaire de la DSP (délégataire) peut être chargé de construire des ouvrages ou d'acquérir des biens nécessaires au service. Contrairement aux marchés, le délégataire n'est pas rémunéré par un prix versé par l'administration (le délégant), mais par les recettes d'exploitation du service.

L'expression « délégation de service public » est apparue dans la **loi Sapin du 29 janvier 1993**. Elle regroupe plusieurs procédés qui existaient déjà auparavant et qui constituent aujourd'hui les différents types de DSP.

a. La concession de travaux publics avec service public pour la construction d'un ouvrage (ex. : autoroutes, ponts à péage), la concession de service public (non liée à la construction d'un ouvrage public)

La concession est un mode de gestion dans lequel l'entreprise finance, réalise et exploite les équipements pour le compte de la collectivité. La concession fait l'objet d'un contrat qui fixe les modalités d'exécution du service et les tarifs applicables. Le contrat établit notamment la nature des ouvrages, le délai d'exécution, les modalités d'exploitation du service, le respect des normes de qualité.

b. L'affermage (gestion de structures déjà réalisées)

C'est une convention par laquelle une personne publique confie la gestion d'un service public à une personne publique ou privée (le fermier), qui se voit remettre, pour la durée du contrat, les ouvrages nécessaires à l'exploitation du service, moyennant le versement d'une contrepartie, prélevée sur les ressources tirées de l'exploitation du service. L'entreprise (ou le fermier) exploite et entretient le réseau, mais la collectivité décide et finance les investissements et reste propriétaire des équipements. Les opérations de recettes et de dépenses effectuées par la commune doivent être décrites dans un budget annexe qui retrace également les opérations financières effectuées avec l'entreprise (ou fermier).

c. La régie intéressée

Le régisseur n'a pas la propriété de l'installation, il est rémunéré par la collectivité en fonction des résultats, par le biais d'une prime de gestion ou d'une participation aux bénéfices.

La loi Sapin, parmi de nombreuses autres dispositions, a eu pour objet et pour effet d'instaurer une procédure contraignante de publicité explicite visant à organiser une mise en concurrence réelle avant l'attribution de la délégation de service public à un tiers par rapport à l'autorité délégante.

Elle n'a pas modifié le caractère *intuitu personae* des contrats de délégation de service public, selon lequel l'autorité délégante attribue la délégation : le cocontractant est toujours choisi en fonction de ses qualités propres qui sont jugées selon leur adéquation par rapport au cahier des charges de la délégation.

C. Le partenariat public-privé

Le partenariat public-privé (PPP) est un mode de financement par lequel une autorité publique fait appel à des prestataires privés pour financer et gérer un équipement assurant ou contribuant au service public. Le partenaire privé reçoit en contrepartie un paiement du partenaire public et/ou des usagers du service qu'il gère.

La loi d'orientation et de programmation pour la sécurité intérieure du 29 août 2002 a relancé ce mode contractuel en autorisant l'État à confier au secteur privé la construction et la maintenance d'immeubles utilisés par la police, la gendarmerie et la défense nationale. La justice et le secteur hospitalier ont suivi avant que ce régime fasse l'objet d'un régime général à travers les **contrats de partenariat public-privé** institués par une **ordonnance du 17 juin 2004**.

Il s'agit de contrats administratifs par lesquels la personne publique peut confier à une entreprise une mission globale relative :

- au financement d'investissements immatériels, d'ouvrages ou d'équipements nécessaires au service public;
- à la construction et à la transformation des ouvrages ou équipements;
- à leur entretien, leur maintenance, leur exploitation ou leur gestion;
- le cas échéant, à d'autres prestations de services concourant à l'exercice par la personne publique de la mission de service public dont elle est chargée.

De manière facultative, tout ou une partie de la conception peut être confiée au partenaire privé.

Le contrat de partenariat se conclut pour une période longue, généralement **entre 20 et 30 ans**, déterminée en fonction de la durée d'amortissement des investissements ou des modalités de financement retenues.

Les contrats de partenariat présentent des modalités de rémunération originales puisque ces dernières peuvent :

- être étalées sur la durée du contrat;
- être liées à des objectifs de performances ou de disponibilité du bien/service;
- intégrer des recettes annexes.

Une décision du Conseil constitutionnel du 26 juin 2003 précise que le **projet concerné doit présenter un caractère d'urgence et ou de complexité** qui justifie le recours à un partenaire privé.

En outre, l'ordonnance du 17 juin 2004 en son article 2 a prévu que les contrats de partenariat soient conclus pour la réalisation de projets pour lesquels une évaluation réalisée par la personne publique démontre que le contrat de partenariat offre une solution alternative moins coûteuse et/ou plus avantageuse. Cette évaluation préalable ou analyse comparative a pour objectif de comparer le coût global pour la personne publique en maîtrise d'ouvrage et en contrat de partenariat, afin de déterminer l'alternative présentant le meilleur couple coût/risques pour la personne publique.

Une loi du 28 juillet 2008 a précisé les critères posés par l'ordonnance de 2004 : l'**efficience** justifiant le recours au partenariat s'apprécie en examinant si le contrat de partenariat offre une solution alternative moins coûteuse et/ou plus avantageuse en termes de coût global, de partage des risques (économiques et juridiques) et de performance (par exemple énergétique).

2. Les grands axes du système juridictionnel français

Le principe de séparation des pouvoirs, affirmé par Montesquieu, repose sur trois pouvoirs distincts dont l'équilibre permet un bon gouvernement. À côté du pouvoir législatif, distinct du pouvoir exécutif, les tribunaux participent au gouvernement de la nation au sein de laquelle ils constituent le pouvoir judiciaire. La codification du droit depuis la Révolution française affaiblit le rôle du juge comme créateur du droit ; la multiplication des juridictions, l'évolution du rôle de l'État contribuent également à la péremption de l'idée d'un pouvoir autonome : la Constitution de 1958 prend acte de cette évolution en ne parlant que de « l'autorité judiciaire » et non du pouvoir judiciaire. Cependant, l'existence d'un véritable pouvoir judiciaire, indépendant par rapport aux autres pouvoirs publics, est la condition nécessaire pour que l'État lui-même soit soumis au droit.

On distingue **deux ordres de juridiction**, **l'ordre judiciaire** et **l'ordre administratif** en application de la tradition française, dans laquelle la justice est composée de deux systèmes autonomes comprenant chacun leur propre hiérarchie, leur propre organisation de la magistrature et leur propre Cour suprême, au nom d'une interprétation extensive de la séparation des pouvoirs.

1. Les juridictions judiciaires

Elles comprennent deux types de juridictions, organiquement identiques pour les juridictions de droit commun (même siège, même personnel) mais aux fonctions différentes.

A. Les juridictions civiles

Elles sont composées de juridictions de droit commun qui jugent les litiges entre particuliers mettant en jeu l'application du droit civil (tribunaux d'instance ou de grande instance) et de juridictions d'exception qui ne connaissent que des matières dans lesquelles un texte leur attribue expressément compétence (tribunaux de commerce, conseil de prud'hommes, tribunaux paritaires des baux ruraux, tribunaux des affaires de la Sécurité sociale). Les juridictions civiles les plus connues sont évidemment le tribunal d'instance et le tribunal de grande instance.

Le tribunal d'instance est une juridiction composée de magistrats professionnels, qui statue à juge unique. Il exerce une compétence exclusive dans certains domaines, comme l'injonction de payer. Sa compétence générale est partagée avec le tribunal de grande instance en fonction de l'importance de l'affaire : les petites affaires civiles (de 4 000 à 10 000 euros) sont de sa compétence. En 2013, on compte 307 tribunaux d'instance.

Le tribunal de grande instance est une juridiction collégiale composée de magistrats professionnels : les jugements sont rendus par un président et deux juges. Il juge des affaires civiles portant sur des sommes supérieures à 10 000 euros ou qui ne sont pas de la compétence d'autres juridictions. Il exerce une compétence exclusive en matière d'état des personnes (état civil, droit de la famille), de protection de l'enfant, de propriété immobilière. Siège d'un parquet, il comprend au moins un juge des enfants, un juge aux affaires familiales, un juge de l'expropriation, un juge de l'exécution des décisions civiles. Le président ou un juge désigné par lui fait office de juge des référés. On compte au moins un tribunal de grande instance par département (161 tribunaux de grande instance en 2013).

La **juridiction de proximité** a été créée par la loi d'orientation et de programmation sur la justice du 9 septembre 2002, afin de désengorger les tribunaux d'instance.

Le juge de proximité, praticien du droit recruté dans la vie civile, était compétent en matière pénale pour les contraventions des quatre premières classes et en matière civile pour les affaires portant sur un montant inférieur à 4 000 euros.

Les juges de proximité n'existent plus depuis le 1er juillet 2017, remplacés par des magistrats exerçant à titre temporaire et pouvant siéger comme juges au tribunal de grande instance et au tribunal de police ou comme assesseurs au tribunal de grande instance. Les litiges de moins de 4 000 € relèvent désormais tous de la compétence du tribunal d'instance.

B. Les juridictions pénales

Elles sont composées de magistrats appartenant aux même corps, sanctionnent les auteurs de contraventions (*tribunaux de police* : tribunal d'instance siégeant au pénal. Contravention : amende inférieure ou égale à 3 000 euros), de délits (*tribunaux correctionnels* : tribunal de grande instance siégeant au pénal) ou de crimes (*cours d'assises* : le nombre de non-professionnels, neufs citoyens tirés au sort, est supérieur au nombre de magistrats – 3 juges – au sein du jury).

Un décret du 15 février 2008 a modifié le siège et le ressort des tribunaux d'instance, des juridictions de proximité et des tribunaux de grande instance. Ainsi, au 1er janvier 2011, 178 tribunaux d'instance et 23 tribunaux de grande instance ont été supprimés. Parallèlement, 7 tribunaux d'instance et 7 juridictions de proximité ont été créés.

Au 1er janvier 2017, on comptait en France 164 tribunaux de grande instance et 307 tribunaux d'instance et de police.

La loi du 23 mars 2019 de programmation 2018-2022 et de réforme pour la justice regroupe à compter du 1er janvier 2020 les tribunaux d'instance et les tribunaux de grande instance situés sur une même commune en une nouvelle juridiction : les « tribunaux judiciaires ». Les tribunaux d'instance situés dans une commune différente des tribunaux de grande instance deviennent des chambres de proximité du tribunal judiciaire, appelées tribunaux de proximité. La loi prévoit que les juges d'instance seront renommés, s'ils le souhaitent, dans les nouvelles fonctions statutaires de juge des contentieux de la protection, magistrats spécialisés dans les problématiques liées aux vulnérabilités économiques et sociales (tutelles des majeurs, surendettement, contentieux des crédits à la consommation et des baux d'habitation).

En outre, la loi du 23 mars 2019 instaure l'expérimentation dans dix départements de **cours criminelles** siégeant en cour d'assises, composée de cinq magistrats professionnels, compétentes pour juger en première instance les crimes punis de quinze ou vingt ans de réclusion par des majeurs, sans récidive.

2. Les juridictions administratives

Les juridictions administratives sont des tribunaux à part entière, distincts des tribunaux judiciaires, qui jugent les litiges nés de l'action administrative.

Saisi d'un recours pour excès de pouvoir, le juge administratif est compétent pour annuler une décision administrative après en avoir constaté l'illégalité. Dans certains domaines, le juge administratif dispose du pouvoir de plein contentieux (également baptisé « de pleine juridiction ») qui lui permet de substituer sa propre décision à celle de l'administration et de condamner celle-ci à indemniser des victimes sur le fondement de la faute ou du risque.

Juridiction suprême de l'ordre administratif, le **Conseil d'État** est juge de cassation des décisions des cours administratives d'appel ou des tribunaux administratifs lorsqu'ils jugent en premier et dernier ressort. Il est aussi juge d'appel (par exemple des élections municipales et cantonales), mais cette activité a fortement décru depuis l'institution des cours administratives d'appel.

Il est enfin juge de premier et dernier ressort pour certains actes administratifs (recours contre des décrets, par exemple).

Les membres du Conseil d'État sont pour l'essentiel recrutés par la voie de l'École nationale d'administration (ENA). Une partie d'entre eux est recrutée au tour extérieur, par nomination du gouvernement. Ils sont inamovibles.

Les **cours administratives d'appel** ont été instituées par la loi du 31 décembre 1987 pour désencombrer le Conseil d'État : elles constituent les juges d'appel de droit commun de l'ordre administratif. Au 1er janvier 2017, elles sont au nombre de 8.

Les **tribunaux administratifs**, créés en 1953, sont les juges administratifs de droit commun en premier ressort. On en compte 42.

Les membres des tribunaux administratifs et des cours administratives d'appel sont des fonctionnaires recrutés par concours, inamovibles comme les membres du Conseil d'État.

3. Notions sur les normes juridiques et leur hiérarchie

1. La hiérarchie des normes

Les normes juridiques constituent entre elles un ordre cohérent, les plus détaillées viennent préciser les plus générales sans les contredire, aucune norme ne pouvant transgresser celles qui lui sont supérieures. Une décision administrative doit ainsi respecter les lois, les traités internationaux et la Constitution.

2. Les différentes normes juridiques

A. La Constitution et le « bloc de constitutionnalité »

La Constitution est, dans l'ordre juridique français, la norme suprême, également baptisée « loi fondamentale ». La supériorité de la Constitution sur tout traité ou engagement international explique que, lorsque la France signe un traité ou souscrit à un engagement international comportant des dispositions contraires à la Constitution, celle-ci doit être révisée pour que le traité produise ses effets en droit interne.

Les lois doivent être conformes à la Constitution et le Conseil constitutionnel est chargé de le vérifier, pour chaque loi qui lui est déférée.

Le « bloc de constitutionnalité », outre la Constitution, comprend la Déclaration des droits de l'homme et du citoyen de 1789 (décision du Conseil constitutionnel du 27 décembre 1973), le préambule de la Constitution de 1946, les principes à valeur constitutionnelle et les principes fondamentaux reconnus par les lois de la République et solennellement réaffirmés par le préambule de la Constitution de 1958 (décision du Conseil constitutionnel du 16 juillet 1971) et la Charte de l'environnement depuis 2005.

B. Les traités et accords internationaux

La France a signé de nombreux traités et accords internationaux pour la plupart soumis au Parlement en vue d'autoriser par voie législative leur ratification ou leur approbation.

Le droit communautaire s'insère de manière aujourd'hui déterminante dans l'ordre juridique national, notamment depuis l'entrée en vigueur, en 1987, de l'Acte unique européen achevant l'intégration du marché intérieur. L'article 55 de la Constitution précise que les traités et accords ont, sous certaines conditions, une autorité supérieure à celle des lois.

C. La loi organique

Adoptée selon une procédure spécifique et précisant les modalités d'organisation et de fonctionnement des pouvoirs publics dans les cas prévus par la Constitution, la loi organique est située dans la hiérarchie des normes entre la Constitution et la loi ordinaire.

Ainsi, les lois de finances annuelles doivent notamment respecter les dispositions de la loi organique relative aux lois de finances du 1er août 2001.

D. La loi

À l'exception des lois référendaires (adoptées par référendum), la loi est votée par le Parlement. Mais, contrairement aux Constitutions de la IIIe et de la IVe Républiques, la Constitution de 1958 limite strictement, par son article 34, le domaine de la loi et donc le champ de compétences du Parlement.

E. L'acte administratif réglementaire

L'acte administratif peut être réglementaire ou individuel : réglementaire, il s'applique à tous. Des décrets, des arrêtés sont ainsi édictés unilatéralement par le pouvoir exécutif. Individuel, l'acte administratif concerne nommément une ou plusieurs personnes.

Le gouvernement dispose d'un pouvoir réglementaire d'application de la loi mais aussi d'un pouvoir réglementaire autonome dans les domaines qui ne relèvent pas constitutionnellement de la loi.

Les règlements sont supérieurs aux actes individuels émanant de la même autorité administrative. Les règlements autonomes sont subordonnés à la Constitution et aux traités alors que les actes administratifs appliquant les lois doivent, par définition, être directement subordonnés à la loi.

Les juridictions administratives (Conseil d'État, cours administratives d'appel et tribunaux administratifs) sont chargées de faire respecter le principe de légalité, c'est-à-dire de veiller au respect des normes de référence supérieures par les actes administratifs.

Les décisions administratives réglementaires ou individuelles, prises par le Premier ministre ou par un simple fonctionnaire, doivent toujours respecter toutes les normes supérieures : les lois, les traités, la Constitution.

4. La responsabilité administrative

La tradition a longtemps été celle de l'impossibilité de rechercher la responsabilité de l'administration, afin d'empêcher que la poursuite de l'intérêt général ne soit entravée par l'action judiciaire.

Cette tradition a évolué avec l'arrêt Blanco (1873), qui reconnaît que l'administration peut voir sa responsabilité engagée en cas de dommage aux usagers du service public ou aux tiers, cette responsabilité ne pouvant être mise en cause devant les juridictions civiles mais seulement devant les juridictions administratives dans des conditions différentes de celles du droit commun de la responsabilité. Il s'agit d'une forme de responsabilité civile, dans la mesure où elle entraîne l'obligation pour l'administration de réparer le dommage qu'elle fait subir.

La responsabilité administrative n'a ainsi pu pendant des décennies être engagée que pour faute lourde de l'administration, le juge administratif se refusant en outre à prendre en compte le *pretium doloris* (le prix de la douleur) et n'indemnisant pas le dommage moral; en outre, les indemnités demeuraient en toute hypothèse très peu élevées.

La jurisprudence a cependant peu à peu évolué, d'abord en admettant la réparation du préjudice moral (arrêt Letisserand, Conseil d'État, 1961), puis en abandonnant la faute lourde pour la faute simple, notamment en matière médicale.

Ainsi, la faute de service donne droit à réparation pour faute simple, la faute lourde demeurant requise pour que soit engagée la responsabilité de services en raison de difficultés réelles à exercer la mission de service public.

Le juge a également développé la théorie de la **responsabilité sans faute**, qui permet l'indemnisation de la victime dès lors qu'il y a dommage (par exemple du fait d'un ouvrage public), même sans faute. Dans ce cas, la victime doit seulement prouver le préjudice subi.

La responsabilité sans faute a peu à peu été étendue par la jurisprudence : la création par l'administration d'un risque particulier, une rupture d'égalité entre administrés, un préjudice causé « par un acte légalement fait », certains dommages causés par des ouvrages ou des travaux publics… peuvent entraîner la responsabilité sans faute de l'administration.

Que la responsabilité soit engagée pour faute ou sans faute, il faut un dommage, un préjudice, et un lien de causalité entre le dommage et le préjudice. Si le dommage est causé par une faute personnelle d'un agent public, celui-ci pourra être attaqué devant le juge judiciaire. En revanche, si une **faute de service** est à l'origine du dommage, c'est le juge administratif qui est compétent. La difficulté pour les victimes de savoir quel juge saisir a conduit les juges à admettre que les victimes attaquent l'administration devant le juge administratif, celle-ci pouvant, en cas de faute personnelle d'un de ses agents, se retourner contre lui (action dite « récursoire ») pour obtenir remboursement de tout ou partie des indemnités qu'elle aura versées à la victime du dommage.

Une faute de service est le résultat d'un service qui fonctionne mal, ou fonctionne tardivement ou ne fonctionne pas du tout. S'agissant d'une responsabilité pour faute, la victime doit démontrer la faute, mais, dans la réalité, le juge demande souvent à l'administration de démontrer qu'il n'y a pas eu faute.

5. Les principales compétences et attributions des collectivités territoriales

1. Les fondements de la répartition des compétences

A. Compétence générale et compétence d'attribution

La collectivité territoriale qui bénéficie de la **clause générale de compétence** dispose d'une capacité d'intervention générale, sans qu'il soit nécessaire que la loi procède à une énumération de ses attributions : ce n'est plus désormais le cas que de **la commune.**

La **loi n° 2015-991 du 7 août 2015 portant nouvelle organisation territoriale de la République (NOTRe)** a en effet supprimé cette clause générale de compétence pour les régions et les départements.

Ainsi, le Code général des collectivités territoriales (CGCT) fixe :

- Article L. 2121-29 : « Le **conseil municipal** règle par ses délibérations les affaires de la commune. »
- Article L. 3211-1 : « Le **conseil départemental** règle par ses délibérations les affaires du département dans les domaines de compétences que la loi lui attribue.

Il est compétent pour mettre en œuvre toute **aide ou action relative à la prévention ou à la prise en charge des situations de fragilité**, au **développement social**, à l'**accueil des jeunes enfants** et à l'**autonomie des personnes**. Il est également compétent pour **faciliter l'accès aux droits et aux services** des publics dont il a la charge.

Il a compétence pour **promouvoir les solidarités et la cohésion territoriale** sur le territoire départemental, dans le respect de l'intégrité, de l'autonomie et des attributions des régions et des communes. »

- Article L. 4221-1 : « Le **conseil régional** règle par ses délibérations les affaires de la région dans les domaines de compétences que la loi lui attribue.

Il a compétence pour **promouvoir le développement économique, social, sanitaire, culturel et scientifique** de la région, le **soutien à l'accès au logement et à l'amélioration de l'habitat**, le **soutien à la politique de la ville et à la rénovation urbaine** et le **soutien aux politiques d'éducation** et l'**aménagement et l'égalité de**

MAÎTRISER LES CONNAISSANCES INDISPENSABLES SUR L'ENVIRONNEMENT TERRITORIAL

ses territoires, ainsi que pour assurer la **préservation de son identité** et la **promotion des langues régionales**, dans le respect de l'intégrité, de l'autonomie et des attributions des départements et des communes.

Il peut engager des actions complémentaires de celles de l'État, des autres collectivités territoriales et des établissements publics situés dans la région, dans les domaines et les conditions fixés par les lois déterminant la répartition des compétences entre l'État, les communes, les départements et les régions. »

En outre, l'article L. 1111-4 du CGCT dispose que « les **compétences en matière de culture, de sport, de tourisme, de promotion des langues régionales et d'éducation populaire sont partagées** entre les communes, les départements, les régions et les collectivités à statut particulier ».

B. Les collectivités « chefs de file »

La **loi n° 2014-58 du 27 janvier 2014 de modernisation de l'action publique territoriale et d'affirmation des métropoles (MAPTAM)** attribue aux collectivités territoriales, par son article 3, des missions de « chefs de file ».

Cette mission a été introduite dans la Constitution du 4 octobre 1958 par une réforme constitutionnelle de 2003 (loi constitutionnelle n° 2003-276 du 28 mars 2003 relative à l'organisation décentralisée de la République).

L'article 72 de la Constitution fixe désormais qu'« aucune collectivité territoriale ne peut exercer une tutelle sur une autre. Cependant, **lorsque l'exercice d'une compétence nécessite le concours de plusieurs collectivités territoriales, la loi peut autoriser l'une d'entre elles ou un de leurs groupements à organiser les modalités de leur action commune** ».

Ainsi :

- La **commune,** ou l'établissement public de coopération intercommunale à fiscalité propre auquel elle a transféré ses compétences, est chargée d'organiser, en qualité de chef de file, les modalités de l'action commune des collectivités territoriales et de leurs établissements publics pour l'exercice des compétences relatives :

1° à la mobilité durable ;

2° à l'organisation des services publics de proximité ;

3° à l'aménagement de l'espace ;

4° au développement local.

- Le **département** est chargé d'organiser, en qualité de chef de file, les modalités de l'action commune des collectivités territoriales et de leurs établissements publics pour l'exercice des compétences relatives à :

1° l'action sociale, le développement social et la contribution à la résorption de la précarité énergétique ;

2° l'autonomie des personnes ;

3° la solidarité des territoires.

Il est consulté par la région en préalable à l'élaboration du contrat de plan conclu entre l'État et la région en application de la loi n° 82-653 du 29 juillet 1982 portant réforme de la planification afin de tenir compte des spécificités de son territoire.

- **La région** est chargée d'organiser, en qualité de chef de file, les modalités de l'action commune des collectivités territoriales et de leurs établissements publics pour l'exercice des compétences relatives :

1° à l'aménagement et au développement durable du territoire ;
2° à la protection de la biodiversité ;
3° au climat, à la qualité de l'air et à l'énergie ;
4° au développement économique ;
5° au soutien de l'innovation ;
6° à l'internationalisation des entreprises ;
7° à l'intermodalité et à la complémentarité entre les modes de transports ;
8° au soutien à l'enseignement supérieur et à la recherche.

C. L'exercice concerté des compétences

La **loi n° 2014-58 du 27 janvier 2014 de modernisation de l'action publique territoriale et d'affirmation des métropoles (MAPTAM)** institue, par son article 4, une « **conférence territoriale de l'action publique** » :

« Dans chaque région, la **conférence territoriale de l'action publique** est chargée de favoriser un exercice concerté des compétences des collectivités territoriales, de leurs groupements et de leurs établissements publics.

La conférence territoriale de l'action publique peut débattre et rendre des avis sur tous les sujets relatifs à l'exercice de compétences et à la conduite de politiques publiques nécessitant une coordination ou une délégation de compétences entre les collectivités territoriales et leurs groupements. »

Cette conférence territoriale de l'action publique, **présidée par le président du conseil régional** a essentiellement pour **membres** :

- le président du conseil régional ;
- les présidents des conseils départementaux ;
- les présidents des établissements publics de coopération intercommunale à fiscalité propre de plus de 30 000 habitants ayant leur siège sur le territoire de la région ;
- un représentant élu des établissements publics de coopération intercommunale à fiscalité propre de moins de 30 000 habitants ayant leur siège sur le territoire de chaque département – un représentant élu des communes de plus de 30 000 habitants de chaque département ;
- un représentant élu des communes comprenant entre 3 500 et 30 000 habitants de chaque département ;
- un représentant élu des communes de moins de 3 500 habitants de chaque département.

La conférence territoriale de l'action publique organise librement ses travaux, au travers de commissions thématiques, et leur publicité dans le cadre de son règlement intérieur. Elle débat des projets visant à coordonner les interventions des personnes publiques, qui lui sont présentés par les collectivités territoriales ou les établissements publics de coopération intercommunale à fiscalité propre.

Elle examine les projets de **conventions territoriales d'exercice concerté d'une compétence** qui fixent les objectifs de rationalisation et les modalités de l'action commune pour chacune des compétences concernées.

Chaque projet de convention comprend notamment :
- les niveaux de collectivités territoriales concernés ou les collectivités compétentes définies par des critères objectifs sur l'ensemble du territoire de la région ;
- les délégations de compétences entre collectivités territoriales, ainsi que les délégations de la région ou du département à un établissement public de coopération intercommunale à fiscalité propre ;
- les créations de services unifiés ;
- les modalités de la coordination, de la simplification et de la clarification des interventions financières des collectivités territoriales ;
- la durée de la convention, qui ne peut excéder six ans.

À l'issue de son examen par la conférence territoriale de l'action publique, le projet de convention est transmis au représentant de l'État dans la région, ainsi qu'aux collectivités territoriales et établissements publics appelés à prendre les mesures nécessaires à sa mise en œuvre. Les organes délibérants des collectivités territoriales et des établissements publics concernés disposent d'un délai de trois mois pour approuver la convention, qui est signée par le maire ou par le président.

Les stipulations de la convention sont opposables aux seules collectivités territoriales et établissements publics qui l'ont signée. Elles les engagent à prendre les mesures et à conclure les conventions nécessaires à sa mise en œuvre.

2. Les compétences de la commune

La commune exerce principalement des compétences de proximité, fondées sur les services publics communaux.

Toutefois, en renforçant les compétences obligatoires et optionnelles reconnues aux communautés de communes et aux communautés d'agglomération, la loi NOTRe du 7 août 2015 réduit d'autant les compétences des communes membres de ces EPCI :
- compétences en matière de développement économique ;
- promotion du tourisme et création d'offices du tourisme ;
- aménagement, entretien et gestion des aires d'accueil des gens du voyage ;
- gestion des milieux aquatiques et prévention contre les inondations (GEMAPI) depuis le 1er janvier 2018 ;
- eau et assainissement, collecte et traitement des déchets ménagers à partir de 2020.

A. Urbanisme et aménagement

La décentralisation a considérablement développé les pouvoirs de la commune en matière d'urbanisme puisque le maire délivre les permis de construire au nom de la commune et non plus au nom de l'État dès lors que la commune est dotée d'un plan local d'urbanisme (PLU), héritier des anciens plans d'occupation des sols (POS).

Les communes jouent un rôle déterminant en matière d'urbanisme : c'est à elles qu'il appartient d'élaborer et d'approuver les plans locaux d'urbanisme (PLU), sous réserve de la compétence éventuelle des établissements publics de coopération intercommunale (EPCI) et des métropoles. Les communes peuvent également exercer leur compétence en matière d'urbanisme dans le cadre des zones d'action concertées (ZAC). La loi du 24 mars 2014 pour l'accès au logement et un urbanisme rénové (ALUR) a instauré le transfert automatique de la compétence PLU aux intercommunalités, la loi NOTRe maintenant le mécanisme de la minorité de blocage permettant aux maires de reporter ce transfert.

Les communes participent également, par l'intermédiaire des établissements publics de coopération intercommunale (EPCI) qu'elles constituent, à l'élaboration des schémas de cohérence territoriale (SCOT), successeurs, en application de la loi relative à la solidarité et au renouvellement urbains du 13 décembre 2000 (SRU), des schémas directeurs, qui fixent, pour plusieurs communes ou groupements de communes, les grandes orientations de l'organisation du territoire et de l'évolution des zones urbaines, afin de préserver un équilibre entre zones urbaines, industrielles, touristiques, agricoles et naturelles dans le cadre d'un projet d'aménagement et de développement durables (PADD).

Aux termes de la loi du 13 août 2004, les communes qui en ont fait la demande avant le 1er janvier 2006 se sont vu transférer la responsabilité des ports non autonomes, des ports de plaisance et de pêche, ainsi que des aérodromes civils.

B. Logement

Au sein des EPCI, les communes participent à la définition des programmes locaux de l'habitat (PLH), établis pour six ans, qui fixent les objectifs et les actions permettant de répondre aux besoins de logements et de renouvellement urbain, tout en poursuivant un objectif de mixité sociale.

Depuis la loi dite SRU (loi de solidarité et de renouvellement urbain) du 13 décembre 2000, les communes ont l'obligation de faire en sorte que 20 % des logements sur leur territoire soient des logements sociaux (25 % depuis la loi « Duflot » du 18 janvier 2013 relative à la mobilisation du foncier public en faveur du logement et au renforcement des obligations de production de logement social).

Les communes jouent un rôle important dans l'attribution des logements sociaux : toutes les attributions de logements sociaux sont décidées par une commission d'attribution composée de six membres désignés par le conseil d'administration de l'organisme auprès duquel une demande de logement a été formulée. Le maire de la commune où sont situés les logements, ou son représentant, est également membre de droit de cette commission, avec voix délibérative.

La loi ALUR du 24 mars 2014 prévoit notamment la construction de 500 000 logements par an, dont 150 000 logements sociaux, l'encadrement des loyers et l'instauration d'une garantie universelle des loyers, la généralisation des plans locaux d'urbanisme intercommunaux (PLUi) au moyen d'un transfert automatique de la compétence PLU dans un délai de trois ans après la promulgation de la loi, la création du projet d'intérêt majeur (PIM) pour accélérer la construction de logements.

C. Action économique

Les communes et leurs groupements pouvaient, depuis la loi du 27 février 2002 sur la démocratie de proximité, contribuer au financement d'aides directes aux entreprises dans le cadre d'une convention avec la région et accorder des aides indirectes. La loi du 13 août 2004 relative aux libertés et responsabilités locales avait accru leurs compétences : elles pouvaient désormais, avec l'accord de la région, instaurer leur propre régime d'aide dans le cadre de conventions avec les entreprises. Avec la loi NOTRe, c'est la région qui acquiert une compétence exclusive pour définir les régimes d'aide et décider de l'octroi des aides aux entreprises de son ressort géographique.

Avant la loi NOTRe, dans les communautés de communes comme dans les communautés d'agglomérations, la compétence en matière de développement économique était partagée entre communes et communautés.

La loi NOTRe renforce le rôle des communautés en matière de développement économique avec, au 1er janvier 2017, le transfert obligatoire aux communautés de la totalité des **zones d'activité**, de la **promotion du tourisme**, de la **politique locale du commerce**.

Toutefois, si la gestion des offices de tourisme est transférée aux communautés, les communes gardent une compétence en matière d'activités touristiques. De même, en matière de commerce, certaines actions qui ne sont pas d'intérêt communautaire peuvent continuer à relever des communes.

D. Action sociale et santé

La politique sociale légale ou facultative des communes est conduite au moyen des centres communaux d'action sociale (CCAS) ou des centres intercommunaux d'action sociale (CIAS).

Le CCAS anime une action générale de prévention et de développement social dans la commune en liaison avec les institutions publiques et privées. Il est de ce fait l'institution locale de l'action sociale par excellence. À ce titre, il développe différentes activités et missions légales ou facultatives, directement orientées vers les populations concernées.

Le CCAS se mobilise dans les principaux champs suivants, par ordre décroissant d'implication : lutte contre l'exclusion (en particulier, aide alimentaire), services d'aide à domicile, prévention et animation pour les personnes âgées, gestion d'établissements d'hébergement pour personnes âgées, soutien au logement et à l'hébergement, petite enfance, enfance et jeunesse, soutien aux personnes en situation de handicap.

À cette fin :

- il gère des équipements et services : établissements et services pour personnes âgées, centres sociaux, crèches, haltes-garderies, centres aérés, etc. ;
- il apporte son soutien technique et financier à des actions sociales d'intérêt communal gérées par le secteur privé ;
- il participe à l'instruction des demandes d'aide sociale légale (aide médicale, RSA, aide aux personnes âgées…) et les transmet aux autorités décisionnelles

compétentes telles que le conseil départemental, la préfecture ou les organismes de Sécurité sociale ;
- il intervient également dans l'aide sociale facultative qui constitue souvent l'essentiel de la politique sociale de la commune : secours d'urgence, prêts sans intérêt, colis alimentaires, chèques d'accompagnement personnalisé, etc. ;
- il peut être délégataire de compétences sociales globales sur le territoire communal par convention avec le conseil départemental.

Cette loi du 13 août 2004 relative aux libertés et responsabilités locales a permis en outre aux départements de confier aux communes la gestion des fonds d'aide aux jeunes (FAJ).

Elle a également ouvert aux communes la possibilité d'expérimenter l'exercice de la politique de résorption de l'habitat insalubre. Les pouvoirs de police du maire lui permettent d'obliger un propriétaire d'un logement insalubre ou dangereux à réaliser des travaux et, en cas de défaillance, à se substituer à lui pour exécuter d'office les travaux. Elles peuvent aussi, en convention avec l'État, exercer des activités en matière de vaccination, de lutte contre la tuberculose, le sida et les maladies sexuellement transmissibles.

E. Éducation et enseignement

a. La petite enfance

La petite enfance désigne une étape du développement humain. On parle de petite enfance pour les enfants, de leur naissance à l'âge de 6 ans.

La commune ou les groupements de communes bénéficient d'une compétence facultative en matière d'accueil des jeunes enfants.

L'article R. 2324-17 du Code de la santé publique fixe que « Les établissements et les services d'accueil veillent à la santé, à la sécurité et au bien-être des enfants qui leur sont confiés, ainsi qu'à leur développement. Ils concourent à l'intégration sociale de ceux de ces enfants ayant un handicap ou atteints d'une maladie chronique. Ils apportent leur aide aux parents afin que ceux-ci puissent concilier leur vie professionnelle et leur vie familiale.

Ils comprennent les établissements assurant l'accueil collectif non permanent d'enfants et les services assurant l'accueil familial non permanent d'enfants au domicile d'assistantes maternelles ».

■ L'accueil collectif de jeunes enfants

Les structures d'accueil collectif permettent de recevoir, pendant la journée, des enfants de moins de 6 ans dont les parents travaillent, suivent une formation ou sont à la recherche d'un emploi. Elles sont le plus souvent gérées directement par les communes qui peuvent également verser des subventions, mettre à disposition des locaux ou payer des places à d'autres organismes gestionnaires, au premier rang desquels des associations.

Ces établissements et services sont soumis au contrôle et à la surveillance du médecin responsable du service départemental de protection maternelle et infantile (PMI).

Le maire (ou le président de la communauté de communes) donne l'autorisation d'ouverture de la structure après avis du président du conseil départemental s'il s'agit d'une structure gérée directement par la collectivité. Il émet un avis auprès du président du conseil départemental s'il s'agit d'une structure parentale ou privée (article L. 2324-1 du Code de la santé publique).

Lorsqu'il estime que la santé physique ou mentale ou l'éducation des enfants est compromise ou menacée, le préfet de département ou le président du conseil départemental peut adresser des injonctions aux établissements. En cas d'inexécution, le préfet peut ordonner leur fermeture après avis du président du conseil départemental.

Il existe plusieurs catégories de structures pouvant accueillir les jeunes enfants :

- l'établissement multi-accueil (établissement qui offre au moins deux types d'accueil différents, régulier ou occasionnel), la capacité de chaque unité d'accueil ne pouvant dépasser 60 places;
- la crèche parentale, gérée par une association de parents et qui ne peut dépasser 25 places;
- la halte-garderie, qui accueille des enfants de manière ponctuelle;
- la crèche familiale, qui allie accueil chez une assistante maternelle et accueil en structure collective;
- la micro-crèche qui ne peut accueillir que 10 enfants au maximum;
- le jardin d'enfants (accueil des enfants de plus de 2 ans non scolarisés ou scolarisés à temps partiel), dont la capacité d'accueil est limitée à 80 places par unité d'accueil.

L'accueil individuel des jeunes enfants

Les **assistants maternels** assurent l'accueil des enfants à leur domicile moyennant rémunération, après avoir obtenu un agrément délivré par le président de conseil départemental (articles L. 421-1 et L. 421-3 du code de l'action sociale et des familles). Ce dernier informe le maire de la commune de résidence de l'assistant maternel de toute décision d'agrément, de suspension, de retrait ou de modification de l'agrément délivré.

Ils ne peuvent accueillir plus de 4 enfants simultanément.

Les assistants maternels peuvent se regrouper dans des maisons d'assistants maternels (articles L. 424-1 et suivants du code de l'action sociale et des familles), dans la limite de 4 assistants maternels dans une même maison, nécessitant un agrément du président du conseil départemental. Le maire est responsable de la sécurité des locaux puisqu'il autorise l'ouverture de la maison au public.

« Il peut être créé, dans toutes les communes ou leurs groupements, un **relais assistants maternels**, qui a pour rôle d'informer les parents et les assistants maternels sur ce mode d'accueil (…) et d'offrir aux assistants maternels un cadre pour échanger sur leur pratique professionnelle ainsi que leurs possibilités d'évolution de carrière » (article L. 214-2-1 du Code de l'action sociale et des familles).

b. Les écoles primaires

Depuis la loi Jules Ferry du 16 juin 1881, les communes ont la charge des écoles publiques. C'est ainsi que les communes construisent, entretiennent, équipent les écoles primaires (c'est-à-dire les écoles maternelles et élémentaires).

La loi du 13 août 2004 a permis aux communes d'expérimenter la création d'établissements publics d'enseignement primaire pour 5 ans au maximum.

« L'ouverture d'une classe ou d'une école est de fait le résultat de l'exercice de compétences partagées entre l'État et les communes : d'une part, sa création et son implantation par le conseil municipal, c'est-à-dire le choix de la localisation, la construction, l'appropriation ou l'aménagement de locaux à des fins d'enseignement et, d'autre part, l'affectation du ou des emplois d'enseignants correspondants par l'inspecteur d'académie. Ces deux décisions peuvent être simultanées ou distinctes dans le temps » (circulaire du 3 juillet 2003 du ministère de l'Éducation nationale).

Les communes prennent en outre part à l'élaboration de la carte scolaire.

Le **décret relatif à l'organisation du temps scolaire dans les écoles maternelles et élémentaires du 24 janvier 2013** a fixé de nouveaux principes, qui devaient être mis en œuvre à la rentrée 2013 : l'étalement des 24 heures d'enseignement hebdomadaire sur neuf demi-journées, incluant le mercredi matin ; une journée de classe de maximum 5 heures 30 et une demi-journée de maximum 3 heures 30 ; une pause méridienne de 1 heure 30 au minimum.

Les maires pouvaient, au plus tard le 31 mars 2013, faire part au directeur académique des services de l'Éducation nationale (DASEN) de leur souhait de reporter l'application de la réforme à la rentrée 2014 pour toutes les écoles de leur commune.

Les activités périscolaires prolongeant le service public de l'éducation peuvent être organisées dans le cadre d'un projet éducatif territorial (PEDT). Le PEDT est élaboré à l'initiative de la collectivité territoriale et associe à cette dernière l'ensemble des acteurs intervenant dans le domaine de l'éducation : administrations de l'État concernées (Éducation nationale, sports, jeunesse, éducation populaire et vie associative, culture, famille, ville, etc.), associations, institutions culturelles et sportives, etc.

À partir de la rentrée 2017, un décret du 29 juin 2017 rend possible l'organisation de la semaine scolaire sur 4 jours dans les écoles maternelles et élémentaires publiques par dérogation au cadre général de 4,5 jours. Lorsque la communauté éducative et la commune ou intercommunalité sont satisfaites de l'organisation sur 4,5 jours, elles peuvent continuer à fonctionner selon les mêmes modalités. En revanche, lorsqu'émerge un consensus local entre conseil d'école, municipalité et service académique en faveur d'une organisation sur 4 jours, une dérogation au cadre général est possible.

F. Culture

Outre le rôle traditionnel des communes en matière culturelle au moyen des bibliothèques ou médiathèques publiques, des musées et des conservatoires municipaux de musique et de danse, les communes et leurs groupements sont, depuis la loi du 13 août 2004, responsables de l'organisation et du financement de l'enseignement artistique initial. Elles peuvent aussi se voir transférer la propriété de monuments classés ou inscrits.

G. Sports et loisirs

Dans ce domaine, la commune crée et gère les équipements sportifs, subventionne les activités sportives, et est en charge des aménagements touristiques.

H. Autres missions

Aux compétences qui viennent d'être vues s'ajoutent celles correspondant aux missions traditionnelles des communes, comme l'entretien de la voirie communale, la protection de l'ordre public au moyen des pouvoirs de police du maire, l'état civil et les fonctions électorales.

3. Les compétences du département

A. L'action sociale et l'aide sociale

La loi du 13 août 2004 relative aux libertés et responsabilités locales avait fait du département le « chef de file » de l'action sanitaire et sociale. Depuis le 1er janvier 2005, en effet, « le département définit et met en œuvre la politique d'action sociale ». La loi du 27 janvier 2014 de modernisation de l'action publique locale et d'affirmation des métropoles (MAPTAM) désigne le département « chef de file » en matière d'aide sociale, d'autonomie des personnes et de solidarité des territoires. En mettant fin à la clause générale de compétence des départements, la loi portant nouvelle organisation territoriale de la République (NOTRe) réduit les compétences du département qui n'en conserve pas moins l'action sociale, l'aide sociale et les routes départementales.

Rappelons les principales compétences du département en matière d'**action sociale et d'aide sociale** :

- aide sociale à l'enfance (ASE), protection maternelle et infantile (PMI), adoption, soutien aux familles en difficultés financières;
- personnes handicapées : politiques d'hébergement et d'insertion sociale, prestations de compensation du handicap;
- personnes âgées : création et gestion de maisons de retraite, maintien des personnes âgées à domicile (APA : allocation personnalisée d'autonomie)
- insertion sociale et professionnelle, avec la prise en charge du revenu de solidarité active (RSA) (qui a remplacé le RMI et RMA au 1er juillet 2009) et du fonds d'aide aux jeunes (FAJ);
- aide au logement, avec le fonds de solidarité pour le logement (FSL);
- contribution à la résorption de la précarité énergétique;
- protection judiciaire de la jeunesse (PJJ), initialement dans le cadre d'expérimentations pour cinq ans. L'État, à la suite de la promulgation de la loi du 5 mars 2007 sur la protection de l'enfance et dans le cadre de la révision géné-

rale des politiques publiques (RGPP), a en effet décidé, en 2008, de généraliser le retrait de la PJJ de l'assistance éducative pour la recentrer sur la prise en charge des mineurs délinquants, l'assistance éducative étant désormais confiée aux départements.

La loi NOTRe confie également au département, conjointement avec l'État, l'élaboration d'un schéma départemental d'amélioration de l'accessibilité des services, qui vise à renforcer l'offre de services dans les zones présentant un déficit d'accessibilité.

B. L'aménagement de l'espace et l'équipement

- L'action du département concerne principalement les domaines suivants : l'équipement rural, le remembrement, l'aménagement foncier, la gestion de l'eau et de la voirie rurale, en tenant compte des priorités définies par les communes ;
- les services de transport spécial des élèves handicapés vers les établissements scolaires.

  La loi NOTRe transfère à la région, à compter du 1er janvier 2017, les transports routiers non urbains des personnes, réguliers ou à la demande; les transports scolaires; la desserte des îles; la construction, l'aménagement et l'exploitation des gares publiques routières de voyageurs relevant du département.
- la gestion de la voirie départementale, à savoir toutes les routes n'entrant pas dans le domaine public national;
- le SDIS (service départemental d'incendie et de secours) qui est chargé de la protection contre les incendies, qui gère les sapeurs-pompiers du département et qui participe également aux opérations de secours en cas d'accidents, de catastrophes naturelles…

C. L'éducation, la culture et le patrimoine

L'action du département concerne également :

- **la construction, l'entretien et l'équipement des collèges.**

  La loi du 13 août 2004 a transféré aux départements la gestion des personnels techniciens, ouvriers et de service (couramment appelés « TOS ») exerçant dans les collèges, qui relevait jusqu'alors de l'État;
- la responsabilité des bibliothèques départementales de prêt (anciennes bibliothèques centrales de prêt qui avaient été transférées de l'État aux départements par les premières lois de décentralisation), des archives départementales et des musées départementaux;
- l'adoption, depuis la loi du 13 août 2004, en concertation avec les communes, d'un schéma départemental de développement des enseignements artistiques;
- Expérimentation de la gestion des crédits d'entretien et de restauration du patrimoine classé ou inscrit n'appartenant pas à l'État;
- comme les communes et leurs groupements, il peut également, sur sa demande, se voir transférer la propriété des monuments classés ou inscrits appartenant à l'État.

La compétence culturelle est qualifiée par la loi NOTRe de compétence partagée entre les communes, les départements, les régions et les collectivités à statut particulier, de même que les compétences en matière de sport, de tourisme, de promotion des langues régionales et d'éducation populaire.

D. Les actions économiques

Comme les communes et leurs groupements, les départements pouvaient financer des aides directes aux entreprises dans le cadre d'une convention passée avec la région. Le département pouvait aussi attribuer des aides indirectes aux entreprises. La loi du 13 août 2004 lui avait permis de mettre en œuvre ses propres régimes d'aide avec l'accord de la région. Avec la loi NOTRe, c'est la région qui acquiert une compétence exclusive pour définir les régimes d'aide et décider de l'octroi des aides aux entreprises de son ressort géographique.

4. Les compétences de la région

A. Les compétences économiques

Autorité décentralisée depuis 1982, la région n'a trouvé place dans la Constitution, aux côtés de la commune et du département, qu'avec la loi constitutionnelle du 28 mars 2003.

Pour autant, la région, dont la compétence générale avait été affirmée par la loi du 2 mars 1982 (« le conseil régional règle par ses délibérations les affaires de la région »), exerçait depuis 1982 d'importantes compétences, notamment en matière économique, que la loi du 13 août 2004 était venue renforcer.

La loi NOTRe met fin à la compétence générale de la région dont les nouvelles compétences sont désormais limitativement énumérées par la loi. En même temps, elle renforce les compétences régionales.

La région, responsable de la définition des orientations en matière de développement économique, élabore un schéma régional de développement économique, d'innovation et d'internationalisation (SRDEII), élaboré en collaboration avec les EPCI à fiscalité propre, et soumis à l'approbation du préfet de région. Ce schéma définit « les orientations en matière d'aides aux entreprises, de soutien à l'internationalisation et d'aides à l'investissement immobilier et à l'innovation des entreprises, ainsi que les orientations relatives à l'attractivité du territoire régional. Il définit les orientations en matière de développement de l'économie sociale et solidaire ». Les actes des collectivités territoriales et de leurs groupements doivent être compatibles avec le SRDEII.

En application des dispositions de l'article L. 1511-2 du CGCT, « **le conseil régional est seul compétent pour définir les régimes d'aides et pour décider de l'octroi des aides aux entreprises dans la région**. Dans le cadre d'une convention passée avec la région, la métropole de Lyon, les communes et leurs groupements peuvent participer au financement des aides et des régimes d'aides mis en place par la région.

Ces aides revêtent la forme de prestations de services, de subventions, de bonifications d'intérêts, de prêts et d'avances remboursables, à taux nul ou à des conditions plus favorables que les conditions du marché.

Les **aides aux entreprises en difficulté** constituent également une compétence exclusive de la région : « Lorsque la protection des intérêts économiques et sociaux de la population l'exige, le conseil régional peut accorder des aides à des entreprises en difficulté. Les modalités de versement des aides et les mesures qui en sont la contrepartie font l'objet d'une convention entre la région et l'entreprise. »

B. L'aménagement du territoire

La région voit également renforcées ses compétences en matière d'aménagement du territoire, par l'élaboration d'un **schéma régional d'aménagement, de développement durable et d'égalité des territoires** (SRADDET), élaboré dans les mêmes conditions que le SRDEII.

Elle devient également compétente pour élaborer un **plan régional de prévention et de gestion des déchets**, à caractère prévisionnel.

Enfin, la région acquiert aussi une compétence auparavant départementale, celle de la **gestion des services non urbains de transport**, réguliers ou à la demande. S'agissant des transports scolaires, la région peut, par convention, en confier l'organisation aux départements ou à un EPCI.

Les régions continuent à exercer d'anciennes compétences :
- l'élaboration et l'exécution de la partie régionale du contrat de plan;
- la gestion des transports régionaux de voyageurs, notamment ferroviaires (réseau des trains express régionaux, TER), et participation au financement des infrastructures, comme la construction de nouvelles lignes de TGV.

C. L'éducation et la formation

La région met en œuvre des actions de formation professionnelle continue et d'apprentissage, dont l'insertion des jeunes en difficulté et les formations en alternance.

La **loi n° 2014-288 du 5 mars 2014 relative à la formation professionnelle, à l'emploi et à la démocratie sociale** a achevé le transfert de l'ensemble de la compétence formation aux régions.

Selon les dispositions de l'article 21 de la loi, la région est notamment chargée de la **politique régionale d'accès à l'apprentissage et à la formation professionnelle des jeunes et des adultes à la recherche d'un emploi ou d'une nouvelle orientation professionnelle** :
- elle définit et met en œuvre la politique d'apprentissage et de formation professionnelle, élabore le contrat de plan régional de développement des formations et de l'orientation professionnelles et adopte la carte régionale des formations professionnelles initiales;
- dans le cadre du **service public régional de la formation professionnelle**, elle peut accorder des aides individuelles à la formation et coordonne les interventions contribuant au financement d'actions de formation;
- elle conclut, avec les départements qui souhaitent contribuer au financement de formations collectives pour la mise en œuvre de leur programme départe-

mental d'insertion prévu à l'article L. 263-1 du Code de l'action sociale et des familles, une convention qui détermine l'objet, le montant et les modalités de ce financement ;
- elle organise l'accompagnement des jeunes et des adultes à la recherche d'un emploi qui sont candidats à la validation des acquis de l'expérience et participe à son financement.

Les compétences de la région en matière d'apprentissage sont profondément modifiées par la **loi n° 2018-771 du 5 septembre 2018 pour la liberté de choisir son avenir professionnel**. La loi prévoit de nombreux changements en matière d'apprentissage, dont le basculement d'un système administré actuellement par l'État et les régions à un système géré en majorité par les branches professionnelles, à partir de 2020. Les régions se voient ainsi privées de leur pouvoir d'autorisation administrative pour toute ouverture de centre de formation pour apprentis (CFA) et de financement des CFA au moyen de la fraction régionale de la taxe d'apprentissage. L'apprentissage est piloté par les branches professionnelles, qui fixent le coût des contrats d'apprentissage et récoltent la taxe d'apprentissage.

La région construit, entretient et assure le fonctionnement des lycées d'enseignement général et des lycées et établissements d'enseignement agricole.

La loi du 13 août 2004 a transféré aux régions la gestion des personnels techniciens, ouvriers et de service (couramment appelés « TOS ») exerçant dans les lycées, qui relevait jusqu'alors de l'État.

La région participe également au financement des universités, qui demeurent de la compétence de l'État.

D. Les compétences culturelles

Les régions sont depuis 2003 chargées de l'organisation et du financement des musées régionaux, de la conservation et de la mise en valeur des archives régionales.

La loi du 13 août 2003 leur a transféré la responsabilité de l'inventaire général du patrimoine culturel qu'elles peuvent confier, par convention, aux collectivités territoriales et à leurs groupements.

Elles peuvent exercer les mêmes compétences que les communes et les départements en matière de patrimoine.

E. L'action sanitaire

Les régions peuvent, comme les communes et les départements, prendre en charge des politiques de vaccination et de lutte contre la tuberculose, le sida et les maladies sexuellement transmissibles. Elles peuvent en outre expérimenter la participation au financement et à la réalisation d'équipements sanitaires.

6. Les réformes territoriales

A. Qu'est-ce que la décentralisation ?

La décentralisation est un processus par lequel **l'État transfère des compétences et des moyens d'action aux collectivités territoriales**, avant tout pour agir plus efficacement mais aussi pour développer la démocratie locale.

Une collectivité territoriale est une personne morale de droit public administrée par une assemblée délibérante et un exécutif élu, exerçant une compétence générale sur son territoire qu'elle administre librement. Elle dispose de moyens financiers (on parle d'autonomie financière) et humains propres.

L'article 72 de la Constitution du 4 octobre 1958 dispose en effet que :

« Les collectivités territoriales de la République sont les **communes**, les **départements**, les **régions**, les collectivités à statut particulier et les collectivités d'outre-mer. [...] Toute autre collectivité territoriale est créée par la loi, le cas échéant en lieu et place d'une ou de plusieurs collectivités [...].

Les collectivités territoriales ont vocation à prendre les décisions pour l'ensemble des compétences qui peuvent le mieux être mises en œuvre à leur échelon.

Dans les conditions prévues par la loi, **ces collectivités s'administrent librement par des conseils élus** et disposent d'un pouvoir réglementaire pour l'exercice de leurs compétences ».

B. L'acte I de la décentralisation

Les lois dites « Defferre » l'une du 2 mars 1982 relative aux droits et libertés des communes, des départements et des régions, et l'autre du 7 janvier 1983 et relative à la répartition des compétences entre les communes, les départements, les régions et l'État :

- suppriment la tutelle administrative et financière exercée au nom de l'État par le préfet sur les actes des collectivités territoriales.
À un contrôle *a priori* qui permettait au préfet d'annuler les actes des collectivités territoriales qu'il estimait illégaux ou inopportuns est substitué un contrôle *a posteriori* portant sur la seule légalité des actes.

- font du président du conseil général élu par les conseillers généraux l'autorité exécutive du département, au lieu et place du préfet qui était jusque-là l'exécutif du département ;

- transforment la région, jusqu'alors établissement public, en collectivité territoriale administrée par un conseil élu au suffrage universel direct, le conseil régional, et un exécutif élu par les conseillers régionaux, le président du conseil régional.
Les conseillers régionaux ont été élus pour la première fois au suffrage universel en 1986.

- transferent des « blocs de compétences » et les ressources correspondantes de l'État vers les collectivités territoriales.

C. L'acte II de la décentralisation

La loi constitutionnelle du 23 mars 2003 relative à l'organisation décentralisée de la République, qui marque l'acte II de la décentralisation, opère plusieurs modifications importantes, destinées à « bâtir une République des proximités, unitaire et décentralisée » (déclaration de politique générale de Jean-Pierre Raffarin, Premier ministre, le 3 juillet 2002).

Cette loi contient pour l'essentiel :

- l'affirmation du **principe d'expérimentation** de nouvelles compétences par les collectivités territoriales.
- le **renforcement de la démocratie locale**.
  L'article 6 de la loi du 23 mars 2003 ajoute à l'article 72 de la Constitution un article 72-1 qui dispose que :
  « La loi fixe les conditions dans lesquelles les électeurs de chaque collectivité territoriale peuvent, par l'exercice du **droit de pétition**, demander l'inscription à l'ordre du jour de l'assemblée délibérante de cette collectivité d'une question relevant de sa compétence.
  Dans les conditions prévues par la loi organique, les projets de délibération ou d'acte relevant de la compétence d'une collectivité territoriale peuvent, à son initiative, être soumis, par la voie du **référendum**, à la décision des électeurs de cette collectivité.
  Lorsqu'il est envisagé de créer une collectivité territoriale dotée d'un statut particulier ou de modifier son organisation, il peut être décidé par la loi de **consulter les électeurs** inscrits dans les collectivités intéressées. La modification des limites des collectivités territoriales peut également donner lieu à la consultation des électeurs dans les conditions prévues par la loi. »
  La loi organique 2003-705 du 1er août 2003 relative au référendum local précise les modalités d'organisation de ce dernier.
- la **garantie de l'autonomie financière** des collectivités territoriales.
  L'article 7 de la loi du 23 mars 2003 ajoute à l'article 72 de la Constitution un article 72-2 qui fixe que :
  « Les collectivités territoriales bénéficient de ressources dont elles peuvent disposer librement dans les conditions fixées par la loi.
  Elles peuvent recevoir tout ou partie du produit des impositions de toutes natures. La loi peut les autoriser à en fixer l'assiette et le taux dans les limites qu'elle détermine.
  Les recettes fiscales et les autres ressources propres des collectivités territoriales représentent, pour chaque catégorie de collectivités, une part déterminante de l'ensemble de leurs ressources. La loi organique fixe les conditions dans lesquelles cette règle est mise en œuvre.
  Tout transfert de compétences entre l'État et les collectivités territoriales s'accompagne de l'attribution de ressources équivalentes à celles qui étaient consacrées à leur exercice. Toute création ou extension de compétences ayant

pour conséquence d'augmenter les dépenses des collectivités territoriales est accompagnée de ressources déterminées par la loi.

- La loi prévoit des dispositifs de péréquation destinés à favoriser l'égalité entre les collectivités territoriales. »

D. Entre l'acte II et l'acte III de la décentralisation : la réforme territoriale de 2010

Des conseillers territoriaux

À l'origine de la cette réforme, le Comité pour la réforme des collectivités, dit « Comité Balladur », avait été chargé le 22 octobre 2008 par le président de la République d'élaborer des propositions afin de rationaliser l'organisation des collectivités territoriales en réduisant le « mille-feuille territorial » (cette expression désigne la multiplication des échelons d'administration territoriale, communes, intercommunalités, départements, régions, avec des chevauchements de compétences inefficaces et coûteux). Ce rapport préconisait à terme la disparition des départements au profit des régions et celle des communes au bénéfice des intercommunalités.

Ce rapport a inspiré pour une part la **loi n° 2010-1653 du 16 décembre 2010 de réforme des collectivités territoriales** qui, sans aller jusqu'à faire disparaître les communes ou les départements, visait à renforcer l'échelon intercommunal et à mieux articuler l'exercice des compétences départementales et régionales en remplaçant les conseillers généraux et les conseillers régionaux par un nouveau type d'élu local, le conseiller territorial qui devait siéger à la fois dans l'instance délibérante du département et dans celle de la région.

Ce pan de la réforme est demeuré inappliqué en raison de l'alternance politique de 2012 et de la nouvelle réforme mise en œuvre à compter de 2013.

Le renforcement de l'intercommunalité

La loi du 16 décembre 2010 a institué de nouveaux modes de regroupement volontaire des communes :

- les **métropoles**, visant à donner aux grandes agglomérations qui le souhaiteraient un statut de nature à assurer leur rayonnement à l'échelle européenne. Établissements publics de coopération intercommunale à fiscalité propre de plus de 500 000 habitants, les métropoles doivent bénéficier de transferts de compétences des départements et des régions (développement économique, transports, éducation…), l'État pouvant leur confier de grands équipements et infrastructures ;
- les **pôles métropolitains**, devant permettre une coopération renforcée entre des EPCI à fiscalité propre formant un ensemble de plus de 300 000 habitants dont un EPCI de plus de 150 000 habitants, sans que la continuité territoriale entre les EPCI soit exigée. Ils ont pour objet des actions d'intérêt métropolitain en matière de développement économique, de promotion de l'innovation, de la recherche et de l'enseignement supérieur, de la culture, d'aménagement de l'espace, notamment par le développement des infrastructures et des services de transport, afin de promouvoir un modèle de développement durable

et d'améliorer la compétitivité et l'attractivité de leur territoire, ainsi que l'aménagement de celui-ci.

- les **communes nouvelles** constituent un nouveau dispositif de fusion de communes, pouvant être créées au lieu et à la place de communes contiguës, à la demande des conseils municipaux des deux-tiers des communes membres d'une communauté représentant les deux-tiers de la population totale, à la demande d'un EPCI à fiscalité propre ou encore du préfet. La décision doit être prise par arrêté du Préfet, soit après accord unanime des conseils municipaux, soit après accord de deux tiers des conseils municipaux représentant les deux tiers de la population et consultation des électeurs de chaque commune : plus de la moitié des électeurs inscrits doit y participer, l'accord devant correspondre à un nombre de voix au moins égal au quart des électeurs inscrits. Aucune commune ne peut ainsi être intégrée sans son accord au sein de la commune nouvelle.

NOTE DU FORMATEUR

La **loi n° 2015-292 du 16 mars 2015 relative à l'amélioration de la commune nouvelle, pour des communes fortes et vivantes** a introduit des mesures financières incitatives à la création de communes nouvelles.
La minoration de la dotation forfaitaire au titre de la contribution des communes au redressement des finances publiques ne s'applique pas à la dotation forfaitaire des communes nouvelles créées au plus tard le 1er janvier 2016 regroupant une population inférieure ou égale à 10 000 habitants ou toutes les communes membres d'un ou plusieurs EPCI à fiscalité propre. En outre, pour une durée de trois ans à compter du 1er janvier 2014, la dotation forfaitaire des communes nouvelles créées avant les élections municipales de mars 2014 n'est pas minorée. De plus, au cours des trois premières années suivant leur création, les communes nouvelles créées au plus tard le 1er janvier 2016 et regroupant entre 1 000 et 10 000 habitants voient leur dotation forfaitaire majorée de 5 %.

Cette loi a également prévu la **possibilité pour des départements et des régions de fusionner**, une telle fusion requérant l'accord de toutes les assemblées concernées et de la population consultée par référendum.

Les dispositions de la loi du 16 décembre 2010 sur l'intercommunalité ont trouvé pleine application, avec l'objectif ambitieux de parvenir à une **couverture intégrale de l'ensemble du territoire par des intercommunalités au plus tard le 1er juin 2013**.

À cette fin, les préfets ont mené avec les élus locaux, dans chaque département, un travail d'élaboration de schémas de coopération intercommunale, qui devaient être achevés fin 2011 et mis en œuvre en 2012 et 2013, une commission départementale de coopération intercommunale (CDCI) pouvant amender les projets présentés par le préfet.

Depuis le 1er juin 2013, le préfet dispose du pouvoir d'intégrer d'office une commune isolée dans un établissement public de coopération intercommunale (EPCI) à fiscalité propre.

E. L'acte III de la décentralisation

■ L'évolution des modes d'élection

La **loi organique n° 2013-402 du 17 mai 2013** relative à l'élection des conseillers municipaux, des conseillers communautaires et des conseillers départementaux abroge l'institution des conseillers territoriaux et divise par deux le nombre de cantons, circonscription électorale dans le cadre de laquelle sont élus les conseillers départementaux. Toutefois, les départements de plus de 500 000 habitants doivent compter au minimum quinze cantons.

Les conseils généraux sont rebaptisés « conseils départementaux » afin de rendre les institutions locales plus lisibles. Chaque département comptera un nombre impair de cantons afin de garantir l'émergence de majorités.

Afin de promouvoir la parité entre femmes et hommes en politique, les conseillers départementaux seront élus au scrutin binominal paritaire, un homme et une femme étant élus dans chaque canton et siégeant ensemble au conseil départemental. Cette réforme s'est appliquée pour la première fois à l'élection des conseils départementaux de mars 2015.

La durée du mandat des conseillers départementaux demeure fixée à six ans, mais le renouvellement par moitié de l'assemblée départementale tous les trois ans est aboli, les élections étant désormais organisées simultanément dans l'ensemble des cantons.

Pour les élections municipales, le scrutin de liste « mixte » majoritaire et proportionnel jusqu'alors en vigueur dans les communes de 3 500 habitants et plus est désormais appliqué à toutes les communes à partir de 1 000 habitants, ce qui permet à la fois de développer encore davantage la parité entre femmes et hommes et de mettre en œuvre dès ce niveau le « fléchage » des élus communautaires. Ainsi, à l'élection au suffrage indirect des membres des organes délibérants des institutions intercommunales, membres désignés en leur sein par les conseils municipaux, est substituée une élection directe par les électeurs de ceux des conseillers municipaux qui sont « fléchés » sur les listes municipales soumises aux suffrages. Cette réforme a pris effet aux élections municipales de mars 2014.

■ La loi MAPTAM du 27 janvier 2014, premier volet de la réforme des territoires

La loi n° 2014-58 du 27 janvier 2014 de modernisation de l'action publique territoriale et d'affirmation des métropoles (MAPTAM) rétablit la **clause de compétence générale** pour les régions et départements que la loi du 16 décembre 2010 faisait disparaître à compter du 1er janvier 2015.

Les communes, les départements et les régions disposent en effet de la clause de compétence générale, les articles L. 2121-29, L. 3211-1 et L. 4221-1 du CGCT prévoyant respectivement que le conseil municipal, le conseil départemental et le conseil régional règlent par leurs délibérations les affaires de la commune, du département et de la région.

« L'enjeu de la nouvelle étape de la décentralisation réside dans un approfondissement de la coopération entre les collectivités territoriales en vue d'une clarification de l'exercice des compétences. Si la coopération institutionnelle peut reposer sur des outils bien maîtrisés, à travers les structures intercommunales et les syndicats mixtes, la coopération matérielle, c'est-à-dire la coopération concernant l'exercice concret des compétences, souffre de dispositifs incomplets. Le projet de loi, à travers l'instauration du pacte de gouvernance territoriale, vise à remédier à ces difficultés en créant les conditions d'une véritable appropriation partenariale de l'exercice des compétences par les collectivités territoriales. » (Étude d'impact du projet de modernisation de l'action publique territoriale et d'affirmation des métropoles)

La loi MAPTAM entend clarifier les conditions d'exercice de certaines compétences des collectivités territoriales en instaurant des **chefs de file** :

- la région pour l'aménagement et le développement durable du territoire, le développement économique, les aides aux entreprises, l'intermodalité et la complémentarité des modes de transport, le soutien à l'enseignement supérieur et à la recherche ;
- le département pour l'action sociale, le développement social, l'autonomie des personnes et la solidarité territoriale ;
- les communes pour la mobilité durable, l'organisation des services publics de proximité, l'aménagement de l'espace, le développement local.

Le tourisme demeure une compétence partagée entre communes, départements et régions.

Des **conventions territoriales d'exercice concerté des compétences** fixent les modalités d'action commune pour ces diverses compétences.

Le texte institue au niveau régional une **conférence territoriale de l'action publique** qui établira un pacte de gouvernance territoriale. Elle sera présidée par le président du conseil régional et rassemblera les représentants de l'ensemble des exécutifs locaux – régions, départements, métropoles, agglomérations –, ainsi que des délégués de maires et de communautés de communes, et un représentant de l'État (le préfet).

La loi a opéré la fusion, au 1er janvier 2016, de six intercommunalités au sein de la **métropole d'Aix-Marseille-Provence**, l'institution, à compter du 1er janvier 2015, de la **métropole de Lyon** dotée du statut de collectivité territoriale (fusion de la communauté urbaine de Lyon et de la partie urbaine du département du Rhône), la création d'un établissement public de coopération intercommunale à statut particulier dénommé **Métropole du Grand Paris** en janvier 2016, regroupant la commune de Paris et l'ensemble des communes des trois départements de la petite couronne et les communes franciliennes appartenant à un EPCI comprenant au moins une commune de la petite couronne. La loi ne prévoit pas « la suppression des trois départements de la petite couronne », a affirmé le Premier ministre, mais « la fusion des intercommunalités de la petite couronne au sein d'une superstructure intégrant également le territoire de la ville de Paris ». Cette métropole sera compétente en matière d'habitat, d'environnement, d'aménagement et de politique de la ville, les transports continuant à relever de la région Ile-de-France. Des conseils de territoires prendront en charge les services de proximité.

La loi prévoit l'**élection au suffrage universel direct à partir de 2020 des conseillers communautaires des métropoles**.

Dans le monde rural, sont institués des **pôles d'équilibre et de coordination territoriaux** (PECT), établissements publics (syndicats mixtes) constitués par accord entre plusieurs EPCI à fiscalité propre au sein d'un périmètre d'un seul tenant et sans enclave, correspondant à un bassin de vie ou à un bassin de population. Dans les dix-huit mois suivant sa mise en place, le PECT élabore un projet de territoire définissant les conditions d'un développement économique, écologique, culturel et social du périmètre du pôle.

Des **métropoles de droit commun** seront créées par décret (Toulouse, Lille, Bordeaux, Nantes, Strasbourg, Rennes, Rouen, Grenoble, Nice, Montpellier et Brest pourront obtenir le même statut pour leur EPCI), se substituant aux intercommunalités existantes avec des compétences étendues (développement économique, tourisme, transports, habitat, environnement, eau, etc.).

Seront automatiquement transformées en métropoles les intercommunalités de plus de 400 000 habitants si elles se situent au centre d'une aire urbaine de plus de 650 000 habitants, ou si elles sont des capitales régionales.

Toutes les métropoles seront dotées de compétences très larges, au-delà des compétences communales traditionnelles, le département ou la région pouvant en outre leur transférer l'exercice de certaines de leurs compétences.

Enfin, le pays se transforme en **pôle d'équilibre territorial et rural**, établissement public constitué par accord entre plusieurs EPCI à fiscalité propre, au sein d'un périmètre d'un seul tenant et sans enclave. Géré par une conférence des maires, il élabore un projet de territoire pour les EPCI qui le composent et en partenariat avec eux.

■ La loi du 16 janvier 2015 relative à la délimitation des régions, aux élections régionales et départementales et modifiant le calendrier électoral, deuxième volet

Cette loi abaisse de vingt-deux à treize le nombre de régions métropolitaines. La réforme entend remplacer le modèle d'une France essentiellement constituée depuis deux siècles de communes et de départements par une France constituée de régions renforcées, de métropoles (loi MAPTAM du 27 janvier 2014) et d'intercommunalités élargies.

■ La loi du 7 août 2015 portant nouvelle organisation territoriale de la République (loi NOTRe), troisième volet de la réforme territoriale

La loi n° 2015-991 du 7 août 2015 portant nouvelle organisation territoriale de la République supprime la clause de compétence générale des départements et des régions. Elle accorde aux régions un pouvoir réglementaire, en disposant que « un conseil régional ou, par délibérations concordantes, plusieurs conseils régionaux peuvent présenter des propositions tendant à modifier ou à adapter des dispositions législatives ou réglementaires, en vigueur ou en cours d'élaboration, concernant les compétences, l'organisation et le fonctionnement d'une, de plusieurs ou de l'ensemble des régions. »

Les treize grandes régions créées en métropole auront compétence sur le développement économique, l'aménagement du territoire, la formation professionnelle, la gestion des lycées et les transports, y compris les transports scolaires. Elles pourront jouer un rôle de coordination en matière d'emploi (« la région participe à la coordination des acteurs du service public de l'emploi sur son territoire [...] Les départements, les communes et leurs groupements peuvent concourir au service public de l'emploi ») et en matière d'environnement.

En matière de développement économique, les régions seront notamment responsables de la politique de soutien aux petites et moyennes entreprises et aux entreprises de taille intermédiaire. Elles devront présenter un schéma régional de développement économique, d'innovation et d'internationalisation (SRDEII) qui fixera les orientations régionales pour une durée de cinq ans.

S'agissant de l'aménagement durable du territoire, les régions rédigeront un schéma régional d'aménagement, de développement durable et d'égalité des territoires (SRADDET) dans lequel figureront les orientations stratégiques en matière d'aménagement du territoire, de mobilité, de lutte contre la pollution de l'air, de maîtrise et de valorisation de l'énergie, du logement et de gestion des déchets.

Il est également prévu que les compétences des départements en matière de transports routiers non urbains soient transférées à la région dix-huit mois après la promulgation de la loi. Les services de transport routier départementaux et les transports scolaires seront confiés à la région. Il sera néanmoins possible aux régions de déléguer leurs compétences en matière de transports scolaires aux départements. La voirie départementale demeure la compétence du département.

La gestion des collèges continue à relever des départements, qui demeurent également responsables des compétences de solidarité.

La loi prévoit des transferts et des délégations de compétences des départements aux métropoles (les aides au titre du fonds de solidarité pour le logement, l'action sociale, le programme départemental d'insertion, les aides aux jeunes en difficulté, la prévention spécialisée, l'aide aux personnes âgées, le tourisme, les collèges, et les routes départementales).

La culture, les sports, le tourisme, l'éducation populaire et les langues régionales relèveront à la fois des régions et des départements. Les ports, quant à eux, pourront relever, selon les cas, d'un type ou d'un autre de collectivité territoriale.

Par ailleurs, la loi vise à renforcer les intercommunalités. Les intercommunalités à fiscalité propre passeront de 5 000 à 15 000 habitants et seront organisées autour de bassins de vie. Des dérogations pour les zones de montagne et les territoires peu denses seront possibles avec un seuil minimal à 5 000 habitants. En outre, les intercommunalités de 12 000 habitants au moins récemment constituées pourront être maintenues. Elles seront obligatoirement chargées de la collecte et du traitement des déchets, de la promotion touristique, des aires d'accueil des gens du voyage, et, à partir du 1er janvier 2020, de l'eau et de l'assainissement. Les autres compétences se répartiront avec les communes.

La Métropole du Grand Paris (MGP), créée comme les autres métropoles par la loi MAPTAM, a vu le jour comme prévu au 1er janvier 2016, mais ne se voit attribuer l'essentiel de ses compétences qu'un an plus tard, début 2017.

À compter du 1er janvier 2018, la collectivité de Corse devient une collectivité à statut particulier en lieu et place de la collectivité territoriale de Corse et des départements de Corse-du-Sud et de Haute-Corse.

■ **La loi du 27 décembre 2019 relative à l'engagement dans la vie locale et à la proximité de l'action publique** porte principalement sur les petites communes :

elle renforce les pouvoirs des maires au sein des intercommunalités, notamment au moyen d'un pacte de gouvernance réglant les relations entre les intercommunalités et les maires. Elle renforce les pouvoirs de police du maire pour les infractions simples. Elle encourage l'engagement dans la vie publique locale, notamment en aidant les petites communes à financer la formation des élus, en généralisant la protection fonctionnelle des maires, en ouvrant aux collectivités territoriales la possibilité de demander aux préfets des « conseils de légalité » permettant de prévenir les déférés préfectoraux, en augmentant le niveau des indemnités versées aux maires des communes de moins de 3 500 habitants.

7. Les principaux modes d'élection locale et leurs conséquences

1. Le cumul des mandats

À ce jour, un parlementaire ne peut pas être député européen, ministre, ou siéger dans une autre chambre du Parlement. Il ne peut pas cumuler plus d'un mandat local parmi les fonctions suivantes : conseiller général, régional, assemblée de Corse, conseiller municipal d'une ville d'au moins 3 500 habitants.

Le Parlement a définitivement adopté, le 22 janvier 2014, deux projets de loi : le premier (loi organique n° 2014-125 du 14 février 2014 interdisant le cumul des fonctions exécutives locales avec le mandat de député ou de sénateur) interdit le cumul de fonctions exécutives locales – maire, président ou vice-président d'un conseil départemental, président ou vice-président de conseil régional ou d'une intercommunalité – avec un mandat de député ou de sénateur à compter de 2017 (juillet pour les députés et octobre pour les sénateurs). Le deuxième texte concerne les parlementaires européens, qui, à partir de 2019, seront soumis aux mêmes interdictions de cumul.

2. La commune

Les institutions communales sont généralement assez bien connues des citoyens : même si le conseil qui gère la commune n'est pas baptisé conseil communal mais conseil municipal, si son exécutif n'est pas le président du conseil municipal mais le maire, ces institutions sont suffisamment anciennes (la commune date du 14 décembre 1789) et proches des habitants pour que ceux-ci les connaissent.

L'article L. 2121-1 du code général des collectivités territoriales dispose que « le corps municipal de chaque commune se compose du conseil municipal, du maire et d'un ou plusieurs adjoints ».

On parle souvent de manière impropre de « la mairie » en confondant commune et mairie. La mairie ne jouit évidemment pas de la personnalité juridique et n'est rien d'autre que le bâtiment qui accueille tout ou partie des services de la commune, où siège le conseil municipal et où se trouve le bureau du maire.

Autre terme souvent mal employé, celui de « municipalité » : la municipalité n'est pas la commune, mais une instance composée du maire et ses adjoints, qui siège généralement une fois par semaine en mairie pour prendre les principales décisions qui concernent l'administration de la commune et préparer l'ordre du jour du conseil municipal.

A. L'élection du conseil municipal

Le principe de l'élection du conseil municipal date de la loi du 21 mars 1831.

Ainsi, les membres du conseil municipal sont élus au suffrage universel direct.

Leur mandat est de six ans et le renouvellement est intégral tous les six ans (à la différence des conseils généraux qui étaient renouvelés par moitié tous les trois ans).

Participent à l'élection tous les électeurs inscrits sur la liste électorale de la commune, circonscription unique.

L'âge d'éligibilité est, pour tous les mandats locaux, de 18 ans. On croit parfois à tort qu'il faut être âgé de 21 ans pour être élu maire : ce n'est plus vrai aujourd'hui.

Le nombre de conseillers municipaux dépend du nombre d'habitants de la commune (il est fixé comme suit par l'article L. 2121-2 du code général des collectivités territoriales) :

– moins de 100 habitants : 7 conseillers*	– 50 000 à 59 999 habitants : 45 conseillers
– 100 à 499 habitants : 11 conseillers	– 60 000 à 79 999 habitants : 49 conseillers
– 500 à 1 499 habitants : 15 conseillers	– 80 000 à 99 999 habitants : 53 conseillers
– 1 500 à 2 499 habitants : 19 conseillers	– 100 000 à 149 999 habitants : 55 conseillers
– 2 500 à 3 499 habitants : 23 conseillers	– 150 000 à 199 999 habitants : 59 conseillers
– 3 500 à 4 999 habitants : 27 conseillers	– 200 000 à 249 999 habitants : 61 conseillers
– 5 000 à 9 999 habitants : 29 conseillers	– 250 000 à 299 999 habitants : 65 conseillers
– 10 000 à 19 999 habitants : 33 conseillers	– 300 000 habitants et plus : 69 conseillers
– 20 000 à 29 999 habitants : 35 conseillers	
– 30 000 à 39 999 habitants : 39 conseillers	– Lyon : 73 conseillers
– 40 000 à 49 999 habitants : 43 conseillers	– Marseille : 101 conseillers
	– Paris : 163 conseillers

* Modifié par la loi n° 2013-403 du 17 mai 2013 – art. 28, qui abaisse de 9 à 7 le nombre de conseillers dans les communes de moins de 100 habitants.

L'article 38 de la loi du 27 décembre 2019 relative à l'engagement dans la vie locale et à la proximité de l'action publique dispose en outre que « par dérogation à l'article L. 2121-2, dans les communes de **moins de 100 habitants**, le conseil municipal est réputé complet dès lors que le conseil municipal compte au moins **cinq membres** à l'issue du second tour du renouvellement général du conseil municipal ou d'une élection complémentaire ».

« Il en va de même dans les **communes de 100 à 499 habitants**, dès lors que le conseil municipal compte au moins **neuf membres** à l'issue du second tour du renouvellement général du conseil municipal ou d'une élection complémentaire. »

Le nombre d'habitants détermine aussi le mode de scrutin, majoritaire dans les communes de moins de 1 000 habitants, « mixte » (majoritaire et proportionnel) dans les communes de 1 000 habitants et plus depuis la réforme opérée par la loi du 17 mai 2013.

Pour mémoire, cette loi a abaissé de 3 500 à 1 000 habitants le seuil à partir duquel le scrutin est un scrutin de liste « mixte ».

Plus précisément, depuis la loi du 17 mai 2013 qui s'est appliquée pour la première fois aux élections municipales de mars 2014 :

- dans les **communes de moins de 1 000 habitants**
  - Le scrutin est majoritaire, plurinominal, à deux tours. Les candidats se présentent sur une liste, mais les électeurs peuvent modifier les listes, panacher, ajouter ou supprimer des candidats sans que le vote soit nul. Les listes incomplètes et les candidatures individuelles sont autorisées. Contrairement aux règles en vigueur dans les communes de 1 000 habitants et plus, il n'existe pas d'obligation de parité femmes-hommes.
  - Une déclaration de candidature est désormais obligatoire, une candidature au seul second tour étant possible si le nombre de candidats au premier tour est inférieur au nombre de sièges à pourvoir.
  - Obtiennent un siège au conseil municipal, dès le premier tour, les candidats remplissant une condition : avoir obtenu la majorité absolue des suffrages exprimés et recueilli au moins un quart des suffrages des électeurs inscrits. Les suffrages sont décomptés individuellement par candidat et non par liste.
  - Pour les sièges restant à pourvoir, un second tour est organisé : l'élection a alors lieu à la majorité relative, quel que soit le nombre de votants. Les candidats obtenant le plus grand nombre de voix sont élus. Si plusieurs candidats obtiennent le même nombre de suffrages, l'élection est acquise pour le plus âgé.
  - Dans les communes de moins de 1 000 habitants, les conseillers communautaires (c'est-à-dire ceux qui représentent les communes dans les organes intercommunaux) sont les membres du conseil municipal désignés « dans l'ordre du tableau » (maire, premier adjoint, deuxième adjoint…).
- dans les **communes de 1 000 habitants et plus**
  - Les conseillers municipaux sont élus au scrutin de liste, à deux tours, majoritaire avec prime accordée à la liste arrivée en tête et proportionnel. Les listes doivent être complètes, sans possibilité pour l'électeur de modifier l'ordre de présentation.
  - Les listes doivent être composées d'autant de femmes que d'hommes, avec alternance obligatoire d'une femme et d'un homme ou inversement.
  - Le dépôt d'une déclaration de candidature est exigé pour chaque tour de scrutin. Un candidat ne peut l'être dans plus d'une circonscription électorale, ni sur plus d'une liste.
  - Au premier tour, la liste qui obtient la majorité absolue des suffrages exprimés (50 % des voix plus une) reçoit un nombre de sièges égal à la moitié des sièges à pourvoir. Les autres sièges sont répartis à la représentation proportionnelle à la plus forte moyenne entre toutes les listes ayant obtenu plus de 5 % des suffrages exprimés en fonction du nombre de suffrages obtenu, y compris la liste ayant obtenu la majorité absolue.
  - Lors de l'éventuel second tour, seules les listes ayant obtenu au premier tour au moins 10 % des suffrages exprimés sont autorisées à se maintenir. Elles peuvent connaître des modifications, notamment par fusion avec d'autres listes pouvant se maintenir ou fusionner. En effet, les listes ayant obtenu au

moins 5 % des suffrages exprimés peuvent fusionner avec une liste ayant obtenu plus de 10 %. La répartition des sièges se fait alors comme lors du premier tour, la liste ayant obtenu le plus de voix recevant un nombre de sièges égal à la moitié des postes à pourvoir et bénéficiant de la répartition proportionnelle des postes restants.

- Les conseillers communautaires sont désormais élus au suffrage universel direct, par un système de fléchage, dans le cadre des élections municipales. Les électeurs désignent avec le même bulletin de vote les élus au conseil municipal et les élus aux structures intercommunales : le bulletin de vote comprend en effet deux listes (on parle de « fléchage »), une pour les candidats au conseil municipal, une pour les candidats aux sièges de conseillers communautaires.

NOTE DU FORMATEUR

Pour expliquer simplement le système (sans entrer dans les subtilités du mode de calcul de la répartition proportionnelle à la plus forte moyenne), prenons l'exemple d'une commune de 39 000 habitants.
La liste qui obtient au premier tour 56 % des voix obtient la moitié des 39 sièges à pourvoir, soit 20 sièges, et 56 % des 19 sièges restant à pouvoir, soit de 10 à 11 sièges.
Les autres listes qui ont obtenu au moins 5 % des suffrages vont participer, selon le nombre de suffrages exprimés qu'elles ont recueillis, à la répartition des sièges restants. Une liste qui a obtenu 31 % des suffrages obtiendra ainsi 31 % des 19 sièges à pourvoir, soit de 5 à 6 sièges.

Ce mode de scrutin présente le double avantage de permettre à la fois des majorités fortes au sein des conseils municipaux et une représentation des minorités.

Si aucune liste n'obtient la majorité absolue au premier tour, un second tour est nécessaire, auquel ne peuvent participer que les listes qui ont obtenu 10 % ou plus des suffrages exprimés. La liste arrivée en tête obtient la majorité des sièges et participe avec les autres listes à la répartition proportionnelle des sièges restants (même système qu'au premier tour).

La loi n° 2007-128 du 31 janvier 2007 tendant à promouvoir l'égal accès des femmes et des hommes aux mandats électoraux et fonctions électives avait modifié la présentation des listes aux élections municipales dans les communes de 3 500 habitants et plus. Jusqu'alors, au total de la liste « l'écart entre le nombre de candidats de chaque sexe ne (pouvait) être supérieur à un », et « au sein de chaque groupe entier de six candidats dans l'ordre de présentation de la liste (devait) figurer un nombre égal de candidats de chaque sexe ».

Désormais, et depuis les élections municipales de mars 2008, il doit y avoir une alternance stricte dans la présentation de la liste entre « un homme, une femme, un homme, une femme », etc. ou, bien sûr « une femme, un homme, une femme, un homme », etc. (c'est le principe dit « chabadabada »).

Deuxième mesure, l'institution de la parité pour la désignation des adjoints au maire. Pour ce faire, l'élection des adjoints est déconnectée de l'élection du maire : dans les communes de 3 500 habitants et plus, limite abaissée depuis à 1 000 habitants et plus, les adjoints au maire sont élus au scrutin de liste, « l'écart entre le nombre de candidats de chaque sexe au sein de chaque liste ne pouvant être supérieur à un », disposition modifiée par la loi du 27 décembre 2019 relative à l'engagement dans la vie locale et à la proximité de l'action publique : désormais, « la liste est composée alternativement d'une personne de chaque sexe ».

B. L'élection du maire

Le maire est élu par le conseil municipal qui se réunit au plus tôt le vendredi et au plus tard le dimanche qui suit l'élection du conseil au complet. Il est élu à bulletin secret. La séance est présidée par le doyen (le conseiller municipal le plus âgé) du conseil.

La majorité (c'est-à-dire plus de la moitié) des conseillers municipaux en exercice doit être présente. À défaut, le conseil reconvoqué à trois jours d'intervalle élit valablement le maire quel que soit le nombre de conseillers présents.

On dit parfois que le maire est élu « par les habitants de la commune », ce qui n'est pas juridiquement exact : si les électeurs peuvent légitimement augurer de l'élection comme maire de la « tête de liste » de la liste majoritaire, le futur maire est d'abord, comme une partie de ses colistiers, élu conseiller municipal, mais il ne deviendra maire qu'une fois élu maire par le conseil municipal. Il est donc élu maire au **suffrage universel indirect**, et non directement par les électeurs de la commune.

Pour être élu maire, il faut obtenir la majorité absolue des suffrages exprimés par les conseillers municipaux aux deux premiers tours. Si après deux tours, aucun candidat n'a obtenu la majorité, on procède à un troisième tour et l'élection a lieu à la majorité relative.

Après l'élection du maire, le conseil municipal fixe, par délibération, le nombre des adjoints (au maximum 30 % de l'effectif légal du conseil municipal) puis procède à leur élection.

C. L'élection des adjoints au maire

Les adjoints au maire, souvent improprement baptisés « maires adjoints », sont également élus par le conseil municipal en son sein, avec les mêmes règles de majorité que le maire.

Dans les communes de 1 000 habitants et plus, les adjoints au maire sont, depuis la loi du 17 mai 2013 qui s'est appliquée pour la première fois aux élections municipales de mars 2014, élus au scrutin de listes bloquées et paritaires à la majorité absolue. La liste est composée alternativement d'une personne de chaque sexe.

Si, après deux tours, aucune liste n'a obtenu la majorité absolue, il est procédé à un troisième tour et l'élection a lieu à la majorité relative.

Ainsi, on ne devient pas adjoint au maire par délégation du maire, on devient adjoint au maire parce qu'on est élu adjoint au maire par le conseil municipal avant de bénéficier d'une délégation de pouvoir du maire.

À noter que le retrait par le maire d'une délégation à un adjoint ne le prive pas de son mandat d'adjoint. Elle le prive en revanche des indemnités qu'il perçoit en tant qu'adjoint au maire.

3. Le département

Le conseil général qui, avec la loi du 17 mai 2013, est devenu le conseil départemental, constitue l'organe délibérant du département, le président du conseil départemental et les vice-présidents du conseil départemental l'exécutif du département.

Il était très fréquent que les départements se fassent appeler « conseils généraux », sans doute pour éviter toute confusion avec le département circonscription administrative déconcentrée de l'État. Des fonctionnaires territoriaux se disaient ainsi souvent « agents du conseil général de … », alors que, en toute rigueur, ils sont agents du département de …

Indéniablement, la terminologie n'était pas de nature à faciliter la compréhension du fonctionnement de nos institutions : une assemblée baptisée conseil général règlait par ses délibérations les affaires du département, les conseillers généraux étant élus lors d'élections cantonales. Élire les conseillers départementaux lors d'élections départementales est certainement beaucoup plus clair… Sans parler du renouvellement par moitié du conseil général tous les trois ans, qui était loin d'être compris de tous, auquel la réforme de 2010 avait mis fin avec l'institution des conseillers territoriaux. La loi du 17 mai 2013 maintient les conseillers généraux, devenus conseillers départementaux, mais abolit le renouvellement par moitié tous les trois ans.

A. L'élection du conseil départemental

Le canton a été créé par la loi du 22 décembre 1789. Il n'est plus aujourd'hui que la circonscription électorale dans le cadre de laquelle les conseillers départementaux sont élus. Le principe de l'élection du conseil général, devenu conseil départemental, remonte à la loi du 22 juin 1833.

Depuis 1871, les conseillers généraux sont élus au suffrage universel direct, pour six ans. L'élection s'effectue dans le cadre du canton à raison d'un représentant par canton.

Les conseils généraux étaient, jusqu'à la réforme de 2010, renouvelables par moitié tous les trois ans : cela signifiait concrètement que, dans un département donné, on votait l'année N dans un canton sur deux afin d'élire pour six ans un conseiller général, et, l'année N+3, dans les autres cantons.

Le conseil général étant ainsi renouvelé par moitié tous les trois ans, la durée du mandat du président du conseil général n'était que de trois ans.

Les conseillers généraux étaient élus au scrutin uninominal (ce qui signifie que l'on vote pour une personne et non pour une liste) majoritaire à deux tours : la majorité absolue est requise au premier tour ; seuls peuvent accéder au second tour les candidats qui se sont présentés au 1er tour et qui ont obtenu au moins 10 % du nombre d'électeurs inscrits. La réforme des collectivités territoriales opérée par la loi du 16 décembre 2010 a porté ce pourcentage à 12,5 % des inscrits, modification mise en œuvre dès les élections cantonales de mars 2011.

Les conseillers départementaux, en 2015, ont été élus au scrutin binominal (une personne de chaque sexe) majoritaire à deux tours dans le cadre de cantons élargis.

Les conseillers généraux élus en mars 2011 avaient vu leur mandat réduit à trois ans, jusqu'en mars 2014, date à laquelle devaient être élus pour six ans les **conseillers territoriaux** qui auraient remplacé conseillers généraux et conseillers régionaux. **La règle du renouvellement par moitié des conseillers généraux tous les trois ans a ainsi pris fin.** La loi du 17 mai 2013 a confirmé l'abolition de ce renouvellement par moitié tous les trois ans.

B. L'élection du président du conseil départemental

L'élection du président du conseil général avait (jusqu'à la réforme de 2010) lieu à l'issue de tout renouvellement triennal.

Son mandat était donc de trois ans. Il est élu par les membres du conseil général : comme pour l'élection du maire, la majorité absolue est requise aux deux premiers tours, et la majorité relative suffit en cas de troisième tour.

Comme dans l'élection du maire par le conseil municipal, un quorum est requis : le conseil général ne peut, dans ce cas, délibérer que si les deux tiers de ses membres sont présents. Si cette condition n'est pas remplie, la réunion se tient de plein droit trois jours plus tard. La réunion peut alors avoir lieu sans condition de quorum.

Le président du conseil départemental est, depuis les élections départementales de 2015, élu pour six ans.

C. L'élection des vice-présidents, de la commission permanente et du bureau

a. La commission permanente

Le conseil départemental élit les membres de la commission permanente.

La commission permanente est composée du président du conseil départemental, de quatre à quinze vice-présidents, sous réserve que le nombre de ceux-ci ne soit pas supérieur à 30 % de l'effectif du conseil, et éventuellement d'un ou plusieurs autres membres.

Aussitôt après l'élection du président et sous sa présidence, le conseil départemental fixe le nombre des vice-présidents et des autres membres de la commission permanente.

Les membres de la commission permanente autres que le président sont élus au scrutin de liste. Chaque conseiller départemental peut présenter une liste de candidats, qui doit être composée alternativement d'un candidat de chaque sexe.

Les listes sont déposées auprès du président dans l'heure qui suit la décision du conseil départemental relative à la composition de la commission permanente. Si, à l'expiration de ce délai, une seule liste a été déposée, les différents sièges de la commission permanente sont alors pourvus immédiatement dans l'ordre de la liste et il en est donné lecture par le président.

Dans le cas contraire, le conseil départemental procède d'abord à l'élection de la commission permanente, à la représentation proportionnelle à la plus forte moyenne, sans panachage ni vote préférentiel. Les sièges sont attribués aux candidats dans l'ordre de présentation sur chaque liste. Si plusieurs listes ont la même moyenne pour l'attribution du dernier siège, celui-ci revient à la liste qui a obtenu le plus grand nombre de suffrages. En cas d'égalité de suffrages, le siège est attribué au plus âgé des candidats susceptibles d'être proclamés élus. Si le nombre de candidats figurant sur une liste est inférieur au nombre de sièges qui lui reviennent, le ou les sièges non pourvus sont attribués à la ou aux plus fortes moyennes suivantes.

Après la répartition des sièges de la commission permanente, le conseil départemental procède à l'élection des vice-présidents au scrutin de liste à la majorité absolue, sans panachage ni vote préférentiel. Sur chacune des listes, l'écart entre le nombre des candidats de chaque sexe ne peut être supérieur à un. Si, après deux tours de scrutin, aucune liste n'a obtenu la majorité absolue, il est procédé à un troisième tour de scrutin et l'élection a lieu à la majorité relative. En cas d'égalité de suffrages, les candidats de la liste ayant la moyenne d'âge la plus élevée sont élus.

Les membres de la commission permanente autres que le président sont nommés pour la même durée que le président.

b. Le bureau

Le bureau du conseil départemental est composé du président du conseil départemental, et des vice-présidents, ainsi qu'éventuellement des autres membres de la commission permanente, auxquels le président a délégué l'exercice d'une partie de ses fonctions (articles L. 3122-8 et L. 3221-3 du code général des collectivités territoriales).

4. La région

Le conseil qui gère la région est le conseil régional, l'exécutif de la région le président du conseil régional.

A. L'élection du conseil régional

Jusqu'à la décentralisation, la région était un établissement public aux compétences limitativement énumérées par la loi, administré par un simple conseil d'administration.

La loi du 2 mars 1982 transforme la région en collectivité territoriale en instituant l'élection des conseillers régionaux au suffrage universel direct.

Le mode d'élection des conseillers régionaux a été fixé par la loi du 10 juillet 1985, modifiée par la loi du 19 janvier 1999 puis par la loi du 11 avril 2003.

Les premières élections régionales ont eu lieu en 1986.

Les conseillers régionaux sont élus pour six ans au suffrage universel direct comme les conseillers municipaux et les conseillers généraux. Comme les conseils municipaux, les conseils régionaux sont intégralement renouvelés tous les six ans, et non par moitié tous les 3 ans comme les conseils généraux.

Jusqu'aux élections régionales de 2004, les conseillers régionaux étaient élus au scrutin de liste proportionnel à un tour, les listes étant établies dans le cadre du département. Pour remédier à l'éparpillement des sièges entre de nombreuses listes rendant difficile l'administration des régions faute de majorités stables et aboutissant parfois à l'élection d'exécutifs peu représentatifs du vote des électeurs, la loi du 11 avril 2003 modifie fondamentalement le mode de scrutin. À noter que la réforme de 1999, qui réduisait de six à cinq ans le mandat des conseillers généraux, n'a jamais produit d'effets, la loi de 2003, précédant le renouvellement général suivant celui de 1998, conservant le mandat de six ans. Cette loi a toutefois durablement semé le trouble dans les esprits, les candidats aux concours, notamment, affirmant parfois que la durée du mandat des conseillers régionaux serait de 5 ans.

Ainsi, les listes sont établies au niveau régional, mais les candidats sont répartis en sections départementales, le nombre de sièges étant calculé globalement pour chaque liste au niveau régional puis réparti entre les sections départementales en fonction du nombre de suffrages obtenus par chaque section.

Lors du premier tour de scrutin, si une liste obtient la majorité absolue des suffrages exprimés, elle obtient le quart des sièges à pourvoir. Les autres sièges sont répartis à la représentation proportionnelle entre toutes les listes ayant obtenu au moins 5 % des suffrages, dont la liste ayant obtenu la majorité absolue.

Si aucune liste n'obtient la majorité absolue, au second tour, la liste qui arrive en tête obtient le quart des sièges, les autres sièges étant répartis à la proportionnelle entre toutes les listes ayant obtenu au moins 5 % des suffrages, dont la liste arrivée en tête.

Seules peuvent se maintenir au deuxième tour les listes qui ont obtenu 10 % ou plus des suffrages exprimés.

On le voit, ce mode de scrutin est proche de celui mis en œuvre dans les communes de 1 000 habitants et plus, à la différence près que la « prime majoritaire » n'est pas, pour l'élection du conseil régional, de la moitié mais du quart des sièges.

La loi du 31 janvier 2007 tendant à promouvoir l'égal accès des femmes et des hommes aux mandats électoraux et fonctions électives avait modifié les règles de composition des listes : comme dans les communes de 3 500 habitants et plus (désormais 1 000 et plus), les listes doivent être composées alternativement d'un candidat de chaque sexe. La parité est également étendue aux listes de candidats vice-présidents et membres de la commission permanente.

La durée du mandat des conseillers régionaux élus en mars 2010 avait été ramenée à 4 ans afin que soient élus en mars 2014 les conseillers territoriaux qui devaient remplacer conseillers généraux et conseillers régionaux et constituer les assemblées délibérantes du département et de la région.

Ils auront finalement été élus pour six ans en décembre 2015, dans le cadre d'un scrutin de liste inchangé garantissant la parité femmes-hommes que l'institution des conseillers territoriaux aurait fait régresser si elle s'était appliquée, en ce qu'elle substituait à l'élection de listes constituées alternativement d'une personne de chaque sexe un scrutin uninominal peu propice à la parité.

B. L'élection du président du conseil régional

Le président du conseil régional est élu selon les mêmes conditions que le maire et le président du conseil départemental (majorité absolue pour les deux premiers tours et majorité relative pour le troisième tour).

La durée de son mandat est de six ans, comme celui du maire, et, désormais, du président du conseil départemental.

C. L'élection des vice-présidents, de la commission permanente et du bureau

Les modes de désignation sont identiques à ceux de l'exécutif départemental.

8. Les modes de fonctionnement des collectivités territoriales et de leurs établissements publics

1. La commune

A. Le fonctionnement et les attributions du conseil municipal

Le conseil municipal se réunit au minimum une fois par trimestre (donc quatre fois par an) sur convocation du maire. Le délai de convocation est de 5 jours francs. La convocation contient l'ordre du jour du conseil municipal. Dans les communes de 3 500 habitants et plus, l'ordre du jour est accompagné de notes explicatives de synthèse sur les affaires soumises à délibération.

La convocation est transmise de manière dématérialisée ou, si les conseillers municipaux en font la demande, adressée par écrit à leur domicile ou à une autre adresse.

Le maire peut réunir l'assemblée chaque fois qu'il le juge utile. Il est tenu de réunir le conseil municipal, dans les 30 jours qui suivent la demande motivée :

- d'un tiers au moins des conseillers ou de la moitié (communes de moins de 3 500 habitants) ;
- du préfet.

Le code général des collectivités territoriales dispose (article L.2121-29) que « le conseil municipal règle par ses délibérations les affaires de la commune ». Le conseil municipal ne peut délibérer que lorsque la majorité absolue des membres en exercice assiste à la séance. Si le quorum n'est pas atteint, une seconde convocation est adressée aux membres du conseil. Dans ce cas, quel que soit le nombre des membres présents, le conseil peut valablement délibérer.

Les séances du conseil municipal sont publiques. Toutefois, le conseil municipal peut décider sur demande du maire ou de trois conseillers, par un vote acquis sans débat, dans les conditions de l'article L. 2121-18 du code général des collectivités territoriales, qu'il se réunit à huis clos. Le président peut donner la parole à un citoyen présent dans la salle du conseil : cette décision vaut suspension de séance.

Le conseil municipal exerce ainsi ses compétences au moyen de **délibérations**, actes juridiques fondamentaux en matière de gestion des collectivités territoriales, prises à la majorité absolue des suffrages exprimés. Les délibérations sont exécutoires de plein droit dès qu'il a été procédé à leur publication ou à leur notification aux intéressés ainsi qu'à leur transmission au représentant de l'État dans le département ou à son délégué dans l'arrondissement.

Le conseil municipal peut aussi émettre des avis, lorsqu'ils sont requis par une loi ou un règlement ou sur invitation du préfet.

Il peut enfin émettre des vœux sur toute question d'intérêt local. Par ailleurs, les questions orales permettent à tout conseiller municipal de poser des questions en cours de séance sur les affaires de la commune. Le règlement intérieur du conseil municipal fixe notamment les règles applicables à ces questions orales.

Ainsi, le conseil municipal :

- assure la gestion financière de la commune : il discute et vote le budget. Il fixe notamment les taux d'imposition ainsi que les principes et modalités des emprunts. Il approuve le compte de gestion et le compte administratif;
- gère le patrimoine communal (administration du patrimoine privé et public de la commune : acquisition, location, aliénation des propriétés communales; travaux communaux);
- crée et organise les services publics municipaux. Certains services sont obligatoires (état civil, pompes funèbres, aide sociale, etc.), d'autres sont facultatifs;
- prend les décisions de principe concernant les contrats et travaux;
- autorise les actions en justice intentées au nom de la commune;
- est chargé de la création des écoles et classes maternelles et élémentaires, après avis du représentant de l'État;
- désigne des membres ou des délégués pour siéger dans des organismes extérieurs.

Le conseil municipal peut également **déléguer une partie de ses attributions**, limitativement énumérées par l'article L. 2122-20 du code général des collectivités territoriales, au maire, qui doit alors prendre personnellement les décisions entrant dans le champ de cette délégation sans pouvoir les déléguer à son tour.

Parmi les compétences qui peuvent être déléguées au maire par le conseil municipal, citons par exemple :

- la fixation et la modification de l'affectation des propriétés communales utilisées par les services municipaux;
- la fixation de certains droits de voirie et de droits prévus au profit de la commune qui n'ont pas un caractère fiscal, dans les limites fixées par le conseil municipal;
- la réalisation d'emprunts destinés au financement des investissements prévus au budget, dans les limites fixées par le conseil municipal;
- la passation et le règlement de certains marchés de gré à gré, lorsque les crédits sont prévus au budget;
- la passation de contrats d'assurance;
- la création de régies comptables;
- la délivrance et la reprise des concessions dans les cimetières;
- la création de classes dans les établissements d'enseignement;
- l'exercice au nom de la commune des droits de préemption définis par le code de l'urbanisme;

- l'exercice des actions en justice au nom de la commune dans les cas définis par le conseil municipal.

Le maire doit rendre compte au conseil municipal à chacune de ses réunions obligatoires des décisions qu'il a prises sur délégation. Le conseil municipal peut toujours décider de mettre fin aux délégations qu'il a accordées au maire.

Les affaires examinées par le conseil municipal sont préalablement étudiées par des commissions municipales (consultatives).

Le maire préside le conseil municipal, ouvre et clôt les séances, exerce la « police de l'assemblée ».

Le conseil municipal adopte, à la majorité absolue des délibérations, des avis et des vœux. Le scrutin peut être à main levée (ordinaire), public ou secret.

Les délibérations sont rendues publiques grâce au compte rendu et au registre des délibérations.

Les communes de 3 500 habitants et plus sont soumises à des obligations de publicité.

B. Les attributions du maire

Le maire est un élu local traditionnellement caractérisé par sa « double casquette », celle d'agent de l'État d'une part, celle d'agent de la commune d'autre part.

a. Le maire, agent de l'État

Le maire est chargé d'attributions qu'il exerce au nom de l'État sur le territoire de la commune, soit sous l'autorité du préfet, soit sous celle du procureur de la République.

Sous l'autorité du préfet, le maire :

- publie et exécute les lois et règlements dans la commune, et assure l'exécution des mesures de sûreté générale;
- organise les élections politiques et professionnelles et révise les listes électorales;
- participe aux opérations de recensement démographique et militaire;
- est le correspondant de différents services de l'État et délivre à ce titre différents documents administratifs (cartes nationales d'identité, passeports, validation annuelle des permis de chasser, etc.).

Le préfet peut, dans le cadre de l'exercice de ces pouvoirs, adresser des instructions et des injonctions au maire et se substituer à lui en cas de carence. Les décisions prises par le maire engagent la responsabilité de l'État et le préfet peut les modifier ou les annuler.

Sous l'autorité du procureur de la République, le maire :

- exerce les fonctions d'officier de police judiciaire (OPJ);
- est officier d'état civil : il célèbre les mariages, enregistre les naissances et les décès, délivre des copies et extraits des registres d'état civil.

b. Le maire, représentant de la commune

Le maire est l'exécutif de la commune.

Il détient des pouvoirs :

- financiers (il prépare, propose et exécute le budget) ;
- patrimoniaux (il gère le patrimoine de la commune, dirige les services municipaux en régie et contrôle les établissements publics communaux) ;
- juridiques (il conclut les marchés et les contrats au nom de la commune).

Le maire est également le chef du personnel communal.

Il est l'autorité de police municipale, garant du bon ordre, de la sécurité et de la salubrité publique.

2. Le département

A. Le fonctionnement et les attributions du conseil départemental

L'article L. 3211-1 du Code général des collectivités territoriales dispose que « le conseil départemental règle par ses délibérations les affaires du département dans les domaines de compétences que la loi lui attribue.

Il est compétent pour mettre en œuvre toute aide ou action relative à la prévention ou à la prise en charge des situations de fragilité, au développement social, à l'accueil des jeunes enfants et à l'autonomie des personnes. Il est également compétent pour faciliter l'accès aux droits et aux services des publics dont il a la charge.

Il a compétence pour promouvoir les solidarités et la cohésion territoriale sur le territoire départemental, dans le respect de l'intégrité, de l'autonomie et des attributions des régions et des communes ».

Le conseil départemental se réunit à l'initiative de son président, au moins une fois par trimestre, ou sur demande de la commission permanente, ou du tiers des conseillers départementaux.

Le président convoque le conseil, en adressant 12 jours avant la séance aux conseillers départementaux un ordre du jour accompagné d'un rapport sur chacune des affaires soumises à délibération. L'ordre du jour est arrêté par le président et par la commission permanente.

Le conseil départemental ne peut valablement délibérer que si la majorité absolue de ses membres est présente. Pour être valables, les décisions doivent être adoptées à la majorité des suffrages exprimés.

Les séances sont publiques (sauf si le conseil départemental décide le huis clos ou si le président du conseil départemental, dans le cadre de ses pouvoirs de « police des séances », restreint l'accès du public). Avec l'accord du président ou sur demande du Premier ministre, le préfet du département peut être entendu.

Le conseil départemental :

- discute et vote le budget départemental ;
- statue sur l'acceptation des dons et legs faits au département ;
- crée et supprime les services publics départementaux et en fixe les règles d'organisation.

B. Les attributions du président du conseil départemental

Exécutif du conseil départemental, le président du conseil départemental prépare et exécute les délibérations de ce conseil.

Il exerce la police de l'assemblée départementale en assurant le maintien de l'ordre public pendant les séances.

Le président peut déléguer, comme le maire à ses adjoints, l'exercice d'une partie de ses fonctions aux vice-présidents. Ensemble, ils constituent le bureau.

Les délégations peuvent être annulées à tout moment.

Ordonnateur des dépenses du département, il prescrit l'exécution des recettes. Chaque année, il rend compte au conseil de la situation du département.

Le président gère le domaine du département et est titulaire du pouvoir de police domaniale. Il dispose aussi de pouvoirs de police particuliers, notamment en matière de circulation.

Le président du conseil départemental est « seul chargé de l'administration ». Il est donc le chef des services du département. Il peut cependant disposer, en cas de besoin, des services déconcentrés de l'État.

Chaque année, le président rend compte au conseil départemental par un rapport spécial de la situation du département, qui précise notamment l'état d'exécution des délibérations adoptées et la situation financière du département. Le préfet quant à lui informe aussi chaque année le conseil départemental de l'activité des services de l'État dans le département.

3. La région

A. Le fonctionnement et les attributions du conseil régional

Le code général des collectivités territoriales (article L. 4221-1) dispose que « le conseil régional règle par ses délibérations les affaires de la région dans le domaine de compétences que la loi lui attribue ».

Comme le conseil départemental, le conseil régional se réunit à l'initiative de son président, au moins une fois par trimestre, ou sur demande de la commission permanente, ou du tiers des conseillers régionaux.

Le président convoque le conseil, en adressant 12 jours avant la séance aux conseillers régionaux un ordre du jour accompagné d'un rapport sur chacune des affaires soumises à délibération. L'ordre du jour est arrêté par le président et par la commission permanente.

Le conseil régional ne peut valablement délibérer que si la majorité absolue de ses membres est présente. Pour être valables, les décisions doivent être adoptées à la majorité des suffrages exprimés.

Les séances sont publiques (sauf si le conseil général décide le huis clos ou si le président du conseil général, dans le cadre de ses pouvoirs de « police des séances », restreint l'accès du public). Avec l'accord du président ou sur demande du Premier ministre, le préfet du département peut être entendu.

Le conseil régional :
- discute et vote le budget régional ;
- statue sur l'acceptation des dons et legs faits à la région ;
- crée et supprime les services publics régionaux et en fixe les règles d'organisation.

B. Les attributions du président du conseil régional

À l'instar du président du conseil départemental, le président du conseil régional :
- prépare et exécute les délibérations du conseil régional ;
- est l'ordonnateur des dépenses de la région et prescrit l'exécution des recettes ;
- est seul chargé de l'administration ;
- gère le domaine de la région ;
- intente les actions en justice au nom de la région en vertu d'une décision du conseil régional.

C. Le conseil économique, social et environnemental régional (CESER)

Le conseil économique et social régional (CESR) est une assemblée consultative souvent méconnue représentant les « forces vives » de la région ou « la société civile organisée de la région ». Il comprend entre 40 et 110 membres suivant les régions, appartenant à quatre collèges :
- le collège des entreprises et activités non salariées (35 % des sièges) ;
- le collège des organisations syndicales de salariés (35 % des sièges) ;
- le collège des organismes participant à la vie collective de la région (25 % des sièges) ;
- le collège des personnalités qualifiées participant au développement régional (5 % des sièges).

Ses membres sont désignés pour six ans renouvelables par les différents collèges.

Le CESR est obligatoirement saisi pour avis, avant examen par le conseil régional, notamment des documents relatifs à la préparation et à l'exécution dans la région du plan national, du projet de plan de la région, et de leur bilan annuel d'exécution, ainsi que de tout document de planification et des schémas directeurs, des documents budgétaires de la région.

Le président du conseil régional peut aussi demander au CESR des avis sur des projets économiques, sociaux ou culturels.

Le CESR peut aussi, de sa propre initiative, émettre des avis sur toute question relevant des compétences de la région.

4. Les établissements publics de coopération intercommunale (EPCI)

A. Intercommunalité de gestion et intercommunalité de projet

L'intercommunalité désigne les différentes formes de **coopération entre les communes par transfert de compétences au bénéfice des établissements qu'elles créent**.

L'article L. 5111-1 du Code général des collectivités territoriales (CGCT) fixe en effet que « les collectivités territoriales peuvent s'associer pour l'exercice de leurs compétences en créant des organismes publics de coopération dans les formes et conditions prévues par la législation en vigueur ».

Étant des établissements publics, les EPCI sont régis par le **principe général de spécialité**, c'est-à-dire qu'ils n'exercent que les compétences limitativement énumérées par la loi et ne bénéficient pas de la clause générale de compétence.

L'EPCI agit en lieu et place de ses communes membres. Disposant de ses propres organes (conseil, président) et d'un budget propre, il prend des décisions en son nom propre, indépendamment des conseils municipaux.

On distingue traditionnellement **deux types d'intercommunalité** :

- l'**intercommunalité de gestion**, par laquelle les communes gèrent en commun des services publics locaux. Il s'agit d'une intercommunalité dite **associative**, mise en œuvre par des **établissements publics de coopération intercommunale (EPCI) sans fiscalité propre**, c'est-à-dire dont les ressources dépendent des contributions budgétaires des communes ou d'une contribution fiscalisée (des taux additionnels aux taxes directes locales calculés par l'État, sur la base du produit voté par le syndicat, s'ajoutent aux taux votés par la commune) ;
- l'**intercommunalité de projet**, qui permet la mise en œuvre de projets de développement local, est une intercommunalité **fédérative**, gérée par des **EPCI à fiscalité propre** qui disposent de **recettes fiscales directes**.

Parmi les EPCI à fiscalité propre, on distingue les EPCI à fiscalité professionnelle unique (FPU) (les métropoles, la plupart des communautés urbaines, les communautés d'agglomération et les syndicats d'agglomération nouvelle) et les EPCI à fiscalité additionnelle (la plupart des communautés de communes appliquent, en principe, la fiscalité additionnelle, mais peuvent opter pour la FPU).

B. Commission départementale de coopération intercommunale et schéma départemental de coopération intercommunale

La loi n° 2010-1563 du 16 décembre 2010 de réforme des collectivités territoriales (dite loi RCT) a renforcé le rôle de la **commission départementale de coopération intercommunale** (CDCI) et prévu l'élaboration d'un **schéma départemental de**

coopération intercommunale (SDCI), à caractère prescriptif, visant une rationalisation de la carte intercommunale et la couverture intégrale du territoire par des EPCI à fiscalité propre, sans enclaves ni discontinuités territoriales.

La **commission départementale de coopération intercommunale (CDCI)** a été instituée par la loi n° 99-586 du 12 juillet 1999 relative au renforcement et à la simplification de la coopération intercommunale, dite loi Chevènement.
La CDCI compte un nombre minimum de 40 sièges, avec des sièges supplémentaires en fonction de la démographie du département, du nombre et de la taille des communes et des EPCI à fiscalité propre.
Sa composition est la suivante :
- collège des communes : 40 %;
- collège des EPCI à fiscalité propre : 40 %;
- collège des syndicats mixtes et syndicats de communes : 5 %;
- collège du conseil départemental : 10 %;
- collège du conseil régional : 5 %.

Présidée par le représentant de l'État dans le département, elle joue un rôle essentiel dans **l'élaboration du schéma départemental de coopération intercommunale (SDCI)** :
- elle établit et tient à jour un état de la coopération intercommunale dans le département;
- elle peut formuler toute proposition pour renforcer cette coopération et à cet effet, entend, à leur demande, les représentants des collectivités locales concernées.

Le représentant de l'État dans le département la consulte sur :
- tout projet de création d'un établissement public de coopération intercommunale;
- tout projet de création d'un syndicat mixte;
- tout projet de modification du périmètre d'un établissement public de coopération intercommunale ou de fusion de tels établissements qui diffère des propositions du schéma départemental de la coopération intercommunale;
- tout projet d'association de communes en vue de l'élaboration d'une charte intercommunale de développement et d'aménagement.

Elle est saisie par le représentant de l'État dans le département ou à la demande de 20 % de ses membres. Ses propositions et observations sont rendues publiques.

Le **schéma départemental de coopération intercommunale (SDCI)**, institué par la loi n° 2010-1563 du 16 décembre 2010 de réforme des collectivités territoriales, sert de cadre de référence à l'évolution de la carte intercommunale dans chaque département; il donne une représentation cartographiée de l'ensemble des établissements publics de coopération intercommunale et en fixe les orientations d'évolution. Il doit être arrêté avant le 31 décembre 2011.
Il a pour objectif :
- « la **couverture intégrale du territoire par des établissements publics de coopération intercommunale à fiscalité propre** et la suppression des enclaves et discontinuités territoriales » (article L. 5210-1-1.-I de la loi du 16 décembre 2010);

– la rationalisation des périmètres des EPCI à fiscalité propre ;
– la réduction du nombre de syndicats intercommunaux ou mixtes.

Un **projet de schéma est élaboré par le représentant de l'État dans le département**. Il est **adressé pour avis aux conseils municipaux des communes et aux organes délibérants des établissements publics de coopération intercommunale** et des syndicats mixtes concernés par les propositions de modification de la situation existante en matière de coopération intercommunale. Ils se prononcent dans un **délai de trois mois** à compter de la notification. À défaut de délibération dans ce délai, celle-ci est réputée favorable.

Le projet de schéma, ainsi que l'ensemble des avis sont ensuite **transmis pour avis à la commission départementale de la coopération intercommunale** qui, à compter de cette transmission, dispose d'un **délai de quatre mois** pour se prononcer. À défaut de délibération dans ce délai, celle-ci est réputée favorable. Les propositions de modification du projet de schéma adoptées par la commission départementale de la coopération intercommunale à la majorité des deux tiers de ses membres sont intégrées dans le projet de schéma.

Le schéma est arrêté par décision du représentant de l'État dans le département.

Il est révisé selon la même procédure au moins tous les six ans à compter de sa publication.

Cette « clause de revoyure » a ensuite été avancée à 2015.

Chaque département devait être couvert par un ensemble d'**EPCI à fiscalité propre regroupant initialement au moins 5 000 habitants**. La **loi portant nouvelle organisation du territoire de la République (NOTRe) du 7 janvier 2015** a relevé ce seuil du nombre minimum d'habitants des établissements intercommunaux à fiscalité propre de **5 000 à 15 000 habitants**, avec des exceptions pour les zones rurales peu denses et les zones de montagne. Ainsi, sauf exception, aucun EPCI à fiscalité propre ne peut regrouper moins de 15 000 habitants : les communautés de communes comptant moins de 15 000 habitants doivent fusionner pour atteindre ce nombre.

La commission départementale de coopération intercommunale, sous l'impulsion du préfet et du sous-préfet, est chargée d'étudier les propositions de ces communautés de communes pour atteindre ce nombre d'habitants. La CDCI peut proposer un schéma prescriptif en la matière. Ce schéma est soumis au vote des conseils communautaires et des conseils municipaux des communes adhérentes à cette communauté de communes (ce vote se fera à la majorité absolue des conseils municipaux (50 % des communes représentant deux tiers de la population de l'ensemble des conseils municipaux, ou deux tiers des conseils municipaux représentant au moins 50 % de la population totale des communes adhérentes à la communauté de communes concernée).

C. Le processus de création d'un EPCI

Cette procédure, régie par l'article L. 5211-5 du CGCT, est commune à l'ensemble des catégories d'EPCI. Elle comporte **trois étapes**.

Première étape : la délimitation du périmètre de l'EPCI

Un arrêté préfectoral délimite le projet de périmètre du futur EPCI.

L'initiative de la création peut venir des communes désireuses de créer l'EPCI ou du préfet lui-même.

Si le préfet s'écarte du schéma adopté, ou si aucun schéma n'a été adopté dans le département, il saisit la CDCI, qui dispose alors d'un pouvoir d'amendement à la majorité des deux tiers de ses membres.

Deuxième étape : la consultation des communes

Elle intervient dans un délai de trois mois. Les communes doivent approuver le périmètre et les statuts avec les règles de majorité suivantes : deux tiers des communes représentant la moitié de la population totale concernée ou la moitié des communes représentant deux tiers de la population totale, avec, de plus, l'accord obligatoire des communes comptant plus du quart de la population totale de l'EPCI (pour les syndicats), ou l'accord obligatoire de la commune dont la population est la plus nombreuse, si celle-ci est supérieure à un quart de la population totale de l'EPCI (pour les EPCI à fiscalité propre).

Troisième étape : l'arrêté préfectoral de création

Le préfet a l'obligation d'attendre l'expiration du délai de trois mois si toutes les communes ne se sont pas prononcées.

Sous le contrôle du juge de l'excès de pouvoir, le préfet peut :

- ne pas donner suite à la demande de création ;
- la modifier, par exemple en incluant une commune, contre son gré, au nom de l'intérêt général, dans le périmètre du futur EPCI ;
- refuser de créer l'EPCI même si la majorité est atteinte.

En revanche, il ne peut pas créer l'EPCI sur un périmètre différent de celui qui a été soumis au vote des conseils municipaux.

D. Typologie des EPCI

a. Les EPCI sans fiscalité propre

Les syndicats de communes

L'article L. 5212-1 du CGCT dispose que « le **syndicat de communes** est un établissement public de coopération intercommunale associant des communes en vue d'œuvres ou de services d'intérêt intercommunal ».

Les communes disposent d'une totale liberté dans le choix des compétences transférées.

Le syndicat « à la carte »

Le syndicat « à la carte » a la faculté d'exercer des compétences distinctes sur le territoire de ses différentes communes membres. Les communes décident individuellement de lui transférer ou non les compétences qu'il est habilité, par ses statuts, à exercer.

b. Les EPCI à fiscalité propre

Au 1er janvier 2019, on recense **1 258 EPCI à fiscalité propre** sur le territoire français :
- 1 001 communautés de communes ;
- 223 communautés d'agglomération ;
- 13 communautés urbaines ;
- 21 métropoles.

La communauté de communes

Créée par la loi du 6 février 1992, la communauté de communes (article L. 5214-1 du CGCT) est « un établissement public de coopération intercommunale regroupant plusieurs communes d'un seul tenant et sans enclave. Elle a pour objet d'associer des communes au sein d'un espace de solidarité, en vue de l'élaboration d'un projet commun de développement et d'aménagement de l'espace ».

Elle exerce **de plein droit** en lieu et place des communes membres des compétences obligatoires en matière :
- d'**aménagement de l'espace**, dont le plan local d'urbanisme intercommunal (PLUI) sauf opposition des communes ;
- de **développement économique** : création et entretien des zones d'activités, politique locale du commerce et soutien aux activités commerciales d'intérêt communautaire, promotion du tourisme, dont la création d'offices de tourisme, de zones d'activités touristiques ;
- d'aménagement, entretien et gestion des **aires d'accueil des gens du voyage** ;
- de **collecte et traitement des déchets** ;
- de **gestion des milieux aquatiques et préventions des inondations** (GEMAPI) depuis le 1er janvier 2018 ;
- d'**assainissement**, à partir du 1er janvier 2020 ;
- de **gestion de l'eau**, à partir du 1er janvier 2020.

Elle exerce également des **compétences optionnelles** relevant au moins de trois des neuf groupes de compétences suivants :
- protection et mise en valeur de l'environnement et soutien aux actions de maîtrise de la demande d'énergie ;
- politique du logement et du cadre de vie ;
- création, aménagement et entretien de la voirie ;
- construction, entretien et fonctionnement d'équipements culturels et sportifs et d'équipements de l'enseignement pré-élémentaire et élémentaire ;
- action sociale d'intérêt communautaire ;
- création et gestion des maisons de services publics ;
- assainissement, jusqu'au 1er janvier 2020 ;
- gestion de l'eau, jusqu'au 1er janvier 2020 ;
- politique de la ville : élaboration du diagnostic du territoire et définition des orientations du contrat de ville ; animation et coordination des dispositifs contractuels de développement urbain, de développement local et d'insertion

économique et sociale ainsi que des dispositifs locaux de prévention de la délinquance ; programmes d'actions définis dans le contrat de ville.

La communauté d'agglomération

Créée par la loi du 6 février 1992, la communauté d'agglomération (article L. 5216-1 du CGCT) est « un établissement public de coopération intercommunale regroupant plusieurs communes formant, à la date de sa création, un **ensemble de plus de 50 000 habitants d'un seul tenant et sans enclave**, autour d'**une ou plusieurs communes centres de plus de 15 000 habitants**.

Le seuil démographique de 15 000 habitants ne s'applique pas lorsque la communauté d'agglomération comprend le chef-lieu du département ou la commune la plus importante du département. Le seuil démographique de 50 000 habitants est réduit à 30 000 habitants lorsque la communauté d'agglomération comprend le chef-lieu du département ».

Elle exerce de plein droit en lieu et place des communes membres, des **compétences obligatoires** :

- en matière de **développement économique** : création, aménagement, entretien et gestion de zones d'activité industrielle, commerciale, tertiaire, artisanale, touristique, portuaire ou aéroportuaire qui sont d'intérêt communautaire ; actions de développement économique d'intérêt communautaire ;
- en matière d'**aménagement de l'espace communautaire** : schéma de cohérence territoriale et schéma de secteur ; création et réalisation de zones d'aménagement concerté d'intérêt communautaire ; organisation de la mobilité ;
- en matière d'**équilibre social de l'habitat** : programme local de l'habitat ; politique du logement d'intérêt communautaire ; actions et aides financières en faveur du logement social d'intérêt communautaire ; réserves foncières pour la mise en œuvre de la politique communautaire d'équilibre social de l'habitat ; action, par des opérations d'intérêt communautaire, en faveur du logement des personnes défavorisées ; amélioration du parc immobilier bâti d'intérêt communautaire ;
- en matière de **politique de la ville** : élaboration du diagnostic du territoire et définition des orientations du contrat de ville ; animation et coordination des dispositifs contractuels de développement urbain, de développement local et d'insertion économique et sociale ainsi que des dispositifs locaux de prévention de la délinquance ; programmes d'actions définis dans le contrat de ville.

Elle exerce dans les mêmes conditions, des **compétences optionnelles** relevant au moins de trois des six groupes de compétences suivants :

- création ou aménagement et entretien de la voirie d'intérêt communautaire ; création ou aménagement et gestion des parcs de stationnement d'intérêt communautaire ;
- assainissement ;
- gestion de l'eau ;
- en matière de protection et de mise en valeur de l'environnement et du cadre de vie : lutte contre la pollution de l'air, lutte contre les nuisances sonores,

élimination et valorisation des déchets des ménages et déchets assimilés ou partie de cette compétence;
- construction, aménagement, entretien et gestion d'équipements culturels et sportifs d'intérêt communautaire;
- action sociale d'intérêt communautaire.

La communauté urbaine

Les premières communautés urbaines ont été créées par la loi n° 66-1069 du 31 décembre 1966 relative aux communautés urbaines.

Elles relèvent aujourd'hui, pour l'essentiel, des dispositions de la loi du 12 juillet 1999 relative au renforcement et à la simplification de la coopération intercommunale (dite loi Chevènement).

Depuis la loi n° 2010-1563 du 16 décembre 2010 de réforme des collectivités territoriales, la communauté urbaine est (article L. 5215-1 alinéa 1 du CGCT) « un établissement public de coopération intercommunale regroupant plusieurs communes d'un seul tenant et sans enclave qui forment, à la date de sa création, un ensemble de **plus de 450 000 habitants** et qui s'associent au sein d'un espace de solidarité, pour élaborer et conduire ensemble un projet commun de développement urbain et d'aménagement de leur territoire ».

Ce seuil été ramené à **250 000 habitants** par la loi n° 2014-58 du 27 janvier 2014 de modernisation de l'action publique territoriale et d'affirmation des métropoles (MAPTAM).

Elle exerce de plein droit en lieu et place des communes membres, des **compétences obligatoires** (pas de compétences optionnelles) en matière de :
- **développement et aménagement économique, social et culturel de l'espace communautaire** : création, aménagement, entretien et gestion de zones d'activité industrielle, commerciale, tertiaire, artisanale, touristique, portuaire ou aéroportuaire; actions de développement économique; construction ou aménagement, entretien, gestion et animation d'équipements, de réseaux d'équipements ou d'établissements culturels, socioculturels, socio-éducatifs, sportifs, lorsqu'ils sont d'intérêt communautaire; lycées et collèges; promotion du tourisme, dont la création d'offices de tourisme; programme de soutien et d'aides aux établissements d'enseignement supérieur et de recherche et aux programmes de recherche;
- **aménagement de l'espace communautaire** : schéma de cohérence territoriale et schéma de secteur; plan local d'urbanisme et documents d'urbanisme en tenant lieu; définition, création et réalisation d'opérations d'aménagement d'intérêt communautaire; et après avis des conseils municipaux, constitution de réserves foncières; organisation de la mobilité; création, aménagement et entretien de voirie; signalisation; parcs et aires de stationnement; plan de déplacements urbains;
- **équilibre social de l'habitat** sur le territoire communautaire : programme local de l'habitat; politique du logement; aides financières au logement social; actions en faveur du logement social; action en faveur du logement des personnes défavorisées; opérations programmées d'amélioration de l'habitat, actions de réhabilitation et résorption de l'habitat insalubre;

- **politique de la ville** : élaboration du diagnostic du territoire et définition des orientations du contrat de ville ; animation et coordination des dispositifs contractuels de développement urbain, de développement local et d'insertion économique et sociale ainsi que des dispositifs locaux de prévention de la délinquance ; programmes d'actions définis dans le contrat de ville ;
- **gestion des services d'intérêt collectif** : assainissement et eau ; création, extension et translation des cimetières, ainsi que création et extension des crématoriums et des sites cinéraires ; abattoirs, abattoirs marchés et marchés d'intérêt national ; services d'incendie et de secours ; contribution à la transition énergétique ; création, aménagement, entretien et gestion de réseaux de chaleur ou de froid urbains ; concessions de la distribution publique d'électricité et de gaz ; création et entretien des infrastructures de charge de véhicules électriques ;
- **protection et mise en valeur de l'environnement et de politique du cadre de vie** : collecte et traitement des déchets des ménages et déchets assimilés ; lutte contre la pollution de l'air ; lutte contre les nuisances sonores ; soutien aux actions de maîtrise de la demande d'énergie ;
- **aménagement, entretien et gestion des aires d'accueil des gens du voyage**.

La métropole

Il s'agit de la catégorie d'EPCI la plus intégrée (articles L. 5217-1 et suivants du CGCT). Instituée par la loi n° 2010-1563 du 16 décembre 2010 de réforme des collectivités territoriales, elle a été fortement modifiée par la loi n° 2014-58 du 27 janvier 2014 de modernisation de l'action publique territoriale et d'affirmation des métropoles (MAPTAM). Elle présente la particularité de résulter de la transformation d'un EPCI à fiscalité propre préexistant.

« La métropole est un établissement public de coopération intercommunale à fiscalité propre regroupant plusieurs communes d'un seul tenant et sans enclave au sein d'un espace de solidarité pour élaborer et conduire ensemble un projet d'aménagement et de développement économique, écologique, éducatif, culturel et social de leur territoire afin d'en améliorer la cohésion et la compétitivité et de concourir à un développement durable et solidaire du territoire régional. Elle valorise les fonctions économiques métropolitaines, ses réseaux de transport et ses ressources universitaires, de recherche et d'innovation, dans un esprit de coopération régionale et interrégionale et avec le souci d'un développement territorial équilibré. » (article L. 5217-1 I du CGCT).

Sont transformées en métropole au 1er janvier 2015 l'ensemble des EPCI à fiscalité propre qui forment, à la date de la création de la métropole, un ensemble de **plus de 400 000 habitants dans une aire urbaine de plus de 650 000 habitants**. De plus, par accord des deux tiers au moins des conseils municipaux des communes intéressées représentant plus de la moitié de la population totale de celles-ci ou par la moitié au moins des conseils municipaux des communes représentant les deux tiers de la population, peuvent obtenir par décret le statut de métropole, à leur demande :

1° les établissements publics de coopération intercommunale à fiscalité propre qui forment, à la date de la création de la métropole, un ensemble de plus de 400 000 habitants et dans le périmètre desquels se trouve le chef-lieu de région ;

2° les établissements publics de coopération intercommunale centres d'une zone d'emplois de plus de 400 000 habitants, au sens de l'Institut national de la statistique et des études économiques, et qui exerçaient en lieu et place des communes, les compétences obligatoires d'une métropole à la date de l'entrée en vigueur de la loi n° 2014-57 du 27 janvier 2014.

La métropole exerce de plein droit en lieu et place des communes membres, des **compétences obligatoires** en matière de :

- **développement et aménagement économique, social et culturel** : création, aménagement et gestion des zones d'activité industrielle, commerciale, tertiaire, artisanale, touristique, portuaire ou aéroportuaire ; actions de développement économique ainsi que participation au copilotage des pôles de compétitivité et au capital des sociétés d'accélération du transfert de technologie ; construction, aménagement, entretien et fonctionnement d'équipements culturels, socioculturels, socio-éducatifs et sportifs d'intérêt métropolitain ; promotion du tourisme, dont la création d'offices de tourisme ; programme de soutien et d'aides aux établissements d'enseignement supérieur et de recherche et aux programmes de recherche, en tenant compte du schéma régional de l'enseignement supérieur, de la recherche et de l'innovation ;
- **aménagement de l'espace métropolitain** : schéma de cohérence territoriale et schéma de secteur ; plan local d'urbanisme et documents d'urbanisme en tenant lieu ; définition, création et réalisation d'opérations d'aménagement d'intérêt métropolitain ; actions de valorisation du patrimoine naturel et paysager ; constitution de réserves foncières ; organisation de la mobilité ; création, aménagement et entretien de voirie ; signalisation ; abris de voyageurs ; parcs et aires de stationnement et plan de déplacements urbains ; création, aménagement et entretien des espaces publics dédiés à tout mode de déplacement urbain ainsi qu'à leurs ouvrages accessoires ; participation à la gouvernance et à l'aménagement des gares situées sur le territoire métropolitain ; établissement, exploitation, acquisition et mise à disposition d'infrastructures et de réseaux de télécommunications ;
- **politique locale de l'habitat** : programme local de l'habitat ; politique du logement ; aides financières au logement social ; actions en faveur du logement social ; actions en faveur du logement des personnes défavorisées ; amélioration du parc immobilier bâti, réhabilitation et résorption de l'habitat insalubre ; aménagement, entretien et gestion des aires d'accueil des gens du voyage ;
- **politique de la ville** : élaboration du diagnostic du territoire et définition des orientations du contrat de ville ; animation et coordination des dispositifs contractuels de développement urbain, de développement local et d'insertion économique et sociale ainsi que des dispositifs locaux de prévention de la délinquance ; programmes d'actions définis dans le contrat de ville ;
- **gestion des services d'intérêt collectif** : assainissement et eau ; création, gestion, extension et translation des cimetières et sites cinéraires d'intérêt métropolitain ainsi que création, gestion et extension des crématoriums ; abattoirs, abattoirs marchés et marchés d'intérêt national ; services d'incendie et de secours ; service public de défense extérieure contre l'incendie ;

– **protection et mise en valeur de l'environnement et de politique du cadre de vie** : gestion des déchets ménagers et assimilés; lutte contre la pollution de l'air; lutte contre les nuisances sonores; contribution à la transition énergétique; soutien aux actions de maîtrise de la demande d'énergie; élaboration et adoption du plan climat-énergie territorial, en cohérence avec les objectifs nationaux en matière de réduction des émissions de gaz à effet de serre, d'efficacité énergétique et de production d'énergie renouvelable; concession de la distribution publique d'électricité et de gaz; création, aménagement, entretien et gestion de réseaux de chaleur ou de froid urbains; création et entretien des infrastructures de charge nécessaires à l'usage des véhicules électriques ou hybrides rechargeables; gestion des milieux aquatiques et prévention des inondations; autorité concessionnaire de l'État pour les plages.

Elle peut également exercer, à l'intérieur de son périmètre, des compétences en lieu et place des départements et des régions par transfert conventionnel.

9. Les principaux modes de recrutement des agents publics fonctionnaires et contractuels

Les employeurs des fonctionnaires territoriaux comptent 36 670 communes, 20 000 établissements publics locaux, 101 départements et 13 régions métropolitaines, soit plus de 55 000 employeurs différents.

Les fonctionnaires territoriaux exercent environ 250 métiers différents. Pour autant, à la différence de l'État qui compte environ 600 corps dont il cherche aujourd'hui à réduire le nombre en les réorganisant, la fonction publique territoriale ne compte que **53 cadres d'emplois** (par exemple ceux des attachés territoriaux, des ingénieurs territoriaux ou encore des conservateurs des bibliothèques territoriaux). Un cadre d'emplois regroupe des agents dont les emplois et les métiers sont très proches. Chaque cadre d'emplois est régi par un décret portant statut particulier du cadre d'emplois, qui précise notamment les missions incombant au cadre d'emplois et les moyens d'y accéder.

Les **filières** sont un moyen aisé de regrouper les cadres d'emplois au sein de « grandes familles » de métiers. On recense ainsi huit filières différentes dans la fonction publique territoriale : administrative ; technique ; culturelle ; sportive ; médico-sociale ; animation ; police municipale (parfois également dénommée filière « sécurité ») ; sapeurs-pompiers.

Exemple : La filière administrative contient les cadres d'emplois d'adjoint administratif, de rédacteur, d'attaché territorial et d'administrateur.

Chaque cadre d'emplois est divisé en **grades** qui distinguent les agents en fonction de leur expérience, de leur ancienneté, de leur qualification ou de leur responsabilité. Parmi ces grades, on distingue le grade de recrutement et les grades d'avancement. Au sein d'un grade, un fonctionnaire bénéficie en fonction de son ancienneté d'avancements d'échelon.

Exemple : Le cadre d'emplois des rédacteurs territoriaux comprend les grades de rédacteur, de rédacteur principal de 2e classe et de rédacteur principal de 1re classe.

Le grade de rédacteur est un grade de recrutement, accessible par concours. Le grade de rédacteur principal de 2e classe est à la fois un grade de recrutement accessible par concours et un grade d'avancement. Le grade de rédacteur principal de 1re classe est uniquement un grade d'avancement.

Les cadres d'emplois sont répartis en trois **catégories hiérarchiques**, qui correspondent à des fonctions de conception et de direction (catégorie A) ; à des fonctions d'application (catégorie B) ; à des fonctions d'exécution (catégorie C).

Exemple : Le décret portant statut particulier du cadre d'emplois des rédacteurs territoriaux dispose que « les rédacteurs territoriaux constituent un cadre d'emplois administratif de catégorie B ».

Au cours de sa carrière, un fonctionnaire peut accéder à un cadre d'emplois de catégorie supérieure, soit par concours, soit par promotion interne avec ou sans examen professionnel.

Le **recrutement par concours** est la règle en matière de recrutement dans la fonction publique territoriale, même si cette règle connaît des dérogations.

On distingue :

- les concours **internes**, ouverts à tous les agents publics titulaires ou non titulaires avec pour condition une certaine durée de services publics, généralement 1 an pour l'accès aux cadres d'emplois de catégorie C et 4 ans pour ceux de catégories A et B. À noter que tous les cadres d'emplois ne sont pas ouverts au concours interne, notamment ceux qui correspondent à des professions réglementées (comme médecin territorial, sage-femme territoriale ou infirmière territoriale) ;
- les concours **externes**, dont l'accès est conditionné par la détention de titres ou diplômes, ou, depuis la loi du 17 février 2007, à la reconnaissance de l'expérience professionnelle en complément ou en lieu et place de diplôme.

Le niveau de diplôme requis est lié à la catégorie hiérarchique du cadre d'emplois.

Pour un cadre d'emplois de catégorie A, le concours externe est accessible à partir du niveau minimum de la licence (niveau II). En catégorie B, le recrutement par concours externe s'effectue à partir du niveau baccalauréat (niveau IV) ou bac + 2 (niveau III). En catégorie C, des diplômes de type brevet, CAP et BTS sont requis (niveau V).

- les concours de **troisième voie** (ou troisième concours) sont ouverts au titre d'une activité professionnelle dans le secteur privé, quelle qu'en soit la nature, généralement pendant 4 ans ; ils sont également accessibles aux personnes qui ont exercé, en général pendant 4 ans, des responsabilités associatives, ainsi qu'aux personnes qui ont exercé des mandats électifs locaux.

  À noter que certains cadres d'emplois sont ouverts au recrutement direct sans concours : c'est par exemple le cas du recrutement au grade d'adjoint administratif, d'adjoint technique, d'adjoint d'animation ou d'adjoint du patrimoine.

Il convient également de rappeler que, dans la fonction publique territoriale, la réussite à un concours n'entraîne pas automatiquement nomination sur un poste. Le législateur a en effet entendu concilier recrutement par concours et libre administration des collectivités territoriales. Alors que l'État, lorsqu'il organise des concours de recrutement, est à la fois organisateur de concours et employeur, dans la fonction publique territoriale, les organisateurs de concours sont généralement distincts du futur employeur.

L'organisation des concours d'accès à la fonction publique territoriale repose à la fois sur l'obligation (sauf exceptions) pour l'employeur de recruter des lauréats de concours et sur la liberté de recruter librement un lauréat de concours. Les candidats qui réussissent un concours sont ainsi inscrits par l'autorité organisatrice du concours sur une **liste d'aptitude** (valable deux années renouvelables deux fois pour un an à la demande du lauréat, soit quatre ans au total), qui leur donne vocation à être nommés dans la collectivité ou l'établissement public qu'ils auront choisi et/ou qui les aura choisis.

La fonction publique, et notamment la fonction publique territoriale, peut également recruter des **agents non titulaires** désormais qualifiés agents contractuels.

Les emplois répondant à un besoin permanent sont, conformément à la loi, occupés par des fonctionnaires. Toutefois, un certain nombre de dérogations sont prévues, fixant les conditions d'emploi d'agents contractuels et leurs lieu et place : remplacement, absence de candidature de fonctionnaires, handicapés, etc.

Les emplois ne correspondant pas à un besoin permanent – emplois occasionnels, saisonniers, de cabinet – ne peuvent être, quant à eux, occupés que par des agents contractuels ou, pour le dernier cas, par des fonctionnaires en détachement.

La **loi n° 2019-828 du 6 août 2019 de transformation de la fonction publique** élargit les possibilités de recrutement d'agents contractuels :

• Emplois de direction

Peuvent être pourvus par la voie du recrutement direct les emplois suivants :

– directeur général des services et, lorsque l'emploi est créé, directeur général adjoint des services des départements et des régions ou des collectivités exerçant les compétences des départements ou des régions ;

– directeur général des services, directeur général adjoint des services et directeur général des services techniques des communes de plus de 40 000 habitants et des établissements publics de coopération intercommunale à fiscalité propre de plus de 40 000 habitants ;

– directeur général des établissements publics dont les caractéristiques et l'importance le justifient.

• Emplois de catégorie B

Il devient possible de recruter par contrat sur les emplois de catégorie B, lorsque la nature des fonctions ou les besoins des services le justifient, dans les mêmes conditions que pour les emplois de catégorie A.

• Emplois dans les « petites » communes et intercommunalités

Dans les communes de moins de 1 000 habitants et dans les EPCI de moins de 15 000 habitants, tous les emplois peuvent être pourvus au moyen du contrat.

• Contrat de projet

Selon les termes de l'exposé des motifs de la loi :

« L'article 8 crée un nouveau type de **contrat à durée déterminée** au sein de la fonction publique, le contrat de projet. Il permet aux services d'être en capacité de mobiliser des profils divers pour la conduite de projets ou d'opérations identifiés s'inscrivant dans une durée limitée. Ce nouveau contrat, spécifique à la fonction publique et n'ouvrant droit ni à un contrat à durée indéterminée, ni à titularisation, est ouvert à l'ensemble des catégories hiérarchiques. Conclu pour une **durée déterminée minimale d'un an et ne pouvant excéder six ans maximum,** il prend fin :

– lorsque le projet ou l'opération pour lequel ce contrat a été conclu ne peut se réaliser ;

– lorsque le projet ou l'opération arrive à son terme ;

– lorsque le projet ou l'opération se termine de manière anticipée.

Une indemnité spécifique est prévue en cas de rupture anticipée du contrat. »

10. Les finances publiques locales et les budgets locaux

Il n'est évidemment pas possible de développer ici un cours entier de finances publiques locales, mais on posera tout de même quelques repères, utiles non seulement pour traiter les questions de l'épreuve écrite de réponses à des questions de finances (une des options de l'épreuve de réponses à une série de questions du concours externe de rédacteur), de réponses à des questions de droit public et de finances publiques (concours externe de rédacteur principal de 2e classe), mais aussi pour traiter le cas échéant de problèmes financiers dans les propositions opérationnelles de l'épreuve de rapport avec propositions des concours externe, interne et de troisième voie de rédacteur principal de 2e classe, sans parler des questions qui peuvent être posées lors de l'épreuve orale d'entretien afin de mesurer les connaissances du candidat en matière d'environnement territorial.

1. Qu'est-ce que l'autonomie financière des collectivités territoriales ?

Depuis la révision constitutionnelle du 28 mars 2003, l'article 72-2 de la Constitution précise le principe d'autonomie financière des collectivités territoriales qui constitue une des conditions de leur libre administration.

L'**article 72-2** dispose en effet que « les collectivités territoriales bénéficient de **ressources dont elles peuvent disposer librement** dans les conditions fixées par la loi.

Elles peuvent recevoir tout ou partie du produit des impositions de toutes natures. La loi peut les autoriser à en **fixer l'assiette et le taux** dans les limites qu'elle détermine.

Les recettes fiscales et les autres ressources propres des collectivités territoriales représentent, pour chaque catégorie de collectivités, une **part déterminante de l'ensemble de leurs ressources**. La loi organique fixe les conditions dans lesquelles cette règle est mise en œuvre.

Tout **transfert de compétences** entre l'État et les collectivités territoriales s'accompagne de l'**attribution de ressources équivalentes** à celles qui étaient consacrées à leur exercice. Toute création ou extension de compétences ayant pour conséquence d'augmenter les dépenses des collectivités territoriales est accompagnée de ressources déterminées par la loi.

La loi prévoit des dispositifs de **péréquation** destinés à favoriser l'égalité entre les collectivités territoriales ».

La **loi organique du 29 juillet 2004** définit les ressources propres des collectivités locales et fixe un plancher en deçà duquel le taux d'autonomie financière des collectivités locales ne peut pas descendre.

L'article 3 de cette loi organique précise ainsi que, « au sens de l'article 72-2 de la Constitution, les **ressources propres des collectivités territoriales** sont constituées du produit des impositions de toutes natures dont la loi les autorise à fixer l'assiette, le taux ou le tarif, ou dont elle détermine, par collectivité, le taux ou une part locale d'assiette, des redevances pour services rendus, des produits du domaine, des participations d'urbanisme, des produits financiers et des dons et legs.

Pour la catégorie des communes, les ressources propres sont augmentées du montant de celles qui, mentionnées au premier alinéa, bénéficient aux établissements publics de coopération intercommunale ».

2. Quels sont les principes budgétaires qui s'imposent aux collectivités territoriales ?

Par principe budgétaire, on entend les grandes règles, fixées par la loi (et le plus souvent inscrites dans le code général des collectivités territoriales), destinées à assurer une bonne utilisation des fonds publics et un contrôle efficace de l'assemblée délibérante.

A. L'unité budgétaire

Pour exercer leur pouvoir de bonne façon, les assemblées délibérantes doivent avoir une vision d'ensemble des recettes et des dépenses de la collectivité, ce qui impose leur inscription sur un document unique. Afin que ce document soit clair, des documents sont annexés au budget.

Les budgets autonomes et les budgets annexes constituent une exception au principe d'unité budgétaire.

B. L'universalité budgétaire

Afin que les assemblées délibérantes puissent déterminer librement les dépenses, le budget ne doit pas établir de lien entre recettes et dépenses, soit :

- la règle du produit brut ou de la non-compensation ;
- la règle de la non-affectation des recettes.

Les budgets annexes, l'affectation de certaines recettes sont une exception à ce principe.

C. L'annualité budgétaire

Le budget des collectivités territoriales doit être voté avant le début de l'exercice. Les collectivités territoriales sont toutefois autorisées à voter leur budget jusqu'au 15 avril, afin de prendre en compte des données contenues dans la loi de finances.

L'exécution du budget s'étend en outre du 1er janvier au 31 décembre.

Les reports de crédits et les autorisations de programme, notamment, constituent une exception à ce principe.

D. La spécialité des crédits

Les assemblées délibérantes décident de l'utilisation des crédits. À cette fin, les opérations comptables sont regroupées sous une nomenclature budgétaire qui permet aux élus d'identifier les crédits votés.

Les virements et transferts de crédits font exception à ce principe.

E. L'équilibre

Les collectivités territoriales sont astreintes à l'équilibre de leurs dépenses et de leurs recettes par section (section de fonctionnement et section d'investissement).

Le respect de ce principe requiert une évaluation sincère des recettes et des dépenses. En outre, les collectivités territoriales ne peuvent pas emprunter pour financer la charge de la dette.

F. La sincérité

Les collectivités territoriales ne peuvent en effet pas surestimer les recettes ni sous-estimer les dépenses.

3. Quels sont les différents documents budgétaires d'une collectivité territoriale ?

A. Le budget primitif (BP)

Document budgétaire de base, le budget primitif doit être voté avant le début de l'exercice budgétaire auquel il se rapporte.

La loi avait toutefois fixé au 31 mars la date limite de vote du budget primitif par l'assemblée délibérante, cette date étant repoussée au 15 avril les années de renouvellement des assemblées locales.

L'article 37 de la loi n° 2012-1510 du 29 décembre 2012 de finances rectificatives pour 2012 a prévu qu'à compter de l'exercice 2013 et de façon pérenne la date limite de vote des budgets locaux est fixée au 15 avril au lieu du 31 mars. L'article L. 1613-2 du code général des collectivités territoriales a été modifié en conséquence. L'année du renouvellement de l'assemblée, le budget local doit être voté avant le 30 avril.

Le budget primitif prévoit et autorise les recettes et les dépenses de la commune en section de fonctionnement et en section d'investissement.

B. Le budget supplémentaire (BS)

Adopté par l'assemblée délibérante en cours d'année d'exécution du BP, il apporte des correctifs au budget, en incorporant au budget les différentes décisions modificatives, en rectifiant les prévisions budgétaires (majorations ou annulations de crédits), en reprenant les résultats (excédent ou déficit) et les reports (pour l'essentiel des dépenses engagées mais non mandatées) de l'exercice précédent.

À noter que le BS n'est pas obligatoire.

C. Les décisions modificatives (DM)

Des dépenses imprévues peuvent nécessiter l'ouverture de crédits ou des ajustements s'avérer nécessaires en fin d'exercice. Des DM peuvent ainsi intervenir tout au long de l'exercice budgétaire.

D. Les budgets annexes

Le code général des collectivités territoriales dispose que « les produits des régies dotées de la seule autonomie financière, y compris les taxes ainsi que les charges, font l'objet d'un budget spécial annexé au budget de la commune voté par le conseil municipal ».

Le service des eaux et de l'assainissement, par exemple, lorsque la collectivité locale décide de l'exploiter elle-même en régie, fait l'objet d'un budget annexe.

E. Le compte administratif (CA)

Il est présenté comme le BP, avec une section de fonctionnement et une section d'investissement, chaque section étant séparée en recettes et en dépenses. Il retrace les opérations réalisées au cours de l'exercice en dépenses et en recettes, ainsi que les « restes à réaliser ». Il permet ainsi de comparer, ligne par ligne, les évaluations initiales et les réalisations.

Il doit être approuvé par l'organe délibérant avant le 30 juin de l'exercice suivant celui auquel il s'applique, en même temps que le compte de gestion établi par le comptable.

L'excédent ou le déficit de gestion qu'il fait apparaître est repris dans l'exercice suivant (BS ou DM). La reprise de ce résultat fera l'objet d'une délibération spécifique de l'assemblée délibérante : l'affectation du résultat.

F. Le compte de gestion

Établi par le comptable, c'est un document de synthèse des flux financiers (dépenses et recettes) de la collectivité concernée. Il justifie l'exécution du budget et présente l'évolution patrimoniale et financière de la commune.

4. Comment est présenté le budget des collectivités territoriales ?

Les opérations budgétaires sont réparties en deux sections équilibrées, la **section de fonctionnement** et la **section d'investissement**, qui comprennent chacune les recettes et les dépenses.

La section de fonctionnement correspond à l'exploitation courante des services. On y trouve en dépenses :
- les frais de personnel ;
- les frais de travaux, fournitures et services extérieurs qui n'ont pas le caractère d'équipement ;
- les transferts versés (subventions de fonctionnement à des organismes dotés de l'autonomie financière, etc.) ;
- la charge de la dette (intérêts).

Elle comprend en recettes :
- les transferts et dotations affectés au fonctionnement (par exemple la dotation globale de fonctionnement) ;
- les recettes fiscales : taxe d'habitation, taxe sur le foncier bâti, taxe sur le foncier non bâti, cotisation foncière des entreprises ;
- les produits de l'exploitation et du domaine.

La section d'investissement correspond aux opérations modifiant le patrimoine de la collectivité, soit :
- en dépenses :
- le remboursement du capital de la dette,
- les charges d'investissement réalisées directement par la commune,
- les subventions d'équipement versées par la collectivité ;
- en recettes :
- l'épargne brute dégagée par différence entre les charges et les produits de fonctionnement,
- les subventions d'équipement reçues (dotation globale d'équipement, fonds de compensation de la TVA, subventions des autres collectivités territoriales, etc.),
- les produits d'emprunts.

Ainsi, lorsque les recettes de fonctionnement sont supérieures aux dépenses de fonctionnement, l'épargne brute ou autofinancement permet le financement des investissements.

5. Comment le budget est-il préparé et voté ?

A. La préparation du budget

La préparation du budget incombe à l'exécutif de la collectivité (et, par délégation, à ses services qui réunissent les éléments nécessaires).

Pour préparer le budget de l'année N, les services disposent du budget de l'année précédente (N–1) et le dernier compte administratif arrêté (N–2). Pour confectionner le budget, il est en outre nécessaire de connaître l'état du personnel, l'état de la dette (créances à long terme de la commune), les éléments fournis par l'État en matière fiscale (dotation globale de fonctionnement, dotation globale d'équipement, etc.).

La préparation budgétaire requiert l'évaluation des recettes de fonctionnement et d'investissement, des dépenses de fonctionnement et d'investissement, la recherche de l'équilibre budgétaire ; l'inscription prioritaire des dépenses obligatoires.

Dans les communes de 3 500 habitants et plus, les départements et les régions, le vote du budget est obligatoirement précédé d'un **débat d'orientation budgétaire** ou DOB (débat de l'assemblée délibérante) qui doit intervenir dans les deux mois précédant le vote du budget (10 semaines s'agissant de la région). Ce débat permet l'information des élus locaux sur la situation financière de la collectivité ainsi que sur les grandes orientations budgétaires de l'exercice. Ce débat constitue une formalité substantielle préalable à l'adoption du budget.

La loi du 7 août 2015 portant nouvelle organisation de la République (NOTRe) fixe que le débat d'orientation budgétaire se fonde sur un **rapport d'orientation budgétaire** (ROB).

S'agissant des communes, l'article L. 2312-1 du CGCT dispose que le ROB porte sur « les orientations budgétaires, les engagements pluriannuels envisagés ainsi que sur la structure et la gestion de la dette ». Dans les communes de 10 000 habitants et plus, « le rapport comporte, en outre, une présentation de la structure et de l'évolution des dépenses et des effectifs. Il précise notamment l'évolution prévisionnelle et l'exécution des dépenses de personnel, des rémunérations, des avantages en nature et du temps de travail ».

Un décret du 24 juin 2016 apporte des précisions sur le contenu, les modalités de publication et de transmission du ROB pour les communes, les départements et les régions. S'agissant des communes, il précise notamment « les orientations budgétaires envisagées par la commune portant sur les évolutions prévisionnelles des dépenses et des recettes, en fonctionnement comme en investissement. Sont notamment précisées les hypothèses d'évolution retenues pour construire le projet de budget, notamment en matière de concours financiers, de fiscalité, de tarification, de subventions ainsi que les principales évolutions relatives aux relations financières entre la commune et l'établissement public de coopération intercommunale à fiscalité propre dont elle est membre ».

De plus, la loi du 12 juillet 2010 portant engagement national pour l'environnement a institué un **rapport sur le développement durable** dans les collectivités territoriales et EPCI de plus de 50000 habitants : préalablement aux débats sur le projet de budget, l'exécutif présente un rapport sur la situation en matière de développement durable intéressant le fonctionnement de la collectivité, les politiques qu'elle mène sur son territoire et les orientations et programmes de nature à améliorer cette situation. Il s'agit également d'une formalité substantielle préalable à l'adoption du budget.

B. Le vote du budget

Le budget est voté par l'assemblée délibérante de chaque collectivité territoriale.

Le budget primitif doit être voté au 1er janvier de l'exercice auquel il s'applique. Ce délai est théorique, puisque la date limite de vote du budget est fixée au 15 avril. Cette date est reportée au 30 avril l'année de renouvellement des assemblées locales.

Voter un budget supplémentaire n'est pas obligatoire. Lorsqu'un budget supplémentaire est voté par l'assemblée délibérante, il l'est souvent au troisième trimestre.

Le budget est voté par chapitres, ou, à la demande de l'assemblée délibérante, par articles. La section de fonctionnement est adoptée avant la section d'investissement.

Les communes de plus de 10 000 habitants, les départements et les régions peuvent désormais recourir au vote par fonction, c'est-à-dire à un vote des dépenses de fonctionnement et d'investissement par grandes familles de dépenses.

6. Quelles sont les principales ressources des collectivités territoriales ?

Les ressources des collectivités territoriales désignent les recettes dont elles bénéficient pour assurer leurs missions.

L'article 72-2 de la Constitution fixe que « les collectivités territoriales bénéficient de ressources dont elles peuvent disposer librement dans les conditions fixées par la loi. [...] Les recettes fiscales et les autres ressources propres des collectivités territoriales représentent, pour chaque catégorie de collectivités, une part déterminante de l'ensemble de leurs ressources ». Ces règles constituent la base de l'« **autonomie financière** » des collectivités territoriales.

On peut présenter les ressources des collectivités territoriales en distinguant leurs **ressources propres** et leurs **ressources extérieures**.

A. Les ressources propres

Les recettes fiscales constituent la majorité des recettes des collectivités territoriales (138,5 milliards d'euros fin 2016, soit 55,1 % de leurs recettes totales).

Environ les deux tiers de ces recettes fiscales proviennent de la fiscalité directe.

a. La fiscalité directe

Elle repose sur six taxes qui se sont élevées en 2016 à 80,6 milliards d'euros :

■ Trois taxes « ménages », qui sont en réalité des impôts et non des taxes, la **taxe d'habitation**, la **taxe foncière sur les propriétés bâties**, la **taxe foncière sur les propriétés non bâties**.

- La **taxe d'habitation** s'applique à chaque personne (propriétaire ou locataire ou occupant à titre gratuit) disposant d'un bien immobilier. Elle est payée par la personne ayant la disposition ou la jouissance à titre privatif des locaux imposables au 1er janvier de l'année d'imposition.

LA SUPPRESSION DE LA TAXE D'HABITATION

La taxe d'habitation (TH) sur les résidences principales a été modifiée par la loi de finances pour 2018. Depuis 2018, elle baisse progressivement pour 80 % des Français et devrait être, pour ces 80 % de Français, totalement supprimée en 2020.

La mesure prévoit un effet de lissage avec une première baisse de 30 % en 2018 et 65 % en 2019. Cela signifie que les Français concernés par l'exonération ont bénéficié d'un abattement de 30 % sur leur taxe d'habitation en 2018, que ceux concernés par l'exonération en 2019 bénéficient d'un abattement de 65 % en 2019 puis d'une exonération totale en 2020.

Pour les 20 % de contribuables restants (les contribuables les plus aisés), il est prévu que la suppression intervienne en trois étapes à partir de 2021, soit une suppression totale en 2023 pour les résidences principales. Les habitations principales n'étant à terme plus soumises à la TH, elle est renommée « taxe d'habitation sur les résidences secondaires et autres locaux meublés non affectés à l'habitation principale » (THRS).

Pour compenser cette suppression, représentant pour les collectivités un « manque à gagner » estimé par le gouvernement à 17 milliards d'euros par an, la loi de finances pour 2020 prévoit le versement de l'intégralité de la fraction départementale de la taxe foncière aux communes à partir de 2021. En compensation, les départements se voient affecter une partie de la TVA.

- La **taxe foncière sur les propriétés bâties** concerne les propriétaires d'un bien immobilier ou les usufruitiers. Pour les particuliers, il s'agit essentiellement des locaux d'habitation, des sols des bâtiments et des terrains formant une dépendance indispensable et immédiate à ces constructions et des parkings, qu'ils soient occupants ou non des lieux.

- La **taxe foncière sur les propriétés non bâties**

  La taxe foncière sur les propriétés non bâties (TFPNB) est due par les propriétaires ou usufruitiers de propriétés non bâties, au 1er janvier de l'année d'imposition. Elle est encaissée par la collectivité territoriale (la commune ou l'EPCI à fiscalité propre), sur le territoire de laquelle le terrain est situé.

■ La **contribution économique territoriale** (CET), instituée par la loi de finances 2010 en remplacement de la taxe professionnelle. Il s'agit également d'un impôt et non d'une taxe.

Elle comprend :

- la **cotisation foncière des entreprises** (CFE), collectée au seul profit des communes et de leurs groupements qui en fixent le taux, assise sur la valeur locative des biens passibles d'une taxe foncière (terrains, constructions, installations...) situés en France ;
- la **cotisation sur la valeur ajoutée des entreprises** (CVAE), partagée entre les différents niveaux de collectivités (25 % pour les communes et leurs groupements, 25 % pour les régions, 50 % pour les départements). Son taux est fixé nationalement selon un barème progressif en fonction du chiffre d'affaires.

En 2016, 7,4 milliards d'euros ont été collectés au titre de la CFE et 16,9 milliards d'euros au titre de la CVAE, en baisse par rapport au produit de la taxe professionnelle (31,3 milliards d'euros avant sa suppression).

■ L'**imposition forfaitaire sur les entreprises de réseaux** (IFER)

Également instituée dans le cadre de la suppression de la taxe professionnelle, l'IFER vise certaines entreprises dont l'activité est exercée dans les secteurs de l'énergie, des transports ferroviaires et des télécommunications et est répartie entre le bloc communal, les départements et les régions.

b. La fiscalité indirecte

Elle représente une part limitée des ressources fiscales des collectivités. En 2016, elle s'élevait à 51,1 milliards d'euros.

Il s'agit principalement des droits de mutation à titre onéreux (DMTO) et de la part locale de la taxe intérieure de consommation sur les produits énergétiques (TICPE).

On peut citer également la taxe sur les cartes grises, la taxe sur l'électricité et la taxe différentielle sur les véhicules de société à moteur.

c. Les redevances

Les redevances liées à l'utilisation d'un service public (eau, transports, ramassage des ordures ménagères...).

d. La gestion du domaine

La gestion par une collectivité de son domaine privé comme de son domaine public génère des recettes. On peut citer par exemple le stationnement payant ou les redevances pour occupation du domaine public.

B. Les ressources extérieures

a. Les transferts financiers de l'État

Ces **transferts financiers de l'État** en faveur des collectivités territoriales s'élèvent à 104,8 milliards d'euros en 2018 (99,9 milliards d'euros en 2017).

Ils comprennent :
- **les concours de l'État aux collectivités territoriales** (48,3 milliards d'euros en 2018), essentiellement composés des **dotations**, orientées à la baisse. Ils ont pour objet de contribuer au financement global des collectivités (dépenses de fonctionnement et d'investissement).

Ils constituent l'essentiel de l'effort financier de l'État en faveur des collectivités, regroupant :
- les prélèvements sur les recettes de l'État (PSR) (40,3 milliards d'euros) ;
- les crédits budgétaires relevant de la mission « Relations avec les collectivités territoriales » (3,8 milliards d'euros) ;
- la fraction de la taxe sur la valeur ajoutée affectée aux régions (4,1 milliards d'euros).

Au sein de cette enveloppe, les deux principaux transferts sont la **dotation globale de fonctionnement**, principal concours de l'État finançant les charges de fonctionnement du bloc communal et des départements (27 milliards d'euros), et les dépenses du **fonds de compensation de la TVA** (FCTVA) qui vient en aide à l'investissement des collectivités territoriales (5,6 milliards d'euros).

LA BAISSE DE LA DOTATION GLOBALE DE FONCTIONNEMENT

À compter de 2014, les concours financiers de l'État aux collectivités territoriales ont connu une forte diminution du fait de l'association de ces dernières à l'effort de redressement des finances publiques.
Cette contribution a pris la forme d'une **minoration de la dotation globale de fonctionnement** (DGF) du bloc communal, des départements et des régions. La baisse de la DGF a atteint 1,4 milliard d'euros en 2014, 3,5 milliards d'euros en 2015, 3,3 milliards d'euros en 2016 et 2,4 milliards d'euros en 2017, soit une baisse de près de 10,6 milliards d'euros entre 2013 et 2017.
Cette baisse a été stoppée à compter de 2018.

■ Les **compensations des exonérations et dégrèvements d'impôts locaux** ainsi que les **subventions spécifiques** versées par les ministères :
- les dégrèvements d'impôts locaux représentent 15 milliards d'euros pour 2018 ;
- les subventions spécifiques versées par les ministères s'élèvent à 3 milliards d'euros en 2018, versés aux collectivités territoriales dans le cadre de leurs politiques publiques (missions « Politique des territoires », « Écologie, développement et mobilités durables », « Outre-mer », etc.).

■ La **fiscalité transférée**, pour laquelle le législateur détermine une part locale d'assiette, destinée à accompagner les transferts de compétences aux collectivités territoriales prévus par les lois de décentralisation, conformément à l'article 72-2 de la Constitution, qui dispose que « **tout transfert de compétences entre l'État et les collectivités territoriales s'accompagne de l'attribution de ressources équivalentes** à celles qui étaient consacrées à leur exercice. Toute création ou extension de compétences ayant pour conséquence d'augmenter les dépenses des collectivités territoriales est accompagnée de ressources déterminées par la loi ».

b. L'emprunt

L'emprunt constitue une ressource temporaire à laquelle les collectivités ne peuvent recourir que pour financer leurs dépenses d'investissement.

En 2016, l'emprunt des collectivités territoriales et de leurs groupements à fiscalité propre a représenté 14,2 milliards d'euros, soit environ 7 % de leurs recettes totales. L'encours de la dette des collectivités est relativement stable, même s'il tend à augmenter d'année en année (120 milliards d'euros fin 2009, 148,5 milliards d'euros fin 2016).

c. Les fonds européens

Gérés par l'Union européenne, les fonds structurels européens visent à favoriser le rattrapage des régions les moins avancées et aider les régions en crise à se reconvertir.

Ils sont au nombre de deux :

- le Fonds social européen (FSE), qui sert à promouvoir la cohésion sociale et à soutenir l'emploi ;
- le Fonds européen de développement régional (FEDER), qui vise à réaliser des investissements dans les secteurs porteurs de croissance, dans les grandes infrastructures (autoroutes) et à soutenir le développement local.

LA PÉRÉQUATION

L'article 72-2 de la Constitution fixe que « la loi prévoit des dispositifs de péréquation destinés à favoriser l'égalité entre les collectivités territoriales ».

Il s'agit d'un mécanisme de redistribution qui vise à réduire les écarts de richesse entre les différentes collectivités territoriales.

On distingue :

– la **péréquation horizontale**, qui s'effectue entre collectivités, consistant à attribuer aux collectivités défavorisées une partie des ressources des collectivités les plus « riches ». Quatre fonds de péréquation ont été créés à partir de 2011 : le fonds national de péréquation des droits de mutation à titre onéreux (DMTO) perçus par les départements ; le fonds national de péréquation des ressources intercommunales et communales (FPIC) ; le fonds national de péréquation de la cotisation sur la valeur ajoutée des entreprises (CVAE) des départements ; le fonds national de péréquation des ressources des régions et de la collectivité territoriale de Corse ;

– la **péréquation verticale** assurée par les dotations de l'État aux collectivités. La dotation globale de fonctionnement (DGF) en est le principal instrument.

La péréquation est à environ 70 % verticale.

7. Quelles sont les dépenses obligatoires et les dépenses facultatives des collectivités ?

Certaines dépenses sont obligatoires, c'est-à-dire qu'elles doivent obligatoirement être inscrites dans le budget. À défaut, le préfet, ou le comptable public, ou toute personne y ayant intérêt, peut saisir la chambre régionale des comptes qui dispose d'un mois pour constater le défaut d'inscription et mettre la collectivité en demeure d'inscrire la dépense. Si la collectivité ne se conforme pas à l'avis, la chambre régionale des comptes peut demander au préfet de procéder à l'**inscription d'office** de la dépense.

A. Les dépenses obligatoires

L'article L. 162-15 du code général des collectivités territoriales dispose que « ne sont obligatoires pour les collectivités territoriales que les dépenses nécessaires à l'acquittement de dettes exigibles et les dépenses pour lesquelles la loi l'a expressément décidé ».

Les dépenses de fonctionnement correspondent à l'exploitation courante et régulière des services.

Il s'agit des frais de personnel, du remboursement de la dette (intérêts des emprunts), de la participation communale due au titre des contingents (exemple : les frais de casernement de la brigade des sapeurs-pompiers, aide sociale), des charges foncières réglées par la collectivité en tant que propriétaire, des cotisations versées à divers organismes au titre d'une affiliation.

Les dépenses d'investissement traduisent les opérations modifiant le patrimoine de la collectivité territoriale. Elles comprennent le remboursement de la dette en capital (financé par les ressources propres de la section d'investissement et le prélèvement sur les recettes de fonctionnement), les charges d'investissement réalisées par la collectivité territoriale (acquisitions, travaux), les subventions d'équipement versées à d'autres collectivités, les participations à des sociétés d'économie mixte d'aménagement.

B. Les dépenses facultatives

Elles comprennent notamment les dépenses de travaux, de fournitures et de services extérieurs n'ayant pas le caractère d'équipement nécessaire au bon fonctionnement du service public. Ces dépenses correspondent généralement à la passation de marchés (nettoyage, restauration, maintenance du matériel, etc.).

8. Engager, liquider, mandater, payer ?

On distingue, en matière de procédure de dépense publique locale, deux phases distinctes baptisées phase administrative, mise en œuvre par l'ordonnateur, et phase comptable, qui incombe au comptable.

La **phase administrative** comprend l'engagement, la liquidation, l'ordonnancement ou mandatement :

- **engager une dépense**, c'est, pour un organisme public, créer ou constater à son encontre une obligation de laquelle résulte une charge. L'engagement comptable, au moyen d'un bon d'engagement, permet de « vérifier les crédits et d'en faire la réservation », tandis que l'engagement juridique traduit la décision d'effectuer une dépense (signature d'un marché, par exemple). C'est l'exécutif de la collectivité qui engage les dépenses ;
- **liquider une dépense** consiste, après constat de la réalité du service fait, à vérifier le montant précis de la somme due et la conformité du document comptable ;
- **ordonnancer** (ou mandater) une dépense, c'est, pour l'ordonnateur, donner l'ordre au comptable, par un mandat, de procéder au paiement. Le mandat s'accompagne d'un ordre de virement au fournisseur.

Pendant la **phase comptable**, le comptable vérifie la régularité comptable avant de procéder au paiement de la dépense :

- la **prise en charge du mandat** engage (personnellement et pécuniairement) le comptable qui vérifie la qualité de l'ordonnateur, la disponibilité des crédits, l'exacte imputation de la dépense, les pièces justificatives, la liquidation et le caractère libératoire du règlement. Il vise ensuite le mandat et le met en paiement ;
- le **paiement de la dépense** est alors également réalisé par le comptable qui décaisse les fonds.

L'ordonnateur et le comptable sont ainsi strictement séparés : celui qui décide les opérations ne détient pas les fonds, celui qui détient les fonds ne décide pas les opérations.

9. Quel contrôle sur les comptes des collectivités territoriales ?

Le contrôle de la chambre régionale des comptes s'exerce sur toutes les collectivités territoriales de son ressort géographique, ainsi que sur les établissements publics (hôpitaux, lycées, collèges, etc.), les groupements intercommunaux, sociétés d'économie mixte locales et certaines associations subventionnées. Il convient de distinguer le contrôle budgétaire, dans lequel le préfet joue un rôle essentiel, du contrôle juridictionnel et du contrôle de gestion.

A. Le contrôle budgétaire

Le contrôle budgétaire est assuré par la chambre régionale des comptes dans quatre cas :

- sur saisine du préfet lorsque le budget n'a pas été transmis dans un délai de 15 jours après la date limite fixée pour son adoption ou lorsqu'il n'a pas été adopté avant cette date limite. La chambre régionale des comptes dispose

alors d'un mois pour faire des propositions pour le règlement du budget. Le préfet peut ensuite, sur la base de ces propositions, régler le budget et le rendre exécutoire ;
- sur saisine du préfet, du comptable public ou de toute personne y ayant intérêt lorsque des dépenses obligatoires n'ont pas été inscrites au budget. La chambre régionale des comptes adresse alors à la collectivité concernée une mise en demeure dans un délai d'un mois. À défaut de réaction de la personne publique dans un délai d'un mois, la chambre régionale des comptes demande au préfet l'inscription de la dépense au budget et propose éventuellement les modifications budgétaires nécessaires pour couvrir cette dépense.

Il faut néanmoins, pour que cette procédure soit recevable, que cette dépense s'effectue :
- sur saisine du préfet, lorsque le budget ne fait pas apparaître un équilibre réel. La chambre régionale des comptes dispose alors de trente jours pour proposer les mesures nécessaires au rétablissement de l'équilibre. Si la collectivité ne prend pas, dans le mois qui suit, des mesures jugées suffisantes par la chambre régionale des comptes, c'est le préfet qui règle et rend le budget exécutoire ;
- sur saisine du préfet lorsque le compte administratif ne lui est pas transmis dans un délai de 15 jours ou lorsque les comptes font apparaître un déficit d'au moins 5 % des recettes de la section de fonctionnement (10 % dans les communes de moins de 20 000 habitants). La chambre régionale des comptes propose des solutions dans un délai d'un mois et le budget primitif de l'exercice suivant lui est automatiquement transmis par le préfet. Si la chambre régionale des comptes constate dans ce nouveau budget des propositions insuffisantes, elle propose dans le mois au préfet les mesures nécessaires au rétablissement de l'équilibre. Celui-ci rend alors le budget exécutoire.

B. Le contrôle juridictionnel

Il s'agit du contrôle exercé par la chambre régionale des comptes sur l'ensemble des comptes des comptables publics des collectivités territoriales et de leurs établissements publics. Entre aussi dans ce contrôle la gestion de fait des deniers des collectivités territoriales.

Les comptables des collectivités territoriales et des établissements publics locaux doivent rendre compte chaque année de leurs activités en produisant les comptes résumant les opérations exécutées sous leur responsabilité.

À l'issue de la procédure, la chambre régionale des comptes rend un arrêt définitif qui, soit décharge le comptable en cas de réparation des omissions ou irrégularités, soit condamne le comptable à rembourser sur ses deniers personnels.

La chambre régionale des comptes peut d'elle-même réviser ses jugements. Le jugement définitif de la chambre régionale des comptes est susceptible d'appel à la Cour des comptes. Il est cependant possible de se pourvoir en cassation devant le Conseil d'État contre les arrêts définitifs de la Cour des comptes.

C. Le contrôle de gestion

Le contrôle de gestion est assuré par la chambre régionale des comptes de manière rétrospective et se traduit par des lettres d'observation sur la qualité de la gestion de l'ordonnateur. La mise en route de ce type de contrôle est une compétence discrétionnaire de la chambre.

Les observations formulées par la chambre régionale des comptes, qui portent sur la régularité des actes de gestion, l'économie des moyens et l'évaluation des résultats et non sur l'opportunité, sont communiquées aux ordonnateurs qui peuvent répliquer. Si les explications fournies ne la satisfont pas, elle communique ses observations à l'organe délibérant, par l'intermédiaire des ordonnateurs.

L'article L. 241-9 du code des juridictions financières dispose que, « lorsque des observations sont formulées, le dirigeant ou l'ordonnateur concerné, y compris, le cas échéant, celui qui était en poste au cours de l'exercice examiné, disposent d'un délai de deux mois pour remettre au greffe de la chambre régionale des comptes une réponse écrite. Les observations ne peuvent être arrêtées définitivement qu'après réception de cette réponse ou, à défaut, à l'expiration du délai précité ».

Toute personne contrôlée ou nominativement ou explicitement mise en cause peut saisir la chambre régionale des comptes d'une demande de rectification d'observations définitives sur la gestion.

10 Qu'est-ce que la « gestion de fait » ?

L'article 60-XI de la loi de finances n° 63-156 du 23 février 1963 dispose que :

« Toute personne qui, sans avoir la qualité de comptable public ou sans agir sous contrôle et pour le compte d'un comptable public, s'ingère dans le recouvrement de recettes affectées ou destinées à un organisme public doté d'un poste comptable ou dépendant d'un tel poste doit, nonobstant les poursuites qui pourraient être engagées devant les juridictions répressives, rendre compte au juge financier de l'emploi des fonds ou des valeurs qu'elle a irrégulièrement détenus ou maniés.

Il en est de même pour toute personne qui reçoit ou manie directement ou indirectement des fonds ou des valeurs extraits irrégulièrement de la caisse d'un organisme public, et pour toute personne qui, sans avoir la qualité de comptable public, procède à des opérations portant sur des fonds ou des valeurs n'appartenant pas aux organismes publics mais que les comptables publics sont exclusivement chargés d'exécuter en vertu de la réglementation en vigueur.

Les gestions de fait sont soumises aux mêmes juridictions et entraînent les mêmes obligations et responsabilités que les gestions régulières. »

La procédure de gestion de fait vise à rétablir les formes comptables, en assujettissant le comptable de fait aux mêmes obligations qu'un comptable public, ainsi que les formes budgétaires, en faisant délibérer l'organe ayant le pouvoir d'autoriser les dépenses.

Le développement d'associations para-administratives, afin de pallier les rigidités de la comptabilité publique, a favorisé le développement de la gestion de fait, par exemple lorsqu'une association subventionnée par la commune prend en charge des factures libellées au nom de la commune ou verse des rémunérations à du personnel communal.

Lorsque l'association ne jouit d'aucune autonomie, les fonds versés demeurent des fonds publics puisque c'est, de fait, la collectivité qui décide de leur utilisation. Pour apprécier l'autonomie de l'association par rapport à la collectivité, la chambre régionale des comptes examine si l'association est ou non le simple relais des services de la collectivité. Si tel est le cas, la gestion de fait est établie. Des régularisations peuvent parfois être mises en œuvre sans sanction. Aux sanctions financières peuvent s'ajouter la démission d'office et l'inéligibilité.

11. Notions sur la commande publique

La **commande publique** est un terme générique relatif à l'ensemble des contrats passés par les personnes publiques pour satisfaire leurs besoins. Ces contrats peuvent ou non être soumis au code des marchés publics.

Elle regroupe ainsi les marchés publics, les marchés soumis à l'ordonnance nº 2005-649 du 6 juin 2005 relative aux marchés passés par certaines personnes publiques ou privées non soumises au code des marchés publics, les délégations de service public, les contrats de partenariat.

Pour sa part, le **Code de la commande publique** publié au *Journal officiel de la République française* le 5 décembre 2018, entré en vigueur le 1er avril 2019, intègre les **marchés publics** (qui relevaient antérieurement de l'ordonnance nº 2015-899 du 23 juillet 2015 relative aux marchés publics) et les **contrats de concession** (ancienne ordonnance nº 2016-65 du 29 janvier 2016 relative aux contrats de concession).

1. Les principes fondamentaux de la commande publique

L'article L. 3 du Code de la commande publique fixe que « les acheteurs et les autorités concédantes respectent le principe d'**égalité de traitement des candidats** à l'attribution d'un contrat de la commande publique. Ils mettent en œuvre les principes de **liberté d'accès** et de **transparence des procédures**, dans les conditions définies dans le présent code.

Ces principes permettent d'assurer l'efficacité de la commande publique et la bonne utilisation des deniers publics ».

Le principe d'égalité de traitement des candidats :

Le principe d'égalité de traitement découle de l'idée selon laquelle tous les citoyens sont égaux devant la loi. Ainsi, de la même manière, tous les candidats à un marché public doivent :

- bénéficier d'un même traitement;
- recevoir les mêmes informations.

Aucune entreprise ou fournisseur ne peut être favorisé, le délit de favoritisme étant d'ailleurs pénalement sanctionné.

Le principe de liberté d'accès :

Quels que soient leur taille et leur statut, les candidats doivent pouvoir accéder librement à une consultation.

Ce principe implique de :
- choisir une durée de marché raisonnable de manière à relancer régulièrement la mise en concurrence entre les candidats ;
- procéder à une publicité la plus large possible ;
- rédiger les termes du marché avec objectivité pour ne pas privilégier certains candidats ;
- ne pas exclure une entreprise qui répondrait à toutes les conditions annoncées.

Le principe de transparence des procédures :

Le principe de transparence correspond à l'idée selon laquelle les règles de la consultation doivent être déterminées au moment du lancement de la procédure et rendues publiques par l'acheteur public. Elles sont intangibles durant la consultation.

Il se traduit par :
- une publicité afin de garantir une vraie mise en concurrence ;
- la conservation de tous les documents qui ont abouti à la sélection du candidat et de son offre ;
- la justification du choix du titulaire du marché et la motivation du rejet des autres candidatures.

2. Les marchés publics

A. Qu'est-ce qu'un marché public ?

L'article L. 1111-1 du Code de la commande publique dispose qu'« un marché est un contrat conclu par un ou plusieurs acheteurs soumis au présent code avec un ou plusieurs opérateurs économiques, pour répondre à leurs besoins en matière de **travaux**, de **fournitures** ou de **services**, en contrepartie d'un prix ou de tout équivalent ».

Les **acheteurs publics** sont : l'État, les collectivités territoriales et les établissements publics. D'autres organismes privés créés pour satisfaire des besoins d'intérêt général doivent aussi respecter les règles de passation des marchés publics.

« Un **marché de travaux** a pour objet :

1° soit l'exécution, soit la conception et l'exécution de travaux dont la liste figure dans un avis annexé au présent code ;

2° soit la réalisation, soit la conception et la réalisation, par quelque moyen que ce soit, d'un ouvrage répondant aux exigences fixées par l'acheteur qui exerce une influence déterminante sur sa nature ou sa conception.

Un ouvrage est le résultat d'un ensemble de travaux de bâtiment ou de génie civil destiné à remplir par lui-même une fonction économique ou technique » (article L. 1111-2).

« Un **marché de fournitures** a pour objet l'achat, la prise en crédit-bail, la location ou la location-vente de produits.

Il peut comprendre, à titre accessoire, des travaux de pose et d'installation » (article L. 1111-3).

« Un **marché de services** a pour objet la réalisation de prestations de services » (article L. 1111-4).

« Lorsqu'un marché porte sur des travaux et sur des fournitures ou des services, il est un marché de travaux si son objet principal est de réaliser des travaux.

Lorsqu'un marché a pour objet des services et des fournitures, il est un marché de services si la valeur de ceux-ci dépasse celle des fournitures achetées » (article L. 1111-5).

B. Les procédures de passation des marchés publics

La procédure de passation s'effectue en fonction du montant du marché, de son objet ou des circonstances de sa conclusion :

- soit **sans publicité ni mise en concurrence préalables** :

  Un marché sans publicité ni mise en concurrence préalables peut être passé dans des cas limitativement énumérés par les textes. Le Code de la commande publique précise les cas des marchés passés sans publicité ni mise en concurrence, en raison de **leur montant** ou de **leur objet** :
  - urgence impérieuse;
  - absence d'offre, candidatures irrecevables, offres inappropriées;
  - prestations qui ne peuvent être fournies que par un opérateur économique déterminé;
  - livraisons complémentaires ou achat de matières premières particulières;
  - cessation définitive d'activité ou certaines procédures;
  - marché avec le ou l'un des lauréats d'un concours;
  - réalisation de prestations similaires;
  - **réponse à un besoin estimé inférieur à 25 000 euros**;
  - fournitures de livres non scolaires ou enrichissement des collections inférieurs à 90 000 euros.

- soit selon une **procédure adaptée** :

  Une procédure adaptée est une procédure par laquelle l'acheteur définit librement les modalités de passation du marché, dans le respect des principes de la commande publique.

  L'acheteur peut passer un marché selon une procédure adaptée :

  1° lorsque la valeur estimée hors taxe du besoin est inférieure aux seuils européens mentionnés dans un avis qui figure en annexe du Code de la commande publique;

  2° en raison de l'objet de ce marché, dans les conditions fixées par décret en Conseil d'État;

3° lorsque, alors même que la valeur estimée du besoin est égale ou supérieure au seuil de procédure formalisée, la valeur de certains lots est inférieure à un seuil fixé par voie réglementaire.

- soit selon une **procédure formalisée** :

Les trois procédures formalisées sont : l'**appel d'offres**, la **procédure avec négociation** et le **dialogue compétitif** :

  - l'**appel d'offres**, ouvert ou restreint, est la procédure par laquelle l'acheteur choisit l'offre économiquement la plus avantageuse, sans négociation, sur la base de critères objectifs préalablement portés à la connaissance des candidats. L'appel d'offres est dit ouvert lorsque tout opérateur économique intéressé peut soumissionner, restreint lorsque seuls les candidats sélectionnés par l'acheteur sont autorisés à soumissionner ;
  - la **procédure avec négociation** est la procédure par laquelle l'acheteur négocie les conditions du marché avec un ou plusieurs opérateurs économiques ;
  - le **dialogue compétitif** est la procédure par laquelle l'acheteur dialogue avec les candidats admis à y participer en vue de définir ou développer les solutions de nature à répondre à ses besoins et sur la base desquelles ces candidats sont invités à remettre une offre.

3. Les marchés de partenariat

L'article L. 1112-1 du Code de la commande publique fixe qu'« un marché de partenariat est un marché public qui a pour objet de confier à un opérateur économique ou à un groupement d'opérateurs économiques une mission globale ayant pour objet la construction, la transformation, la rénovation, le démantèlement ou la destruction d'ouvrages, d'équipements ou de biens immatériels nécessaires au service public ou à l'exercice d'une mission d'intérêt général et tout ou partie de leur financement. Le titulaire du marché de partenariat assure la maîtrise d'ouvrage de l'opération à réaliser.

Cette mission globale peut en outre comprendre :

1° tout ou partie de la conception des ouvrages, équipements ou biens immatériels ;

2° l'aménagement, l'entretien, la maintenance, la gestion ou l'exploitation d'ouvrages, d'équipements ou de biens immatériels ou une combinaison de ces éléments ;

3° la gestion d'une mission de service public ou des prestations de services concourant à l'exercice, par la personne publique, de la mission de service public dont elle est chargée ».

4. Les contrats de concession

L'article L. 1121-1 du Code de la commande publique fixe qu'« un contrat de concession est un contrat par lequel une ou plusieurs autorités concédantes soumises au présent code confient l'exécution de travaux ou la gestion d'un service à un ou plusieurs opérateurs économiques, à qui est transféré un risque lié à l'exploitation de l'ouvrage ou du service, en contrepartie soit du droit d'exploiter l'ouvrage ou le service qui fait l'objet du contrat, soit de ce droit assorti d'un prix.

La part de risque transférée au concessionnaire implique une réelle exposition aux aléas du marché, de sorte que toute perte potentielle supportée par le concessionnaire ne doit pas être purement théorique ou négligeable. Le concessionnaire assume le risque d'exploitation lorsque, dans des conditions d'exploitation normales, il n'est pas assuré d'amortir les investissements ou les coûts, liés à l'exploitation de l'ouvrage ou du service, qu'il a supportés ».

12. Le contrôle des actes des collectivités territoriales

Les modalités de contrôle de légalité des actes jouent un rôle déterminant dans le processus de décentralisation.

Comment pourrait-on véritablement parler de décentralisation si le contrôle de la légalité des actes permettait à l'État d'empêcher les collectivités territoriales d'exercer leurs compétences ?

Les lois de décentralisation ont inventé un dispositif qui permet à l'État de demeurer le garant de l'unicité de la République, en s'assurant que les actes pris par les collectivités territoriales ne portent pas atteinte au droit qui s'impose à tous.

La loi du 2 mars 1982 a ainsi mis fin à la tutelle administrative que l'État exerçait jusqu'alors sur les collectivités territoriales et modifié fondamentalement son contrôle sur la légalité de leurs actes. Le préfet ne dispose plus du pouvoir d'annuler lui-même les actes des autorités locales avant qu'ils ne produisent leurs effets (contrôle a priori) ; il peut en revanche saisir le juge administratif à fin d'annulation d'un acte illégal (contrôle a posteriori).

Les collectivités territoriales et leurs établissements publics ont donc l'obligation de transmettre au préfet leurs actes juridiques « les plus importants par leurs conséquences » (délibérations, principaux contrats, décisions réglementaires et individuelles prises par le maire dans le cadre de l'exercice de ses pouvoirs de police, conventions relatives aux marchés et aux emprunts, conventions de concession et d'affermage des services publics locaux, décisions individuelles prises en matière de gestion du personnel, décisions individuelles en matière d'urbanisme, etc.).

La transmission au contrôle de légalité rend les actes opposables aux tiers et fait courir le délai dans lequel le préfet peut saisir le tribunal administratif (délai de deux mois à compter de la réception de l'acte en préfecture). Les actes des collectivités territoriales et de leurs établissements publics sont **exécutoires de plein droit** dès leur publication (actes réglementaires) ou leur notification (actes individuels) dès lors qu'ils ont fait l'objet d'une transmission au contrôle de légalité.

On appelle **déféré administratif** ou **déféré préfectoral** le recours intenté par le préfet en vue d'obtenir l'annulation par le juge administratif d'un acte qu'il juge illégal.

Le représentant de l'État peut assortir son recours d'une demande de suspension de l'acte. Le juge des référés (président du tribunal administratif ou magistrat délégué par lui) fait droit à cette demande si l'un des moyens invoqués paraît, en l'état de l'instruction, propre à créer un doute sérieux quant à la légalité de l'acte attaqué. Il est statué sur cette demande dans le délai d'un mois.

Le représentant de l'État peut également introduire, dans le délai de dix jours suivant réception d'un acte relatif à des marchés publics, délégations de service public ou d'urbanisme, une demande de suspension. L'acte est alors suspendu et redevient exécutoire si le juge des référés n'a pas statué dans le délai d'un mois.

Lorsque l'acte attaqué est de nature à compromettre l'exercice d'une liberté publique ou individuelle, la suspension est prononcée par le juge des référés dans les quarante-huit heures.

Le préfet fait connaître à la collectivité sa décision de déférer l'acte.

Si le préfet sollicite des précisions ou des pièces manquantes ou s'il entame des négociations avec la collectivité en faisant valoir ses observations, le délai de deux mois court à partir de la réponse de la collectivité territoriale et non du jour de la réception. La formation du recours gracieux a pour effet de proroger le délai du recours contentieux.

Enfin, l'article 74 de la loi du 27 décembre 2019 relative à l'engagement dans la vie locale et à la proximité de l'action publique dispose qu'« avant d'adopter un acte susceptible d'être déféré au tribunal administratif, les collectivités territoriales ou leurs groupements ainsi que leurs établissements publics peuvent saisir le représentant de l'État chargé de contrôler la légalité de leurs actes d'une **demande de prise de position formelle** relative à la mise en œuvre d'une disposition législative ou réglementaire régissant l'exercice de leurs compétences ou les prérogatives dévolues à leur exécutif. La demande est écrite, précise et complète. Elle comporte la transmission de la question de droit sur laquelle la prise de position formelle est demandée ainsi que du projet d'acte.

Le silence gardé par le représentant de l'État pendant trois mois vaut absence de prise de position formelle.

Si l'acte est conforme à la prise de position formelle, le représentant de l'État ne peut pas, au titre de la question de droit soulevée et sauf changement de circonstances, le déférer au tribunal administratif ».

13. Les modes d'information des administrés et des élus

1. L'information des administrés

L'article L. 2141-1 du code général des collectivités territoriales affirme « Le droit des habitants de la commune à être informés des affaires de celle-ci et à être consultés sur les décisions qui les concernent, indissociable de la libre administration des collectivités territoriales, est un principe essentiel de la démocratie locale. »

Le Conseil d'État, dans son rapport de 1994 consacré aux services publics, considère qu'aux côtés des principes traditionnels d'égalité et de continuité des services publics ont émergé les nouveaux principes de **transparence** et de **responsabilité**. Ces nouveaux principes passent nécessairement par l'information des habitants sur l'action de l'administration.

La législation et la jurisprudence relative à la communication des documents administratifs en général sont fondées sur **le principe du libre accès à l'information, le secret devenant l'exception**. Tel est le principe posé par la loi du 17 juillet 1978 concernant l'amélioration des relations entre l'administration et le public et créant la Commission d'accès aux documents administratifs (CADA). La loi du 11 juillet 1978 impose en outre la motivation des actes administratifs.

Selon le code général des collectivités territoriales, toute personne physique ou morale a le droit de demander communication sur place et de prendre copie totale ou partielle des procès-verbaux du conseil municipal, des budgets et des comptes de la commune, des arrêtés municipaux. Ce droit d'accès interdit en revanche de « reproduire, de diffuser ou d'utiliser à des fins commerciales les documents communiqués ».

Pour que les administrés puissent exercer correctement leur droit d'accès aux documents, ils doivent en connaître l'existence et, surtout, pouvoir les identifier. En effet, l'administré doit désigner lui-même le document qu'il désire consulter.

Quand, par exemple, les budgets sont mis à la disposition du public, ils sont accompagnés de documents annexes permettant d'apprécier les engagements et les concours de la commune. Il en est de même des documents relatifs à l'exploitation des services publics délégués.

L'article L. 2121-27-1 du code général des collectivités territoriales dispose que « Dans les communes de 1 000 habitants et plus, lorsque des informations générales sur les réalisations et sur la gestion du conseil municipal sont diffusées par la commune, un espace est réservé à l'expression des conseillers élus sur une liste autre que celle ayant obtenu le plus de voix lors du dernier renouvellement du conseil municipal ou ayant déclaré ne pas appartenir à la majorité municipale. Les modalités d'application du présent article sont définies par le règlement intérieur du conseil municipal. »

2. L'information des élus locaux

Les élus locaux bénéficient par ailleurs d'un **droit à l'information** à propos des sujets qui sont traités lors des séances de leur assemblée. Ce droit à l'information, qui s'ajoute à celui dont bénéficie tout citoyen (dans le cadre du droit d'accès aux documents administratifs), n'a été introduit au niveau communal que par la **loi du 6 février 1992** (alors que les départements en bénéficiaient depuis 1871 et les régions depuis 1972).

Tout membre du conseil d'une collectivité ou d'un groupement dispose, dans le cadre de sa fonction, du droit d'être informé des affaires de celui-ci. En pratique, il doit être informé de la date de l'assemblée et des affaires qui y seront abordées suffisamment longtemps avant sa tenue mais également pendant. Au-delà de la seule information sur la tenue des assemblées, **certains documents sont obligatoirement transmis** aux différents conseillers dans des délais suffisants pour qu'ils puissent en prendre connaissance.

Le refus de communication et d'information des élus locaux est une décision grave et irrégulière. Les maires et présidents d'EPCI, de département ou de région sont responsables de cette information. Certaines informations doivent être adressées sans demande préalable des élus.

S'agissant des **communes et des EPCI**, toute **convocation** doit être faite par le maire ou la personne en ayant délégation, indiquer les questions portées à l'ordre du jour et être mentionnée au registre des délibérations. Elle est affichée ou publiée et transmise de manière dématérialisée ou, si les conseillers municipaux en font la demande, adressée par écrit à leur domicile ou à une autre adresse. Pour les communes de moins de 3 500 habitants et les EPCI dont aucune commune membre n'a une population de 3 500 habitants ou plus, la convocation est adressée au moins trois jours francs avant la réunion. Pour les communes de 3 500 habitants et plus et pour les autres EPCI, ce délai est fixé à **cinq jours**. Mais, en cas d'urgence, ce délai peut être abrégé par le maire à condition qu'il ne soit pas inférieur à un jour franc. Pour les départements et régions, **douze jours** au moins avant la réunion du conseil, le président adresse aux conseillers un rapport sur chacune des affaires qui doivent leur être soumises.

Habituellement, l'**initiative de la réunion du conseil** appartient au maire ou au président de l'EPCI, du département ou de la région, mais les conseillers peuvent provoquer cette réunion à condition d'être suffisamment nombreux à poser la demande. Dans les communes de moins de 1 000 habitants et EPCI assimilés, la demande doit émaner de la majorité des membres du conseil, dans les autres communes ou EPCI et dans les départements et régions, d'au moins le tiers des élus.

La **convocation au conseil** obéit à un formalisme précis. Elle doit comporter la liste de toutes les questions à l'ordre du jour. Une note de synthèse suffisamment détaillée sur les affaires soumises à délibération est, de plus, jointe pour les communes de 3 500 habitants et plus. Quant aux départements et aux régions, ils doivent fournir un rapport pour chacune des affaires soumises au conseil.

Au-delà, et en fonction de réglementations spécifiques, certains dossiers imposent des modalités spécifiques de fourniture d'information, que ce soit aux seuls conseillers ou à l'ensemble de la population. Ce sera le cas de l'élaboration budgétaire, de la construction et de l'examen de certains documents d'urbanisme. C'est notamment le cas, dans des communes de 3 500 habitants et plus, pour tout contrat de service public concerné par la délibération du conseil dont le projet de contrat ou de marché accompagné de l'ensemble des pièces est consultable en mairie par tout conseiller.

Pour les seuls **conseils départementaux et régionaux**, chaque année, le président présente au conseil un **rapport spécial** qui fait l'objet d'un débat devant l'assemblée. Ce rapport porte sur la situation du département ou de la région, l'activité et le financement des différents services de la collectivité ou des organismes qui dépendent d'elle, l'état d'exécution des délibérations du conseil et la situation financière de la collectivité. S'ajoute, pour la **région, l'état d'exécution du plan régional**.

Dans les communes de 50 000 habitants et plus et à la demande d'au moins un sixième des membres du conseil, dans les conseils départementaux ou régionaux à la demande d'au moins un cinquième des membres du conseil, le conseil délibère sur la **création d'une mission d'information et d'évaluation**. Cette dernière est chargée de recueillir des éléments d'information sur une question de l'intérêt de la collectivité ou de procéder à l'évaluation d'un service public de cette même collectivité. Les modalités de présentation, d'examen de la demande de constitution, puis celles de fonctionnement, de composition, de durée de mission, sont fixées par le règlement intérieur.

Au-delà des possibilités ouvertes par la loi, dont certaines dépendent déjà de lui, l'établissement et le contenu du **règlement intérieur** revêtent une importance toute particulière pour ouvrir de nouveaux droits à l'information et à l'expression des élus au sein de leur collectivité. Ce règlement est obligatoire dans les communes de 1 000 habitants et plus et EPCI assimilés, dans les conseils départementaux et dans les conseils régionaux.

Les **questions orales**, étendues par la loi du 6 février 1992 aux conseils municipaux, constituent un bon moyen d'information mais elles sont encadrées et ne sauraient constituer une intervention spontanée. Les conseillers municipaux ont le droit d'exposer en séance du conseil des questions orales ayant trait aux affaires de la commune. Dans les communes de 1 000 habitants et plus, comme dans les départements et régions, le règlement intérieur fixe la fréquence ainsi que les règles de présentation et d'examen de ces questions. À défaut de règlement intérieur, celles-ci sont fixées par une délibération du conseil municipal. L'exécutif est tenu d'y répondre, sauf refus motivé.

En séance, l'initiative des conseillers est limitée. La demande d'inscription à l'ordre du jour doit être adressée avant la réunion de l'assemblée. Si elle est formulée en cours de délibération, elle ne pourra être inscrite à l'ordre du jour que du conseil suivant, sauf s'il s'agit d'une question de procédure. Le droit d'expression des élus est tout aussi contrôlé : les demandes d'intervention sont filtrées par le président de l'exécutif – il est aussi président de séance – qui peut s'appuyer sur le règlement intérieur, mais aussi apprécier le caractère abusif des interventions.

C'est en matière financière et contractuelle que le législateur est le plus exigeant. Le **débat d'orientation budgétaire** et le **rapport d'orientation budgétaire** préalable à l'examen du projet de budget, les documents détaillés annexés au budget (selon un plan comptable censé améliorer la transparence mais peu lisible pour le non-spécialiste) et au compte administratif, et disponibles suffisamment à l'avance (douze jours pour les conseils régionaux et généraux) doivent permettre à tout élu de se prononcer en connaissance de cause. De même les contrats et marchés de service public doivent faire l'objet d'une information complète et préalable.

À ce droit à l'information lié aux décisions du ressort de la collectivité s'ajoute celui portant sur **l'environnement de la collectivité** : la loi du 12 juillet 1999 sur l'intercommunalité enjoint aux présidents des établissements publics de coopération intercommunale (aux conseils desquels les oppositions communales sont absentes du fait du mode de désignation indirecte) d'adresser chaque année aux maires des communes adhérentes un **rapport d'activité joint au compte administratif**, tout comme les délégués de la commune à l'EPCI doivent rendre compte au moins deux fois par an de l'activité de l'EPCI dans le cadre d'un débat qui lui est consacré. Cette obligation est d'autant plus importante que les transferts de compétences croissants des communes vers les EPCI aboutissent à vider de tout débat public des sujets de plus en plus nombreux qui sont soustraits à la décision des conseils municipaux.

De même, les **avis et observations des chambres régionales des comptes sur la gestion de la collectivité** sont transmis à l'assemblée de la collectivité et inscrits obligatoirement à son ordre du jour.

Quant au **droit d'amendement**, reconnu par le juge administratif qui l'interprète de façon libérale, son exercice est singulièrement restreint en matière financière. Outre l'irrecevabilité des amendements augmentant une dotation d'État ou créant des impôts et taxes non prévus par la loi, l'obligation de l'équilibre budgétaire et la marge de manœuvre limitée (la grande majorité des dépenses de fonctionnement est obligatoire et les dotations et subventions de l'État sont globales), le caractère peu détaillé de l'examen et du vote du budget limitent *de facto* le droit d'amendement.

Dernier pouvoir de l'élu opposant, celui d'attaquer les délibérations prises par son assemblée sur la base de leur légalité interne ou externe (CE, 24 mai 1995, *Ville de Meudon*) n'est pas le moins utilisé car il est souvent le seul moyen de contester la décision prise et illustre, au niveau local aussi, le lien entre contestation politique et contestation juridique.

14. Notions sur la démocratie consultative et participative

L'article 10 de la **loi du 6 février 1992 sur l'administration territoriale de la République** dispose que « le droit des habitants de la commune à être informés des affaires de celle-ci et à être consultés sur les décisions qui les concernent, indissociable de la libre administration des collectivités territoriales, est un principe essentiel de la démocratie locale [...] ».

La participation s'exerce au moyen des **commissions consultatives des services publics locaux** (qui doivent comprendre des représentants des usagers) et des **comités consultatifs**, comprenant des représentants des associations, qui peuvent être créés par le conseil municipal pour tout problème d'intérêt communal concernant tout ou partie du territoire de la commune.

La **loi du 27 février 2002 sur la « démocratie de proximité »**, mise en œuvre à la suite du rapport Mauroy, vise à créer de nouvelles conditions d'exercice de la démocratie locale. Elle comporte plus de 300 mesures portant sur la participation des habitants, le statut de l'élu, le patrimoine, le régime PLM (Paris, Lyon, Marseille), les compétences des régions, les SDIS (services départementaux d'incendie et de secours), les enquêtes publiques, le recensement, le conservatoire du littoral.

Le chapitre consacré à la **participation des habitants à la vie locale** rend obligatoire la création de **conseils de quartier** et **d'adjoints de quartier** (dans la limite de 10 % du nombre de conseillers municipaux) dans les villes de plus de 80 000 habitants (49 villes). La création est facultative dans les villes de 20 000 à 79 999 habitants (351 villes). Leur composition et leur mode de fonctionnement sont fixés par le conseil municipal sur proposition du maire : les conseils de quartier peuvent être consultés par le maire et associés aux actions intéressant le quartier, en particulier celles menées au titre de la politique de la ville. Des **mairies annexes** doivent obligatoirement être créées dans les quartiers des villes de plus de 100 000 habitants (37 villes). Les **commissions consultatives des services publics locaux** deviennent obligatoires dans les régions, les départements, les villes de plus de 10 000 habitants ainsi que les établissements publics de coopération intercommunale.

1. Le référendum décisionnel local

La loi ATR de 1992 avait instauré ce qu'on appelait parfois le « **référendum communal** » : il s'agit en fait d'une consultation directe des électeurs sur les décisions entrant dans la compétence communale ; la décision d'organiser cette consultation, à la demande du maire ou d'un tiers des conseillers municipaux (la moitié dans les communes de moins de 3 500 habitants), est prise par délibération du conseil municipal, les résultats du référendum ne liant alors pas l'autorité communale.

Le **référendum décisionnel local** a été créé par la **loi constitutionnelle du 28 mars 2003**. Ses modalités ont été précisées par une **loi organique du 1er août 2003**. Jusque-là, seules les communes pouvaient organiser un « référendum local », c'est-à-dire un vote sur un sujet d'intérêt communal. Mais celui-ci n'était que consultatif, le conseil municipal n'étant pas tenu par le résultat du vote. Aujourd'hui, toutes les collectivités territoriales, y compris celles à statut particulier et d'outre-mer, peuvent organiser des référendums locaux et ils ont valeur de décision.

L'assemblée délibérante d'une collectivité territoriale peut soumettre à référendum local tout projet de délibération tendant à régler une affaire de la compétence de cette collectivité. Par ailleurs l'exécutif peut seul soumettre à référendum local tout projet d'acte relevant des attributions qu'il exerce au nom de la collectivité, à l'exception des projets d'acte individuel.

L'assemblée délibérante de la collectivité territoriale concernée par le référendum fixe le jour du scrutin. Celui-ci ne peut avoir lieu moins de deux mois après la transmission du texte, sur lequel portera le vote, au représentant de l'État (préfet). Par ailleurs, un référendum local ne peut avoir lieu pendant les campagnes ou le jour des élections locales, législatives, sénatoriales, européennes, présidentielle, ou d'un référendum décidé par le président de la République Un dossier d'information sur le sujet du référendum est mis à la disposition du public.

Seuls les électeurs de la collectivité concernée peuvent participer au vote et non ses habitants. Les ressortissants des États membres de l'Union peuvent seulement participer aux référendums organisés par les communes. Le projet de texte soumis au référendum est adopté si au moins la moitié des électeurs inscrits ont participé au vote et s'il réunit la majorité des voix.

2. La consultation des électeurs

Outre le référendum local, **la loi organique du 1er août 2003** relative à l'expérimentation par les collectivités territoriales (article 122) prévoit un nouveau mode de participation des électeurs aux décisions locales, la **consultation des électeurs** (« les électeurs d'une collectivité territoriale peuvent être consultés sur les décisions que les autorités envisagent de prendre pour régler les affaires relevant de la compétence de celle-ci. La consultation peut être limitée aux électeurs d'une partie du ressort de la collectivité, pour les affaires intéressant spécialement cette partie de la collectivité »).

La décision de consulter appartient à l'assemblée délibérante, mais 1/5e des électeurs d'une commune inscrits sur les listes électorales (1/10e des électeurs dans les autres collectivités territoriales) peuvent demander à ce que soit inscrite à l'ordre du jour de l'assemblée délibérante de la collectivité l'organisation d'une consultation sur toute affaire relevant de sa décision. Pas de confusion : il ne s'agit là en aucune manière d'un référendum décisionnel : la loi précise à cet égard que « la délibération (par laquelle l'assemblée délibérante de la collectivité territoriale arrête le principe et les modalités d'organisation de la consultation) indique expressément que cette consultation n'est qu'une demande d'avis ».

3. Le droit de pétition

L'article 72-1 de la Constitution dispose que « les électeurs de chaque collectivité territoriale peuvent, par l'exercice du droit de pétition, demander l'inscription à l'ordre du jour de l'assemblée délibérante de cette collectivité d'une question relevant de sa compétence ». Cette disposition introduite dans la Constitution en mars 2003 n'a fait l'objet d'aucune loi qui en précise les modalités d'application. À défaut de texte spécifique, ce droit relève des dispositions de l'article L. 1112-16 du Code général des collectivités territoriales.

Une pétition doit être signée, s'agissant d'une commune ou d'un EPCI, par un 1/5e des électeurs inscrits sur les listes électorales, pour toute autre collectivité, par 1/10e des électeurs inscrits sur les listes électorales. Un électeur ne peut signer qu'une pétition par an, pour chacun des niveaux de collectivités.

La pétition ne peut concerner une compétence d'une autre collectivité, *a fortiori* l'État, même si la demande porte sur les conséquences pour la collectivité de l'exercice de cette compétence. C'est notamment le cas pour le tracé d'une autoroute, l'extension d'un aéroport, les conditions d'attribution de logements sociaux…

4. Les conseils citoyens dans le cadre de la politique de la ville

La loi du 21 février 2014 de programmation pour la ville et la cohésion urbaine permet de concentrer les moyens vers les territoires qui en ont le plus besoin et d'arrêter la dispersion en resserrant la géographie prioritaire. Environ 1 300 quartiers populaires sont ciblés en fonction du revenu par habitant en lieu et place des 2 500 quartiers bénéficiant de CUCS. Par ailleurs, la nature même des contrats passés entre l'État et les collectivités territoriales change. Alors qu'auparavant les interventions étaient cloisonnées (rénovation urbaine, actions sociales…), les nouveaux contrats de ville sont des contrats globaux à l'échelle d'un quartier, qui doivent prendre en compte le bâti, mais aussi le développement économique et l'action sociale, pour passer de la notion de contrat avec des programmes ciblés à un véritable projet de territoire. Enfin, les habitants sont davantage associés aux décisions concernant leur quartier et participent directement à l'élaboration et à la mise en œuvre des contrats de ville au sein des **conseils citoyens**.

L'article 7-1 de la loi du 21 février 2014 dispose qu'« **un conseil citoyen** est mis en place dans chaque quartier prioritaire de la politique de la ville, sur la base d'un diagnostic des pratiques et des initiatives participatives. […] Ces conseils citoyens sont associés à l'élaboration, à la mise en œuvre et à l'évaluation des contrats de ville. Des représentants du conseil citoyen participent à toutes les instances de pilotage du contrat de ville, y compris celles relatives aux projets de renouvellement urbain. Les conseils citoyens exercent leur action en toute indépendance vis-à-vis des pouvoirs publics et inscrivent leur action dans le respect des valeurs de liberté, d'égalité, de fraternité, de laïcité et de neutralité ».

15. Éléments de management

1. Qu'est-ce que le management ?

Le « management » désigne le fait de piloter une organisation.

Plus précisément, on définit aujourd'hui couramment le management comme **la capacité de diriger un service ou une organisation en motivant les personnes**.

Henri Fayol (1841-1925), ingénieur et chef d'entreprise, auteur de *Administration industrielle et générale* (1916), définit ainsi le management :

« Prévoir,
organiser,
commander,
coordonner,
contrôler ».

Si la notion de « commandement » traduit une conception aujourd'hui dépassée du management, cette définition n'en demeure pas moins pertinente.

On peut toutefois lui préférer d'autres définitions du management :

- prospective et fixation des objectifs ;
- répartition des tâches et allocations des ressources ;
- vérification du travail effectué.

ou encore :

- définition des buts à atteindre ;
- mise au point des stratégies à suivre ;
- élaboration et suivi des plans d'action.

2. Qu'est-ce qu'encadrer ?

L'**encadrement** est une expression du pouvoir hiérarchique. Il consiste à :

- clarifier les responsabilités (et les élargir pour faire évoluer les collaborateurs) ;
- fixer des objectifs motivants permettant de renforcer les compétences professionnelles ou relationnelles ;
- clarifier l'autonomie et les délégations accordées à chacun.

Encadrer, c'est travailler à faire travailler les autres, « cadrer » leur travail de manière à ce qu'ils réalisent les objectifs fixés en respectant certaines règles.

Encadrer une équipe, c'est la diriger, c'est-à-dire lui donner une direction en définissant des objectifs et en vérifiant s'ils sont ou non atteints.

On dit aussi : **encadrer, c'est donner le sens** (la direction et la signification).

Encadrer (par exemple dans l'expression : « encadrer un texte »), c'est aussi « mettre en valeur ».

3. Qu'est-ce que la régulation ?

Quotidiennement, un chef de service pratique **la régulation** de son équipe :
- la **régulation professionnelle** consiste à rappeler les objectifs, c'est-à-dire les actions concrètes à réaliser dans un délai convenu et défini ;
- la **régulation hiérarchique** est nécessaire pour recadrer un collaborateur s'affranchissant des repères fondant la relation contractuelle de subordination : le respect des disciplines de travail, des horaires, des temps de pause, des délais, la disponibilité, la réalisation du travail demandé et des objectifs et la présence au poste de travail ;
- la **régulation personnelle** est la plus difficile à réaliser et prend la forme d'un entretien de face à face dont l'objectif est de réaffirmer son autorité hiérarchique, le respect des disciplines de travail et des collègues.

4. Quelques conseils en matière d'encadrement

■ Définir des objectifs clairs, concrets et mesurables renforçant les compétences et acceptés par chacun de vos collaborateurs.

■ Définir un cadre de travail clair comportant au moins :
- la définition des responsabilités et des objectifs ;
- la définition des règles du jeu dans l'équipe : partage de l'information, entraide, allocation des moyens, respect du temps, modalités d'évaluation, rémunération et primes, exercice du pouvoir disciplinaire.

■ Donner des signes de reconnaissance clairs.

■ Pratiquer la reprise d'autorité dès que la règle n'est pas respectée en trois temps :
- rappel de la règle ;
- constat et validation des faits ;
- demande d'action.

5. Les modes d'encadrement et de régulation

■ Deux modes d'encadrement se distinguent :
- « Je vous demande » (mode imposition) ;
- « Je vous écoute » (mode coach).

■ De même, il existe deux modes de régulation :
- « Je vous propose » (mode négociation) ;
- « Je vous invite » (mode animation).

6. Les différents types de management

A. Le management participatif

Fondement : ouverture, négociation.
Fonction : mobiliser, impliquer.
Objectif : que les collaborateurs soient parties prenantes.
Point positif : génère de l'engagement.
Écueil : la démagogie.

B. Le management délégatif

Fondement : initiative, autonomie, confiance.
Fonction : responsabiliser.
Objectif : que les collaborateurs se responsabilisent.
Point positif : génère du développement.
Écueil : retrait ; laisser-faire.

C. Le management directif

Fondement : organisation, consignes.
Fonction : structurer.
Objectif : que les collaborations soient efficaces.
Point positif : génère de la sécurité.
Écueil : autoritarisme.

D. Le management persuasif

Fondement : explication, persuasion, conviction.
Fonction : accompagner, associer.
Objectif : que les collaborateurs adhèrent.
Point positif : génère de la confiance.
Écueil : paternalisme, autoritarisme.

7. L'évaluation des fonctionnaires

Traditionnellement, la valeur professionnelle des fonctionnaires se traduisait par l'attribution d'une note.

La loi n° 2014-58 du 27 janvier 2014 de modernisation de l'action publique territoriale et d'affirmation des métropoles (MAPTAM) dispose que « l'appréciation, par l'autorité territoriale, de la valeur professionnelle des fonctionnaires se fonde sur un **entretien professionnel annuel** conduit par le supérieur hiérarchique direct qui donne lieu à l'établissement d'un compte rendu ».

Le décret n° 2014-1526 du 16 décembre 2014 relatif à l'appréciation de la valeur professionnelle des fonctionnaires territoriaux rend obligatoire, à compter du 1er janvier 2015, pour l'appréciation de la valeur professionnelle des fonctionnaires territoriaux, l'entretien professionnel, en lieu et place de la notation.

Le nouveau dispositif d'entretien professionnel s'impose à toutes les collectivités et à l'ensemble des cadres d'emplois. Cet entretien annuel constitue un moyen privilégié pour évaluer l'atteinte des objectifs individuels et collectifs fixés au précédent entretien, examiner la cause des écarts entre objectifs atteints et fixés, s'accorder sur de nouveaux objectifs et les moyens nécessaires pour les atteindre. L'expression des besoins en formation de l'agent évalué, les appréciations de l'encadrant, son avis sur l'évolution de la carrière et du régime indemnitaire de l'agent sont évidemment au cœur de l'entretien et jouent un rôle déterminant dans le développement de la motivation.

L'entretien d'évaluation peut ainsi notamment permettre de déterminer le niveau du **régime indemnitaire** alloué à chaque agent et de faire ainsi varier une part de la rémunération de l'agent évalué en fonction des résultats de l'agent évalué.

Le régime indemnitaire constitue un levier efficace, grâce à des éléments de différenciation indemnitaire en lien avec l'évaluation des résultats professionnels. Ce régime est fixé par l'organe délibérant de la collectivité territoriale, après avis du comité technique. Cette mise en place n'est pas obligatoire.

Le régime indemnitaire fixé par une collectivité peut tenir compte des conditions d'exercice des fonctions, de l'engagement professionnel des agents et, si la collectivité le souhaite, des résultats collectifs du service. Le régime indemnitaire tenant compte des fonctions, des sujétions, de l'expertise et de l'engagement professionnel (RIFSEEP) de l'État sert de référence au régime indemnitaire pour la plupart des cadres d'emplois dans la fonction publique territoriale.

Article 20 de la loi du 13 juillet 1983 modifiée portant droits et obligations des fonctionnaires : « Les fonctionnaires ont droit, après service fait, à une rémunération comprenant le traitement, l'indemnité de résidence, le supplément familial de traitement ainsi que les indemnités instituées par un texte législatif ou réglementaire. **Les indemnités peuvent tenir compte des fonctions et des résultats professionnels des agents ainsi que des résultats collectifs des services**. S'y ajoutent les prestations familiales obligatoires.

Le montant du traitement est fixé en fonction du grade de l'agent et de l'échelon auquel il est parvenu, ou de l'emploi auquel il a été nommé. »

8. Les sanctions disciplinaires dans la fonction publique territoriale

Les sanctions sont réparties entre quatre groupes :

- **Premier groupe :**
  - l'avertissement (non inscrit au dossier du fonctionnaire) ;
  - le blâme (inscrit au dossier et effacé au bout de 3 ans sauf nouvelle sanction) ;
  - l'exclusion de 3 jours maximum, sans traitement.
- **Deuxième groupe :**
  - la radiation du tableau d'avancement ;
  - l'abaissement d'échelon ;
  - l'exclusion temporaire pour une durée de 4 à 15 jours, sans traitement.
- **Troisième groupe :**
  - la rétrogradation ;
  - l'exclusion temporaire de fonctions pour une durée de 16 jours à 2 ans, sans traitement.
- **Quatrième groupe :**
  - la mise à la retraite d'office ;
  - la révocation.

En cas de procédure disciplinaire, l'agent concerné doit être averti qu'il a droit à communication de son dossier et un délai raisonnable doit lui être laissé pour préparer sa défense.

S'il encourt une sanction autre que celle du premier groupe, la commission administrative paritaire de sa catégorie se réunit en conseil de discipline, présidée par un juge administratif. La procédure est contradictoire et le fonctionnaire peut être accompagné d'un défenseur. Le rapport d'enquête établi par l'administration relatant les faits est présenté et discuté. L'avis du conseil de discipline ne lie pas l'administration.

La sanction doit être motivée. Jusqu'à peu, elle était susceptible d'un recours juridictionnel devant le tribunal administratif et d'un recours devant le conseil de discipline de recours. La saisine du conseil de discipline de recours était toujours possible si la sanction est du quatrième groupe. Pour les sanctions des deuxième et troisième groupes, il fallait que l'autorité ait prononcé une sanction plus sévère que celle proposée par le conseil de discipline.

Contrairement à l'avis donné par le conseil de discipline de premier degré, l'autorité était pour partie liée par l'avis du conseil de discipline de recours : elle ne pouvait prendre de sanction plus sévère que celle proposée par celui-ci.

La loi du 6 août 2019 a supprimé la procédure d'appel devant le conseil de discipline de recours. L'agent conserve la possibilité d'exercer un recours gracieux auprès de l'autorité qui a prononcé la sanction ou de saisir directement le juge administratif.

9. Les risques psychosociaux

Environ 20 % des salariés européens estiment que leur santé est affectée par des problèmes de stress au travail. En France, un salarié sur six estime être l'objet de comportements hostiles dans le cadre de son travail.

Les risques psychosociaux comprennent :

- le stress au travail ;
- les violences internes (commises au sein de l'entreprise par des salariés : conflits, brimades, harcèlement moral, etc.) ;
- les violences externes (commises sur des salariés par des personnes externes à l'entreprise) ;
- l'épuisement professionnel (ou burn out) ;
- les formes de mal-être, de souffrance, de malaise ressentis par les salariés.

RAPPEL DU FORMATEUR

Pour l'Agence européenne pour la sécurité et la santé au travail de Bilbao, le stress « survient lorsqu'il y a un déséquilibre entre la perception qu'une personne a des contraintes imposées par son environnement et la perception qu'elle a de ses propres ressources pour y faire face ».

L'expression « risques psychosociaux » renvoie à des contextes de travail et de risques qui vont au-delà du seul stress : surcharge de travail, contraintes excessives de temps mais aussi perte de repères, manque de sens au travail, conflit de valeurs.

La santé psychique des salariés dépend largement de la relation aux autres : la reconnaissance, la possibilité d'échanges et de coopération dans le travail, le soutien des collègues et de la hiérarchie jouent un rôle déterminant dans la prévention de ces risques.

L'encadrement joue un rôle déterminant dans la prévention de ces risques : mieux organiser le travail, atténuer la charge de travail, clarifier la répartition des tâches, donner du sens aux activités, pratiquer un management respectueux des personnes, etc., autant de pistes à explorer.

L'Agence nationale d'amélioration des conditions de travail (ANACT) met son expertise au service tant de diagnostics que de préconisations.

PARTIE 3

Réussir l'épreuve d'admission : l'entretien avec le jury

DURÉE 20 MINUTES

COEFFICIENT 1

Planning de révisions

Le **planning** ci-après entend vous proposer **un mode d'acquisition méthodique des connaissances et des savoir-faire indispensables** à la réussite de l'épreuve d'entretien.

La date à laquelle vous commencez à utiliser cet ouvrage pour vous préparer déterminera évidemment la durée de chaque période : si, par exemple, vous entamez votre préparation personnelle six mois avant le concours, les neuf périodes d'appropriation compteront chacune de l'ordre de deux semaines. Il en ira tout différemment si vous pensez pouvoir préparer le concours en un mois : deux à trois jours seront alors consacrés à chaque période.

Soyez également attentif au fait que cette épreuve requiert non seulement une maîtrise de la technique de l'entretien, mais aussi celle, notamment, des connaissances sur l'environnement territorial, développées en partie II, qui font l'objet de la période 1 ci-dessous.

PÉRIODES	CONTENU DES RÉVISIONS	NOS OUTILS
1	Se préparer en amont de l'épreuve	
2	Prendre connaissance de la totalité des conseils méthodologiques	**Méthodologie et conseils :** pp. 371-387
3	Élaborer l'exposé de 5 minutes sur la formation, l'expérience, le projet	**Méthodologie et conseils :** pp. 375-379
4	Mémoriser l'exposé de 5 minutes sur la formation, l'expérience, le projet, s'entraîner à le livrer à un auditoire, sans notes et en 10 minutes	
5	Relire l'ensemble des conseils méthodologiques, approfondir les questions portant sur l'encadrement	**Méthodologie et conseils :** pp. 371-387
6	Multiplier les entraînements en temps réel devant un « jury » composé de plusieurs personnes (collègues, amis…)	
7	Retravailler l'exposé de 5 minutes sur la formation, l'expérience, le projet, en fonction du déroulement de la simulation de l'épreuve de 20 minutes	
8	Être particulièrement attentif à l'actualité des collectivités territoriales à l'approche de l'épreuve	
9	S'entraîner une dernière fois en temps réel devant un « jury » quelques jours avant l'épreuve d'admission	

Les trois concours (externe, interne, troisième concours) d'accès à chacun des deux premiers grades du cadre d'emplois des rédacteurs territoriaux (rédacteur et rédacteur principal de 2e classe) comportent chacun une unique épreuve orale d'admission consistant en un entretien d'une durée de 20 minutes comportant un exposé de 5 minutes sur **la formation, l'expérience, le projet du candidat**.

L'épreuve des concours d'accès au second grade (rédacteur principal de 2e classe) diffère de celle des concours d'accès au premier grade (rédacteur) sur un point : outre les connaissances, l'entretien des concours de rédacteur principal de 2e classe vise notamment à mesurer **les aptitudes à l'encadrement**.

ATTENTION

Une évolution réglementaire assez récente (décret n° 2013-593 du 5 juillet 2013) dote cette épreuve orale d'admission, comme toutes les épreuves d'admission des concours et examens de la fonction publique territoriale, d'une note éliminatoire : toute note inférieure à 5 sur 20 à cette épreuve élimine définitivement le candidat, quelle que soit la moyenne générale des notes qu'il a obtenues.

Un jury peut désormais, s'il estime la prestation d'un candidat si préoccupante qu'il veut rendre impossible sa réussite au concours, choisir de lui attribuer la note de 4 ou de 4,50 à l'épreuve orale d'admission : le jury est ainsi certain que, même si ce candidat a été excellent à l'écrit, il ne sera pas lauréat du concours.

Rappel des épreuves

	Externe	Interne	3e voie
Rédacteur	Entretien ayant pour point de départ un exposé du candidat sur sa formation et son projet professionnel et permettant au jury d'apprécier sa capacité à s'intégrer dans l'environnement professionnel au sein duquel il est appelé à exercer ses fonctions, sa motivation et son aptitude à assurer les missions dévolues au cadre d'emplois (durée totale de l'entretien : 20 min, dont 5 au plus d'exposé ; coefficient 1)	Entretien ayant pour point de départ un exposé du candidat sur les acquis de son expérience et permettant au jury d'apprécier ses motivations et son aptitude à exercer les missions dévolues au cadre d'emplois (durée totale de l'entretien : 20 min dont 5 au plus d'exposé ; coefficient 1)	Entretien ayant pour point de départ un exposé du candidat sur les acquis de son expérience, permettant au jury d'apprécier ses motivations et son aptitude à exercer les missions dévolues au cadre d'emplois ainsi que sa capacité à s'intégrer dans l'environnement professionnel (durée totale de l'entretien : 20 min dont 5 au plus d'exposé ; coefficient 1)
Rédacteur principal de 2e classe	Entretien ayant pour point de départ un exposé du candidat sur sa formation et son projet professionnel, permettant au jury d'apprécier ses connaissances, sa motivation et son aptitude à exercer les missions dévolues aux membres du cadre d'emplois et à encadrer une équipe (durée totale de l'entretien : 20 min, dont 5 au plus d'exposé ; coefficient 1)	Entretien, ayant pour point de départ un exposé du candidat sur les acquis de son expérience, permettant au jury d'apprécier ses connaissances, sa motivation, son aptitude à exercer les missions dévolues aux membres du cadre d'emplois et à encadrer une équipe (durée totale de l'entretien : 20 min, dont 5 au plus d'exposé ; coefficient 1)	Entretien, ayant pour point de départ un exposé du candidat sur les acquis de son expérience, permettant au jury d'apprécier ses connaissances, sa motivation, son aptitude à exercer les missions dévolues aux membres du cadre d'emplois et sa capacité à s'intégrer dans l'environnement professionnel et à encadrer une équipe (durée totale de l'entretien : 20 min, dont 5 au plus d'exposé ; coefficient 1)

1. Un entretien avec un jury

1. Un entretien

L'intitulé réglementaire de l'épreuve ne doit pas vous induire en erreur : les 15 minutes qui font suite à l'exposé de 5 minutes ne se réduisent nullement à une aimable conversation de salon. Elles prennent la forme de questions généralement brèves du jury, qui peuvent être d'abord inspirées par votre exposé avant de s'élargir pour mesurer vos aptitudes à exercer les missions d'un rédacteur ou d'un rédacteur principal de 2e classe.

Le concept d'entretien correspond bien à la nature même de l'épreuve en ce qu'il fait écho à celui d'entretien de recrutement : si le jury ne cherche pas à recruter un rédacteur ou un rédacteur principal de 2e classe pour pourvoir un poste précis, l'entretien du concours n'est guère éloigné d'un entretien de recrutement, puisque le jury cherche à mesurer si ce que vous dites et si votre comportement pendant l'épreuve vous donnent vocation à exercer l'ensemble des missions confiées aux membres du cadre d'emplois des rédacteurs territoriaux.

Ces questions ne comportent à l'évidence ni temps de préparation ni tirage au sort.

2. Un jury

Les textes réglementaires qui déterminent l'organisation des concours précisent la qualité des membres des jurys. S'agissant des concours et examens de la fonction publique territoriale, un décret en Conseil d'État (décret du 5 juillet 2013) valable pour tous ces concours et examens dispose que chaque jury de concours (également baptisé jury plénier ou jury réglementaire, au sens où il s'agit du jury qui choisit le cas échéant les sujets, prononce l'admissibilité et l'admission des candidats) est composé d'au moins 6 membres. Ce décret précise également que les jurys sont composés de trois collèges égaux, celui des **élus locaux**, celui des **fonctionnaires territoriaux**, celui des **personnalités qualifiées**.

En outre, lorsque le jury se constitue en groupes d'examinateurs, c'est-à-dire lorsqu'il se scinde en plusieurs « sous-jurys » ou « jurys d'entretien », la composition des groupes ainsi constitués respecte la répartition en trois collèges égaux. Cela signifie que le jury d'oral, s'il comprend trois personnes, sera composé d'un élu local, d'un fonctionnaire territorial et d'une autre personne qui peut, par exemple, appartenir à une autre fonction publique que la fonction publique territoriale.

Soyez attentif si les membres du jury – c'est une pratique courante – se présentent en début d'épreuve, en déclinant leur qualité, sans indiquer généralement leur collectivité ou administration. Bien évidemment, un élu au moins siégeant dans votre jury, vous serez attentif à ce que rien dans vos propos ne laisse transparaître un jugement de valeur déplacé à l'encontre des élus.

Selon les autorités organisatrices, vous pourrez être entendu à cette épreuve par un jury plénier (qui peut par exemple comprendre six ou neuf personnes), ou par un jury de trois personnes.

Les autorités organisatrices déterminent en effet le mode d'organisation de l'épreuve en fonction du nombre de candidats. Lorsque le nombre de candidats admissibles est faible, un même jury entend l'ensemble des candidats.

2. Un exposé sur la formation, l'expérience, le projet

1. L'utilisation des cinq minutes réglementaires

La différence d'intitulé selon les voies de concours paraît sans réelle influence sur la nature de l'exercice attendu, à savoir une présentation par le candidat de son parcours et de son projet professionnel sous la forme d'un bref exposé.

L'intitulé réglementaire de l'épreuve indique que cet exposé peut durer jusqu'à cinq minutes, ce qui signifie que chaque candidat dispose du droit de présenter son parcours et son projet pendant cinq minutes. S'il est envisageable qu'un exposé dure moins de cinq minutes, il paraît vivement souhaitable d'utiliser pleinement ces cinq minutes, dans la mesure où un exposé trop bref risque d'être pénalisé par le jury et expose le candidat à une durée d'entretien d'autant plus longue que l'exposé aura été court, évidemment moins « confortable » que le temps d'exposé puisque le candidat n'est pas maître des questions posées par le jury.

Le candidat n'est pas interrompu pendant cet exposé, sauf s'il excède les cinq minutes réglementaires, auquel cas le jury l'invite fermement à conclure. Le jury peut toutefois, si le candidat s'avère incapable de développer un exposé, l'inviter au moyen de questions à faire valoir son expérience, mais une telle incapacité à exposer sera inévitablement pénalisée, traduisant une préparation insuffisante ou une impossibilité pour le candidat de gérer son stress, alors même qu'on attend d'un futur rédacteur qu'il prépare ses interventions et sache, dans des situations professionnelles parfois complexes, dépasser son stress éventuel.

Une précision essentielle : **vous n'êtes pas autorisé à utiliser quelque document que ce soit**, ni CV, ni le texte de votre exposé. Cela signifie que vous devez **mémoriser les grandes lignes de votre exposé** et veiller à ce que sa restitution orale n'excède pas cinq minutes.

Il est donc vivement conseillé de s'entraîner dans les conditions réelles de l'épreuve.

2. Un parcours raisonné

Les jurys déplorent souvent que les exposés soient, selon le cas :

- trop anecdotiques ;
- trop plats ;
- exclusivement chronologiques ;

- abusivement valorisants ;
- dénués de toute motivation ;
- vides de tout projet ;
- stéréotypés ;
- incomplets ;
- exagérément détaillés ;
- insuffisamment détaillés ;
- peu compréhensibles ;
- déséquilibrés ;
- trop tournés vers le passé ;
- trop « scolaires » ;
- livrés sur le ton du « par cœur » ;
- etc.

Vous avez donc tout intérêt à préparer très soigneusement votre exposé, en sachant éviter une approche trop anecdotique pour valoriser les compétences que vous avez acquises tout au long de votre parcours.

Cette préparation minutieuse impose de **mémoriser l'essentiel de l'exposé, tout en évitant que sa restitution le jour de l'épreuve laisse au jury une impression de « par cœur » pénalisante**. Une bonne préparation va donc jusqu'à donner l'impression de ne pas avoir appris par cœur même lorsque l'on restitue ce que l'on a, le cas échéant, appris par cœur.

3. Semez des « petits cailloux »

Le temps de l'exposé, contrairement aux temps suivants de l'entretien, vous appartient totalement, puisqu'il ne donne lieu à aucune intervention du jury. Dès que votre exposé est achevé, le jury reprend la main.

Pour autant, vous pouvez, de manière non négligeable, influer sur la suite de l'entretien en semant dans votre exposé des « petits cailloux » que le jury ramassera.

Un « petit caillou », c'est un terme ou une expression que vous utilisez sans la développer parce que vous souhaitez que le jury s'en saisisse pendant le temps qui suit l'exposé. En d'autres termes, vous vous efforcez d'emmener le jury sur un terrain que vous connaissez et qui vous permet de vous valoriser.

Si, par exemple, vous employez le mot « déontologie », il est vraisemblable que le jury vous demande ce qu'évoque pour vous la « loi déontologie » (loi n° 2016-483 du 20 avril 2016 relative à la déontologie et aux droits et obligations des fonctionnaires, qui vise notamment à moderniser les droits et obligations des fonctionnaires).

3. Une aide à la préparation de l'exposé

Le décret fixant les modalités d'organisation des troisièmes concours d'accès à certains cadres d'emplois (par exemple celui des attachés territoriaux) renvoie à un arrêté du 29 janvier 2007 fixant un **modèle de document retraçant l'expérience professionnelle des candidats** utilisé par ailleurs pour des examens professionnels de catégorie C.

Ce document n'est pas demandé aux candidats aux concours de rédacteur et de rédacteur principal de 2ᵉ classe, mais il peut constituer pour vous une aide à la construction de votre exposé : sa colonne « nature des activités » comprend des items qui peuvent être utilisés pour valoriser les expériences et les compétences acquises :

- **principales missions** ;
- **responsabilités confiées** ;
- **réalisations** ;
- **publics visés** ;
- **outils ou méthodes employés** ;
- **travail en équipe** ;
- etc.

Ce document attire également l'attention sur l'opportunité de valoriser également, le cas échéant, au-delà de la formation initiale, la **formation continue**. Il vous appartient de privilégier, si vous avez suivi de nombreuses formations, celles qui vont convaincre le jury d'une réelle motivation pour l'acquisition de nouveaux savoirs, savoir-faire ou savoir-être, d'autant plus valorisantes qu'elles contribueront à faire valoir les aptitudes à assumer les missions incombant au cadre d'emplois postulé.

Il convient de préciser que, si vous vous portez **candidat au troisième concours** au titre de votre expérience professionnelle dans le secteur privé, ou de votre mandat électif local, ou de votre responsabilité associative, vous devez faire valoir ces expériences dans votre exposé, sans négliger de présenter également l'expérience acquise, le cas échéant, dans la fonction publique. Vous pourrez très utilement valoriser vos expériences antérieures qui se sont avérées ou s'avéreront particulièrement utiles dans l'exercice des missions confiées aux membres du cadre d'emplois des rédacteurs territoriaux.

Document retraçant l'expérience professionnelle du candidat à l'examen professionnel de ...

Nom et prénom du candidat : ....

Date de naissance : ....

Date d'entrée dans la fonction publique : ....

Date d'entrée dans la fonction publique territoriale (si différente) : ....

Autre expérience professionnelle que dans la fonction publique : OUI – NON

Si oui, préciser la durée : ....

Expérience professionnelle dans la fonction publique ou dans le secteur privé

Employeur (désignation, adresse, téléphone, domaine d'intervention)	Service d'affectation (désignation, nombre d'agents ou de salariés)	Informations sur les emplois occupés par le candidat		
		Période d'emploi (dates de début et de fin)	Intitulé de l'emploi	Nature des activités (principales missions, responsabilités confiées, réalisations, publics visés, outils ou méthodes employés, travail en équipe, etc.)

Formation initiale ou validation des acquis de l'expérience du candidat

Diplôme préparé (intitulé précis)	Spécialité éventuelle	Niveau de certification du diplôme (*)	Obtenu (oui/non)	Année d'obtention	Pays de délivrance du diplôme

(*) Niveau V : BEP, CAP, diplôme national du brevet; niveau IV : baccalauréat, brevet de technicien; niveau III : BTS, DUT; niveau II : licence, master 1; niveau I : doctorat, master 2.

Formation continue

Intitulé précis du stage suivi	Organisme de formation	Année	Nombre de jours

Attestation établie le : ....

Signature du candidat :

Cette attestation est la propriété exclusive du candidat, qui en certifie l'authenticité des informations. Elle est faite pour servir et valoir ce que de droit.

Ce qu'il ne faut pas dire

« J'ai commencé comme agent le 13 mai 2000. Je m'occupais du secrétariat du service affaires générales de la commune. Après, le 18 juin 2008, j'ai muté et je suis devenue secrétaire du chef du service comptabilité dans une commune un peu plus grosse. J'ai beaucoup aimé faire du secrétariat parce que cela correspond bien à mon goût pour les dossiers administratifs.

Le 11 septembre 2013, j'ai été nommée adjoint administratif sur mon poste et j'ai muté après les municipales de 2014 – pour des raisons que je n'ai pas besoin de vous expliquer ! – sur un autre poste, toujours dans les finances, dans une commune un peu plus importante.

Je veux devenir rédacteur parce que cela me semble mérité après 20 ans de carrière et parce que je n'ai pas envie de plafonner. [...] »

Les défauts de ce début d'exposé sont manifestes :

– aucun projet n'y apparaît : quelle motivation tant lors de l'accès au premier poste que lors des choix ultérieurs ?

– le parcours paraît plus subi que choisi ;

– la description des fonctions est inexistante ;

– le degré de précision des dates est inapproprié et laisse craindre un attachement scrupuleux à des détails très secondaires ;

– le registre de langue est inadapté au grade postulé.

4. L'aptitude à exercer les missions

1. La capacité à s'intégrer dans l'environnement professionnel (concours externe et troisième concours de rédacteur)

L'évaluation de cette capacité apparaît très explicitement dans les objectifs de l'épreuve d'entretien des concours externe et de troisième voie. Elle passe par la vérification de la connaissance par le candidat du cadre institutionnel dans lequel il sera appelé à exercer ses fonctions.

Pour autant, ces connaissances sont généralement également vérifiées chez les candidats aux concours internes, qui, se présentant au concours au titre d'une ancienneté d'au moins 4 ans dans la fonction publique, et le plus souvent dans la fonction publique territoriale, doivent faire la preuve de connaissances précises de celle-ci et, plus largement, des collectivités territoriales.

Ainsi, comme dans beaucoup de concours et examens de la fonction publique territoriale comportant une épreuve d'entretien, les candidats doivent être prêts à apporter réponse à des questions portant notamment sur :

- les compétences des collectivités territoriales ;
- les modes de désignation et les compétences des organes délibérants et exécutifs des collectivités territoriales et de leurs établissements publics ;
- l'intercommunalité ;
- la fonction publique territoriale, les droits et obligations des fonctionnaires ;
- des notions générales sur les finances publiques locales ;
- des notions générales sur les moyens d'action des collectivités territoriales ;
- l'actualité des collectivités territoriales.

2. Les connaissances, la motivation (concours externe, interne et troisième concours de rédacteur principal de 2e classe)

La vérification des connaissances et de la motivation paraît également passer par une vérification d'une bonne maîtrise des principales données concernant les collectivités territoriales. Il est cohérent, s'agissant d'un grade d'avancement, que le jury exige davantage des candidats à ce concours que des candidats aux concours d'accès au grade de rédacteur.

On peut ici se référer à titre d'illustration au champ des connaissances requises à l'épreuve d'entretien des concours d'attaché territorial :
- Décentralisation et déconcentration.
- Droits et obligations des fonctionnaires.
- La fonction publique territoriale.
- Les collectivités territoriales et leurs établissements publics : leurs organes et leurs principales compétences.
- Les principales caractéristiques des collectivités territoriales selon leur nature et leur taille.
- La répartition des pouvoirs et les modes de décision dans les collectivités territoriales.
- Notions de base en matière de finances publiques locales.
- Notions sur le processus d'élaboration budgétaire.
- La démocratie locale.
- Les moyens juridiques d'action des collectivités territoriales, la commande publique (marchés publics, partenariat public-privé, etc.).
- Les relations entre l'administration et les administrés.
- L'accessibilité des services publics.
- Le contrôle de légalité des actes des collectivités territoriales.
- Notions sur les politiques publiques sectorielles des collectivités territoriales.
- L'évaluation des politiques publiques.

3. Les aptitudes à l'encadrement (concours externe, interne et troisième concours de rédacteur principal de 2e classe)

L'intitulé réglementaire de l'épreuve d'entretien des trois concours de rédacteur principal de 2e classe précise que le jury évalue les aptitudes à l'encadrement.

Le statut particulier du cadre d'emplois précise en effet que les titulaires des grades d'avancement (rédacteur principal de 2e classe et de 1re classe) se voient notamment confier des fonctions d'encadrement.

Pour autant, le candidat au concours de rédacteur, qui peut devenir, par concours comme par examen professionnel, rédacteur principal de 2e classe, ne saurait tout ignorer de l'encadrement, d'autant que les rédacteurs peuvent se voir confier des fonctions d'encadrement des agents d'exécution.

Extrait du décret n° 2012-924 du 30 juillet 2012 portant statut particulier du cadre d'emplois des rédacteurs territoriaux

« Les **rédacteurs territoriaux** sont chargés de fonctions administratives d'application. Ils assurent en particulier des tâches de gestion administrative, budgétaire et comptable, et participent à la rédaction des actes juridiques. Ils contribuent à

l'élaboration et à la réalisation des actions de communication, d'animation et de développement économique, social, culturel et sportif de la collectivité.
Les rédacteurs peuvent se voir confier des fonctions d'**encadrement des agents d'exécution.**
Ils peuvent être chargés des fonctions d'assistant de direction ainsi que de celles de secrétaire de mairie d'une commune de moins de 2 000 habitants.
Les rédacteurs principaux de 2e classe et les rédacteurs principaux de 1re classe ont vocation à occuper les emplois qui, relevant des domaines d'activité mentionnés ci-dessus, correspondent à un niveau d'expertise acquis par la formation initiale, par l'expérience professionnelle ou par la formation professionnelle tout au long de la vie.
Ils peuvent à ce titre réaliser certaines tâches complexes de gestion administrative, budgétaire et comptable, être chargés de l'analyse, du suivi ou du contrôle de dispositifs ou assurer la coordination de projets.
Ils peuvent également se voir confier la **coordination d'une ou de plusieurs équipes, et la gestion ou l'animation d'un ou de plusieurs services.** »

A. Des mises en situation

Le jury pourra aborder les problématiques de l'encadrement au moyen de mises en situation.

Il peut par exemple vous placer dans la situation suivante : « **Vous venez d'être recruté en qualité de chef d'un service comptant quatre agents dans une commune de 20 000 habitants. Vous succédez à un chef de service qui a exercé ces mêmes fonctions pendant 20 ans.** »

À partir de cette situation, de nombreuses questions peuvent vous être posées, comme :

- Lors de votre prise de fonctions, quelles sont vos premières actions ?
- Concrètement, comment encadrer une équipe de quatre agents ?
- Comment réussir les changements que vous souhaitez ?
- Un des agents du service se montre particulièrement opposé au changement : que faites-vous ?
- Un conflit latent entre deux agents pèse sur le service depuis plusieurs années : comment agissez-vous ?
- Une violente altercation oppose deux agents du service en présence d'un administré : comment réagissez-vous ?
- Les insuffisances du chef de service auquel vous succédez ont conduit l'adjoint au maire en charge du secteur dont relève votre service à exercer directement la responsabilité de ce service. Comment agissez-vous ?
- La répartition des tâches entre les différents agents est confuse : comment agissez-vous ?
- L'adjoint au maire en charge de votre secteur vous demande de mettre en œuvre une procédure qui vous paraît contestable : que faites-vous ?
- Vous devez mettre en œuvre une décision prise par votre directeur qui soulève une forte opposition de tous les agents de votre service : que faites-vous ?

– En fort désaccord avec votre hiérarchie, quelle autre alternative que se taire ou démissionner ?
– Votre directeur vous demande d'appliquer une mesure illégale : que faites-vous ?
– Pouvez-vous nous décrire l'organisation des services dans cette commune de 20 000 habitants ?

B. Les concepts d'encadrement et de management

Les questions peuvent également chercher à mesurer la maîtrise des principaux concepts de l'encadrement et du management, au moyen de questions comme :

– Qu'est-ce qu'encadrer ?
– Peut-on bien encadrer sans aimer encadrer ?
– Un cadre peut-il avoir raison seul contre tous ?
– Qu'est-ce qui fait la légitimité d'un responsable ?
– Faut-il savoir faire pour faire faire ?
– Quel type (mode) de management pratiquez-vous ou entendez-vous pratiquer ?
– Comment articuler confiance et contrôle ?
– Quelles sont les conditions d'une délégation réussie ?
– Comment motiver un collaborateur ?
– Comment évaluer la « manière de servir » ?
– Quelles sont les conditions de l'évaluation réussie d'un collaborateur ?
– À partir d'un cas précis que vous avez connu, que signifie gérer un conflit ?
– Qu'est-ce que la conduite de projet ?
– Qu'est-ce qui vous paraît essentiel dans la conduite de projet ?
– Qu'est-ce qu'un expert ?
– Qu'est-ce qui rend un expert légitime ?
– La transversalité : mythe ou réalité ?
– Qu'est-ce que l'évaluation d'une action, d'une politique ?
– Comment conduire le changement ?
– Comment vaincre les résistances au changement ?

À titre indicatif, le cadrage national de l'épreuve d'entretien des concours d'attaché territorial indique que les questions d'encadrement peuvent notamment se fonder sur les thèmes suivants :

– le recrutement ;
– l'évaluation ;
– la conduite d'entretien/la communication/la capacité à rendre compte ;
– la gestion de conflits ;
– la capacité à motiver, proposer, conduire/déléguer ;
– la capacité d'organisation ;
– la conduite de projets/le pilotage d'opérations/ la conduite du changement ;
– la connaissance du statut en matière de gestion des ressources humaines.

5. Le rôle essentiel du comportement

Incontestablement, le jury cherche à évaluer non seulement des connaissances mais aussi, compte tenu des missions incombant au cadre B qu'est le rédacteur territorial, la capacité à assumer les responsabilités exercées par un rédacteur, à communiquer, faire preuve de réactivité, argumenter, etc.

Faire face à l'adversité, rester lucide devant l'imprévu, savoir s'adapter, faire preuve à la fois de souplesse et de fermeté, tenir à ses idées tout en sachant prendre en compte la contradiction, être capable de faire avancer la réflexion même lorsqu'on n'a pas réponse, savoir « rebondir », etc., autant d'aptitudes que le jury va chercher à évaluer au moins pendant les 15 minutes qui suivent votre exposé.

1. La communication est pour une bonne part non verbale

Votre posture, votre comportement pendant l'épreuve doivent délivrer le message que vous êtes une personne ouverte, équilibrée (assise bien droite, utilisant bien l'espace, sachant regarder la personne qui lui parle et les membres du jury quand elle parle, etc.), à l'écoute, impliquée, responsable.

Un candidat avachi, ou replié sur lui-même, crée un a priori défavorable, inévitablement pénalisant.

L'exposé ne vous permet pas toujours suffisamment de regarder les membres du jury : la réflexion projette parfois vers le haut un regard vide, avec des clignements d'yeux, qui ne cherche pas à recueillir des informations sur l'environnement mais à traquer des idées « à l'intérieur de la tête ». Ce sera souvent votre attitude si vous cherchez à reconstituer un exposé cohérent à partir de bribes insuffisamment mémorisées.

Évitez également pendant cette phase d'exposé la tête baissée, le regard obstinément fixé sur la table (souvent accompagné du marmonnement…), posture qui accompagne souvent la livraison un peu trop laborieuse d'un exposé appris par cœur.

Efforcez-vous au contraire, tout au long de votre exposé puis de l'entretien, de regarder équitablement les membres du jury afin de mesurer si vous êtes entendu et si vous intéressez. **Si vous percevez une incompréhension, n'hésitez pas à reformuler.** Si vous croyez sentir un manque d'intérêt, adoptez un ton plus convaincant, moins monocorde, introduisez des ruptures de rythme, par exemple par des reformulations fortement synthétiques (comme : « Un an, donc, de découverte du fonctionnement d'une petite commune » ou : « Suit une expérience d'une tout autre nature »).

Ensuite, pendant l'entretien proprement dit, efforcez-vous de regarder le membre du jury qui vous pose une question, et lorsque vous répondez, regardez-le mais regardez aussi les deux autres membres du jury afin de recueillir des informations sur la manière dont vos propos sont reçus et aussi d'éviter une « entrée dans le jeu » un peu agressive du ou des membres du jury que vous ne regarderiez jamais…

> **ATTENTION**
>
> **Évitez les gestes parasites**, ne vous balancez pas sur votre chaise, ne tripotez pas vos cheveux, votre stylo, contrôlez vos jambes. Asseyez-vous confortablement sur votre chaise.
>
> Vous pouvez vous détendre mais ne vous relâchez pas.

Parlez assez fort (pas trop), assez lentement (pas trop), articulez : ni lenteur solennelle, ni précipitation. Le ton est celui de la conversation, même quand vous exposez.

Pensez à respirer : pas de trop longues apnées…

Vos gestes doivent être naturels mais maîtrisés (ni paralysie, ni désordre gestuel), ils ne doivent pas donner d'indications sur votre trouble. Soyez sincère et « assurez » (lorsque le jury affirme quelque chose, n'opinez pas systématiquement du bonnet : c'est dangereux !).

Vous n'êtes pas une victime, les membres du jury ne sont pas vos bourreaux.

Vous n'êtes ni celui qui sait tout, ni celui qui ne sait rien.

Les membres du jury ne sont ni ceux qui savent tout, ni ceux qui ne savent rien.

Pas d'agressivité à l'encontre du jury. Retourner les questions au jury, lui demander d'apporter réponse aux questions qu'il pose, est contraire à la « posture » requise et peut être vécu par le jury comme une forme d'agression.

Ceci étant, **ne vous laissez aller à aucune familiarité avec le jury**, même si vous avez l'impression que « tout se passe bien » et si vous pensez que le « bon climat » que vous percevez vous permet un certain relâchement. Veillez également à ne pas envahir l'espace du jury *(« Don't invade my privacy »*, disent les Américains). À cet égard, serrer en arrivant la main de chacun des membres du jury est plutôt malvenu et peut laisser entendre au jury que vous cherchez à forcer la sympathie pour obtenir une appréciation très favorable de votre prestation.

Efforcez-vous toujours d'apporter réponse et de vous comporter comme vous le feriez en situation professionnelle si la question vous était posée par votre directeur général ou par l'exécutif de votre collectivité.

2. Une expression correcte

Ne recherchez pas à tout prix la perfection du langage (au risque du blocage) : la spontanéité n'est pas interdite et « passe » mieux qu'un temps trop long de réflexion imposé par le souci maniaque d'une syntaxe absolument parfaite.

Cependant, évitez la langue de bois, le « remplissage n'ayant rigoureusement aucun sens », pour reprendre une expression inventée par le journaliste et académicien aujourd'hui disparu, Bertrand Poirot-Delpech, qui se moquait du langage « RAS » (voir page 37).

Le registre de langue (niveau de langage) ne sera jamais relâché, ni, évidemment, vulgaire, mais normal et parfois soutenu, plutôt dans le registre technique que littéraire (les « forces de l'ordre » de préférence à « la maréchaussée »), sans affectation inutile toutefois.

Si possible, préparez-vous à plusieurs avant le concours et enregistrez-vous afin de repérer vos tics de langage et vos formules d'hésitation (ben, heu, voilà, etc.).

3. Une tenue correcte

Un seul slogan : « À l'aise dans vos baskets... mais ne venez pas en baskets. »

« Tenue correcte exigée », ce qui n'impose ni la cravate ni le tailleur, mais empêche le pull avachi, la barbe de trois jours. Choisissez une tenue dans laquelle vous vous sentez à l'aise (si vous portez une cravate, qu'elle ne vous étrangle pas, si vous avez choisi un tailleur, que la jupe ne soit pas trop courte...).

Évidemment, pas de signe distinctif (appartenance à une collectivité, une association, etc.), bref pas de signes ostensibles qui pourraient donner l'impression que vous cherchez à influencer le jury.

Une tenue trop provocante peut donner l'impression que vous cherchez à utiliser pour convaincre des arguments qui ne relèvent pas des aptitudes attendues d'un rédacteur.

On ne peut cependant nier que le charme joue et que le jury doit parfois se méfier de lui-même.

4. Encore quelques conseils

Méfiez-vous des questions simples, simplistes (empoisonnées). Ne répondez jamais seulement par « oui » ou par « non » : argumentez.

Écoutez, entendez : ne dites pas « c'est une bonne question », mais plutôt « c'est une question difficile, délicate, actuelle, controversée, etc. ».

N'hésitez jamais à reformuler : cela donne du temps et des idées.

Quand la conversation « marche » bien, les difficultés des questions vont croissant ou s'élargissent : c'est bon signe. La note monte, le jury cherche à savoir jusqu'où monter.

Prenez les questions comme une chance que vous devez saisir (des balles pour jongler, pas des balles pour vous tuer).

Efforcez-vous de ne pas détester le jury : celui qui questionne vous permet de vous faire valoir.

Vous pouvez faire préciser une question, ou mieux la préciser vous-même (« Si j'ai bien compris, vous me demandez si, de... »). En toute hypothèse, évitez : « Vous pouvez répéter la question ? »

Lorsque vous tenez une question, prenez le temps de vous en servir : définition, actualisation, élargissement. Si vous relancez la balle trop vite, le rythme va s'accélérer, et tout le monde, vous-même, le jury, va s'y épuiser.

Ne vous laissez pas enfermer dans vos contradictions : sachez admettre que vous vous êtes trompé(e).

Sachez aussi revenir au sujet, donnez l'impression de maîtriser le débat : la digression est choisie, les glissements sont programmés. Mais sachez aussi abandonner sans regret un « terrain » qui vous est cher : lorsque le jury perçoit que vous êtes très à l'aise sur telle ou telle question, par exemple parce qu'elle coïncide avec votre champ de compétences professionnelles, il peut vous emmener sur un autre terrain : acceptez d'y aller sans réticence visible.

Ne répondez jamais au jury : « Je vous l'ai déjà dit. » Si le jury vous pose une question que vous pensez déjà avoir traitée, reformulez, le jury ne vous a peut-être pas compris ou souhaite une réponse plus précise.

Pour conclure, en fin d'entretien, le jury, au moment d'attribuer une note à un candidat, aura toujours en tête la question suivante : au vu de son exposé, de ses réponses, de son comportement, lui confierions-nous ou non des fonctions de rédacteur ou de rédacteur principal de 2e classe dans une commune, un département, une région, un établissement public local ? Travaillerions-nous quotidiennement avec lui en toute confiance ? Les qualités que nous avons perçues compensent-elles ou non les imperfections de l'exercice imposé ?

Simulations d'entretiens

Le premier exemple est celui de la prestation d'une candidate réelle (ici dénommée C) au **troisième concours de rédacteur**, lauréate en 2018 (session 2017), auditionnée par un jury de trois personnes, une élue locale (EL), un fonctionnaire territorial (FT), une personnalité qualifiée (PQ). Nous avons seulement supprimé quelques informations contenues dans l'exposé afin de le rendre anonyme.

Le deuxième exemple a trait au **concours externe de rédacteur principal de 2e classe.**

SIMULATION N° 1 : Rédacteur

EL : « Bonjour, asseyez-vous. Je vous rappelle les règles : vous disposez de 5 minutes pour présenter sans être interrompue votre expérience professionnelle. Nous vous interromprons seulement si vous dépassez les 5 minutes réglementaires. Nous vous poserons ensuite des questions nous permettant d'évaluer vos connaissances et vos aptitudes à exercer les missions d'un rédacteur territorial. Êtes-vous prête ? »

C : « Oui, je suis prête. »

EL : « Je lance le chronomètre. C'est à vous. »

C : « Bonjour, je suis donc C, j'ai […] ans. J'occupe depuis trois ans un poste de […] au service […] de (collectivité ou établissement public), sur le grade d'adjoint administratif principal de 2e classe.

Mon parcours professionnel s'est construit autour de deux temps forts que je vais vous exposer :

I – Le (la) (discipline culturelle) d'abord et les qualités qu'il (elle) m'a permis de développer

II – Une reconversion nécessaire autour d'un nouveau projet porteur de sens, le service public

III – Comment le (la) (discipline culturelle) m'a permis de développer des compétences professionnelles

Mon premier moteur, ma passion, c'est le (la) (discipline culturelle). Ça a été aussi mon premier projet professionnel :

- C'est une discipline qui exige de la persévérance, de l'engagement, qui apprend la régularité et qui apporte beaucoup de satisfactions personnelles et la reconnaissance des autres (public, élèves).
- J'ai choisi de me former pour enseigner parce que j'avais l'envie de partager cette passion et de transmettre un savoir.
- C'est aussi mener à bien des projets, comme le projet (projet culturel). Des élèves de (discipline) étaient réticents, et j'ai su les convaincre. Leur engagement,

leurs remerciements, la reconnaissance du public ont été des facteurs déterminants de motivation qui m'ont conduit à une deuxième édition de ce projet.

Je travaillais en parallèle dans la vente (notamment d'articles de (discipline culturelle). Quand j'ai dû abandonner la pratique professionnelle du (de la) (discipline culturelle) pour raison d'âge et que la vente est devenue mon activité à temps plein, il m'est vite apparu que la satisfaction des clients, essentielle pour moi, primait très largement sur la recherche du profit, qui, lui, ne me correspondait pas.

IV – Un projet de reconversion dans le service public

C'est au cours d'un bilan de compétences que j'ai pu identifier que le service public me permettrait de retrouver les notions d'engagement, de désintéressement et le sentiment d'utilité. À l'occasion de la réussite d'un premier concours, j'ai appris à mieux connaître le service public et découvert la fonction publique.

Il m'a paru à ce moment-là nécessaire de valoriser mes compétences sur des postes administratifs avant d'intégrer la fonction publique.

1 – Nécessité de légitimer mes compétences, de les mettre à l'épreuve :

J'ai pu le faire en occupant un poste polyvalent de [...] dans le domaine de [...].

C'était une création de poste qui m'a permis de développer une grande autonomie, mais aussi beaucoup de polyvalence puisque mes missions allaient de la gestion administrative de (domaine) au support informatique.

J'ai surtout pu apprécier le travail en transversalité, la collaboration avec les autres équipes pour améliorer les outils.

2 – Service public : être au service du public

Forte de cette expérience, j'ai alors répondu à une offre de (collectivité ou établissement public) en intégration directe puis nommée sur le grade d'adjoint administratif de 1re classe à la suite de la réussite du concours.

J'y voyais un lien direct avec mon poste précédent, mais aussi une porte d'entrée et une manière de continuer à construire mon projet professionnel.

Je ne détaillerai pas le contenu des missions propres à un (intitulé du poste).

C'est un poste formateur qui m'a permis d'acquérir de nouvelles connaissances de la fonction publique lors de ma formation d'intégration et surtout dans le cadre de l'exercice de mes missions.

J'y retrouve : la rigueur (organisation, respect des échéances), l'exemplarité (réponses apportées), la collaboration (travail en binôme pour les opérations à gros volumes) et la transversalité (autres équipes impliquées, diversité des interlocuteurs), l'équité.

Ma hiérarchie m'a montré sa confiance en me confiant des opérations à gros volumes et en me chargeant d'élaborer des guides de procédure.

Pour conclure

J'ai persévéré pour mener à bien mon projet professionnel :

1 – en intégrant la fonction publique sans concours ;

2 – en présentant le concours de rédacteur, pour franchir l'étape suivante de mon projet ;

3 – en exerçant des compétences qui correspondent au cadre d'emplois des rédacteurs territoriaux (coordination, planification, rédaction).

J'ai à présent terminé mon exposé, je vous remercie pour votre attention et je me tiens à l'écoute de vos questions.

EL : « Merci. Vous êtes dans les temps. Vous faites valoir votre connaissance du service public et de la fonction publique. Pouvez-vous citer quelques droits et obligations des fonctionnaires ? »

C : « Pour commencer par les droits, je citerai la liberté d'opinion, le droit de grève, le droit syndical, le droit à la formation, le droit à rémunération après service fait, le droit à la protection.

S'agissant des obligations, je citerai le secret professionnel, le devoir de réserve, l'information du public, l'obéissance hiérarchique, l'obligation d'effectuer les tâches confiées. »

PQ : « Qu'est-ce que la protection fonctionnelle ? »

C : « La loi du 13 juillet 1983 portant droits et obligations des fonctionnaires reconnaît aux fonctionnaires un droit à une protection et une réparation par leur collectivité lorsqu'ils sont, dans l'exercice de leurs fonctions, victimes de menaces, d'injures, de voies de fait… »

EL : « Toujours à propos de service public : vous êtes directrice d'un centre aéré et vous accueillez un enfant handicapé. Que faites-vous ? »

C : « Bien que sans expérience en la matière, j'aurai tout d'abord à l'esprit que la loi handicap du 11 février 2005 reconnaît le droit des enfants, des jeunes et des adultes handicapés à accéder aux institutions ouvertes à l'ensemble de la population, par exemple les écoles et les centres de loisirs. Je dois faire en sorte que soient respectés les principes d'égal accès au service public et de non-discrimination. L'enfant handicapé doit donc être accueilli comme tout autre enfant. »

EL : « Effectivement ; mais concrètement ? »

C : « Concrètement, les besoins de l'enfant et les contraintes imposées à l'équipe du centre aéré doivent être identifiés pour permettre un accueil adapté. Je mets donc en place un protocole d'accueil comprenant la formation des agents, des rencontres avec l'enfant et sa famille aux différentes étapes de l'accueil, un accueil individualisé pour les enfants lourdement handicapés. J'associe la famille à l'élaboration du protocole ou d'un plan d'aide individualisé (PAI) précisant les conditions d'accueil de l'enfant. Je m'assure d'un réseau d'intervenants extérieurs pour apporter si nécessaire des soins médicaux et je m'assure que je dispose d'informations médicales écrites concernant l'enfant… »

EL : « Et quelles sont les principales étapes de la conduite de projet ? »

C : « Tout projet commence par une phase de conception, avec un diagnostic : il faut analyser l'existant, identifier les besoins, repérer les contraintes, identifier les solutions possibles et choisir parmi les différentes solutions. Vient ensuite la phase de réalisation, avec la programmation des différentes actions dans le cadre d'un calendrier précis et leur mise en œuvre. Le projet se termine toujours par une phase d'évaluation et de capitalisation de l'expérience. »

FT : « Un peu de finances publiques : quels sont les principes du budget d'une collectivité ? »

C : « Je citerai le principe d'annualité : le budget doit être défini pour une année, du 1er janvier au 31 décembre. Il doit être voté en principe le 31 décembre de l'année précédente, avec possibilité de vote plus tardif, jusqu'au 15 avril. »

FT : « D'autres principes ? »

C : « Oui, le principe de l'équilibre réel, équilibre entre recettes et dépenses, équilibre de chaque section du budget, fonctionnement et investissement. Le principe d'unité, également : toutes les recettes et dépenses figurent dans un document unique. »

FT : « Et le principe d'universalité ? »

C : « Cela signifie que toutes les dépenses et recettes doivent être indiquées dans leur intégralité. »

PQ : « Pour continuer dans le domaine des finances publiques locales, par quoi a été remplacée la taxe professionnelle ? »

C : « Je sais que la taxe professionnelle, une des "quatre vieilles", a été remplacée en 2010 par une contribution économique territoriale (CET) composée d'une cotisation foncière des entreprises (CFE) assise sur les bases foncières, et d'une cotisation sur la valeur ajoutée des entreprises (CVAE) assise sur la valeur ajoutée des entreprises. »

PQ : « Pourquoi ce remplacement ? »

C : « Je crois que la taxe professionnelle était assise sur la valeur locative des locaux et des machines et était accusée de peser sur la compétitivité des entreprises françaises. »

FT : « C'était quoi, les "quatre vieilles" ? »

C : « La taxe d'habitation, la taxe foncière sur les propriétés bâties, la taxe foncière sur les propriétés non bâties, qui ne sont d'ailleurs pas des taxes, mais des impôts. Et la taxe professionnelle… »

FT : « Quelle différence faites-vous entre taxe et impôt ? »

C : « La taxe est perçue en échange d'un service rendu, c'est par exemple le cas de la taxe d'enlèvement des ordures ménagères. L'impôt, lui, est dû par le contribuable sans correspondre au coût du service et sans nécessité d'une contrepartie. »

EL : Pour revenir sur le terrain social : que pouvez-vous nous dire sur le CCAS ?

C : « Le CCAS, centre communal d'action sociale, est un établissement public administratif, héritier du bureau d'aide sociale. Présidé par le maire de la commune, il est administré par un conseil d'administration composé à parité d'élus locaux désignés par le conseil municipal et de personnalités qualifiées désignées par le maire. Il exerce une action générale de prévention et de développement social dans la commune. Il est chargé de missions et d'activités légales, mais aussi facultatives. »

EL : « Cela signifie que les activités facultatives ne sont pas légales ? »

C : « L'aide légale correspond à des aides de l'État instruites au niveau local par le CCAS. En complément des aides légales, le CCAS peut octroyer des prestations d'aide sociale complémentaires, dites facultatives parce qu'elles n'ont pas un caractère obligatoire. Elles ne sont évidemment pas contraires à la loi. »

PQ : « Qu'est-ce que le principe de libre administration des collectivités territoriales ? »

C : « Le principe de libre administration des collectivités territoriales signifie que les communes, les départements, les régions, s'administrent librement par des conseils élus. C'est le principe fondateur de la décentralisation. L'État n'exerce plus de pouvoir de tutelle sur les collectivités, mais seulement un pouvoir de contrôle administratif *a posteriori* opéré par le préfet qui peut déférer au juge administratif les actes qu'il estime illégaux. Pour s'administrer librement, les collectivités sont dotées des moyens humains et financiers sans lesquels elles ne pourraient exercer leurs compétences. »

FT : « Pouvez-vous citer quelques compétences des collectivités territoriales ? »

C : « S'agissant de la commune, je citerai des compétences traditionnelles comme l'entretien et la réalisation de la voirie communale, la construction et l'entretien des écoles primaires (maternelles et élémentaires), l'urbanisme.

Le département est chargé de l'action sociale et de l'aide sociale, parmi lesquelles la protection maternelle et infantile, l'aide sociale à l'enfance et l'aide aux personnes âgées. Il finance également la construction et l'entretien de la voirie départementale, la construction et l'entretien des collèges.

La région, enfin, est principalement compétente en matière de développement économique, d'aide aux entreprises, d'aménagement du territoire, de formation professionnelle. Elle finance la construction et l'entretien des lycées. »

PQ : « Quelques questions sur le management, pour terminer : quels sont les outils du manager pour motiver ses agents ? »

C : « Je crois qu'il est essentiel que le rôle de chaque agent soit clairement défini. Dans ce cadre, il faut fixer à chacun des objectifs également clairs, réalistes, atteignables et le doter des moyens nécessaires pour les atteindre. Au quotidien, il faut savoir encourager, reconnaître les tâches bien accomplies tout en sachant souligner les insuffisances. Si l'on ne fait jamais aucune critique, le compliment perd son sens. Le manager dispose également de moyens institutionnels pour entretenir la motivation des agents, comme le régime indemnitaire, l'avancement de grade, la promotion interne, pour lesquels il peut faire des propositions à sa hiérarchie. »

FT : « Il nous reste 1 minute. Sur qui, sur quoi pouvez-vous vous appuyer pour développer vos compétences en tant que manager ? »

C : « Je pense évidemment à la formation délivrée par le CNFPT dans le cadre de la cotisation employeur de 0,90 %. Si j'accède par concours au grade de rédacteur, je bénéficierai d'une formation initiale obligatoire. Je pourrai aussi choisir dans l'offre du CNFPT différentes formations au management. L'aide de ma hiérarchie, que je solliciterai régulièrement, me permettra aussi de développer mes compétences. Et je solliciterai aussi les conseils de collègues plus expérimentés que moi… »

EL : « Les 20 minutes sont écoulées. Nous vous remercions. »

C : « Je vous remercie. »

SIMULATION N° 2 : Rédacteur principal

EL : « Bonjour. Comme vous le savez, l'épreuve commence par un exposé de 5 minutes sur votre formation et votre projet professionnel, suivi de questions du jury pendant les 15 minutes restantes. Êtes-vous prêt ? »

C : « Je suis prêt. »

EL : « À vous. »

C : « Bonjour, je m'appelle C.

Je vais d'abord vous présenter mon parcours de formation avant de vous exposer mes motivations pour entrer dans la fonction publique territoriale comme rédacteur principal de 2e classe.

Après un baccalauréat littéraire obtenu avec mention en 2014, je me suis inscrit à une formation post-bac à Lille pour me préparer aux concours des écoles de journalisme tout en suivant les cours à l'université en vue d'une licence de géographie et aménagement. Il s'agit d'un dispositif qui permet que les 220 heures de cours annuels à l'École supérieure de journalisme fassent partie de la licence et se substituent à certains cours.

Ayant obtenu ma licence en 2017, je me suis présenté au concours niveau bac + 3 de l'École supérieure de journalisme de Lille mais ai malheureusement échoué au concours.

Pendant ma scolarité, j'ai effectué un stage au sein du service urbanisme d'une collectivité de 30 000 habitants. C'est dans ce cadre que j'ai découvert les collectivités territoriales et la fonction publique territoriale que je ne connaissais pas. J'ai appris que différents concours permettaient d'y accéder selon le niveau de diplôme et que des recrutements sur contrat étaient également possibles. J'ai postulé plusieurs postes contractuels dans des services chargés de l'urbanisme et de l'aménagement du territoire, mais ma candidature n'a pas été retenue, sans doute en raison de mon absence d'expérience.

J'ai alors décidé de me présenter à la session 2018 du concours externe d'attaché territorial dans la spécialité urbanisme et aménagement du territoire, malheureusement ouvert pour un faible nombre de postes par le Centre de gestion où je me suis inscrit. J'ai été admissible, mais n'ai pas été admis.

C'est pourquoi je me présente au concours externe de rédacteur principal de 2e classe ouvert au niveau bac + 2, proche de mon niveau de diplôme, qui paraît me permettre d'exercer des missions intéressantes en lien avec ma formation.

Pour me préparer au concours, outre l'acquisition livresque de connaissances, j'ai rencontré plusieurs cadres exerçant en collectivité, qui m'ont paru très intéressés et motivés par leurs missions et m'ont permis de comprendre la logique du déroulement d'une carrière dans la fonction publique territoriale. Ils m'ont convaincu de l'intérêt du service public local qui permet de travailler au quotidien au service du public et de concrétiser les orientations fixées par les élus.

Si je réussis ce concours, je postulerai en priorité des postes liés à l'urbanisme et au développement des territoires. J'ai bien conscience qu'il est plus difficile pour un "vrai externe", qui ne travaille pas encore en collectivité que pour un contractuel en poste d'être nommé, et je rechercherai simultanément un emploi contractuel et un emploi titulaire. J'envisage également de me présenter à nouveau au concours externe d'attaché territorial, mais plutôt dans la spécialité administration générale qui offre davantage de postes.

Je me suis renseigné : dans l'hypothèse où je serais recruté comme rédacteur principal de 2e classe après réussite au concours et deviendrais également lauréat du concours d'attaché en 2021, j'attendrais d'être titularisé pour demander un détachement pour stage sur le grade d'attaché territorial.

J'en ai terminé sur ma formation et mon projet professionnel et je suis prêt à répondre à vos questions. »

EL : « Je vous remercie. Vous dites être convaincu de l'intérêt du service public local. Quelles sont, selon vous, les valeurs du service public ? »

C : « Je dirais avant tout l'égalité et la neutralité, principes consacrés par le juge administratif.

L'égalité, c'est à la fois une des valeurs de la République et le principe fondamental du service public : pas de service public sans égalité devant le service public et égalité d'accès aux services publics. Ce principe implique qu'aucune distinction ne soit faite entre les usagers qui doivent bénéficier des prestations du service public sans discrimination.

La neutralité est immédiatement liée au principe d'égalité : elle requiert l'impartialité des agents publics et l'interdiction de toute discrimination fondée sur les convictions politiques, philosophiques, religieuses, syndicales ou tenant à l'origine sociale, au sexe, à l'état de santé, au handicap, à l'origine ethnique ou aux orientations sexuelles. »

EL : « Cela signifie que le service public doit traiter tout le monde de la même façon ? »

C : « Non, le principe d'égalité d'accès et de traitement n'interdit pas de différencier les modes d'action du service public afin de lutter contre les inégalités économiques et sociales.

Tous les usagers dans une même situation doivent être traités de la même façon, mais les usagers placés dans des situations différentes peuvent être traités différemment. Par exemple, la tarification des services publics peut être adaptée à la situation socio-économique des usagers au moyen du quotient familial. »

FT : « Et la transparence ? »

C : « Le principe de transparence fonde tout citoyen ou tout usager à s'assurer du bon fonctionnement des services publics.

Tout usager dispose d'un droit à l'information sur l'action des services publics qui ont l'obligation de l'informer de manière systématique. La transparence permet un contrôle de l'action des services publics par les usagers. Dans ce cadre, les services publics doivent être attentifs à consulter leurs usagers avant de prendre des décisions touchant à l'organisation et au contenu du service rendu.

Un autre principe important dont je n'ai pas parlé : l'adaptabilité, qui impose au service public de s'ajuster aux besoins. Lorsque les exigences de l'intérêt général évoluent, le service doit s'adapter à ces évolutions. »

FT : « Vous avez évoqué un recrutement en qualité de contractuel. Les choses ont-elles récemment changé à ce sujet ? »

C : « Le statut énumère les situations permettant le recrutement d'agents contractuels : remplacement temporaire sur des emplois non permanents, recrutement sur emplois permanents pour assurer le remplacement temporaire de fonctionnaires ou d'agents contractuels ou pour faire face à une vacance temporaire d'emploi dans l'attente du recrutement d'un fonctionnaire.

Le statut énumère également toute une série d'emplois qui peuvent être occupés de manière permanente par des agents contractuels : c'est notamment le cas lorsqu'il n'existe pas de cadre d'emplois de fonctionnaires susceptibles d'assurer les fonctions correspondantes. Je sais que, dans ce cadre-là, des communes embauchent dans des services urbanisme des professionnels très "pointus" qu'elles ne peuvent recruter au moyen du concours. »

FT : « Oui, mais qu'est-ce qui a changé récemment ? »

C : « Ah oui ! La loi du 6 août 2019 de transformation de la fonction publique élargit les possibilités de recrutement d'agents contractuels : emplois de direction, par exemple les directeurs généraux de services dans les communes de plus de 40 000 habitants, emplois de catégorie B, tous les emplois dans les communes de moins de 1 000 habitants.

La loi a également créé un nouveau type de contrat à durée déterminée, de 1 an au moins à 6 ans au plus : le contrat de projet, qui permet aux collectivités de recruter des profils divers pour la conduite de projets ou d'opérations identifiés s'inscrivant dans une durée limitée. »

PQ : « D'accord. Autre chose : vous envisagez, en lien avec votre formation, un poste dans un service urbanisme. Que pouvez-vous nous dire du PLU ? »

C : « Oh ! Beaucoup de choses !

La loi du 13 décembre 2000 relative à la solidarité et au renouvellement urbains (dite loi SRU) a substitué au plan d'occupation des sols le plan local d'urbanisme. Il est élaboré à l'initiative et sous la responsabilité de l'établissement public de coopération intercommunale compétent en matière de PLU ou de la commune.

La délibération prescrivant l'élaboration du PLU et précisant les modalités de concertation est notifiée aux autorités concernées (préfet, président du conseil régional, président du conseil départemental…). Les services de l'État sont associés à l'élaboration du projet de PLU à l'initiative du maire ou à la demande du préfet.

Le projet de PLU est arrêté par le conseil municipal après consultation des autorités concernées. Il comprend un rapport de présentation, un projet d'aménagement et de développement durables, des orientations d'aménagement et de programmation, un règlement, des annexes. »

FT : « On va en rester là pour le PLU. Et, en deux mots, le SRADDET ? »

C : « Le SRADDET ? Institué par la loi NOTRe du 7 août 2015, le schéma régional d'aménagement, de développement durable et d'égalité des territoires fixe les objectifs de moyen et long terme sur le territoire de la région, notamment en matière d'équilibre et d'égalité des territoires, d'implantation des infrastructures d'intérêt régional, de désenclavement des territoires ruraux, d'habitat, d'intermodalité et de développement des transports… et j'en oublie… Il identifie des itinéraires d'intérêt régional et peut fixer des objectifs dans tout autre domaine contribuant à l'aménagement du territoire. »

PQ : « Encore autre chose. Tout à l'heure, nous parlions des principes fondamentaux du service public. Et les principes fondamentaux de la commande publique ? »

C : « L'article L. 3 du Code de la commande publique fixe que “les acheteurs et les autorités concédantes respectent le principe d'égalité de traitement des candidats à l'attribution d'un contrat de la commande publique. Ils mettent en œuvre les principes de liberté d'accès et de transparence des procédures, dans les conditions définies dans le code. Ces principes permettent d'assurer l'efficacité de la commande publique et la bonne utilisation des deniers publics”. »

FT : « Parfait. Vous savez certainement qu'un rédacteur principal de 2e classe peut se voir confier l'encadrement d'une équipe. Vous venez d'obtenir le poste de chef du service urbanisme dans une commune moyenne. Votre service compte six personnes.

Que faites-vous le jour de votre prise de fonctions ? »

C : « J'imagine que mon supérieur hiérarchique direct, après m'avoir conduit dans mon service pour me présenter à tous “mes” agents, m'accompagnera d'abord dans un tour de tous les services pour me présenter à mes collègues chefs de service. Vraisemblablement, je passerai ensuite par la direction des ressources humaines pour quelques formalités et, peut-être, la remise d'un livret d'accueil.

Ensuite, de retour dans mon service, j'organiserai la rencontre dans les premiers jours de la semaine de chacun des agents afin de faire plus ample connaissance. Au cours de cette rencontre, où j'échangerai avec eux sur la manière dont j'entends travailler avec eux, je leur demanderai de me faire connaître leurs attentes et leurs besoins et de m'informer des dossiers dont ils sont chargés. Je conviendrai avec chacun d'entre eux du moment de la journée où nous pourrons regarder ensemble les dossiers les plus urgents, ce qui me permettra de me “mettre dans le bain” progressivement.

Je prendrai le temps de me familiariser avec l'arborescence des différents dossiers relevant du service afin de poursuivre cette “immersion”. Je solliciterai un rendez-vous dans la semaine avec mon supérieur hiérarchique afin de lui faire part de mes premières observations et interrogations. »

EL : « Une première journée bien remplie… Et imaginons que le directeur sous la responsabilité duquel vous êtes placé vous demande d'exécuter un ordre que vous pensez illégal. Que faites-vous ? »

C : « Une situation délicate… Je pense que je commencerai par faire valoir les arguments qui me conduisent à ne pas obéir à cet ordre. Si je ne parviens pas à le convaincre, je demanderai un temps de réflexion qui pourra me permettre de recueillir l'avis d'un collègue juriste et de conforter ma position. Si mon directeur persiste dans sa demande, je l'informerai de mon impossibilité d'exécuter cet ordre et de mon intention de solliciter l'arbitrage de la hiérarchie, en portant le problème à la connaissance du directeur général des services. Je pourrai attirer son attention sur le fait que le devoir d'obéissance du fonctionnaire connaît des limites : il n'est pas tenu d'obéir à un ordre manifestement illégal et de nature à compromettre gravement un intérêt public. Même si cette dernière condition n'est pas remplie, je suis fondé à ne pas appliquer une mesure illégale dans la mesure où ma propre responsabilité pourrait se trouver engagée. »

PQ : « Il nous reste une minute. En matière de finances publiques locales, qu'est-ce que la "péréquation" ? »

C : « L'article 72-2 de la Constitution fixe que "la loi prévoit des dispositifs de péréquation destinés à favoriser l'égalité entre les collectivités territoriales."

Il s'agit d'un mécanisme de redistribution qui vise à réduire les écarts de richesse entre les différentes collectivités territoriales. On distingue la péréquation horizontale, qui s'effectue entre collectivités, consistant à attribuer aux collectivités défavorisées une partie des ressources des collectivités les plus "riches", et la péréquation verticale assurée par les dotations de l'État aux collectivités. La péréquation verticale est essentiellement assurée au moyen de la dotation globale de fonctionnement (DGF). »

EL : « Les 20 minutes sont écoulées. Merci et bon retour. »

C : « Merci, et bonne après-midi. »